L'UNIVERSITÉ D'AVIGNON

AUX XVIIᵉ ET XVIIIᵉ SIÈCLES

PAR

J. MARCHAND

Docteur ès Lettres,
Inspecteur d'Académie.

PARIS
ALPHONSE PICARD ET FILS, ÉDITEURS
82, RUE BONAPARTE, 82

1900

L'UNIVERSITÉ D'AVIGNON

AUX XVIIᵉ ET XVIIIᵉ SIÈCLES

OUVRAGES DU MÊME AUTEUR

A LA MÊME LIBRAIRIE

Un intendant sous Louis XIV. Étude sur l'administration de Lebret en Provence (1687-1704), 1 vol. in-8, 1889.

La Faculté des Arts de l'Université d'Avignon. Notice historique accompagnée des statuts inédits de cette Faculté, broch. in-8, 1897.

MACON, PROTAT FRÈRES, IMPRIMEURS

L'UNIVERSITÉ
D'AVIGNON

AUX XVIIe ET XVIIIe SIÈCLES

PAR

J. MARCHAND

Docteur ès Lettres,
Inspecteur d'Académie.

PARIS
ALPHONSE PICARD ET FILS, ÉDITEURS
82, RUE BONAPARTE, 82
—
1900

PRÉFACE

L'étude qu'on va lire n'embrasse pas l'histoire entière de l'Université d'Avignon. Pour entreprendre utilement une telle œuvre, il eût fallu des loisirs dont nous ne disposions pas, et aussi des documents qui ne nous ont pas été conservés. Les Archives universitaires, — dont pendant trop longtemps hélas! personne ne prit souci, — se réduisent, en effet, pour les XIVe, XVe et XVIe siècles, à des séries tout à fait incomplètes de pièces, à des fragments isolés, parfois même à un petit nombre de documents officiels, statuts, privilèges, chartes pontificales, dont souvent on ne possède que des copies. Les registres si précieux des délibérations du Collège des docteurs agrégés en droit, ce véritable conseil souverain de l'Université, ne commencent qu'en 1603. Pour la période antérieure, à peine possédons-nous quelques délibérations isolées, toutes relatives au XVIe siècle. Même indigence ou mêmes lacunes dans les comptes de l'Université. La liste des primiciers, celle des gradués existent depuis 1430; mais la dernière de ces listes offre une énorme interruption depuis 1512 jusque vers 1650. Enfin, on chercherait en vain dans les registres ou dans les pièces qui nous restent des renseignements précis sur l'organisation intérieure des Facultés de théologie, de médecine ou des arts avant 1600.

Au contraire, pour les XVIIe et XVIIIe siècles, les documents abondent et se succèdent avec une majestueuse continuité. Plusieurs générations d'intelligents secrétaires-bedeaux ont tenu avec un soin pieux les registres des Assemblées du Collège des docteurs en droit; leurs procès-verbaux offrent un tableau à peu près complet de la vie intérieure de la corporation universitaire; on y rencontre la trace de tous les événements qui l'agitèrent, de toutes les luttes qu'elle eut à soutenir, l'écho de ses triomphes comme celui de ses défaites.

Pour les Facultés de théologie, de médecine ou des arts, il n'existe pas de registres pareils. Leurs délibérations sont parfois inscrites parmi celles du Collège, mais on y devine bien des lacunes. En revanche, les registres des gradués, surtout depuis 1651, les matricules des inscriptions d'étudiants depuis 1730, nous donnent une idée exacte de l'activité de ces Facultés, comme de celle de la Faculté de droit, au moins en ce qui concerne les examens et la délivrance des diplômes. Les programmes annuels des cours, dont nous avons la collection pour tout un siècle (1690-1790) nous disent quelle était la matière de l'enseignement. Des recueils de leçons de droit canonique ou civil, de théologie, de médecine et de philosophie, conservés au Musée Calvet, achèvent de nous éclairer sur la méthode et les tendances des professeurs.

Enfin, les comptes des primiciers ou du Collège des docteurs en droit, souvent accompagnés de leurs pièces justificatives, sont encore, pour le xviii® siècle surtout, une mine inépuisable de renseignements très précieux. Ils permettent d'établir, dans une certaine mesure, année par année, le budget de l'Université : revenus propres, produit des inscriptions et des examens, dépenses générales de nécessité ou de luxe, entretien des bâtiments, salaires fixes et casuel des régents. Ces documents et d'autres malheureusement beaucoup moins complets nous permettent de pénétrer parfois dans la vie intime de la corporation, d'assister à ses cérémonies et à ses fêtes, de suivre même les étudiants dans leurs réjouissances ou dans leurs travaux.

Grâce aux lumières que les riches archives des xvii® et xviii® siècles projettent sur l'époque qui précéda leur rédaction, comme aussi grâce aux statuts universitaires et aux fragments que nous possédons encore sur le premier âge de l'Université, l'histoire que nous avons essayé d'écrire se relie assez aisément à celle des siècles précédents. Certes, l'Université des temps modernes diffère très sensiblement de celle que Boniface VIII avait fondée en 1303. Si le fond de l'enseignement juridique est resté le même, la forme en a varié ; à côté de cette étude, d'autres sont nées, qui se sont, à leur tour, développées ou modifiées ; surtout les mœurs des maîtres et des élèves ont suivi l'évolution qui devait transformer l'aspect des vieilles corporations enseignantes. L'institution même du Collège des docteurs agrégés en droit, qui persista à travers cinq siècles, a subi plus d'un changement. Néanmoins, et malgré les désastres du xvie siècle, où un moment, l'Université sembla devoir périr, il n'y a pas de solution de continuité dans son histoire. D'étroits liens unissent les différentes phases qu'on y peut apercevoir; même quand ils semblent se relâcher et près de se rompre, ces liens sont visibles et il est aisé de les saisir. Insuffisants pour une histoire générale, les documents qui nous restent de l'époque primitive jettent sur les temps plus voisins du nôtre assez de lumière pour prévenir toutes les erreurs.

On ne s'est guère servi pour ce travail que de documents originaux. Les uns — ce sont les plus nombreux — sont encore inédits; ils appartiennent aux Archives du département de Vaucluse ou au Musée Calvet d'Avignon. Les autres, empruntés d'ailleurs aux mêmes dépôts, ont été publiés dans les recueils de MM. Marcel Fournier et Laval.

Il faudrait, pour donner une idée exacte de l'importance des premiers de ces documents reproduire ici l'*Inventaire analytique* qu'en a récemment donné M. Duhamel. (Archives départementales de Vaucluse, Série D, nos 1 à 200.) Bornons-nous, parmi les liasses et les registres les plus importants, à citer ceux qui suivent :

Nos 29 à 35. Registres des délibérations du Collège des docteurs agrégés en droit de 1603 à 1791 (très complets à partir de 1620).

N.° 36. Liste des primiciers (1430-1790). Liste des docteurs agrégés en droit canonique et civil (1434-1785); liste des docteurs en théologie (1460-1709); liste des docteurs en médecine (1491-1678). Liste générale des gradués (1430-1651).

Nos 37 à 39. Pièces relatives aux Facultés de théologie et de philosophie ou des arts. Inscriptions des étudiants de ces Facultés (1735-1790).

Nos 40 à 42. Pièces relatives à la Faculté de droit. Programmes de thèses.

Nos 43 à 59. Inscriptions des étudiants à la Faculté de droit (1703-1791).

Nos 61 à 69. Faculté de médecine. Inscriptions. Jardin botanique.

Nos 70 à 72. Pièces relatives à la Faculté des arts.

N° 73. Programmes des cours (1690-1790).

Nos 126 à 132. Attestations d'études (1698-1791).

Nos 136 à 154. Registres des gradués (1651-1792).

N° 157. Confrérie des étudiants.

Nos 162 à 168. Procédures (xviie et xviiie siècles).

Nos 185 à 187. Livres des comptes de l'Université. — Nos 188 à 193. Pièces justificatives (1628-1790).

Nos 194 à 197. Livres des comptes du Collège des docteurs (1730-1790).

Les Archives municipales d'Avignon (annexées aux Archives départementales) renferment un certain nombre de délibérations du Conseil de Ville relatives à l'Université et aux autres établissements d'instruction. Elles se rapportent surtout au xvie siècle et aux premières années du xviie. A partir de cette époque, le Conseil municipal se désintéresse de plus en plus de l'administration de l'Université; mais il est souvent en lutte avec les représentants de ce corps à l'Hôtel de Ville, pour des questions de finances ou de préséances. (Voir les sommaires analytiques très étendus des délibérations municipales rédigés au xviiie siècle, 5 volumes; et le texte même des délibérations de 1696 à 1790, 35 volumes).

Quant à la Bibliothèque du Musée Calvet, elle possède surtout des copies ou des résumés des documents conservés aux Archives de l'Université, et ces copies n'offrent qu'un intérêt restreint (V. nos 2395, 2451, 2483, 2489, 2573, 2879, 2890 à 2897). Mais on y trouve aussi, avec quelques mémoires importants, des documents relatifs aux collèges pontificaux, qui complètent ceux des Archives (V. no 2750 et surtout no 2878). Enfin, c'est encore au Musée Calvet que sont conservés les cours dont il a été question plus haut, savoir :

Nos 217, 393, 418, 466 et 467. Cours de théologie.
Nos 669 à 679, 761, 2609 à 2629. Cours de jurisprudence.
Nos 1001 et 2310. Médecine.
Nos 1151 à 1153. Cours de philosophie.

Il a été publié deux recueils considérables de pièces concernant l'Université d'Avignon. Le premier en date est celui de M. Laval intitulé : *Cartulaire de l'Université d'Avignon* (1 vol. in-8o, Avignon, 1884). Il ne renferme que quatre-vingt pièces ou analyses de pièces, lettres, bulles et brefs pontificaux, lettres patentes du roi de France, etc., intéressant toute l'histoire de l'Université depuis ses origines jusqu'à sa suppression.

Dans le second et le troisième volumes des *Statuts et privilèges des Universités françaises au Moyen-Age* (Paris, 1891 et 1892), M. Marcel Fournier a inséré, à son tour, un beaucoup plus grand nombre de documents relatifs à l'Université d'Avignon (200 pièces données in extenso ou analysées ; n°s 1236 à 1421 du tome II et n°s 1936 à 1950 du tome III), y compris les différents statuts de 1303, de 1376, de 1407, de 1411, de 1426, de 1441 et de 1503[1]. Mais son travail s'arrête à l'année 1503 et n'offre, par conséquent, sauf en ce qui concerne les statuts, qu'un intérêt secondaire pour la période qui fait l'objet spécial de notre étude. Ces publications ne dispensent pas d'ailleurs toujours de recourir aux originaux ou aux copies manuscrites des Archives[2].

Les ouvrages imprimés relatifs à l'Université d'Avignon sont, en somme, peu nombreux. Le plus important est l'*Histoire de la Faculté de médecine d'Avignon*, de M. Laval (tome Ier, seul publié, consacré aux origines et à l'organisation de cette Faculté ; Avignon et Paris, 1889.)

---

1. Il est superflu d'insister sur l'importance de cette publication. Les statuts primitifs de 1303, ceux de 1441, ceux de 1503 surtout, qui résument et complètent les statuts antérieurs et forment la dernière grande charte que l'Université d'Avignon ait reçue, ont un intérêt capital. Il faut constamment s'y reporter.

2. Les documents empruntés aux Archives départementales de Vaucluse (série D) sont indiqués, dans le cours de cet ouvrage, par les initiales : A. V. D, suivies du numéro du registre ou de la liasse; ceux qui appartiennent à la Bibliothèque du Musée Calvet, par les initiales M. C., suivies du numéro du manuscrit. — Les textes insérés dans les recueils de MM. Fournier et Laval sont désignés par le nom de l'auteur, suivi du numéro que le document cité porte dans chacun de ces recueils.

L'essai de M. Bardinet (*Universitatis avenionensis historica adumbratio*, Limoges, 1880) paraît aujourd'hui bien vieilli. — La *Chronologie des docteurs en droit civil de l'Université d'Avignon*, publiée par M. de Teule (Paris, 1887), n'est qu'une contribution modeste à l'histoire de la Faculté de droit, que personne n'a encore tenté d'écrire.

Dans ces dernières années, cependant, quelques courtes, mais intéressantes monographies ont été consacrées à l'Université d'Avignon. Les principales sont les suivantes :

Laval. *Les Bâtiments de l'ancienne Université d'Avignon* (Bulletin historique et archéologique de Vaucluse, 1880). — *Aperçu sommaire sur l'Université d'Avignon* (même recueil, 1883). — *Les Inscriptions de l'Université d'Avignon* (Bulletin de l'Académie de Vaucluse, 1886). — *État de l'Université d'Avignon en 1789* (Ibid., 1889.)

L. Duhamel. *Les primiciers de l'Université d'Avignon* (broch., Paris, Picard, 1895). — *Les masses des Universités d'Avignon et d'Orange* (ibid., 1896). — *De l'origine de l'Université d'Avignon* (Mémoires de l'Académie de Vaucluse, 1896).

J. Marchand. *La Faculté des Arts de l'Université d'Avignon*, notice accompagnée des statuts inédits de cette Faculté (Mémoires de l'Académie de Vaucluse et Paris, Picard, 1897).

A côté de ces publications toutes spéciales, une étude d'ensemble, fût-elle bornée à une période de deux siècles, paraît combler une lacune. A défaut d'autre mérite, l'ouvrage que nous publions a celui de s'être uniquement inspiré des documents originaux. On s'y est volontairement borné à retracer un tableau, d'ailleurs aussi complet que possible, de la vie universitaire à Avignon de 1600 à 1792, et l'on s'est interdit toute incursion aventureuse sur le domaine des Universités voisines, comme aussi toute généralisation prématurée. On le verra cependant : l'Université d'Avignon n'avait jamais été une exception au milieu des Universités du royaume ; elle tendait même de plus en plus à se rapprocher de celles-ci ; et la connaissance de son histoire ne sera peut-être pas inutile à qui plus tard tentera de dire ce que fut notre vieil enseignement supérieur.

L'UNIVERSITÉ D'AVIGNON
AUX XVIIᵉ ET XVIIIᵉ SIÈCLES

LIVRE I
LA CORPORATION UNIVERSITAIRE ET SON GOUVERNEMENT

CHAPITRE PREMIER
CONSTITUTION DE LA CORPORATION UNIVERSITAIRE

Caractère particulier de l'Université d'Avignon. — Prédominance de la Faculté de droit. — L'agrégation *in Utroque jure*. — Agrégés et non agrégés. — Le Collège des médecins; son monopole. — Les théologiens : réguliers et séculiers. — Les maîtres ès arts. — Les privilèges universitaires : exemption d'impôts ; juridictions spéciales ; noblesse ; les « comtes aux lois ». — La confrérie des docteurs.

L'Université d'Avignon fut, dès son origine (1303)[1], et resta jusqu'à sa disparition, en 1792, une corporation de maîtres, gouvernée par les maîtres et à leur profit. A aucune époque de son histoire, on ne trouve la trace de l'intervention des

[1]. On sera peut-être surpris de ne pas trouver ici, en forme d'introduction, un abrégé de l'histoire de l'Université d'Avignon du xivᵉ au xviᵉ siècle. Mais, outre que chacun des principaux organes de l'Université sera, à sa place, étudié dans ses origines et dans son développement, le résumé dont il s'agit a été fait, il y a quelques années à peine, par M. Marcel Fournier (*Hist. de la science du droit en France*, t. III, seul paru. Paris, 1892, p. 572-686) ; il suffira de s'y

étudiants dans l'administration du *studium*. Par ce trait absolument caractéristique, cette Université se rapproche de l'Université de Paris et des filiales de celle-ci, et elle se distingue très nettement non seulement de l'Université de Bologne, dont on l'a parfois rapprochée, mais encore d'autres Universités créées dans la France méridionale, celles de Montpellier et d'Aix, par exemple, qui, dans les premiers temps du moins de leur existence, admirent les écoliers dans leurs conseils.

Les docteurs en droit formèrent toujours, à Avignon, l'élément de beaucoup le plus nombreux et le plus actif de la corporation universitaire; ils en furent, dès le début, les chefs incontestés, et en gardèrent jusqu'au dernier jour la direction.

reporter. Tout autant qu'on en peut juger par les documents qui nous sont parvenus, l'Université d'Avignon ne se développa que lentement, et plusieurs événements fâcheux, surtout la peste de 1360, vinrent dès le milieu du xiv° siècle, arrêter son essor. Le xv° siècle est pour elle une époque de prospérité relative. C'est le moment où, sans parler de la Faculté de théologie, créée en 1413, elle complète son organisation administrative et s'accroît par la fondation de collèges destinés aux étudiants pauvres. Cependant dès 1459, Pie II éprouva le besoin de la réorganiser; il n'y réussit pas d'ailleurs et c'est seulement en 1503 que Julien de la Rovère donna à l'Université sa dernière charte réglementaire. Elle brillait d'un vif éclat à cette époque, où ses cours confiés à d'illustres professeurs réunissaient jusqu'à 800 élèves. Mais les guerres civiles et religieuses faillirent la ruiner; elle ne se réorganisa qu'au xvii° siècle. — Quant à la question de l'origine même de l'Université, elle a été très vivement débattue. Les uns ont voulu voir dans les Lettres patentes de Charles II, roi de Sicile et comte de Provence, et les autres dans la bulle de Boniface VIII, la véritable charte de l'Université. Le P. Denifle (*Die Universitäten des Mittelalters bis 1400*, Berlin, 1885, p. 357 à 362) et M. Fournier (*ouvr. cité*, p. 375) s'accordent à dater du 5 mai 1303 les lettres de Charles II qui seraient ainsi antérieures de deux mois à la bulle de Boniface VIII, laquelle est du 1er juillet 1303; mais tandis que le P. Denifle considère cependant le pape comme le véritable fondateur de l'Université, M. Fournier attribue ce rôle à Charles II. En réalité, ainsi que M. Duhamel l'a démontré, la date des lettres de Charles II doit être fixée au 5 mai 1304, rectification qui infirme absolument les conclusions de M. Fournier et confirme l'opinion du P. Denifle. (V. L. Duhamel, *De l'origine de l'Université d'Avignon*, dans les Mémoires de l'Académie de Vaucluse, année 1890, p. 4.)

De cette prédominance exclusive, on trouvera plus loin les preuves les plus abondantes ; mais il importait de l'indiquer ici sans tarder. Pendant près de trois siècles, d'ailleurs, l'Université d'Avignon ne fut guère qu'une Université de droit, ou plutôt des droits, canonique et civil. La Faculté de médecine, quoique mentionnée dans la bulle de fondation de 1303, ne commença à se développer qu'au XVI° et surtout au XVII° siècle ; le chiffre de ses membres ne fut jamais très élevé. La Faculté de théologie, créée en 1413, ne comprit pendant longtemps qu'un petit nombre de religieux appartenant aux quatre ordres mendiants ; jusqu'en 1655, son doyen fut aussi son unique professeur public. Quant à la Faculté des arts, elle eut pendant le moyen âge quelques périodes de prospérité relative, puis retomba dans l'obscurité. Restaurée en 1675, elle resta trop étroitement liée à la faculté de droit pour pouvoir jamais former, au sein de l'Université, une corporation indépendante et prospère.

Au contraire, la Faculté de droit put s'enorgueillir de bonne heure du grand nombre de ses membres, comme aussi du chiffre de ses élèves et de l'éclat de son enseignement. Dès l'origine, elle constitua ce fameux Collège des docteurs dont la puissance ne cessa de s'accroître et dont l'histoire se confond, pour ainsi dire, avec celle de l'Université elle-même. Si elle laissa aux autres Facultés, en ce qui concernait leurs affaires particulières, une autonomie relative, elle ne consentit jamais qu'avec une mauvaise grâce évidente et une rare parcimonie à leur communiquer quelques parcelles de l'autorité qu'elle avait prise sur l'ensemble du studium. La corporation des docteurs en droit, c'est donc, à bien des égards la corporation universitaire elle-même, et c'est d'elle qu'il faut d'abord s'occuper.

Aux XVII° et XVIII° siècles, on y entrait par l'agrégation,

laquelle est chose fort ancienne, mais non contemporaine de la fondation des Universités. Au xiv⁰ siècle, tous les maîtres gradués à Avignon faisaient partie de droit de la corporation universitaire, à condition de résider dans cette ville. Quant aux docteurs étrangers, lorsqu'un peu plus tard on s'occupa d'eux, ce fut moins pour les attirer que pour élever contre eux des barrières. Ils ne seront reçus, décide-t-on, que si la Faculté est réduite à huit, puis à douze docteurs. On continue d'ailleurs pendant près de deux cents ans à n'exiger aucune formalité spéciale des docteurs indigènes pour les déclarer agrégés aux Facultés juridiques. Jusqu'au xvii⁰ siècle, l'agrégation n'entraîne aucune taxe particulière. Les statuts de 1503 stipulent simplement que pour être réputés agrégés, les gradués d'Avignon devront avoir obtenu le doctorat avec le cérémonial habituel; ceux qui auraient été admis à ce grade sans cérémonies solennelles ne seront pas reçus dans le corps [1].

1. Les statuts de 1303 ne parlent jamais que de docteurs : il n'y est pas question d'agrégation, ni d'agrégés. Ceux de 1376 indiquent simplement (art.1) que les étudiants qui voudront obtenir le baccalauréat, la licence, le doctorat, l'agrégation ou une lecture ordinaire ou extraordinaire ou tout autre honneur devront préalablement prêter serment entre les mains du primicier d'obéir à ce magistrat et de respecter les privilèges universitaires. Les statuts de 1426 (art. 1, *De aggregandis*) stipulent, suivant une décision pontificale qui n'avait pas encore été codifiée, que nul docteur ayant reçu le doctorat en droit civil ou canonique ne pourra être agrégé au Collège (des docteurs d'Avignon) tant qu'il y aura dans ledit collège présents ou résidant cinq docteurs en lois et trois en décret, au moins, même si le candidat avait été licencié à Avignon. — L'art. 43 des statuts de 1503 porte ce chiffre à douze docteurs. C'est l'art. 38 des mêmes statuts qui établit la distinction entre les docteurs admis solennellement ou sans solennité. Les premiers, reconnus agrégés *ipso facto*, ne doivent cependant pas participer aux droits, sauf les douze plus anciens. — Des droits d'agrégation, il n'est question dans aucun texte. L'art. 26 des statuts de 1441, indique que les droits perçus pour l'agrégation seront les mêmes que pour le doctorat, savoir : 4 fr. à l'Université; à chaque docteur à la place du repas, un ducat et 2 au primicier; au docteur doctorant, 25 ducats; au vicaire et au chancelier, 15 ducats; au bedeau de l'Université, 10 ducats. L'art. 38 précité des statuts de 1503, en décidant que l'agrégation sera conférée *ipso facto* aux docteurs admis solennellement indique implicitement qu'il n'y avait pas de droit d'agrégation à percevoir (A. V. D 9. — Fournier, 1245, 1256, 1300, 1421).

Il n'en est plus de même vers 1600. La distinction est alors fort nette entre les docteurs simples et les docteurs agrégés[1]. La collation du doctorat n'entraîne plus l'admission dans le collège des docteurs. La Faculté fait des docteurs qui, même résidant à Avignon, n'entrent pas dans son sein. En revanche, elle admet à l'agrégation — du moins en théorie, car, en fait, elle fut singulièrement réservée sur ce point, — les gradués des autres Universités « fameuses », c'est-à-dire des Universités où existait un véritable *studium generale*. Et désormais se pose l'importante question, — sur laquelle on reviendra tout à l'heure, — de savoir si les docteurs simples gradués à Avignon et résidant dans cette ville ou dans le Comtat peuvent se dire, à un titre quelconque, membres de l'Université.

Les agrégés se recrutent par cooptation[2]. L'agrégation n'est

[1]. Le règlement de 1654 stipule qu'à l'avenir, nul ne pourra être reçu en même temps à l'agrégation et au doctorat. Les docteurs déjà reçus ne pourront plus être admis à l'agrégation *in jure civili* ou *in jure canonico*, mais seulement *in utroque jure*. Ils paieront deux doubles d'Espagne à chacun des docteurs agrégés *in utroque jure* ou *in jure civili* avec 44 sous aux mariés et 40 aux non mariés plus des boîtes de dragées d'au moins une livre au chancelier, au primicier, aux régents, aux docteurs et au bedeau et le double aux doubles suivant l'usage. (Les « doubles » étaient les officiers de l'Université, primicier, régents, etc.) Les fils d'agrégés paieront seulement un écu d'Espagne avec un petit sac de dragées, 44 sous aux docteurs mariés; 40 aux non mariés et le double aux doubles (L'écu ou pistole d'Espagne valait environ 11 livres). — A. V. D 30, f° 61. — Plus tard, comme on le verra, ces droits furent « abonnés. » — En réalité, au xvii° siècle, le mot d'agrégé n'a plus la même signification qu'au xiv°. Dans l'Université primitive, l'agrégation n'est qu'une sorte d'immatriculation qui n'entraîne pas, pour les agrégés, la jouissance de tous les privilèges accordés aux membres actifs de la corporation, par exemple la participation aux droits d'examen ou autres. A partir du xvii° siècle, la corporation qui s'est en quelque sorte fermée, réserve tous les droits utiles aux agrégés, qui sont tous égaux entre eux, encore que les douze plus anciens jouissent d'une situation quelque peu privilégiée.

[2]. A l'inverse des autres facultés, la faculté de droit ne s'agrégea qu'un nombre extrêmement restreint de docteurs gradués dans d'autres Universités Pour les xvii° et xviii° siècles je n'ai trouvé qu'un seul exemple d'une pareille agrégation. Encore s'agit-il d'un fils de docteur agrégé; il avait été reçu docteur à Valence (4 mai 1668. A. V. D 30 f° 206.)

pas un grade comme le baccalauréat ou la licence; elle n'est pas un titre comme le doctorat; elle n'est point conférée par l'autorité ecclésiastique; elle n'est subordonnée à aucun examen préalable. Le Collège des docteurs agrégés l'accorde quand il veut, à qui il veut, sous des conditions qu'il détermine et ses décisions sont ici souveraines [1]. C'est le primicier qui reçoit le serment spécial imposé aux agrégés; l'agrégation est une affaire de discipline intérieure. Le doctorat n'est même pas immédiatement exigible de qui veut se faire agréger. Innombrables sont les délibérations qui agrègent au corps des docteurs des licenciés, voire des bacheliers. Un délai est, dans ce cas, imparti au candidat pour acquérir les grades qui lui manquent : un mois, deux mois, trois mois et plus encore, s'il est nécessaire, car le délai est souvent prorogé. Les effets de l'agrégation ne datent d'ailleurs, que du jour où le candidat a obtenu le doctorat [2].

Le Collège a souci, avant tout, d'admettre dans son sein des candidats capables de lui faire honneur. Les fils de famille, les membres déjà honorablement connus du clergé, surtout les fils et neveux de docteurs agrégés sont accueillis avec empressement, sollicités même d'entrer dans le corps [3]. C'est au profit de ces derniers que se fonde l'usage, bientôt devenu général, d'agréger des licenciés ou des bacheliers. Et pour justifier ces agrégations prématurées, le Collège invoque avec une particulière insistance l'ancienneté de la famille des candidats, leur situation sociale, les services rendus par leurs pères ou par leurs oncles et l'éclat que leur admission pourra jeter sur l'Université; le mérite personnel ne vient, s'il y a

---

1. Voir le règlement du 20 mai 1651 précité.
2. L'usage de conférer l'agrégation avant le doctorat devient la règle au xviiᵉ siècle, surtout pour les fils d'agrégés. — A. V. D 30, f° 4, 5, 8; D 32, f° 350, 358; D 33, f° 48, 116, 427, etc.
3. A. V. D 33, f° 70; D 34, f°⁸ 231 et 396, etc.

lieu, qu'au second rang. Ainsi se fondent les familles, je dirais presque les dynasties universitaires, dont les noms remplissent les registres du Collège. Pour favoriser cette tendance les docteurs ne négligent rien : comme on constate que plusieurs familles « quittent l'agrégation », on avise au moyen de les retenir [1]. En 1700, les fils de docteurs agrégés obtiennent de ne payer que demi-droits [2]. Plus tard on étend cette faveur à tous leurs descendants en ligne directe, bien qu'il y ait eu interruption [3]; il est vrai que cette mesure ayant produit peu d'effet, on ne tarde pas à la révoquer [4], mais les fils d'agrégés sont maintenus dans leur privilège, lequel est étendu parfois par exception, au frère qui succède à son frère, à deux frères qui se font agréger en même temps [5]. En dépit des doléances dont les délibérations gardent l'écho, il semble bien que le but poursuivi soit atteint : l'agrégation, malgré quelques désertions regrettables, se perpétue dans certaines familles comme un héritage. Que l'on parcoure les listes des agrégés : aux XVIIe et XVIIIe siècles et pour les docteurs en

1. Délib. des 21 mai 1714 et 26 mai 1738. — A. V. D 32, f° 331 et D 33, f°352.

2. Règlement de 1700. Les fils d'agrégés qui ne payaient déjà que demi-droits pour le baccalauréat et la licence, ne paieront que demi-droits pour l'agrégation. A. V. D 32, f° 114.

3. Délib. du 18 août 1760. Les enfants et descendants d'agrégés en ligne masculine, bien qu'il y ait eu interruption, ne paieront que la moitié du droit d'abonnement et, quand l'abonnement aura cessé, demi-droits. A. V. D 34, f° 334.

4. Délib. du 11 sept. 1764 révoquant celle du 18 août 1760, qui n'a produit aucun effet depuis le temps qu'elle a été prise. A. V. D 34, f° 394.

5. A. V. D 35, f°° 58, 120, 123, 128, 175. Une pareille réduction de droits est parfois accordée à des personnes éminentes qu'on désire voir s'agréger au Collège ou que recommandent des personnages illustres. Par exemple, en 1764, sur la demande de l'archevêque chancelier, on agrège dans ces conditions M. Malière, chanoine de la métropole, vicaire et official général de l'Archevêché. En 1755, on avait agrégé également à demi-droits M. des Achards de la Beaume, prévôt de la métropole, « attendu son illustre naissance et son mérite distingué. » (A. V. D 34, f°° 234 et 396.)

droit civil seulement, on y trouvera une foule de noms semblables et de situations identiques : six Levieux, autant de Bruneau, sept Suarès, sept Tache, huit Barbier, un nombre égal de Beau et de Genet, dix Joannis et autant de Tonduty et de des Laurent, onze de Teste, douze Félix, treize Garcin, dix-neuf Crozet, vingt-un Benoît. La liste des professeurs est plus significative encore : pendant cent ans, et pour quatre chaires triennales, on ne trouve que vingt-cinq noms différents. Encore faut-il tenir compte des ecclésiastiques qui ne pouvaient donner à l'Université que leurs neveux.

A côté de cette préoccupation, une autre cependant se fait jour, d'un ordre moins élevé, qui finit, avec le temps, par dominer. Le Collège, dit-on, n'est pas moins recommandable par le nombre que par le mérite des personnes qui le composent et l'on constate avec regret que ce nombre diminue tous les jours [1]. S'il se maintient à cent environ pendant tout le XVII° siècle, il est déjà tombé à cinquante en 1738 et ne se relèvera un moment vers 1750 que pour retomber plus bas encore vers 1789 [2]. Il faut, à tout prix, réparer ces pertes. D'autant plus

---

1. Nombre des agrégés : en 1671, 104 ; en 1672, 108 ; en 1686, 100 ; en 1691, 99 ; en 1702, 93 ; en 1706, 88 ; en 1711, 82 ; en 1718, 83 ; en 1724, 81 ; en 1729, 75 ; en 1733, 63 ; en 1741, 60 ; en 1750, 61 ; en 1757, 57 ; en 1767, 52 ; en 1772, 50 ; en 1776, 48 ; en 1780, 48 ; en 1790, 47.

2. Le Règlement de 1691 avait fixé comme suit les droits d'agrégation et doctorat (les paiements devaient être faits en grosse monnaie d'Avignon, la livre valant 20 sols : au chancelier : 49 l. 12 s. ; au primicier, aux régents mariés, 50 l. ; aux régents prêtres ou non mariés 49 l. 12 s. ; aux docteurs agrégés mariés : 25 l. ; aux docteurs agrégés prêtres ou non mariés : 24 l. 16 s. ; à la masse de l'Université : 28 l. 10 s. ; au secrétaire : 50 l. non compris 3 écus (9 livres) pour les lettres de docteur ; au promoteur : 11 l. ; au présentateur : 5 l. 14 s. ; au secrétaire du chancelier : 5 l. 14 s. ; aux 6 docteurs agrégés qui assisteront à la présentation des points et à leur reddition : 3 l. ; aux jeunes docteurs (en tout) : 27 l. ; aux argumentants (en tout) 3 l. ; au sacristain de Notre-Dame : 10 s. ; aux estafliers du Chancelier : 3 l. 10 s. ; à l'imprimeur de l'Université : 15 s. ; pour les hautbois du primicier : 15 s.

Les candidats visiteront le primicier, les régents et les docteurs agrégés et que les procès que la corporation doit soutenir la ruinent et qu'on a eu recours déjà, pour en faire les frais, aux pires expédients [1]. Comme les droits élevés et variables imposés aux agrégés peuvent éloigner les candidats, on offre de les « abonner ». Deux places d'agrégés sont ainsi offertes à 600 écus l'une, sans compter le dîner habituel et les dragées [2]. L'abonnement est réduit, en 1738, à 1500 livres, vu le moindre nombre d'agrégés ; il se relève à 2400 livres en 1784. Dès que l'Université est à court d'argent, elle recourt à un expédient de ce genre. Quatre places, puis six sont successivement

donneront à chacun une boîte de dragées d'une livre et le double aux doubles ainsi qu'au secrétaire de l'Université et à celui du Chancelier.

Ceux qui seront déjà docteurs paieront les mêmes droits sauf les droits du promoteur, du présentateur, des jeunes, des argumentants, ceux relatifs à la reddition des points, aux estaffiers, au sacristain, à l'imprimeur et les 15 sols des hautbois.

Les fils d'agrégés voulant s'agréger et être reçus docteurs en même temps ou s'agréger seulement étant déjà docteurs, paieront : au chancelier : 18 l.; à chacun des docteurs agrégés mariés : 7 l. 18 s. et aux docteurs agrégés prêtres ou non mariés : 7 l. 14 s., avec les boîtes de dragées accoutumées et le double aux doubles. Delib. du Collège des docteurs du 7 mai 1694. A. V. D 32, f° 8.

1. Notamment à la suppression des gages des professeurs.
2. 10 janvier 1682. Délibéré de recevoir à l'agrégation deux docteurs in utroque jure sous condition de verser 600 écus blancs chacun, lesquels seront employés à éteindre les dettes de l'Université, ce qui ne pourrait se faire de longtemps, si on n'employait à cette extinction que les revenus ordinaires du corps. Voté sans conséquence par 37 voix contre 5 (A. V. D 31, f° 130). — 10 nov. 1738. Il faut revenir à ces pratiques qu'on avait abandonnées, le Collège étant endetté d'une manière qui l'oblige à prendre de prompts expédients. On délibère d'abonner les droits pour « quatre personnes agréables au Collège », moyennant 1500 livres de monnaie française, non compris les droits de l'archevêque chancelier et de son secrétaire, le repas ordinaire, les visites et les boîtes de dragées. (A. V. D 32, f° 352.) — 9 janv. 1746. Abonnement pour six personnes à 1500 livres (A. V. D 34, f° 11). Le produit servira à « exstinguer » les dettes. Pour les agrégations suivantes, v. A. V. D 34, f°° 61, 147, 197, 320, 333, 396 ; D 35, f°° 58, 108, 254. L'abonnement avait été fixé une première fois, en 1698, à 2000 livres (A. V. D 32, f° 115) ; il fut porté à 2400 livres à partir du 1er mai 1784. Au mois d'avril de cette même année on faisait encore quatre agrégés sous l'abonnement de 1500 livres en usage depuis 1738 : il n'y eut qu'un bien petit nombre d'agrégés admis sous l'empire du nouveau tarif (A. V. D 35, f° 329 et 342).

offertes à l'ambition des juristes, et l'opération réussissant, on la continue, avec des succès divers, jusqu'au chiffre de vingt docteurs. Enfin l'abonnement se substitue de façon définitive aux anciens droits [1].

Au surplus et malgré son désir de croître en nombre, le Collège exerce sur ses membres une discipline rigoureuse. Il a souci, avant tout, de sa réputation et de son prestige. Il n'admet pas, par exemple, que les agrégés exercent des métiers réputés peu nobles, même ceux de notaire ou de greffier [2] ou dans l'exercice des fonctions publiques, se mêlent aux simples bourgeois [3]. Si quelque docteur forfait à l'honneur, il est exclu sans pitié du Collège. Ainsi arriva-t-il, pour ne citer qu'un seul fait, à un avocat nommé Tellus qui, ayant dissipé un patrimoine considérable et obligé de faire à ses créanciers cession et abandon de tous ses biens, se vit impitoyablement chassé du corps des docteurs, l'Université devant être « inévitablement avilie, si l'on voyait parmi ses membres un de ces faillis que les bulles pontificales ont déclarés infâmes et couverts d'ignominie [4] ».

1. On ne rencontre plus à partir de 1784 de docteurs agrégés aux anciennes conditions. Les fils d'agrégés paient le demi-droit d'abonnement (A. V. D 35, f° 341 et 342).
2. Délib. du 26 juin 1663. — Un docteur agrégé exerce les fonctions de notaire, greffier et archiviste. Le Collège déclare qu'il sera déchu de son doctorat et agrégation s'il ne déclare renoncer à l'exercice de ces fonctions « qui porteraient un grand préjudice et blâme à l'Université. » (A. V. D 30, f° 163.)
3. A. V. D 31, f° 20.
4. Assemblée du Collège des docteurs du 17 janv. 1778. Sur la demande de M. de Poulle, doyen de la rote, le primicier ordonna à Tellus de quitter l'assemblée, ce qu'il fait après une courte résistance. Conformément à l'avis du Collège, le primicier rend ensuite une ordonnance provisoire en vertu de laquelle il devait être privé de tous ses droits et ne plus être convoqué aux séances. Tellus cite de Poulle devant l'auditeur de la Chambre, mais le Collège déclare se joindre à de Poulle. L'affaire est portée devant la congrégation d'Avignon à Rome. — Finalement Tellus est réhabilité par rescrit pontifical. Le Collège enregistre cette réhabilitation le 29 févr. 1786, mais « eu égard sur-

Ainsi, bien qu'elle semble devenir de plus en plus affaire de famille ou affaire d'argent, l'agrégation reste cependant chose sérieuse et respectée. C'est qu'elle confère, en effet, à ceux qui l'obtiennent, la qualité de vrais membres du corps universitaire et que ce corps est surtout jaloux de son prestige. Au surplus, tous les agrégés entrent dans le Collège avec des titres et des droits égaux; la date de son agrégation détermine seule le rang de chacun. Quelques privilèges, — un droit de préséance purement honorifique [1], la dispense d'assister aux examens ou aux cérémonies sans perdre ses jetons de présence, — sont réservés aux douze plus anciens agrégés, sans doute en souvenir d'antiques traditions [2]. Toute autre distinction a disparu. Tous les docteurs agrégés peuvent également briguer les régences; bien plus, par le fait seul de leur agrégation, ils sont censés « régents et pratiquants », *regentes nati*, comme dit une délibération de 1671. Tous concourent indistinctement pour les diverses fonctions et dignités universitaires, pour l'actorie, la députation à l'Hôtel de Ville, et, sous certaines conditions particulières, pour cette dignité suprême, le primicériat. Il est vrai qu'en dépit de cette égalité théorique, quelques membres du Collège, les ex-primiciers et les régents ou anciens régents, par exemple, prennent dans les assemblées sinon une autorité régulière que

tout au vice-légat Salviati ». (A. V. D 34, f°ˢ 108 et 109, 117 et 118, 140 à 142 et D 35, f° 289.)

1. Délib. du 2 janv. 1605. Il est décidé que les douze « vieux » (c'est-à-dire les douze plus anciens agrégés) précèderont les autres tant dans le collège que hors d'icelui. (A. V. D 29, f° 4.)

2. On délibère, le 28 juin 1642, que les douze « vieux » seront dispensés des examens; le 26 juin 1703 et le 18 mai 1711, qu'ils seront dispensés d'assister aux messes et processions. — A. V. D 29, f° 220; D 32, f° 174 et 186. — Même faveur accordée aux octogénaires résidant à Avignon (D 35, f° 277) et à diverses personnes absentes pour le service de l'Université ou lui ayant rendu des services spéciaux (D 30, f° 14; D 31, f° 63; D 33, f°ˢ 13, 72; D 34, f° 9, etc.)

les règlements ne reconnaissaient pas, du moins une influence spéciale qu'ils doivent à leur expérience et aux services rendus. Il n'importe. Tous les agrégés, du doyen au dernier venu, peuvent à bon droit se montrer fiers de leur titre et jaloux de leur pouvoir : le centre de la vie universitaire est en eux [1].

A côté du Collège des agrégés en droit, les autres corporations du studium ont une allure bien modeste et leur action ne se manifeste que d'une façon bien discrète dans l'administration générale de l'Université. Le Collège des médecins [2], par exemple, dont plus d'un membre cependant parvint, dans son art, à la célébrité [3], resta toujours subordonné au Collège des juristes et n'obtint qu'après de longues et âpres querelles, le droit de participer à l'élection du primicier.

Il est vrai, les médecins ne pouvaient pas invoquer en leur faveur des traditions plusieurs fois séculaires. Longtemps l'existence de leur Faculté n'avait été qu'intermittente, et c'est en 1577 seulement qu'ils se donnèrent leurs premiers statuts.

---

1. Délib. du 4 nov. 1671. Tous les agrégés par leur seule agrégation sont censés régents et pratiquants comme il est déclaré par diverses sentences sur ce rendues et exécutées ensuite de jugement. — A. V. D 30, f° 248 et 250.

2. Les droits à percevoir par les candidats à l'agrégation avaient été fixés par les Statuts de 1577. (Art. 6.) Si quispiam cupiat fieri doctor agrgegatus in Facultate medica, præmia singulis duplicata dato (les droits simples dus par les docteurs aux six plus anciens agrégés étaient de deux livres; le docteur régent recevait 4 écus), nempe Academiæ, cancellario, Primicerio, Bidello jura duplicata; doctori Regenti et Promotori, octo aureos solatos; singulis doctoribus medicis aggregatis qui sunt inter numerum senarium quatuor aureos solatos; cœteris vero aggregatis duos; præterea convivium solenne exhibito omnibus simul doctoribus medicis, Primicerio, et bidello et singulis pileum, chirotecas et tragemmatum capsulam ponderis ad minus unius libræ. — Les agrégés docteurs d'une autre faculté payaient intégralement ces droits. Si quelque docteur reçu à Avignon voulait s'agréger dans la suite, on déduisait du tarif ci-dessus les droits payés pour le doctorat (art. 7).

3. Il suffira de citer, pour les xvii° et xviii° siècles, les Chrétien, les Sarropuy, les Gastaldy, les Gautier, les Vicary, les Pancin et avant tout le célèbre Esprit Calvet, correspondant de l'Académie des Inscriptions et Belles-Lettres.

Encore à cette époque et plus tard même se montraient-ils moins préoccupés de fonder un véritable enseignement médical que de s'assurer contre des rivaux sans scrupules le monopole exclusif de l'exercice de la médecine à Avignon : leurs intérêts professionnels les touchaient beaucoup plus que ceux des études médicales ou que ceux de l'Université elle-même, dans laquelle ils trouvèrent trop souvent, comme ils le disaient, non une mère, mais une marâtre.

Dès le xviie siècle cependant, leur nombre, la réputation que quelques-uns d'entre eux avaient acquise comme praticiens, le crédit et la considération qui se sont toujours attachés, malgré Molière, à la profession médicale, avaient donné à leur Collège un certain éclat.

Ils étaient quinze en 1597 [1]. Nombre déjà respectable. Il s'éleva à vingt-cinq et même à trente, un siècle plus tard. Tous les agrégés ne résidaient pas, d'ailleurs, à Avignon. Sans cesser de faire partie du corps, quelques-uns étaient allés habiter la Provence, Lyon, Paris même. Cette anomalie ne persista pas au xviiie siècle. Mais à cette époque et surtout après la peste de 1721, si meurtrière aux médecins, les membres de la Faculté d'Avignon voient leur nombre diminuer sans cesse : on n'en compte plus que onze ou douze vers 1750, dix seulement au moment où éclata la Révolution [2].

---

1. A. V. D 155, f° 27. Trois d'entre eux sont notés comme ordinairement absents.

2. Les listes manquent jusqu'en 1665. — A cette époque, le nombre des agrégés est de 22 ; on en trouve 25 en 1670, 26 en 1676, dont 6 ne résident pas (deux résident à Carpentras, un à Chateaurenard, un à Lyon, deux à Paris) ; 27 en 1681 dont huit ne résident pas (trois résident à Carpentras, un à Chateaurenard, un à Lyon, un en Flandre, deux à Paris). Ces chiffres s'abaissent ensuite à 23 de 1686 à 1680, à 19 en 1693, remontent à 21 en 1701 et 1703, retombent à 18 en 1712, à 15 en 1719. — Après la peste, il n'y a plus que 11 agrégés et ce chiffre se maintient à une ou deux unités près jusque vers 1770 ; on en trouve alors 15, mais en 1780 on n'en trouve plus que 12, puis 11, et 10 au 21 mai 1790. (A. V. D 137 à 154 notamment D 137, f° 217, 375, 298.)

Tous ne fréquentaient pas régulièrement les assemblées de la corporation. C'est à peine si l'on voit assister à ces réunions la moitié des agrégés : les professeurs ou anciens professeurs s'y rendent seuls avec assiduité [1]. Ces assemblées, du reste, ont peu d'intérêt. Il ne s'y agit guère que d'intérêts professionnels à défendre, de droits à percevoir, d'agrégations à prononcer, de docteurs étrangers à admettre dans la Faculté d'Avignon [2]. Rarement on y traite des questions d'enseignement. Le primicier les préside. En son absence [3], le premier professeur dirige les débats ; mais il n'a, en vertu de ses fonctions, aucune autorité propre, non plus que le doyen de la Faculté, lequel étant réellement le plus « vieux » des agrégés tient son titre du hasard de son ancienneté, non du choix de ses collègues ou des chefs de l'Université.

Le Collège des médecins ne nomme même pas son « premier » ou plutôt son unique professeur public ; l'élection en appartint jusqu'en 1784 aux docteurs en droit. Cependant quand furent créées, en 1677, la chaire d'anatomie et, en 1718, celle de botanique, les médecins en choisirent les titulaires. Mais pour tout ce qui concernait ses intérêts matériels et moraux, la corporation des médecins resta dépendante du Collège des juristes et le fait est d'autant plus remarquable que, dans ce Collège, elle n'avait pas un seul représentant.

---

1. Nombre de docteurs présents aux Assemblées de la faculté : 16 oct. 1702, 12 ; 14 août 1715, 13 ; 10 oct. 1718, 9 ; 5 nov. 1722, 3 ; 28 août 1724, 8 ; 18 mai 1729, 7 ; 31 oct. 1749, 9 ; 24 sept. 1782, 4 ; 23 août 1784, 6 ; 2 juil. 1785, 5 ; 25 sept. 1788, 5 ; 17 août 1790, 3. A. V. D 32, f°s 169 et 349 ; D 33, f°s 2, 68, 97, 161 ; D 34, f° 88 ; D 35, f° 201, 272, 283, 322, 361 etc. Ajoutons que la faculté n'a pas de registre spécial de ses délibérations et que celles-ci sont insérées, d'une façon peut-être incomplète, dans les registres du Collège des docteurs en droit.

2. A la différence du Collège des docteurs en droit, celui des médecins admettait facilement dans son sein les docteurs des Universités étrangères. A. V. D 32, f° 60, etc.

3. Dans ce cas, les délibérations doivent être soumises à l'approbation du Primicier.

C'est à grand'peine qu'en 1698, le premier régent obtient de porter le chaperon et les médecins agrégés l'épitoge, insignes jusque-là réservés aux docteurs des autres facultés [1]. En vain la Faculté de médecine, invoquant l'illustration et les services de ses membres comme aussi le tort qu'une situation tellement subordonnée portait à l'Université elle-même en éloignant d'elle maîtres et élèves, réclame-t-elle un traitement plus équitable ; toutes ses revendications échouent devant l'obstination des juristes et longtemps elle est réduite à déplorer l'injustice d'un corps qui la traite « en étrangère » et auquel elle ne reste attachée « que par son labeur pourtant infatigable, quoiqu'à peu près gratuit [2]. »

Enfin, en 1784, elle perd patience et s'adresse au pape. Certes, ses prétentions n'ont rien d'exagéré : elle sera satisfaite, si elle nomme son premier régent, comme elle nomme les deux autres et peut envoyer des représentants au Collège des docteurs en droit, quand il traite des intérêts généraux de l'Université ou procède à l'élection du primicier. Un bref de Pie VI lui accorde sa première demande et décide que deux médecins, quand on élira le primicier, participeront à l'élection. Mais ces concessions n'étaient pas du goût des juristes [3]. Au moment même où elles allaient être faites, ils estimaient les revendications des médecins « injustes, injurieuses et indécentes » et n'avaient pas assez de mépris, sinon pour la Faculté tout entière, au moins pour nombre de ses membres, personnes outrecuidantes autant qu' « oiseuses » qui avaient

---

1. 10 nov. 1698. A. V. D 32, f° 118. Le professeur d'anatomie obtint également le chaperon. Le régent de botanique l'obtiendra dès la création de sa chaire. A. V. D 33, f° 7. On sait que les docteurs agrégés ès-lois se donnaient le titre de *Nobilis et illustris* et n'accordaient aux régents de médecine que celui de *Nobilis et egregius*. (Délib. du 24 oct. 1874. A. V. D 137, f° 188.)
2. Mémoire de la faculté de médecine, mars 1782. A. V. D 35, f° 223.
3. Bref de Pie VI du 18 juin 1784. Laval, 75.

inutilement « passé leur vie à attendre la maladie et les malades » [1].

Bien qu'un enseignement théologique existât à Avignon avant la fondation de l'Université, la Faculté de théologie ne fut créée qu'en 1413, par Jean XXIII et elle n'eut pendant deux siècles qu'une existence assez obscure. Les maîtres qui appartenaient aux divers ordres religieux établis dans la ville ne sortaient guère de leurs couvents ; ils se mêlaient peu à la vie universitaire ; on perd à peu près leurs traces pendant les guerres civiles. Mais les statuts de 1605, rédigés par le doyen, Firmin Girard, prieur du couvent des Augustins, reconstituèrent la compagnie et depuis lors elle devint un membre actif et influent de l'Université.

L'une des préoccupations principales des auteurs de ces statuts, c'est l'accroissement du nombre des maîtres « car, disent-ils, le nombre des agrégés est l'honneur des Facultés ». On ouvre donc la porte toute grande aux docteurs étrangers, qu'on dispense de tout examen. Ces docteurs, pourvu qu'ils aient régulièrement conquis leurs grades dans une autre Faculté, seront agrégés sur leur simple demande. Le doyen leur parlera seul, brièvement et en présence du primicier et des autres maîtres, de la paix que les docteurs doivent garder

---

1. V. délib. du Coll. des docteurs du 18 mars 1782. Dans le mémoire précité les docteurs agrégés en médecine se plaignent vivement de la dictature des juristes qui inflige une tache à leur faculté et éloigne les étudiants et les professeurs. Le Collège des docteurs en droit avait émis la prétention de nommer un premier professeur malgré lui : ce fut l'origine du débat. La faculté de médecine envoya des délégués au pape. Les juristes répondirent vivement; ils s'indignaient que huit médecins dont deux seulement avaient une clientèle prétendissent bouleverser les traditions de l'Université. Néanmoins le pape décida que deux médecins prendraient part à l'élection du Primicier, savoir le doyen, et, à son défaut, le plus ancien agrégé et le premier professeur ou régent ordinaire et, à son défaut, un autre professeur. (A. V. D 35, f° 220 à 227.)

entre eux, de la conservation de la Faculté et de la poursuite des erreurs [1].

La Faculté vit ses désirs réalisés. Pendant un demi-siècle, le nombre des agrégés ne cessa de croître. Il était seulement de douze en 1597 [2]; il s'élève à dix-sept en 1665, à vingt-six en 1675, à trente en 1683 [3]. On n'avait fait que cinquante-six agrégés de 1460 à 1600; on en fit cent un de 1600 à 1700 [4]. Pendant le xviii° siècle, il est vrai, ces chiffres s'abaissent et on ne compte guère qu'une vingtaine de maîtres jusqu'en 1780; mais, à cette époque, l'agrégation à l'Université des séminaires de Saint-Charles de la Croix et de Notre-Dame de Sainte-Garde vint notablement augmenter le nombre des agrégés; il était de trente-un à la veille de la Révolution [5].

La corporation des théologiens manquait d'ailleurs d'homogénéité et d'unité. Plusieurs éléments y entrèrent, qui ne vécurent pas toujours d'accord : les prêtres séculiers d'une part ; de l'autre, les religieux des divers ordres parmi lesquels l'entente n'était pas parfaite. Les statuts de 1605 insistent à plusieurs reprises, — et non sans motif apparemment, — sur la paix et la concorde sans lesquelles aucune société ne peut subsister; ils investissent le doyen des pouvoirs nécessaires pour les maintenir ou les rétablir, lui permettant, après trois avertissements restés inutiles, de priver de leurs émoluments,

---

1. Statuts de 1605. Art. 23. A. V. D 9. Les droits d'agrégation se fondaient avec ceux du doctorat ; ceux que devaient payer les docteurs qui voulaient s'agréger étaient les mêmes sauf le droit de sceau et ceux des procureurs et examinateurs (mêmes Statuts, art. 26 et 28).
2. A. V. D 155, f° 27.
3. A. V. D 136, f° 151 ; D 137, f°° 101 et 315.
4. A. V. D 36. La grande majorité des agrégés appartient aux clercs réguliers.
5. En 1701, 20 agrégés; 20 aussi en 1721, 22 en 1733, 22 en 1741 ; 21 en 1761, 19 en 1767; 21 en 1779, 32 en 1785, 33 en 1788, 27 en 1789, 32 en 1790. A. V. D 140 à 153; passim.

Marchand. L'Université d'Avignon. 2

même de suspendre pour un an de leurs fonctions ou privilèges ceux qui donneraient le scandaleux exemple de la discorde, tout en prêchant aux autres la paix.

Le clergé séculier n'eut jamais la majorité dans le Collège des théologiens et ses membres ne furent jamais traités en égaux par les réguliers : leur influence même diminua, comme leur nombre, pendant le cours du xviiie siècle. En 1597, on comptait cinq prêtres séculiers pour sept religieux ; en 1665, sept séculiers sur dix-sept membres du collège ; encore en 1710, sur vingt agrégés, neuf appartenaient au clergé séculier, mais le nombre de ces derniers diminue peu à peu à partir de cette époque : on n'en compte plus que trois en 1779 et il fallut l'agrégation des séminaires pour modifier la proportion [1].

Jusqu'en 1605, les réguliers seuls avaient pu prétendre au décanat uni au titre de régent ordinaire. Les statuts publiés à cette époque firent leur part aux séculiers : le doyen put être pris parmi eux une année sur cinq, s'ils étaient au nombre de quatre au moins [2] ; un demi-siècle plus tard, les agrégés séculiers et réguliers se trouvant en nombre à peu près égal, on décida qu'ils fourniraient alternativement le doyen [3], mais on ne tarda pas à revenir sur une concession aussi grave et le clergé séculier ne dut plus jouir du décanat qu'un an sur trois [4]. En fait d'ailleurs, cette règle ne fut jamais rigoureuse-

---

1. A. V. D 155, f° 27. D 136, f° 154. D 141, f° 40. D 151, f° 2.
2. Stat. de 1605, art. 24.
3. Assembl. de la fac. de théologie des 21 et 22 nov. 1656. A. V. D 30 f°° 88 et 89.
4. Assembl. du 7 juin 1659. La délibération de 1656 avait fait naître des divisions. On finit par s'accorder entre réguliers et séculiers sur les termes d'une transaction par laquelle les réguliers auraient le décanat deux ans sur trois. S'il n'y avait pas de religieux éligibles dans un couvent, on passerait au couvent suivant dans l'ordre établi ; s'il n'y avait qu'un éligible dans les quatre couvents

ment appliquée ; de 1720 à 1782, époque de l'agrégation des séminaires, on ne trouve que onze doyens séculiers [1].

Réunis, les quatre ordres mendiants : augustins, prêcheurs, carmélites, cordeliers ou mineurs gardèrent jusqu'à cette époque la direction de la Faculté. Le doyen et régent ordinaire était pris parmi eux, à tour de rôle. Mais le nombre des représentants de ces ordres varia sensiblement avec le temps. La Faculté ne compta jamais plus de trois carmélites ; pour les augustins et les mineurs, le chiffre varie de deux ou trois jusqu'à cinq. Quant aux dominicains, très peu nombreux au début du XVIIe siècle, la création de deux chaires de théologie et d'une chaire de philosophie [2], à eux réservées, et dont les titulaires devaient s'agréger à la Faculté, vint augmenter beaucoup leur nombre et accroître leur importance On vit jusqu'à huit et même dix agrégés de cet ordre ; ils étaient huit encore en 1790.

Ils protestèrent vigoureusement, mais en vain, contre l'agrégation des séminaires de Saint-Charles et de Sainte-Garde [3] qui leur ôtait le monopole de l'enseignement univer-

on reviendrait à l'alternative annuelle. Le primicier approuva cet accord le 7 juin 1659. A. V. D 30, f° 117.

1. A. V. D 33 à 35, *passim*. De 1782 à 1790, trois réguliers seulement, un dominicain et deux cordeliers, furent portés au décanat. M. Roux, supérieur du séminaire Saint-Charles, fut élu deux fois, en 1782 et 1784 ; M. Lebansais de Viéval, chanoine de Saint-Didier, vicaire général, trois fois de suite, contrairement à toutes les traditions et « sans conséquence pour l'avenir, » en 1785, 1786 et 1787, et une dernière fois en 1790. A. V. D 35, f°s 190, 237, 262, 280, 299, 306, 318, 339, 360.

2. Créat. d'une chaire de théologie scolastique par M. de Marinis. (Acte du 13 novembre 1655). Créat. d'une chaire de philosophie scolastique par le même. (Acte du 9 janv. 1666). Création d'une chaire de théologie morale par Et. Millaret, curé secondaire de Valréas. (Acte du 20 juin 1719.) Laval, 60, 62 et 71.

3. A. V. D 33, f° 175. On sait qu'il y eut ici une double agrégation. Les classes de philosophie des deux séminaires Saint-Charles de la Croix et Notre-Dame de Sainte-Garde furent agrégées à la Faculté des Arts de l'Université ; leurs classes de théologie, au nombre de deux pour chaque établissement,

sitaire et un moment songèrent à abandonner cet enseignement. Ils le gardèrent cependant [1], mais depuis cette époque, ils se désintéressèrent quelque peu de la Faculté. A leur place, les Sulpiciens et les prêtres de la Congrégation de Sainte-Garde, devenus de plus en plus nombreux, occupent souvent le décanat et dirigent la corporation ; celle-ci perd de plus en plus son caractère monastique primitif et tend constamment, si l'on peut dire, à se séculariser [2].

Comme les autres compagnies universitaires, la Faculté de théologie s'assemblait régulièrement dans un des couvents de la ville, à l'Université ou même chez le primicier, pour régler ses affaires particulières, s'agréger de nouveaux docteurs ou modifier ses statuts [3]. Le primicier pouvait présider ces assemblées. En son absence, le doyen et régent ordinaire dirigeait

---

furent agrégées à la Faculté de théologie et déclarées académiques sous condition que les professeurs se feraient agréger à la Faculté de théologie, dont ils restèrent quelquefois membres après avoir cessé leurs fonctions professorales. La question de ces agrégations donna lieu à de longs débats à la faculté de théologie (Assemblées des 10 août 1781 et 11 nov. 1782. A. V. D. 35, f°s 183 à 185 et 201). Elle fut approuvée par le Collège des docteurs en droit les 17 oct. 1781 et 20 nov. 1782 (A. V. D 31, f°s 171 et 208) et sanctionnée par le pape Pie VI par ses brefs du 21 janvier 1746. Laval, 76 et 77.

1. A. V. D 209 à 213. — Ils mirent pour condition à leur rentrée en fonctions que le professeur de philosophie de l'Université qui avait dû jusqu'en 1782 s'agréger à la faculté de théologie s'agrégerait seulement à la faculté des arts, transaction approuvée par l'Archevêque d'Avignon le 23 nov. 1782, après avoir été acceptée par le Collège des docteurs le 22 du même mois.

2. En 1783, sur 30 membres de la faculté on trouve trois supérieurs ou professeurs du séminaire Saint-Charles et trois du séminaire de Sainte-Garde. En 1789 Saint-Charles compte trois agrégés, et Sainte-Garde quatre. On sait que les prêtres de Saint-Sulpice dirigeaient le séminaire Saint-Charles. Celui de Sainte-Garde était desservi par une congrégation spéciale.

3. Quand le doyen en exercice appartenait à un ordre religieux, on se réunissait généralement dans son couvent. Mais souvent les réunions avaient lieu à l'Université ou chez le primicier (A. V. D 30, f° 89 ; D 31, f° 151 et 186 ; D 35, f° 181). Les assemblées des théologiens sont relativement plus nombreuses que celles des juristes. Les deux tiers des agrégés y assistent, en moyenne.

les débats, mais les délibérations étaient alors soumises à l'approbation du primicier [1]. Chaque année, le surlendemain de la Pentecôte, les théologiens élisaient leur doyen, seul chargé de l'enseignement public jusqu'en 1655 [2]. Les titulaires de chaires de théologie fondées par M. de Marinis à cette époque et plus tard, en 1718, par M. Étienne Millaret, étaient choisis, comme on sait, par les Pères dominicains du couvent de Toulouse.

Au reste, pour tout ce qui concernait ses intérêts généraux, son rang et ses privilèges, la Faculté de théologie restait soumise au Collège des docteurs en droit, pouvoir dirigeant de l'Université, dont cette faculté n'était qu'un membre. Mais ses représentants, plus heureux que les médecins et les maîtres ès arts, prenaient du moins une certaine part à l'élection du primicier. Les statuts de 1503 disposent en effet « qu'à l'élection du primicier assisteront ou pourront assister quatre maîtres en théologie, un de chacun des ordres mendiants » affiliés à l'Université et qui fut toujours le plus ancien d'entre les agrégés de l'ordre [3]. En 1783, les séculiers, devenus presque aussi nombreux que les réguliers réunis, demandèrent une faveur analogue. Grâce à l'opposition des juristes, elle leur fut toujours refusée [4].

---

1. A. V. D 30, f° 88 et 106, etc. D 35, f° 171. Le proprimicier pouvait présider en l'absence du primicier. A. V. D 35, f° 183.
2. Statuts de 1605. Art. 3. Le doyen devait être un des vénérables docteurs des quatre ordres mendiants. Les autres maîtres lui devaient respect et obéissance « car il était comme l'or à côté du métal et brillait plus que le diadème des rois ». Ce doyen devait avoir la première place dans tous les actes et assemblées de théologie et pouvait infliger aux maîtres « aliquas pœnas civiles, » les priver de leurs droits, etc. Aucun des actes relatifs à la faculté ne pouvait être exécuté sans son ordre. Le bedeau devait lui obéir. Il recevait le serment des maîtres et prêtait lui-même serment entre les mains du primicier.
3. Statuts de 1503, art. 1.
4. Ass. du Collège des docteurs des 1er juill. 1783 et du 23 mai 1786. Ass. de la fac. de théol. du 30 mai 1786. Les séculiers demandent un suffrage seulement pour l'élection du primicier ; la classe du clergé séculier dépasse de beaucoup

Faut-il considérer comme formant une corporation distincte, au sein de l'Université, les maîtres agrégés à la Faculté des arts? La question ne peut même pas se poser avant 1675, époque où, — pour ne pas remonter aux temps pour lesquels les documents font défaut, — les maîtres ès arts reçurent de nouveaux statuts et commencèrent à former un corps [1].

Après 1675, la Faculté existe, mais elle est composée d'éléments si divers, son action est si limitée, elle a si peu d'influence sur le gouvernement du studium, qu'on ne peut la comparer même aux Facultés de médecine et de théologie, sur lesquelles les docteurs en droit ont cependant gardé tant d'autorité.

Au lendemain de sa rénovation, elle compta jusqu'à quarante-six maîtres agrégés. Mais sur ce nombre, trente-un étaient des agrégés de la Faculté de droit, trois étaient docteurs en théologie, un docteur en médecine [2]. Les douze plus anciens docteurs du Collège des lois, les quatre régents ordinaires de droit canon et civil et plus tard les professeurs des Institutes et de droit français furent déclarés agrégés-nés aux arts [3]. Ceux qui s'agrégèrent dans la suite furent surtout des médecins; avec eux les anciens professeurs universitaires de philosophie et depuis 1782, les professeurs de philosophie des séminaires devenus, à cette époque, membres de l'Université,

---

les classes de chacun des religieux et les égale presque ensemble, disent-ils. Quand les statuts (primitifs) furent faits, la faculté de théologie n'était pas ouverte aux séculiers et ne le fut que longtemps après. A. V. D 35, f° 239, 293 et 294.

1. Pour tout ce qui concerne la Faculté des arts, v. J. Marchand, *la Faculté des Arts de l'Université d'Avignon*, 1897. Les art. 3 et 28 des statuts de 1675 stipulent que les docteurs en droit ou dans une autre faculté déjà maîtres ès arts ne paieront pour s'agréger que trois écus; les autres paieront le droit de maîtrise. A. V. D 71.
2. A. V. D 31, f°° 16, 17 et 105.
3. Statuts de 1675. Art. 36.

composèrent la nouvelle corporation. Elle comprenait, en 1790, avec les membres de droit, deux médecins et huit professeurs ou anciens professeurs de philosophie [1].

Les statuts de 1675 lui avaient refusé toute autonomie. Le Collège des docteurs en droit légiférait pour elle [2]. Les assemblées étaient toujours présidées par le primicier; on ne s'y occupait guère d'ailleurs que des agrégations à prononcer; pour tout le reste, le Collège des docteurs en droit était souverain. Le doyen, qui était le plus ancien agrégé, n'avait rang qu'après les régents ordinaires de droit; il n'exerçait aucune autorité réelle [3]. La Faculté ne nommait même pas son professeur, dont le choix, dévolu aux Dominicains de Toulouse, était ratifié par les docteurs en droit. Enfin, si les maîtres participaient aux privilèges accordés à tous les membres de l'Université et pouvaient revêtir les insignes doctoraux, ils ne prenaient rang, comme il convient, qu'après les trois Facultés supérieures [4]. Dans ces conditions, le rôle des maîtres ès arts ne pouvait être que bien modeste, et c'est par l'éclat seul de son enseignement qu'à diverses reprises, la Faculté révéla son existence et marqua sa place dans l'Université.

La corporation universitaire était, en droit, constituée par

1. De 1747 à 1782, on fit 29 agrégés dont 19 professeurs ou docteurs *in utroque jure*, 6 professeurs de médecine et quatre professeurs universitaires de philosophie. Ces derniers professeurs devaient, d'après l'acte de fondation de la chaire de M. de Marinis, se faire agréger à la faculté de théologie. En 1782, ils demandèrent et obtinrent de se faire agréger seulement à la faculté des arts. De 1782 à 1787, il y eut 13 agrégations, dont 4 de professeurs de philosophie de l'Université, 6 de professeurs de philosophie des séminaires et 3 de docteurs en droit. En 1782, la faculté comptait 32 membres, savoir: 21 professeurs ou docteurs en droit, 6 médecins, 5 professeurs ou anciens professeurs de philosophie. En 1790 on compte, outre les membres de droit, 2 médecins et 8 anciens professeurs de philosophie, soit 29 membres. (A. V. D 72 — D 149 à 151.)
2. Statuts de 1675. Art. 30.
3. *Idem.* Art. 12.
4. Statuts de 1675. Art. 4, 27, 28, 29, 31, 2.

les agrégés seuls. Cette doctrine que le Collège des docteurs maintenait rigoureusement quand il s'agissait d'autorité et de gouvernement, les papes l'avaient consacrée dans un tout autre esprit, par diverses décisions, notamment en 1684 [1]. Mais les brefs pontificaux n'avaient pas rompu les liens qui unissaient à l'Université les docteurs simples qui habitaient Avignon ou le Comtat, et ces liens, les agrégés s'efforçaient sans relâche de les resserrer.

De l'avis du Collège, les docteurs non agrégés devaient être traités non comme des étrangers, mais « comme enfants de l'Université [2] ». Enfants, le mot est significatif et il indique à merveille l'idée de bienveillance et l'idée de subordination qui se retrouvent toutes deux dans les rapports des chefs de l'Université avec ces membres d'ordre inférieur et, si je puis dire, éternellement mineurs.

Tout d'abord, en ce qui concerne les docteurs ayant pris leurs grades dans d'autres Universités, ils sont, qu'il s'agisse de juristes ou de médecins, soumis à l'immatriculation. Sans cette formalité, ils ne peuvent exercer ni les professions juridiques, celle d'avocat, par exemple, ni la profession médicale. Les docteurs seuls des Universités fameuses sont admis à l'immatriculation, et comme certains abus s'étaient produits à ce sujet, on décide, pour éviter des surprises, que les lettres de l'immatriculé seront lues en plein Collège [3]. Toute imma-

[1]. Un long procès, sur lequel on reviendra tout à l'heure, s'était engagé à Rome au sujet de la juridiction à laquelle les docteurs simples devaient être soumis. A ce propos, la congrégation du concile de Trente, à laquelle étaient réservés les litiges de cette nature, décida par un décret du 9 sept. 1681, que l'Université d'Avignon était constituée par les docteurs agrégés. Un bref d'Innocent XI du 17 oct. suivant consacra cette décision. (A. V. D 31, f°s 166, 167 et 170; Laval, 67.)

[2]. A. V. D 30, f° 145 (5 janv. 1662).

[3]. Délib. du Coll. des Docteurs des 13 juin 1662, 10 fév. 1667 et 24 oct. 1674. La première de ces délibérations décide de n'admettre à la matricule de l'Uni-

triculation qui serait le résultat d'une erreur est déclarée nulle, et plus d'une fois, de « faux » docteurs se virent rayés des registres en vertu de cette prescription [1]. Admis à la matricule, les docteurs prêtent un serment spécial au primicier, lui payent quelques menus droits, avec « une boîte de confitures d'au moins deux livres », acquittent les taxes attribuées au secrétaire et à la masse de l'Université; moyennant quoi, l'Université leur garantit le libre exercice de leurs droits, comme aux gradués d'Avignon.

Elle revendique même pour eux une sorte d'égalité à l'égard des docteurs agrégés en ce qui concerne l'admission aux emplois non universitaires. C'est ainsi, par exemple, qu'en 1662, le vice-légat ayant décidé que les assesseurs des tribunaux seraient pris parmi les agrégés, à l'exclusion des docteurs simples, le Collège proteste et obtient pour tous les docteurs un égal traitement [2].

En revanche, l'Université interdit formellement aux non-agrégés de former à côté d'elle un corps indépendant. Membres de l'Université, à certains titres du moins, ils ne

---

versité d'Avignon que des docteurs reçus dans une Université fameuse *in quâ studium actu vigeat*; elle ajoute que les docteurs en droit canon ou civil ou en médecine ainsi immatriculés paieront une pistole d'Espagne pour le droit de masse. En 1667, les droits sont ainsi réglés : pour l'immatriculation, au primicier une boîte de confitures de deux livres au moins; au secrétaire bedeau, 2 écus de 60 sols; après les serments : au trésorier, 4 sols; à la masse de l'Université, 8 sols, au secrétaire, 8 sols. Les maîtres ès arts paieront, pour la matricule « de l'Université des lois », au primicier, 20 sols, au secrétaire bedeau, 40 sols. (A. V. D 31, f° 11.)

1. En 1665, un sieur Rondache, qui n'avait pas été reçu dans une Université fameuse est obligé de passer un nouvel examen à Avignon (A. V. D 30, f° 153). En 1665, on raye un docteur *in utroque* d'Orange qui s'était fait immatriculer par surprise (A. V. D 30, f° 243; Cf. *Ibid.*, f° 246). V. des exemples d'immatriculation de docteurs ès lois ou en médecine des Universités d'Orléans, Aix, Valence, Montpellier et même de Rome. *Ibid.*, D 30, f°s 155, 158, 184, 250 D 31, f° 196, 219 et D 286, 326, 329 etc.

2. A. V. D 30, f° 145.

doivent relever que d'elle et ne chercher qu'en elle honneur et profit. Ici encore un exemple suffira à faire connaître l'esprit qui anime la corporation. En 1759, quelques avocats d'Avignon s'étaient assemblées dans le but de former une compagnie, se donner des statuts, élire des syndics, en un mot pour s'organiser en corps particulier dans lequel devraient à l'avenir se faire recevoir tous les avocats postulants, sous peine d'être privés de l'exercice de leur profession. Aussitôt, grand émoi dans l'Université qui s'apprête à défendre ses droits. Elle trouve naturellement des alliés parmi les avocats agrégés. Ceux-ci soutiennent, d'accord avec le Collège, qu'aucun corps ne peut être érigé parmi les gradués de l'Université, sans la permission du primicier, sous la juridiction duquel se placent agrégés ou non agrégés, sans distinction. Passer outre, c'est vouloir élever autel contre autel et créer entre les membres d'un même corps de dangereuses et interminables dissensions. Peu écoutés et désespérant, en conséquence, de convaincre leurs confrères, les défenseurs de la juridiction universitaire quittent l'assemblée. Les non-agrégés, restés maîtres du terrain, prennent alors les résolutions décisives et érigent en compagnie distincte ce qu'on appellerait aujourd'hui l'ordre des avocats. Ils trouvent un appui peut-être inespéré dans le vice-légat lui-même qui pourtant, dans son rescrit d'autorisation, réserve les droits de l'Université. Il ne restait plus qu'à en appeler au Saint-Père, et l'Université n'y manqua point. Bien lui en prit d'ailleurs, car mieux éclairée ou plus bienveillante que la légation, la congrégation du Concile, par un rescrit du 8 août, débouta les avocats de leurs prétentions [1].

1. Délib. du Collège des docteurs des 3, 24 et 28 mai 1759 et du 19 mai 1760. Le procès coûta cher (le 24 mai 1759 on avait emprunté mille livres pour le soutenir) mais ce ne fut pas là, comme en bien d'autres circonstances, de l'argent perdu. (A. V. D 34, f** 295, 306, 309, 322.)

La corporation des médecins avait, de son côté, des intérêts bien plus graves à sauvegarder, des combats bien plus rudes à soutenir. Les statuts municipaux [1], d'accord avec ses propres règlements [2], lui conféraient le monopole absolu de la profession médicale et ce monopole était sans cesse, — sournoisement ou au grand jour, — combattu par des rivaux puissants, nombreux, souvent insaisissables : les chirurgiens, les apothicaires, surtout les rebouteurs, « empiriques » et charlatans. Ici du moins le concours en Collège des docteurs du droit ne fit jamais défaut aux médecins régulièrement immatriculés. Toutes les fois qu'ils firent appel à sa haute protection, le Collège oublia les rivalités un peu mesquines qui avaient parfois divisé les membres de la famille universitaire pour se rappeler uniquement qu'il était le défenseur-né des privilèges de tous [3].

Les statuts de la Faculté de médecine, rédigés en 1577, tout en réglementant les études et les examens, étaient particulièrement dirigés contre les empiriques de toutes sortes « tondeurs, étuviers, renoueurs, accoucheuses » qui foison-

1. Statuts municipaux d'Avignon, 22 juin 1568, § xxi, art. 1ᵉʳ. « Statuimus quod nullus audeat praxim in arte medica exercere, medicamina exhibere infirmis, infirmorum curationem suscipere, quin prius in suae doctrinae significationem insignibus doctoratus in aliqua celebri universitate fuerit insignitus, pœna decem librarum Turonensium fisco applicanda ipso facto incurrenda. »
2. Statuts de la faculté de médecine du 18 nov. 1577, art. IX : « Nemo nisi doctor hujus vel alterius celebris Academiae intra civitatem Avenionensem medicam facultatem profiteatur, artemve exerceto et proinde pharmacopolae, chirurgi, myropolae, tonsores, aliptes, renunctores, obstetrices omnesque empirici a medicina facienda penitus prohibentor. » L'art. X interdit la médecine aux Juifs mais prévoit le cas où le pape ou le vice légal leur donneraient les autorisations nécessaires ; ils devaient alors être examinés par la Faculté. Avec ou sans autorisation, examinés ou non par les agrégés en médecine, les Juifs ne cessèrent pas d'exercer la médecine dans le Comtat. V. Laval, *Histoire de la Faculté de médecine d'Avignon*, p. 65 et suiv.
3. Voir par ex. l'assemblée des médecins tenue sous la présidence du primicier, le 27 nov. 1656, la délib. du Collège des docteurs in U. J. du 10 mars 1705, etc. (A. V. D 30, fᵒ 181.)

naient dans le Comtat, paraît-il, et dont les réclames, même extravagantes, ne trouvaient que trop peu d'incrédules. Le crédit dont ils jouissaient était devenu un danger public. L'article IX des statuts proscrivit formellement leurs manœuvres, interdisant toute opération aux uns, réduisant les autres à l'exercice de leurs très modestes fonctions. Mais contre de tels ennemis, la lutte devait recommencer tous les jours. La Faculté ne se lassa point. Aux différentes époques de son histoire, on la voit renouveler ses proscriptions et faire appel au bras séculier. En 1705, par exemple, proscrits par le roi de France, un grand nombre d'empiriques s'étaient réfugiés à Avignon et surprenant la bienveillance du vice-légat avaient été autorisés à s'y établir. Aussitôt les médecins s'émeuvent, en appellent au Collège des docteurs et le primicier enjoint aux intrus de se disperser. Bientôt même le vice-légat, mieux informé, retire son ordonnance [1].

Les apothicaires se mêlaient aussi de médecine ; mais ce n'est pas seulement pour prévenir ou arrêter leurs abus qu'on voit les docteurs s'occuper d'eux. De bonne heure, ils avaient revendiqué sur l'exercice de la pharmacie un contrôle sérieux et régulier. Il fut statué tout d'abord que le régent ordinaire de médecine assisterait aux examens de la maîtrise et pharmacie et contrôlerait les préparations qui leur servaient d'épreuves pratiques, concurremment avec les maîtres jurés. Les lettres de maîtrise des pharmaciens étaient également délivrées par le régent, assisté de deux maîtres, et portaient sa signature. Par un usage qui s'est continué jusqu'à nos jours, l'inspection des pharmacies était confiée à une commission composée des bailes de la corporation et de ce même médecin régent, lequel devait s'assurer tous les ans, si les remèdes étaient « bons ou

---

1. A. V. D 32, f° 181.

corrompus ou sophistiqués ou trop vieux ». Enfin deux médecins députés par leur Collège étaient chargés de dresser la liste des remèdes que chaque pharmacien devait tenir et c'était ce même Collège qui choisissait les deux apothicaires chargés, chaque année, d'en fixer le prix [1].

Les pharmaciens semblent avoir subi d'assez bonne grâce un contrôle auquel d'ailleurs étaient soumis tous leurs confrères du royaume de France. Mais il n'en fut pas absolument de même des chirurgiens. Aussi bien, pour avoir longtemps été confondue avec les métiers manuels, la chirurgie n'en acquérait-elle pas moins chaque jour une dignité plus grande depuis que ses progrès étaient plus manifestes : elle voulait à tout prix s'émanciper et elle y parvint, en dépit de la Faculté. Encore, en 1656, le primicier, au nom du Collège des médecins, renouvelle aux chirurgiens, comme aux apothicaires, les défenses souvent signifiées d'exercer la médecine sous peine de vingt-cinq marcs d'amende [2]. Mais dès 1700, les chirurgiens se donnent des statuts qui font brèche à la tutelle que les médecins avaient gardée sur leur corporation. C'est ainsi, par exemple, que les étudiants en chirurgie sont dispensés de suivre les cours d'un médecin et peuvent se borner à ceux de leurs maîtres, que les candidats à la maîtrise peuvent être admis par les chirurgiens seuls, en l'absence des médecins [3]

---

1. Statuts municipaux d'Avignon § 2. Art. 7. 11, 17, 18, etc.
2. Délib. du Coll. des médecins sous la présidence du primicier. A. V. D 30, f° 39. — Assemblée partic. du 12 juill. 1697. Pour remédier aux abus qui se font souvent à la réception des aspirants à la maîtrise des arts de chirurgie ou pharmacie, l'Assemblée est d'avis qu'un magistrat et des médecins assistent aux examens pour juger si le candidat est capable et encore pour empêcher qu'on ne fasse aux dits aspirants des interrogats et demandes trop difficiles. A. V. D 32, f° 80. Cf. décret du primicier contre M. Lussin, barbier chirurgien, pour l'empêcher d'instruire, en qualité de régent les compagnons chirurgiens (17 sept. 1683), conformément à l'art. XI des statuts de 1577 (Laval, *ouvr. cité*, p. 144.)
3. Statuts de maîtres chirurgiens d'Avignon du 24 juill. 1700, confirmés seu-

et que la corporation affirme son indépendance jusque dans la rédaction des lettres de maîtrise. Ces innovations que la Faculté combattait en 1697, elle s'y résigne quelques années plus tard. Bien plus, elle fait une place à la chirurgie dans son enseignement par la création d'un démonstrateur anatomique et admet les chirurgiens dans son amphithéâtre [1]. Ajoutons que, devenus puissants à leur tour, les chirurgiens proscrivent sans pitié les étrangers et les charlatans auxquels ils interdisent toute opération [2], s'efforçant de faire régner dans leur compagnie cet ordre, cette décence, cette dignité dont les médecins s'étaient toujours montrés si jaloux et qu'à la veille même de la Révolution, ils s'efforçaient encore de maintenir au besoin par des exclusions nécessaires [3].

Les docteurs et étudiants d'Avignon jouissaient, comme ceux des autres Universités, de privilèges fort étendus que leur avaient garantis un grand nombre de bulles et brefs pontificaux [4]. Quelques-uns de ces privilèges avaient, avec le temps, perdu beaucoup de leur importance ou même étaient à

lement le 18 août 1759. Art. 2, 3 et suiv. L'art. 23 indique que chaque année les maîtres chirurgiens et barbiers éliront, à la pluralité des voix, un docteur en médecine ou un maître chirurgien pour leur montrer l'anatomie et opérations chirurgicales.

1. Nomination de M. Jacques Bonhomme fils pour faire des démonstrations sur les cadavres. 19 mars 1745. A. V. D 33, f° 460. Il enseignera gratis, mais sera invité au repas qu'offre chaque nouvel agrégé et recevra les boîtes de dragées accoutumées.
2. Statuts précités. Art. 16.
3. La Faculté refuse, en 1789, à un nommé Jean Lambert, maître ès arts et bachelier d'Avignon, le grade de licence et doctorat pour avoir fait à Beaucaire acte de charlatan en débitant des drogues qu'il affirmait guérir à peu près tous les maux. A. V. D 35, f°s 326 à 328.
4. La Bulle de Boniface VIII du 1er juill. 1303 concède à l'Université d'Avignon tous les privilèges accordés aux autres *studia*; la bulle d'Urbain V du 26 mars 1367 confirme ces privilèges. A. V. D 2; Fournier, 1244, 1250; Laval, 1, 4. La Bulle de Jean XXIII du 6 sept. 1413 accorde aux docteurs d'Avignon les privilèges dont jouissent les Universités de Toulouse et de Paris. A. V. D 2; Fournier, 1290; Laval, 11, etc.

peu près tombés en désuétude : tels, par exemple, le droit pour les religieux d'enseigner le droit civil, la dispense de la résidence pour les docteurs pourvus de bénéfices ecclésiastiques, le privilège relatif aux logements des maîtres et des étudiants, et même l'exemption totale d'impôts qui leur avait été accordée par Jean XXIII et quelques-uns de ses successeurs [1]. Les membres de l'Université n'en gardaient pas moins une situation privilégiée tant au point de vue de leur rang dans la cité qu'eu égard aux charges qui pesaient sur eux et à la juridiction dont ils dépendaient.

Bien qu'elle ne leur eût été conférée par aucun acte spécial des souverains pontifes, les docteurs des diverses Facultés ne cessèrent de revendiquer la noblesse personnelle. Ils se qualifient nobles dans tous les actes publics. En 1675, le Collège des docteurs interdit aux agrégés de se laisser inscrire à l'Hôtel de Ville pour la deuxième main (l'ordre des bourgeois) « tant pour l'honneur et avantage de l'Université qu'afin que les docteurs conservent toujours la noblesse ». Ceux-qui passeraient outre seraient réputés avoir dérogé; on les exclut du primicériat [2]. A l'époque des réunions du Comtat au royaume, les représentants de Louis XIV reconnaissent formellement la noblesse des docteurs [3]. En

1. Bulles d'Urbain V du 15 juillet 1367, du même pape, d'avril 1366, de Clément V du 1ᵉʳ août 1388. Fournier, 1252, 1255, 1266. — Lettres de Charles II de 1304. — Bulles de Jean XXIII du 6 sept. 1413, de Nicolas V, du 20 oct. 1447 et de Pie II du 22 déc. 1459. Fournier, 1286, 1340, 1362; Laval, 21, 22, 24.
2. Assemblée du Coll. des docteurs, 14 mars 1675. A. V. D 31, f° 20.
3. Ordonnance du comte de Grignan, du 13 juin 1689. « Sur ce qui nous a été représenté par les docteurs de l'Université d'Avignon ayant remis leurs armes en conséquence de notre ordonnance du 4 mars dernier, qu'on pourrait présumer par là qu'il aurait été donné quelque atteinte au droit de noblesse qui leur est acquis par le doctorat, nous avons déclaré et déclarons que la rémission qu'ils ont faite de leurs armes ne doit et ne peut nuire audit droit de noblesse et que si les docteurs n'ont pas été exceptés de ladite ordonnance, c'est seulement parce que le roi a voulu que l'exception faite en faveur des

1728, enfin, le pape Benoît XIII la confirme en déclarant qu'elle résulte d'une coutume jusqu'ici respectée ! [1]

L'Université réserve encore à ceux qui l'ont servie longtemps, mais dans l'enseignement du droit seulement, un titre nobiliaire spécial, celui de comte aux lois, qui ajoute à la noblesse des docteurs une consécration rare et particulière. C'est une sorte d'honorariat qui ne s'acquiert que par vingt ans d'enseignement public et dont on est très fier d'être revêtu. Il est décerné, en vertu d'un vote du collège, par lettres du primicier. Les réunions du conseil universitaire ne sont soumises, sur ce point, à aucune espèce de ratification de la part des pouvoirs ecclésiastiques; pour le XVIIIe siècle, les registres ne font mention que de six comtes aux lois [2].

Enfin les docteurs en droit revendiquent pour ceux d'entre eux qui ont été élevés au primicériat une dignité plus grande

---

gentilshommes ne s'entende que de ceux qui font profession des armes, ainsi qu'il nous a apparu par les ordres reçus par nous de S. M. ». A. V. D 31, f° 213. Cf. une ordonnance de l'intendant Bouchu, du 17 déc. 1698, d'après laquelle les agrégés de l'Université sont déclarés nobles ainsi que leurs enfants et descendants. A. V. D 32, f° 125.

1. Bref de Benoît XIII du 17 sept. 1728 qui reconnaît que le primicériat forme un titre de noblesse transmissible « sino ullo tamen prejudicio, derogatione aut minima lesione directe vel indirecte nobilitatis quam doctores universitatis hujusmodi ex vi consuetudinis hactenus servatæ... habere et acquirere potuerunt et poterunt. » A. V. D 7; Laval, 72.

2. Les titres de candidats devaient être vérifiés dans un Collège spécialement assemblé à cet effet. Il n'était pas d'ailleurs nécessaire, en droit, d'avoir été pendant vingt ans régent ordinaire, mais seulement d'avoir enseigné pendant vingt ans dans l'auditoire public; en fait, aux XVIIe et XVIIIe siècles, qui remplissait la seconde condition remplissait aussi la première (Délib. du Coll. des docteurs des 21 fév. et 21 nov. 1671. A. V. D 30, f°° 237 et 348.) V. les nominations de comtes aux lois de MM. Crozet, Fr. de Garcin, Gilles de Benoît, B. Ruffi, Levieux de Laverne, Testo, Vernety, etc. A. V. D 22, f°° 127, 136; D 33, f°° 12, 192; D 34, f° 148; D 35, f°° 121 et 254. V. également les lettres de comte aux lois délivrées à M. L. de Garcin par le primicier, le 21 févr. 1671. A. V. D 317, f° 77.

encore. A leur avis, le primicériat doit constituer un titre de noblesse héréditaire et transmissible. On verra plus loin tous les débats auxquels donna lieu cette grave question ; il suffit d'indiquer ici que la noblesse héréditaire pouvait, sous certaines conditions, s'acquérir par l'enseignement.

Est-il nécessaire d'ajouter que, férue de ses droits séculaires et orgueilleuse de ses vieilles traditions, l'Université réclame dans toutes les occasions solennelles un rang adéquat à l'importance qu'elle se donne et à la considération dont elle jouit? qu'à l'Hôtel de Ville, elle ne le cède qu'à peine aux consuls? qu'ailleurs ses chefs marchent presque de pair avec l'archevêque et le vice-légat? Les registres des délibérations nous ont gardé l'écho des retentissantes querelles de préséance qui agitèrent longtemps les docteurs ; ils racontent avec une prolixité singulière et les satisfactions obtenues et les cérémonies officielles, — telles funérailles d'archevêque, par exemple, — où les docteurs occupèrent la première place [1]. C'était là évidemment, bien plus qu'au labeur obscur de l'enseignement, que l'Université se complaisait [2].

Elle n'était pas moins jalouse, comme il convient, de ses droits utiles : exemption d'impôt, privilège de juridiction.

---

[1]. Voir, pour le rang de l'Université dans les cérémonies, le récit des funérailles de plusieurs archevêques d'Avignon reproduit dans les registres : funérailles de M. de Marinis en 1649, de M. de Gontery en 1742, de M. de Crochans en 1756, etc. (A. V. D 30, f° 16, D 34, f° 254). On trouve aussi dans les registres la mention des interminables visites que les primiciers recevaient ou rendaient après leur élection et où les questions de préséance tiennent une grande place. V. la bulle de Pie II (avril 1459) sur les préséances, Fournier, 1360. Laval, 26.

[2]. Il n'était pas de privilège si mince et si suranné que les docteurs ne revendiquassent avec âpreté : celui par exemple en vertu duquel un artisan exerçant un métier bruyant ne pouvait s'établir dans le voisinage de la maison d'un docteur, que le bruit eût empêché sans doute de travailler. Une question de ce genre se pose en 1672; il s'agissait d'un serrurier (A. V. D 30, f° 250).

MARCHAND. *L'Université d'Avignon.*

En principe, les maîtres, étudiants et suppôts de l'Université ne contribuaient pas aux charges municipales. Ainsi le voulaient des privilèges souvent confirmés [1]. Ils étaient exempts de tout service militaire [2], même de la garde des portes de la ville [3], et ne payaient pas d'impôts : telle fut leur situation pendant des siècles. En fait néanmoins, le dernier de ces privilèges reçut de notables atténuations. L'exemption de la gabelle fut abonnée, en 1604 [4], moyennant une rente de soixante-dix livres que la ville fit à l'Université ; en revanche, en abandonnant à la ville une rente de trente écus que celle-ci payait à l'Université, les docteurs s'exemptèrent pour eux et leurs familles, de la taxe établie sur le blé et la farine [5]. Ils payèrent toujours, semble-t-il, l'entrée du vin, depuis l'établissement de ce droit [6]. Enfin, plus d'une fois, l'Université contribua à des dépenses extraordinaires faites par la municipalité, mais ce fut comme corps, en vertu d'une délibération spéciale des docteurs : le droit des personnes fut maintenu. Ajoutons que l'écho de la nuit du 4 août retentit jusqu'au sein de l'Université : le 13 août 1789, sur la proposition du primicier, le Collège par un vote unanime renonça « pour donner le bon exemple » à la rente représentative des gabelles qui était la marque de ses privilèges financiers [7].

Dans un pays où les impôts ne furent jamais très lourds, les docteurs n'avaient pas de très fortes raisons de tenir à de pareils privilèges et ils pouvaient en faire assez allègrement

---

1. Bulle de Jean XXIII du 8 sept. 1413 exemptant les docteurs licenciés et étudiants des tailles, gabelles et autres impositions (A. V. D 2; Laval, 21.)
2. Délib. du Coll. des docteurs du 21 avril 1621. A. V. D 29, f° 75.
3. A. V. D 33, f° 67.
4. A. V. D 35, f° 343.
5. A. V. D 29, f° 1.
6. V. la délib. du Coll. des docteurs du 11 juill. 1721 relative à l'entretien d'une ligne de protection établie contre la peste. A. V. D 33, f° 57.
7. Délib. du Coll. des docteurs. A. V. D 35, f° 343.

le sacrifice. Ils tenaient beaucoup plus à la juridiction particulière qui leur avait été dès longtemps octroyée.

On sait que le personnel des Universités échappait, en général, au droit commun. Néanmoins, aucun texte formel ne prouve que telle ait été la condition de l'Université d'Avignon dans le premier siècle de son existence [1]. La première, une bulle de Jean XXIII, accorda aux membres de cette Université une juridiction spéciale, la Conservatoire (*conservatoria privilegiorum apostolicorum*), à la fois chargée de juger les causes des membres de l'Université et de maintenir leurs privilèges. Trois conservateurs étaient institués qui pouvaient agir ensemble ou séparément, savoir : l'abbé du monastère de Saint-André, près Avignon, le prévôt de la cathédrale et le doyen de Saint-Pierre. Une seconde bulle datée du même jour [2] décida qu'aucun docteur, licencié, bachelier ou écolier ne pourrait être traîné en justice hors de la ville. Les conservateurs recevaient ainsi la pleine juridiction civile et criminelle, en dépit des prétentions du vice-gérant, auquel une bulle précédente avait remis les causes de l'Université [3]. Confirmée par les papes Pie II, Sixte IV et Innocent VIII [4], l'institution des conservateurs reçut une modification profonde par suite de la bulle de Léon X qui adjoignit aux trois conservateurs primitifs le primicier de l'Université lui-même avec les mêmes droits, privilèges et juridiction que possédaient ses

---

1. Les statuts de 1303 sont muets sur ce point. L'art. 32 indique seulement que le primicier devra s'employer à poursuivre devant les tribunaux (in quacumque curia) les injures souffertes par les docteurs ou étudiants, ce qui est la négation même d'une juridiction particulière.
2. Bulles de Jean XXIII du 6 sept. 1413. A. V. D 2. Fournier, 1283, 1289. Laval, 17, 18.
3. Bulle de Jean XXIII du 22 déc. 1412. Fournier 1281.
4. Bulles de Pie II du 22 déc. 1459, de Sixte IV, du 29 mars 1484, d'Innocent VIII, du 12 déc. 1488. A. V. D 3. Fournier, 1362, 1378, 1391, 1398 ; Laval, 25, 32, 37.

collègues, pourvu qu'il fût clerc [1]. Enfin, Léon X, observant que le primicier était souvent laïque, lui permit de déléguer, en ce cas, un docteur agrégé qui fût clerc et auquel il remettait les affaires concernant les clercs et les religieux [2]. Dès lors, les trois conservateurs primitifs ne jouèrent plus qu'un rôle fort effacé et c'est le primicier seul que les membres de l'Université s'habituèrent à considérer comme leur juge souverain.

Malgré les réclamations du vice-gérant ou de l'auditeur général, formulées à diverses reprises, la juridiction du primicier fut maintenue. En 1599, l'archevêque d'Avignon, Jean-François Bordini, vice-légat, décidait encore que tous les docteurs gradués de l'Université, pourvu qu'ils habitassent dans la ville, sans distinction entre les agrégés et les non agrégés, devaient être réputés membres de ce corps, qu'en conséquence, la juridiction de la conservatoire et par suite celle du primicier, leur restait applicable [3].

Mais peu à peu la séparation était devenue plus profonde entre agrégés et non agrégés. Il y avait quelque chose d'étrange, avouons-le, à voir des docteurs, que des liens de jour en jour plus relâchés, rattachaient à peine à l'Université et qui d'ailleurs étaient parfois disposés à s'en séparer, — tels, on l'a vu, les avocats postulants, — invoquer sa juridiction dès qu'ils y voyaient quelque avantage et échapper aux cours ordinaires. L'auditeur général qui n'avait point abdiqué les prétentions de ses prédécesseurs et ressentait vivement leur précédent échec, soumit de nouveau la question au Saint-Siège, en 1679. Rendu prudent par l'expérience, l'auditeur ne demandait pas la suppression de la juridiction universitaire, mais

---

1. Bulle de Léon X du 3 mars 1514. Laval, 43.
2. Bulle de Léon X du 27 mars 1514. Laval, 46.
3. Sentences de l'archevêque d'Avignon, J. Fr. Bordini, du 4 déc. 1599. Laval, 54, 55.

seulement sa limitation; il posait donc entre les agrégés et les non agrégés, entre les membres actifs et les simples gradués de l'Université, des distinctions fort spécieuses et demandait à la congrégation du Concile de Trente, à laquelle ressortissaient ces questions, de se prononcer sur les points suivants :

1° Les gradués d'Avignon, avocats plaidant dans cette ville, doivent-ils être réputés membres actifs de l'Université (*an intelligantur exercere et obire munia Universitatis*)?

2° Les agrégés qui n'exercent pas de fonction spéciale sont-ils à leur tour membres de l'Université?

Sur les mémoires qui lui avaient été remis, et sans que l'Université eût été appelée à se défendre, la congrégation, le 12 août 1679, résolut négativement la première question, ou, comme on disait, le premier doute et ajourna sa décision sur le second[1].

Aussitôt, l'Université, surprise par ce coup inattendu, demande et obtient assez aisément un second examen de la question[2], mais l'inflexible congrégation persiste dans son opinion primitive[3]; un nouveau bref d'Innocent XI semble condamner définitivement les prétentions universitaires en décidant, le 23 septembre 1684, que seuls les agrégés constituant en fait l'Université doivent jouir des privilèges accoutumés[4].

Toutefois l'examen ordonné par le pape en 1680 durait encore; il dura pendant soixante ans. Et grâce aux lenteurs sans doute calculées de la cour pontificale, primicier, conservateurs et docteurs furent maintenus en possession de la juridiction contestée. L'affaire semblait oubliée, quand, en 1738, un auditeur général, plus jaloux de son autorité, voulut faire

---

1. Délib. du Collège des docteurs du 1ᵉʳ sept. 1679. A. V. D 31, f° 94.
2. Décision d'Innocent XI du 7 sept. 1680. Laval, 66.
3. Délib. du Collège des docteurs du 7 juin 1681. A. V. D 31, f° 125.
4. Bref d'Innocent XI du 23 sept. 1684. Laval, 67. Cf. livre III, ch. III.

revivre le rescrit de 1679. Malgré ses efforts, l'Université fut de nouveau condamnée. Persistant dans ses conclusions précédentes, la congrégation du Concile exclut de la juridiction de la conservatoire non seulement les non agrégés, même avocats à Avignon, mais encore les agrégés qui ne remplissaient pas un office universitaire, les lecteurs eux-mêmes et les officiers de l'Université, leur temps d'exercice expiré. Cette décision vraiment draconienne fut approuvée par le pape, mais plusieurs modifications y furent apportées et les décisions suivantes définitivement admises, qui donnaient en somme aux réclamations des docteurs de larges satisfactions.

Le primicier, les maîtres, les régents durant le temps de leur régence, tous les écoliers pendant leurs études, le bedeau et les autres suppôts de l'Université et tous ceux qui recevaient d'elle un salaire, devaient jouir du *privilegium fori* et de la juridiction des conservateurs. Et de même les gradués, même non agrégés, pourvu qu'ils habitassent Avignon; car, s'ils ne lisaient pas et ne remplissaient aucun office, ils n'en restaient pas moins à la disposition du primicier qui pouvait les charger de certaines fonctions et actes, et par suite formaient corps avec l'Université. La juridiction des conservateurs ne s'appliquait guère d'ailleurs qu'aux causes civiles et seulement *in passivis*, c'est-à-dire quand un membre de l'Université avait à demander réparation d'un dommage; enfin les conservateurs ne jugeaient qu'en première instance. En ce qui concernait la juridiction criminelle, les crimes, ou plutôt les délits peu importants, étaient seuls de leur ressort. Ils ne pouvaient punir que de l'exil simple ou de l'amende. Quant aux crimes entraînant une peine afflictive, ils ressortissaient au tribunal du vice-légat et de la congrégation criminelle. Cependant, pour les causes de ce genre où un privilégié était défendeur, le primicier pouvait se joindre aux juges, mais avec voix consultative seulement. Pour les causes réservées aux primiciers et conservateurs, la juridiction de ces magistrats était d'ailleurs privative et non cumulative, sauf les droits de l'ordinaire pour ce qui concernait les mœurs. Les appels devaient être portés devant l'auditeur général et non devant le vice-légat, sauf en cas de suspicion légitime. Enfin les causes fiscales et autres non prévues intéressant les membres de l'Université étaient remises aux tribunaux ordinaires[1].

Telle fut la bulle de Benoît XIV, d'octobre 1745, qui mit fin à des conflits séculaires. L'Université qui avait toujours soutenu avec une infatigable âpreté les droits de ses justiciables[2] pouvait s'en montrer satisfaite. Malgré des réserves et des restrictions qu'explique le progrès des idées en matière judiciaire et qui étaient, comme on dit, un signe des temps, elle n'en formait pas moins une sorte d'État dans l'État, investi d'une rare autonomie et capable de dispenser à ses justiciables ces trésors d'indulgence que les corps privilégiés prodiguèrent tant de fois à leurs membres, même indisciplinés et coupables.

Toute corporation revêtait encore, au XVIIIe siècle, un certain caractère religieux; à plus forte raison les corporations enseignantes, qui comptaient dans leur sein bon nombre d'ecclésiastiques et où les pratiques religieuses se mêlaient si intimement au culte de la science. Là le nom d'un patron vénéré, des messes, des processions aux divers anniversaires, des services funèbres pour les membres décédés avaient leur place tout indiquée, bien plus encore que dans la vie des corps de métiers. Les gradués de l'Université d'Avignon, docteurs

---

1. Bulle de Benoît XIV du 19 oct. 1745. Laval, 72.
2. Voir notamment les délib. du Coll. des docteurs des 23 fév. 1623, 7 mars et 30 août 1659, 21 févr. 1671, etc. A. V. D. 29, f° 81. D. 30, f°° 115, 126 et 240. Un docteur ayant été incarcéré, sur la plainte d'un nommé Dona, marchand de la ville, en 1623, celui-ci dut venir faire des excuses à genoux devant le Collège. (A. V. D 29, f° 61.)

et licenciés en droit et en médecine, maîtres ès arts et en théologie (il sera question plus loin des étudiants) avaient dès longtemps formé, sous l'invocation de la Vierge, une confrérie dont la fête se célébrait le jour de l'Annonciation (25 mars.) Les statuts de cette confrérie ne nous sont parvenus que sous une rédaction du xv° siècle; ils règlent uniquement le tarif des cotisations annuelles et le cérémonial des funérailles des membres défunts; mais nous savons, en outre, que chaque année les confrères élisaient parmi eux deux bailes qui étaient leurs agents d'exécution. Ils louaient une chapelle dans l'Église des Cordeliers et veillaient à son entretien. C'est là qu'avaient lieu les cérémonies de l'association savoir, le jour de l'Annonciation, une messe avec discours solennel, procession et distribution de gâteaux (plus tard de testons ou jetons) et, chaque année, une messe pour le repos de l'âme des confrères décédés [1].

Mais au xvIII° siècle la confrérie était déjà en pleine décadence. Dès 1629, on remarque que ses affaires sont en mauvais

1. Statuts de la corporation des docteurs de l'Université d'Avignon. (Fournier, 1342). La rédaction date probablement de la dernière moitié du xv° siècle. Le primicier devait verser chaque année pour sa quote-part (pro predicta sua confratria) 6 gros, plus 2 sous pour son épouse, s'il était marié. Les docteurs et licenciés en médecine et ès arts de la dite Université, verseront 3 gros et 2 gros pour leurs épouses. Ceux qui ne seront pas mariés verseront 5 gros. Les écoliers admis dans la confrérie n'en verseront que 3. Les docteurs du collège pourront être forcés par le primicier de payer ces 5 gros. Au besoin une retenue sera opérée sur leurs émoluments. A l'avenir, quiconque sera fait docteur ou agrégé à l'Université versera un écu d'or à la confrérie; le licencié ou maître en théologie devra, dès sa réception, remettre un florin au premier baile pour la confrérie; tous paieront ensuite la taxe annuelle comme les autres confrères. Les non agrégés, s'ils habitent Avignon, verseront un florin; s'ils sont de passage (transeuntes) 6 gros seulement. Le primicier devra exiger et faire parvenir cette somme au premier baile, sans quoi il devrait payer de sa poche. Quand un des docteurs agrégés viendra à mourir, ses héritiers paieront au premier baile un écu d'or au soleil. Moyennant quoi lesdits bailes assisteront aux funérailles du défunt avec des torches. Ce paiement sera fait dans l'année après la neuvaine. Les héritiers des docteurs défunts qui ne seront

état; on a égaré le drap mortuaire qui était fort beau; les comptes ne sont pas régulièrement rendus; la chapelle est dépourvue de retable et d'ornements sacrés [1]. Un demi-siècle plus tard, la situation n'est pas meilleure. La même chapelle, à travers le mur de laquelle on a pratiqué une entrée, n'est plus qu'un passage; il pleut sur l'autel et on n'y peut pas dire la messe. Cet autel est si mal orné « qu'il n'y a pas de chétif [2] hameau qui n'en ait de plus propre et un plus beau retable. » On a négligé la messe des morts « bien que la confrérie ait été créée dans ce but [3] », on trouve difficilement un orateur pour prêcher, le 25 mars [4]. La procession même est délaissée et les vice-légats s'étonnent que dans de si grandes solennités les docteurs montrent si peu de zèle [5].

Ajoutons que ces cérémonies n'étaient pas les seules auxquelles les docteurs fussent astreints. Ils devaient figurer non-seulement aux messes par lesquelles s'ouvrait, comme on le verra, l'année scolaire, mais aussi à toutes ces processions que le clergé multipliait volontiers : Ascension, Fête-Dieu, etc. C'étaient là, certes, de belles occasions pour l'Université de figurer avec éclat dans un brillant cortège et de montrer le rang qu'elle tenait dans la cité. Il faut penser cependant, en dépit de l'orgueil qu'on lui prêtait, que ces manifestations lui

---

pas eux-mêmes docteurs ne verseront qu'un florin, les cérémonies susdites devant d'ailleurs être célébrées.

1. Délib. du Coll. des doct. des 25 mars, 23 avril et 29 mai 1629. Le 29 ma délibéré de faire construire un retable, d'acheter deux chandeliers et de faire faire des cierges pour la procession de l'Annonciation. A. V. D 29, f°s 117, 119 et 120.
2. Délib. du Coll. des docteurs des 23 mai 1678 et 23 déc. 1694. A. V. D. 30 f° 198; D. 32, f° 23. Les Cordeliers offrent une autre chapelle disponible moyennant quatre écus d'augmentation.
3. Délib. du 11 mars 1656. A. V. D 30, f° 75.
4. Délib. du 1er juill. 1777. A. V. D. 35, f° 105. On élève les honoraires de l'orateur de 10 livres à 24.
5. 16 fév. 1680. A. V. D 31, f° 119.

paraissaient monotones et finissaient par la lasser. Le primicier ne cesse de se plaindre, surtout au cours du xviii⁰ siècle, de n'avoir pas, aux processions la suite qui conviendrait. En 1732, par exemple, à la fête de l'Ascension, huit ou dix docteurs seulement l'accompagnent; en 1775, à pareille cérémonie, il est à peu près seul et c'est à peine s'il se trouve six docteurs pour porter le dais avec les régents [1]. En vain le Collège multiplie les avertissements et les remontrances [2], fixe le chiffre minimum des présences obligatoires [3], prive les absents de leurs jetons [4] et charge deux de ses membres de procéder chaque année à un contrôle de plus en plus rigoureux [5]. Comme il arrive d'ordinaire, l'indifférence et l'inertie se trouvent plus fortes que les règlements et le mal qu'on voulait guérir ne faisant qu'empirer, on s'y résigne et l'on compose avec lui [6].

1. Délib. du Coll. des doct. du 26 mai 1732. Depuis quelques années les docteurs négligent d'aller aux processions et notamment à celle de l'Ascension. — 3 juill. 1775. Les docteurs assistent en si petit nombre à la procession de la Fête-Dieu que le primicier s'y trouve presque seul. Nécessité d'y pourvoir; il faut au moins six docteurs pour porter les cordons du dais avec les professeurs. A. V. D 33, f° 195; D 35, f° 90.

2. Ass. du 17 fév. 1680. Le primicier fait remarquer que l'abstention des docteurs remarquée par les vice-légats pourrait produire un mauvais effet et « faire croire qu'il n'y a que les régents qui exercent *munera Universitatis*, quoique l'on prétende que cela soit commun à tous les docteurs, surtout aux agrégés ». A. V. D 31, f° 119.

3. Le 16 fév. 1680 on décide que les 18 plus vieux docteurs assisteront en robe aux messes de Saint-Luc et de l'Annonciation, à celle du lendemain de Saint-Didier, à celle de Saint-Martial, aux processions de l'Ascension, etc. — 18 mai 1711. Tous les docteurs devront assister aux messes, sauf les malades; tous devront également assister aux processions, sauf les « 12 vieux » et les prêtres qui y assistent avec leur corps. A. V. D 31 f° 119; D 32, f° 186.

4. Délib. du Coll. des docteurs des 5 juin 1610, 26 juin 1634, 26 juin 1703 18 mai 1711, 25 mai 1732, 3 juill. 1775. A. V. D 29, f° 25 et 148; D 32, f° 174, 186 et 196; D 35, f° 90.

5. A. V. D 29, f° 25, 115, 143.

6. Délib. du Coll. des doct. 3 juill. 1775. Le primicier fait décider qu'à l'avenir assisteront seuls avec lui aux processions les six régents, les six docteurs agrégés qui doivent porter le dais et le secrétaire. Les présents seuls participeront à la distribution des testons, les autres docteurs ne pouvant y prétendre. A. V. D 35, f° 90.

CHAPITRE II

LE COLLÈGE DES DOCTEURS EN DROIT

Le gouvernement de la corporation universitaire. — Les assemblées du Collège des docteurs en droit agrégés. — Périodicité des séances; leur physionomie. — Commissions. — Assemblées particulières. — Compétence du Collège en ce qui concerne l'Université en général, la Faculté de droit en particulier. — Tutelle qu'il exerce sur les autres Facultés. — Le pouvoir de statuer.

Les anciennes Universités se gouvernaient, en général, elles-mêmes sous le double contrôle de l'autorité ecclésiastique et de l'autorité civile. Il n'en était pas autrement à Avignon. Ici d'ailleurs, comme dans tous les autres centres universitaires, l'autonomie du corps enseignant n'avait cessé de croître au détriment des pouvoirs étrangers à ce corps, qui l'avaient, à l'origine, complètement dominé. Peu à peu, par une évolution lente, dont les documents ne nous permettent pas de suivre toutes les phases, l'administration de l'Université s'était concentrée dans le Collège des docteurs en droit agrégés. Dès le XVIIe siècle, l'archevêque-chancelier gardait à peine sur les choses du studium quelques lambeaux d'une autorité jadis souveraine. Quant au vice-légat, représentant du pouvoir civil, il n'était guère qu'un intermédiaire impuissant entre le primicier et le Saint-Père. Seule, la congrégation du Concile de Trente, organe de l'autorité pontificale en matière d'enseignement, exerçait sur l'Université d'Avignon un contrôle vraiment effectif.

On a vu comment se recrutait le Collège des agrégés et que seuls les juristes y entraient. A côté d'eux, nul corps qui pût leur faire échec ou seulement contre-poids. Pas d'assemblées d'étudiants, pas d'assemblées générales de l'Université. Toute autorité réside dans le Collège ou émane de lui.

Il ne se réunit pas fréquemment, environ six fois par an [1]. Ses séances ne sont point périodiques ; il n'y a pour elles, ni jour, ni heure plus particulièrement désignés [2]. Toutes les fois que l'intérêt de l'Université le requiert, le bedeau, sur un ordre exprès du primicier, convoque les docteurs et c'est pour ceux-ci un devoir de ne pas manquer à l'appel [3].

Ce devoir pourtant, ils ne sont pas toujours empressés à le remplir. Telle séance réunit à peine un quart des agrégés ; la proportion est même moindre parfois. Mais il n'est pas rare, — lorsqu'il s'agit d'affaires d'importance, élection des régents ou du primicier, procès à soutenir, emprunts à contracter ou privilèges à défendre, — de voir presque tous les docteurs accourir. En moyenne, la moitié des agrégés assistent aux séances. Aucun chiffre de présences n'est d'ailleurs exigé pour la validité des délibérations [4].

1. Voici quelques chiffres empruntés aux années pour lesquelles les registres sont le plus complets. En 1675, 8 séances ; en 1676, 6 ; en 1677, 6 ; en 1695, 6 séances ; en 1696, 8 ; en 1697, 5 ; en 1725, 8 séances ; en 1726, 5 ; en 1727, 4 ; en 1750, 12 séances ; en 1751, 7 ; en 1752, 5 ; en 1780, 3 séances ; en 1781, 5 ; en 1782, 6. A. V. D 31, 32, 33, 34, 35, *passim*.

2. On demeure parfois trois mois et plus sans se réunir ; on se réunit plusieurs fois en un mois ou même en une semaine, quand les affaires l'exigent. Les réunions ont lieu à 2 heures, à 3 heures ou à 4 heures après-midi ; le matin à 9 heures et même à 7 heures, en été. A. V. D 29, f° 83 ; D 32, f°⁹ 226, 270 ; D 35, f°⁹ 181, 302, etc.

3. Le procès-verbal indique les noms des présents et porte la mention : le reste des non-présents ayant été dûment convoqués.

4. Le 21 févr. 1671, 21 présents sur 104 agrégés ; même chiffre le 25 juin 1674 ; le 22 mai 1715, 21 présents sur 81 ; le 19 mai 1749, 18 présents sur 63, même chiffre le 25 sept. 1756. — Autre note : 74 présents le 10 août 1681, sur 104 agrégés ; 67, le 11 mars 1760, sur 93 ; 49, le 25 mars 1750, sur 64, etc. Ce sont là

La convocation doit indiquer l'ordre du jour [1] et ce à peine de nullité. Les délibérations et le vote doivent porter exclusivement sur les questions qui y sont énumérées. Pour avoir négligé une formalité réputée essentielle, les primiciers durent plus d'une fois ajourner l'assemblée. En revanche, quand la discussion s'est régulièrement ouverte, l'abstention n'est pas permise. Chacun doit « opiner, » à peine d'amende [2]. Les récalcitrants n'ont qu'une ressource se déclarer « forcés et contraints » et protester contre la violence qu'ils subissent.

Le Collège n'eut pas d'abord de salle spécialement affectée à ses séances. Il se réunissait d'ordinaire dans l'auditoire de médecine, « lieu désigné pour tenir les assemblées du Collège [3] ». En 1698, on aménagea, dans les dépendances de

des exceptions. La moyenne des présences est de 40 à 50 pour le xviie siècle (sur 100 agrégés environ) elle diminue progressivement jusqu'à 35, 30, 25 à mesure que le nombre des agrégés s'abaisse lui-même à 70, 60, 50. A. V. *Ibid.* Le 21 sept. 1637 on attend près des deux heures les absents avant de faire aucune proposition et on se retire sans délibérer ; il y avait cependant 43 présents. Le 25 juin 1638, trente docteurs s'abstiennent sous des excuses diverses; le 3 juillet de la même année, quarante se disent malades ou refusent de venir. Quelquefois l'assemblée est écourtée, « plusieurs docteurs s'étant retirés, vu l'heure avancée, de peur de prendre mal. » (A. V. D 29, f°s 180. 184, 188; D 30. f° 144.)

1. 20 mai 1715. Le Collège est renvoyé pour n'avoir pas été fait mention de l'objet de la réunion. (A. V. D. 32, f° 339.) On pourrait citer plusieurs exemples d'un pareil fait.

2. 26 mars 1685. Le primicier « fait trois fois commandement au sieur de Boittin, de ballotter à peine de cent écus d'amende. Boittin ballotte, mais déclare que c'est par force, contrainte et crainte des peines, protestant de la nullité de la délibération ». (A. V. D. 32, f° 26.) Même ordre donné au même docteur le 14 juin 1708, à peine de 500 écus d'amende. (A. V. D 32, f° 240.)

3. Jusqu'en 1698, le Collège se réunit dans la salle de la médecine et extraordinairement dans l'auditoire des lois. (A. V. D 31, f° 15, 14 fév. 1675.) Le 18 août 1698, le Collège décida de reprendre « un membre entre les classes de théologie et de philosophie qu'il arrentait pour peu de chose, pour en faire une belle salle pour les actes et thèses de baccalauréat et licence ». C'est dans cette salle, réparée et ornée à plusieurs reprises, que le Collège se réunit d'ordinaire pendant tout le xviiie siècle. (A. V. D 32, f° 115.)

l'Université, une salle pour les délibérations et les actes : les docteurs y trouvèrent enfin une installation digne d'eux.

Le primicier présidait toujours les assemblées. Pour y maintenir le bon ordre et la décence, il disposait de peines disciplinaires matérielles ou morales, le blâme et l'amende. Peines rarement appliquées d'ailleurs : dans le sénat universitaire, chacun savait les égards dus à des collègues et à des chefs [1].

Et pourtant les discussions étaient souvent passionnées. Avec la plus grande liberté de langage, chacun exprimait nettement son opinion et, près d'être battu, recourait aux pires artifices de procédure, niait la compétence de l'assemblée, faisait opposition aux débats, protestait de leur nullité, en appelait au Saint-Siège. L'assemblée ne s'arrêtait guère devant une telle obstruction. Acte était donné aux opposants de leurs réserves et l'on passait au vote. Sauf les ratifications en certains cas nécessaires, les décisions adoptées devenaient aussitôt exécutoires.

Le vote était public; on opinait à haute voix. Ce système, qui établissait les responsabilités de chacun, engendra plus d'une fois des haines et des rancunes; on y renonça en 1607. Depuis lors on vota par fèves, c'est-à-dire par bulletins soigneusement fermés. Pour les nominations et élections on n'eut qu'à conserver l'usage ancien, qui était le scrutin secret [2]. En cas de partage des suffrages, le primicier avait voix prépondérante, même dans les questions de personnes, s'il faisait connaître son avis [3].

Les délibérations, dit-on en 1659, doivent rester secrètes et n'être point communiquées hors du Collège [4]. La précau-

1. A. V. D 32, f° 26, 240.
2. Délib. du 21 avril 1607. A. V. D 29, f° 4.
3. M. C. 2891, f° 103. In casu paritatis, primicerius habet electionem. A. V. D. 29, f° 28.
4. Délib. du 4 juill. 1659. A. V. D, 30, f° 118.

tion peut paraître singulière ; mais il s'agit moins des votes, dont le secret était difficile et si souvent inutile à garder, que des débats et des documents qui les éclairent. Le Collège ne veut point fournir à ses adversaires des arguments qui pourraient se retourner contre lui : il se réserve d'autoriser les communications qui sont sans danger.

Conscients de leur responsabilité, comme de l'étendue de leur pouvoir, les docteurs ne veulent s'arrêter qu'à des « conclusions » étudiées et mûries. Ils ne se décident pas au pied levé. Toutes les questions de quelque importance sont renvoyées à une commission dont le rapport sert de base à une délibération ultérieure. La composition de ces commissions est variable ; mais on y fait entrer surtout les anciens primiciers, les régents et anciens régents. Un document dit même que les primiciers, les quatre régents et l'acteur sont députés-nés de toutes les affaires de l'Université [1]. La règle n'est pas absolue ; mais l'étude des questions d'enseignement est toujours confiée aux régents, les litiges et procès à l'acteur ou aux acteurs : à côté d'eux figurent d'autres commissaires en nombre variable ; les commissions ne comptent d'ailleurs, sauf exception, que quatre à huit membres au plus. Le primicier en est le président-né ; il assiste à toutes leurs séances et souvent remplit les fonctions de rapporteur. La discussion s'ouvre sur les conclusions qu'il propose, chaque docteur gardant d'ailleurs ce qu'on appelle aujourd'hui le droit d'initiative et celui d'amendement.

Une coutume qu'aucun règlement n'avait autorisée, mais qui ne tomba jamais en désuétude, permet d'ailleurs au primicier, quand une grave question se pose et qu'il veut en saisir le Collège, de réunir sous sa présidence ceux de ses collègues qu'il

---

1. A. V. D. 31, f° 158 (17 avril 1683). Les commissaires prenaient le nom de députés.

juge le plus capables de l'éclairer. Ces assemblées « particulières », dénuées de tout caractère officiel et tenues dans la maison du primicier, sont plus nombreuses que les séances des commissions régulièrement émanées du Collège. Leur composition n'a aucune fixité, mais on y voit figurer en général les régents ou anciens régents, les ex-primiciers et parmi les simples agrégés les « plus notables » ou les « plus vieux [1] ». En dépit des réclamations qu'elles soulèvent parfois et des susceptibilités qu'elles blessent, le Collège adopte généralement leur avis.

Par l'organe de ces assemblées et des commissions spéciales, le primicier, au milieu des difficultés qu'il rencontre, s'éclaire et tâte le pouls à l'opinion. Chargé non seulement de diriger les débats du Collège, mais aussi de préparer ses travaux, cette enquête préalable lui dicte ses propositions définitives ; pour combattre les opposants, s'il s'en trouve, il pourra invoquer l'assentiment des plus influents de ses collègues et étayer ses avis de leur autorité.

La compétence du Collège n'a pour ainsi dire pas de limites. On trouvera à chaque page de cette étude la trace de son intervention. Il suffit donc d'indiquer ici ses attributions principales, lesquelles peuvent se résumer en peu de mots : il gouverne dans son ensemble la corporation universitaire et administre spécialement la Faculté de droit; il exerce sur l'administration des autres Facultés un contrôle étroit qui, dans certains cas, se transforme en une action directe et immédiate.

Gardien des intérêts généraux de l'Université, il en nomme

---

[1]. Ces assemblées paraissent avoir été très fréquentes. Voir notamment celle du 12 juill. 1607 qui compte 16 membres, celle du 28 mai 1740 qui en compte 13, les assemblées des 16 juill. 1698, 18 avril et 1ᵉʳ août 1701, janvier 1725, etc. A. V. D. 32, fᵒˢ 79, 112, 159; D. 33, fᵒˢ 101, 371, etc.

les magistrats et les agents : le primicier [1], les acteurs, le bedeau ou secrétaire [2], l'imprimeur, les députés à l'Hôtel de Ville. Il choisit les délégués qui iront défendre les intérêts de la corporation auprès du pape ou du roi de France, et, à l'occasion auprès des autres Universités, les avocats qui plaideront ses procès devant les diverses juridictions comtadines, pontificales ou françaises.

Il administre les biens et les finances de l'Université, vend et achète en son nom meubles et immeubles, décide, quand il y a lieu, des réparations à exécuter ou des échanges à opérer, passe les baux à loyer, nomme et révoque les titulaires des greffes attribués à la corporation, contracte les emprunts, autorise les remboursements, bref, règle souverainement le budget ordinaire et le budget extraordinaire du corps.

Il a charge aussi des intérêts moraux de l'Université. C'est à lui qu'incombent la défense de ses privilèges, le soin de sa dignité et de son honneur. Il veille à ce que chacun remplisse exactement ses devoirs et maintient la bonne harmonie entre les différents membres de la corporation; il garantit l'observation des règlements, résout les questions d'étiquette, de

---

1. Depuis 1503 quatre docteurs de la Faculté de théologie, et depuis 1781, deux médecins furent adjoints au Collège pour l'élection du primicier.
2. Le choix du bedeau fut l'objet d'une longue querelle entre le Collège et l'évêque-chancelier dont l'issue marque bien les progrès de l'autonomie de l'Université au détriment de l'autorité ecclésiastique. Le bedeau était nommé, en effet, à l'origine, par l'évêque et prêtait serment entre ses mains. (Statuts de 1303, art. 19.) En 1383, les docteurs commencent à protester et refusent d'accepter un bedeau nommé par l'évêque seul. Une transaction intervient, en vertu de laquelle le bedeau devait être désigné par les docteurs et confirmé par l'évêque. (On accepta le bedeau nommé par l'évêque, mais à condition qu'il déclarerait renoncer à toute espèce de droit acquis par ce choix et ne tenir son investiture que du Collège). V. Fournier, 1265, 1311, 1318, 1330. Aux xviie et xviiie siècles, on ne trouve pas de trace de cette confirmation de l'évêque. Les bedeaux nommés le sont uniquement par le Collège, qui agit ici dans sa pleine souveraineté.

MARCHAND. *L'Université d'Avignon.*

costume, de préséances, de cérémonial [1]. Il défend contre les corps rivaux les droits des étudiants et des maîtres et assure à leur encontre l'exécution des lois, édits et ordonnances qui forment la charte universitaire [2]. Il prend toutes les mesures utiles ou nécessaires pour maintenir les privilèges que l'Université a reçus des souverains pontifes ou des rois de France, quand ces privilèges paraissent menacés. En ce cas, jamais procès ne l'effraie et, avant de s'avouer vaincu, il épuise toutes les juridictions [3].

Le Collège des docteurs se confond, à un certain point de vue, avec la Faculté de droit. Cette assemblée est donc compétente pour tout ce qui intéresse cette Faculté. Elle nomme les professeurs, fixe leurs appointements, détermine leur service et règlemente leur enseignement. Elle admet ou rejette par un vote les agrégés *in utroque jure*. Elle rédige les programmes des cours, détermine la forme des examens et arrête le montant des taxes. Elle a la discipline des maîtres et des élèves. Elle représente la Faculté, comme l'Université elle-même, en face du pouvoir ecclésiastique ou civil.

Les Facultés de médecine, de théologie et des arts se réunissent et délibèrent sur leurs intérêts particuliers ; mais le primicier préside presque toujours ces séances, et les délibérations ne sont valables et exécutoires qu'après approbation du Collège ou du primicier qui le représente [4]. Chaque Faculté nomme au scrutin ses agrégés et, dans une certaine mesure, règlemente son enseignement. Mais seule la Faculté de théo-

1. A. V. D 29, f° 4; D 32, f° 186; D 31, f° 240, etc.
2. A. V. D 30, f° 218.
3. Voir plus loin, l. III, ch. III, les procès soutenus avec les différentes Universités françaises notamment avec Aix et les rapports avec les rois de France.
4. Voir à la suite des délib. des Facultés la mention de l'approbation du primicier. A. V. D 29 à 35, *passim*.

logie nomme son doyen qui est aussi son seul professeur. Plus tard, quand deux chaires nouvelles sont créées dans cette Faculté, le choix des maîtres réservé à l'autorité ecclésiastique est soumis à la ratification du Collège ou du primicier. Et de même pour le régent de la Faculté des arts. Quant à la Faculté de médecine, c'est le Collège qui, jusqu'en 1784, nomme son premier professeur. Aucune de ces Facultés n'a d'ailleurs de locaux à elle, ni de budget spécial. Et peut-être faut-il chercher dans l'étroite subordination où elles furent tenues la raison de l'obscurité où elles vécurent si longtemps.

Ajoutons que la surveillance des docteurs s'exerce aussi sur ces établissements annexes de l'Université qu'on appelait autrefois des Collèges et où quelques étudiants pauvres trouvaient le gîte et le couvert, à charge d'étudier le droit, la théologie, voire la médecine. Longtemps l'action des autorités universitaires sur ces « hospices » fut réelle et efficace. Le primicier et les délégués du Collège des docteurs en droit s'assuraient par des inspections régulières que nul n'avait été reçu collégiat sans remplir les conditions requises, que les règlements intérieurs étaient observés et les intentions des fondateurs respectées. Mais dès le début du xviii° siècle, l'autorité ecclésiastique a mis la main sur les Collèges et les a même parfois détournés de leur destination primitive. S'il ne nie pas ouvertement les droits des docteurs, il en empêche l'exercice. Le primicier lutte longtemps, puis se décourage; son intervention devient plus rare, plus discrète et plus molle : c'est que les empiètements dont il se plaint, on les approuve en haut lieu et que dans les conflits soulevés à ce propos, l'Université n'est pas souvent restée victorieuse [1].

Du moins en ce qui concerne ses intérêts particuliers et

---

1. Voir plus loin, livre II, ch. IV.

spéciaux, l'autorité de ses chefs n'a cessé de grandir. L'autonomie que le Collège des docteurs a toujours poursuivie est bien près d'être complète au moment où l'Université va périr; elle a son expression la plus haute dans un droit que le corps finit par exercer en fait sans cependant se le voir absolument reconnaître, celui de statuer.

Les premiers statuts de l'Université lui avaient été donnés par Bertrand Aymini, évêque d'Avignon, « du consentement des maîtres et docteurs demeurant en cette ville [1] ». Même formule dans les statuts de 1407 publiés par l'évêque Gilles de Bellemère, lequel se réserve pour lui et ses successeurs le droit d'en interpréter les dispositions, d'y ajouter ou d'en retrancher et même de surseoir à leur application, « de l'avis et consentement des docteurs [2] ». L'intervention de l'évêque est déjà moins directe en 1441. La révision devenue nécessaire, les documents indiquent qu'elle a été opérée par les docteurs et que l'évêque, en publiant les nouveaux statuts, ne fait que sanctionner leur travail [3]. Quant aux statuts de 1503, destinés à relever l'Université de ses ruines et, pour ainsi dire, à la créer de nouveau, ils sont dus à une étroite collaboration entre le Collège et Galéot du Roure, évêque de Savone, à ce

1. Statuta et ordinationes generalis studii Avenionensis facta per Rev. in Christo Patre D. Bertrandum, episcopum Avenionensem... de infra scriptorum magistrorum et doctorum juris canonici et civilis et in medicina et in artibus in eodem studio commorantium consilio et assensu. 1303. Fournier, 1245.

2. Statuta nova edita par R. P. D. Ægidium, Dei gratia Avenionensem episcopum, de consilio et assensu honorabilium Dom. doctorum Universitatis studii Avenionensis, jurata concorditer per ipsos doctores. 12 mars 1407. Potestatem autem prædicta statuta nostra declarandi et interpretandi, ipsisque addendi atque detrahendi, etiam contra ea dispensandi, de prædictorum doctorum consilio et assensu, nobis et successoribus nostris specialiter retinemus. Fournier, 1279.

3. Statuts du 23 nov. 1441. «... Et revidentes ea quæ ab olim fuerunt statuta quædam infrascripta avisamenta in unum collegerunt, quæ grata habens Rev. episcopus Avenionensis et ejus cancellarius confirmavit et approbavit et in libro statutorum inseri jussit ». Fournier, 1331.

député par le pape. Examinés et délibérés par les docteurs, revus par Galéot lui-même, discutés ensuite, dit le préambule, en présence du primicier et de douze docteurs, ils ont été promulgués du consentement du Collège à la louange de Dieu et pour le profit de l'Université. Tel est le droit au moyen âge. L'évêque ou le délégué du pape consulte les docteurs et n'agit guère sans leur consentement; mais il revendique pour lui-même l'exercice du pouvoir constituant [1].

Il n'en est plus absolument de même à la fin du xvie siècle. En 1577, les statuts de la Faculté de médecine sont rédigés par les médecins, visés et approuvés par le primicier, chef de l'Université, enfin confirmés par le légat [2]. Et de même les statuts de la Faculté de théologie, qui datent de 1605, sont l'œuvre du doyen de cette Faculté, le prieur des Augustins, qui, sur la demande des docteurs, a revu et corrigé les anciens règlements et les a complétés et mis en ordre. Ils ont été ensuite approuvés par l'archevêque-chancelier [3]. Enfin, c'est le Collège des docteurs en droit, ou plutôt le primicier avec le concours de ce Collège, qui donne à la Faculté des arts, en 1674, les premiers statuts qui l'aient jamais régie [4]. Les maîtres ès arts, dans la supplique où ils réclament

1. Statuts du 29 avril 1503, préambule.
2. Statuts de la Faculté de médecine du 18 nov. 1577. Approbation du légat d'Avignon, du 21 nov. 1577. V. Laval, *Hist. de la Fac. de médecine d'Avignon*, p. 66.
3. Statuta Facultatis theologiæ civitatis Avenionis noviter repugnata, emendata et reformata meliorique ordine quam antea disposita simulque collecta per R. P. Firminum Girardum, priorem Sancti Augustini, ejusdem Facultatis decanum, jussu et præcepto R. Magistrorum et approbata per Illust. et Rev. Dom. Joannem Franciscum Bordinum, archiepiscopum vigilentissimum et totius universitatis cancellarium dignissimum, anno salutis D. 1605. Approbation de l'Archevêque du 20 mai 1605. A. V. D 9, f° 42.
4. Statuta celebris magistrorum Liberalium Artium Facultatis civitatis Avenionensis condita a Nob. et Ill. D. Hieronymo de Crivelli de Villegarde, J. U. Doctore aggregato, primicerio, Rectore et Privilegiorum Universitatis conservatore et a celeberrimo ejusdem Universitatis Collegio Nob. et Perril-

à leur tour une charte administrative, ne s'adressent point à l'évêque, mais au primicier et au Collège des docteurs en droit, et le titre même donné à cet acte indique bien qu'il émane du primicier et du Collège, se bornant à mentionner le nom d'Hyacinthe Libelli, « pour lors archevêque d'Avignon ». Il y a plus. Les statuts portent, il est vrai, l'approbation de l'archevêque, mais les docteurs n'étaient pas loin de croire cette approbation inutile. Dans la séance du 26 janvier 1675, où la commission, chargée de préparer la restauration de la Faculté des arts rendait compte de ses travaux, on rappela que suivant la bulle de Jean XXIII, le Collège pouvait faire des statuts pour toutes les Facultés, « sans même qu'il fût besoin de les faire confirmer aux supérieurs ». Et si, sur l'avis du primicier, on se décida à solliciter l'approbation de l'archevêque, ce fut seulement, « pour plus grande précaution, en tant que besoin serait et non autrement [1] ».

Cet incident permet de mesurer le chemin parcouru. L'Université reçoit d'abord ses statuts de l'autorité ecclésiastique, puis elle participe d'une façon de plus en plus directe à leur rédaction ; elle en vient un peu plus tard à ne voir dans l'approbation épiscopale qu'une formalité sans conséquence ; et cette formalité même, — s'appuyant comme d'habitude sur de vieux textes pour légitimer une prétention nouvelle, — elle finit par l'estimer superflue.

Iust. Dom. Doctorum aggregatorum utriusque Juris, anno MDCLXXIV et die vigesima quarta octobris, juxta prædicti collegii deliberationem, existente cancellario Universitatis Illustrissimo atque excellentissimo D. Hiacintho Libello, archiepiscopo Avenionensi. A. V. D 71. — Approbation de l'archevêque du 12 févr. 1675.

1. Délib. du Collège des Docteurs en droit du 26 janv. 1675. A. V. D 31, f° 15.

CHAPITRE III

LE PRIMICIER

Origine et caractère du primicériat. — Mode d'élection du primicier : formalités et serments. — Attributions administratives, financières et judiciaires du primicier. — Honneurs qui lui sont dévolus. — Conflits d'attributions et querelles de préséances. — L'affaire de la noblesse héréditaire.

Tous les documents s'accordent à représenter le primicier comme le chef suprême, ou suivant une expression souvent employée, comme la tête (caput) de l'Université. L'origine du primicériat se confond d'ailleurs avec celle de l'Université elle-même. Les statuts de 1303 qui instituent cette fonction lui donnent aussi son caractère définitif [1]. Sauf quelques modifications imposées par les circonstances, le mode d'élection du primicier, ses attributions, son rôle dans le studium et dans la cité restèrent identiques à travers les siècles. Une seule fois, en cinq cents ans, l'institution fut menacée. Dans la réforme de Pie II, le primicier disparaissait et faisait place à un recteur choisi, à tour de rôle, dans les diverses facultés [2]. Mais on sait que la bulle de 1459 ne fut jamais appli-

---

1. Statuts de 1303, art. 1. De primicerio eligendo. In primis ordinamus et statuimus quod magistri et doctores juris canonici et civilis in Avenionensi studio commorantes aliquem magistrum vel doctorem habeant primicerium qui annalis sit et eligatur annuatim in crastinum festi Pentecostis per omnes magistros et doctores, seu majorem partem ipsorum in præsentia Avenionensis episcopi vel præpositi Avenionensis, sede vacante.

2. « Item nomen, officium et auctoritatem primicerii inibi perpetuo supprimimus ; ac volumus et ordinamus quod de cetero unus rector in dicta Univer-

quée ; la dignité primicériale n'en fut donc pas atteinte et les statuts qui suivirent, s'inspirant d'idées toutes contraires, la fortifièrent à l'envi.

Le primicier, chef de l'Université tout entière, est pourtant élu par les juristes seuls. Au Collège des docteurs en droit agrégés assemblé pour cette élection, s'ajoutent seulement depuis 1503 quatre docteurs de la faculté de théologie, savoir le plus ancien agrégé de chacun des ordres mendiants : augustins, carmélites, dominicains, frères mineurs de saint François [1]. Les théologiens séculiers sont exclus, même au xvii° siècle, quand déjà ils sont nombreux. Et c'est en 1784 seulement que les médecins, par l'organe de leur doyen et de leur premier professeur, sont admis à prendre part à l'élection [2]. Les maîtres ès arts n'y obtinrent jamais aucun suffrage.

La fonction était annuelle. L'élection avait lieu, chaque année, le lundi de la Pentecôte, à quatre ou cinq heures de l'après-midi. L'évêque-chancelier avait le droit d'y assister et s'y rendait quelquefois. Le plus souvent, il déléguait pour le représenter le vice-chancelier qui était pris parmi les docteurs [3]. Même en l'absence de l'évêque, le Collège se réunis-

sitate existat qui una cum concilio infrascripto et majore parte illius sub apostolicae sedis et eam inibi repraesentantis cancellarii auctoritate et protectione, secundum praesentia ac alia legitima facienda ordinationes et statuta illam regere, dirigere et gubernare teneatur. » Bulle de Pie II du 22 déc. 1459. — Fournier, 1362 ; Laval, 23.

1. Statuts de 1503, art. 1.
2. Bref du pape Pie VI du 18 juin 1784, rendu à la demande des doyens et docteurs agrégés en médecine. Deux agrégés en médecine, le doyen et à son défaut le plus ancien agrégé, ainsi que le premier professeur et à son défaut un autre professeur choisi par les agrégés assisteront à l'élection du primicier et donneront leur suffrage. Laval, 76. Cf. Délib. du Coll. des docteurs du 1ᵉʳ juin 1789. A. V. D 35, f° 337.
3. Les statuts du 12 mars 1407 et ceux du 29 avril 1503 (art. 1) confirmant l'art. 1 des statuts de 1303, ajoutent que lorsque l'évêque sera présent à Avignon, le Collège lui demandera s'il veut assister à l'élection du primicier. S'il répond affirmativement, on devra se réunir au palais épiscopal. Dans le cas

sait, ce jour-là, au palais archiépiscopal « et salle basse d'icelui donnant sur le Rhône et appelée Chambre de la Chancellerie [1]. »

La forme de l'élection a sensiblement varié suivant les époques. Avant le XVII° siècle, il semble que chaque docteur présent à l'assemblée doit donner à haute voix son suffrage. Mais ce système avait de graves inconvénients, quand le primicériat était disputé par plusieurs concurrents, et on se préoccupa de le modifier. Le 6 mai 1611, le primicier proposait de choisir un mode d'élection plus convenable et qui garantît mieux la liberté du vote de chacun. Il fut difficile de s'accorder. On finit cependant par adopter le scrutin secret avec bulletins « de même longueur et largeur, faits de bon papier sans marque majuscule ou minuscule [2] ». Ce système, irréprochable

contraire ou s'il était absent d'Avignon, on procèdera à l'élection en présence du vicaire de l'évêque, au lieu que le primicier sortant de charge et les docteurs fixeront. Aux XVII° et XVIII° siècle, on voit rarement l'évêque assister à l'élection (A. V. D 32, f° 1). En général, c'est le prochancelier qui le remplace (A. V. D 33, f°° 21, 52, 122, 205, 313, etc.)

1. A. V. D 29 f° 120 ; D 30, f° 153 ; D 33, f° 122, etc. On lit dans le procès-verbal de la délib. du Collège des docteurs du 25 janv. 1773 : la salle de la chancellerie, uniquement destinée à l'usage du Collège ayant souffert considérablement par l'écroulement de la tour qui était à un de ses angles, la principale muraille du côté du Nord menaçant une ruine prochaine et les voûtes qui soutiennent et portent la salle étant très endommagées, on avait cessé depuis quelques années de s'y rassembler pour l'élection du primicier et pour les actes de doctorat. Depuis, on y a fait des réparations et on s'y réunit de nouveau. Pendant l'intervalle on s'assemblait dans une salle haute du palais archiépiscopal (aujourd'hui le Petit Séminaire). A. V. D 33, f° 67. En 1742, l'archevêque étant décédé et ses funérailles n'ayant pas encore eu lieu au moment de l'élection du primicier, le Collège décide de se réunir dans la salle de l'Université pour procéder à cette élection. Ce cas est tout à fait exceptionnel, comme les circonstances qui l'expliquent. A. V. D 35, f° 106. Les statuts de 1503, indiquaient qu'en l'absence de l'évêque on pouvait se réunir à l'église Saint-Didier ou autre lieu choisi par les docteurs. L'élection eut peut-être lieu quelquefois dans cette église ; nous n'en avons pas trouvé d'exemple pour l'époque qui nous occupe.

2. Les statuts sont muets sur le mode d'élection du primicier et, d'autre part, le procès-verbal de cette élection ne commença à être inséré dans les

en lui-même, fit naître cependant des brigues ardentes et éloigna, paraît-il, plus d'un candidat sérieux, qui répugnait à solliciter les suffrages des agrégés. On se préoccupa donc de le modifier et l'on s'arrêta, en 1659, à un de ces compromis, alors fort à la mode, en matières d'élections municipales par exemple, où l'on s'efforçait de combiner, dans un dosage savant, le système du choix et celui du hasard ou « du sort ».

Au moment du vote, chaque docteur remettait au primicier un bulletin portant six noms et l'on formait des six candidats qui, dans ce scrutin préparatoire, avaient eu le plus de voix, une sorte de liste d'admissibilité. Le primicier inscrivait alors chacun de ces six noms sur un « billet séparé qu'il passait dans une maille et mettait dans un chapeau ». On chargeait un petit enfant de tirer trois de ces billets et c'est sur les trois noms ainsi sortis que les docteurs étaient de nouveau appelés à voter « par ballottes affirmatives et par ballottes négatives ». Le docteur qui avait obtenu le plus grand

registres des délibérations qu'en 1662, bien que cette insertion eût été prescrite par une délibération du Collège en date du 4 juin 1639 (A. V. D 20, f° 120). Dans une assemblée du Collège du 6 mai 1611, le primicier propose de choisir pour l'élection du primicier, un système plus convenable que celui qui était en usage afin de rendre plus libres les votes des docteurs. On propose trois modes d'élection : 1° per schedulas pro cujus arbitrio conficiendas; 2° vel per schedulas sub formula et sine aliqua marca concipiendas; 3° vel denique per ballottas. Après une longue discussion, la décision fut ajournée. Dans une nouvelle séance, tenue le 17 mai suivant, on décida que l'élection se ferait par bulletins. Les bulletins devaient être comptés avant d'être ouverts pour voir si leur nombre était égal à celui des votants; s'il était supérieur, on recommençait l'opération. Les bulletins portant une marque devaient être annulés. Si un docteur voulait donner son suffrage à un autre candidat qu'aux deux qui étaient en ballottage (il semble donc qu'on n'admettait guère que deux candidatures) il devait apporter de chez lui un bulletin tout prêt portant ces mots : « Eligo in primicerium N... » On prenait les précautions les plus minutieuses pour éviter toute fraude. Les docteurs ne devaient s'approcher de la table que l'un après l'autre (la place du docteur le plus rapproché en était encore distante de cinq pas) et remettre leur bulletin plié au primicier. Si quelqu'un paraissait avoir deux bulletins à la main, il était privé du droit de suffrage

nombre de ballottes affirmatives était proclamé primicier [1]. Dans la pratique, c'était le primicier lui-même qui formait la liste préparatoire, après avoir pris l'avis des docteurs : il était rare, d'ailleurs, de voir surgir plus de six candidatures. Il arriva parfois aussi que devant le mérite éminent d'un des concurrents, les autres se retirèrent. L'élection se fit alors par acclamation. Peu de docteurs reçurent d'ailleurs de leurs collègues un témoignage aussi flatteur de confiance [2]. Notons enfin qu'à partir de 1662, les docteurs, dans une séance préparatoire tenue quelques jours avant l'élection, prirent l'habitude de désigner quatre d'entre eux avec mission, sous le nom de députés de la table, de dépouiller le scrutin et d'en garantir la sincérité.

A l'origine, tout docteur en droit était éligible ; et de même après l'institution de l'agrégation, tout agrégé, s'il résidait à Avignon. Une coutume, que les statuts de 1503 confirmèrent, attribuait le primicériat à tour de rôle, un an sur deux, aux

(A. V. D 29, f° 35). Ce système ne semble avoir été appliqué à la lettre que quand il y avait « rivalité ». Le 28 mai 1633, en effet, le primicier observe qu'il y a lieu d'y revenir, étant donné la rivalité survenue entre MM. de Lobeau et Payen, ce mode d'élection ayant toujours été observé en cas de rivalité, surtout en 1611. La proposition du primicier est adoptée (A. V. D 29, f° 131).

1. A. V. D 30, f° 115. (Délib. du 5 juin 1659.) Cf. M. C. 2891, f° 103. Cette délibération ne devait être exécutoire qu'en 1662. A partir de 1662, l'élection des députés de la table et celle du primicier sont régulièrement mentionnées dans les registres de délibérations. A. V. D 30, f° 153, etc.

2. Élections des 8 juin 1772 et 5 juin 1786. En 1772, M. de Bonneau, un des six inscrits, dit qu'il serait à propos et digne du Collège de faire une élection distinguée en faveur de M. de Poulle, la supériorité de talent de cet abbé lui ayant attiré, avec les grâces du roi, ses applaudissements et ceux de la cour et de la ville pendant une si longue suite d'années qu'il a reçu des distinctions partout où il a paru et en dernier lieu aux Etats du Languedoc. Il se départit en sa faveur de ses droits à l'élection et invite les quatre autres candidats à l'imiter, ce qui fut fait. Tous les docteurs déclarèrent alors à haute voix nommer M. de Poulle sans autre formalité. L'élu était abbé commendataire de Nogent, vicaire général du diocèse de Laon et prédicateur du roi. — Même procédure en 1786. A. V. D 35, f°ˢ 62 et 297.

docteurs lisants et aux non-lisants; plus tard les non-lisants, de beaucoup les plus nombreux dans le Collège, purent l'obtenir deux ans sur trois et même cinq ans sur six [1]. Mais quand les chaires furent devenues triennales, ce fut au tour des régents de réclamer, en raison du peu de durée de leur charge. Pour en finir, en 1633, on supprima toute réglementation [2]. Un moment, en vue de couper court à des ambitions prématurées, on exigea de tout candidat vingt-cinq ans d'agrégation, puis de doctorat seulement [3]; mais ces décisions ne furent pas respectées; en 1786, le Collège, qui songe à les remettre en vigueur, non sans les atténuer, constate qu'elles sont « tombées en désuétude par le non usage [4] »; en 1790, il les abroge formellement [5].

Quant aux pouvoirs du primicier, ils restèrent toujours annuels [6]. Même, pour éviter les réélections successives qui eussent fait brèche aux principes, nul ancien primicier ne put

1. Délib. du Collège des docteurs du 7 mai 1607 (prise à l'unanimité moins une voix). A. V. D 29, f° 12. Cf. Statuts de 1503, art. 1.
2. Délib. du Coll. des docteurs du 28 mai 1633. Le primicier fait observer que, de viagères, les régences sont devenues triennales. Il pourrait en conséquence, arriver très souvent que ceux qui lisent aujourd'hui ne lisent plus le jour de l'élection et ne puissent, en conséquence, être élus, ce qui ne serait ni juste, ni équitable, ni raisonnable. La suppression de toute réglementation est votée par 43 voix contre une. A. V. D 29, f° 135.
3. Délib. du Coll. des docteurs des 5 juin 1659 et 27 mai 1686. A. V. D 30, f° 115; D 31, f° 191.
4. Délib. du 5 juin 1786. A. V. D 35, f° 296.
5. Délib. du 21 mai 1790. A. V. D 35, f° 336.
6. Quand un primicier mourait en exercice, on élisait un nouveau primicier pour le temps à courir jusqu'à la Pentecôte, époque ordinaire de l'élection. Ce cas se produisit une seule fois, en janvier 1603. A. V. D 31, f° 247. On peut citer deux exemples de prorogation des pouvoirs du primicier, mais dans des cas tout à fait extraordinaires : en 1722, alors que la peste avait absolument suspendu la vie universitaire, le primicier fut maintenu en fonction pour une deuxième année; en 1791 (11 juin) quand la révolution était déjà triomphante à Avignon, M. de Teste fut prié de continuer cette charge, dont il s'était si dignement acquitté, jusqu'à ce qu'il plût au Collège de lui donner un successeur. A. V. D 33, 63 f°; D 35, f° 363.

être une seconde fois candidat qu'après six années de « repos ». Devenir plusieurs fois primicier était d'ailleurs un honneur assez rare, récompense de services éminents. En deux siècles, trente-huit docteurs à peine l'obtinrent dont huit furent rappelés trois fois au pouvoir et six seulement quatre fois.

Un moment cependant on songea à rendre le primicériat viager : c'était l'époque où on revendiquait pour lui la noblesse héréditaire, privilège difficile à accorder à des magistrats annuels. Consulté, le Collège repoussa avec indignation un projet si contraire à ses sentiments : il déclara qu'il renoncerait plutôt à demander la noblesse héréditaire [1].

Faut-il dire qu'à certaines époques difficiles, le primicériat fut peu recherché et qu'une fois même le Collège dut faire un primicier malgré lui [2] ? Ce ne fut là, assurément, qu'une très rare exception. Plus souvent, les docteurs se montrèrent fort jaloux d'un honneur qui consacrait leur mérite : le bruit de leurs compétitions et de leurs brigues a souvent troublé les débats d'ordinaire si paisibles du sénat universitaire ; de ces luttes électorales, on put blâmer parfois des excès : elles témoignent du moins du prix qu'on attachait à leur enjeu [3].

Dès que son élection avait été proclamée par le bedeau, le nouvel élu, à genoux, devait prêter serment sur les Évangiles, entre les mains de son prédécesseur, de maintenir les

---

1. Délib. du 6 févr. 1786. A. V. D 35, f° 286.
2. Assemblée du Collège des docteurs du 27 mai 1686. Le primicier expose que « depuis quelques années le Collège se trouve en peine d'avoir des personnes qui veuillent accepter la charge de primicier, bien qu'elle soit la plus honorable de la robe. » Il pense que les conditions d'éligibilité peuvent être la cause de cette pénurie des candidats. A. V. D 31, f° 101. — M. d'Armand, élu primicier en son absence, le 15 mai 1769, refuse et fournit un certificat médical constatant qu'il ne peut remplir ces fonctions. Il est néanmoins maintenu. A. V. D 35, f°° 34 et 40.
3. A. V. D 29, f° 131. D 30, f° 115. D 35, f°° 62 et 297.

statuts contenus dans le livre qu'il avait sous les yeux, ainsi que les privilèges accordés aux docteurs, aux écoliers, à la ville et à l'Université en général et de défendre contre toute attaque et en toute circonstance les docteurs et étudiants, leurs franchises et leurs libertés [1]. L'ancien primicier lui remettait alors le livre des statuts et le chaperon, insigne de ses fonctions nouvelles et le faisait asseoir à sa place.

A leur tour, les docteurs prêtaient entre les mains de leur nouveau chef le serment de lui obéir dans toutes les choses justes et honnêtes, principalement s'il s'agissait du bien ou de l'honneur de l'Université et aussi de se rendre à toutes les assemblées convoquées par son ordre, sauf légitime empêchement [2].

Après quoi le primicier faisait un remerciement en latin et accompagné des docteurs présents, — le cortège étant précédé des hautbois et suivi de plusieurs personnes distinguées, — se rendait à la métropole pour rendre grâces à Dieu et à la Sainte Vierge. Il allait ensuite, dans le même apparat, rendre visite en leur palais, au vice-légat, puis à l'archevêque qui, tous deux, le haranguaient copieusement. Quelques jours plus tard,

---

1. Statuts de 1303, art. 3... Idem primicerius, in ingressu sui officii juret super sancta Dei Evangelia omnia statuta quæ in hoc instrumento seu volumine continentur, nec non privilegia omnia civitati et studio Avenionensi et doctoribus et scholaribus ibidem residentibus concessa et concedenda ac doctores, scolares et doctorum et scholarium libertates manutenere et defendere pro posse suo contra quamcumque personam, in quocumque negotio, omni semper servata reverentia et honore sedi apostolicæ et illustri Domino Regi Siciliæ et Avenionensi episcopo ac curiis corumdem. debitis. Cf. Stat. de 1503, art. 2.

2. Statuts de 1303, art. 2. Statuimus et ordinamus quod omnes doctores juris canonici et civilis in civitatem Avenionensis commorantes, incontinenti dum primicerius electus fuerit et suum prestiterit juramentum, promittant eidem obedientes esse in licitis et honestis, præcipue quæ tangunt honorem et utilitatem studii supradicti et insuper venire ad locum ad quem vocati fuerint toties quoties vocabuntur, nisi essent impedimento legitimo prepediti. Cf. Stat. de 1503, art. 3. Les maîtres en théologie, admis alors à participer à l'élection, doivent prêter serment au primicier.

il recevait à son tour, assisté des docteurs, la visite de ces hauts dignitaires et des magistats de la ville. Le détail de ces réceptions — sur lesquelles les documents ne tarissent pas — était minutieusement réglé par la coutume : on tenait à ce qu'elles revêtissent une grande solennité [1]. La série de ces cérémonies se clôturait primitivement par un festin que le primicier devait offrir à ses collègues ; mais déjà au commencement du xviie siècle, cette coutume avait disparu depuis longtemps et l'on donnait simplement un teston d'or aux docteurs présents à l'élection. En 1609, une délibération du collège dispensa formellement les primiciers d'une obligation qui pouvait paraître trop dispendieuse [2].

Le primicier tient tant de place dans l'organisme universitaire que parfois la corporation toute entière semble se personnifier en lui. Il y est comme un roi dans son royaume : *rex licet in suo regno et extra*, dit un document [3]. Il parle et agit en son nom. Il la représente au dehors. Simple mandataire, il est vrai, électif et temporaire, mais à qui ses mandants ne marchandent pas leur confiance, bien plus, entre les mains duquel ils abdiqueraient volontiers. L'élu, du reste, se rappelle son origine ; il respecte les droits qui limitent son droit ; il n'abuse pas de son pouvoir ; il est toujours prêt

---

1. Voir les Reg. des délib. des docteurs (A. V. D 20 à 33 *passim* et l'élection de Joachim Levieux de Laverne, 5 juin 1724. A. V. D 143, f° 2. En 1721, une trentaine de docteurs assistent à la visite que l'archevêque rend au primicier. A. V. D 33, f° 55. Le primicier recevait en outre le lendemain de son élection « les visites de tous les magistrats et de toute la ville dans sa maison. » A. V. D 146, f° 2.

2. Assembl. du 14 nov. 1609. Délibéré de laisser au choix du primicier nouvellement élu d'offrir un festin ou de donner les testons à chaque docteur. On observe que cette coutume du festin avait disparu depuis longtemps « pour de bonnes raisons » et qu'on était dans l'usage de donner un teston d'or à chaque docteur. A. V. D 29, f° 22.

3. Statuts de 1303, art. 5. Cf. M.'C. 2151, f° 5.

à rendre compte de sa conduite et à justifier ses décisions [1].

On a vu son rôle dans l'assemblée des docteurs. Président, il exerce sur les débats une influence prépondérante et sait entraîner les majorités. Chef du gouvernement universitaire et le plus souvent, rapporteur des commissions ou organe des assemblées particulières, il a seul, en fait, ou à peu près seul, l'initiative des propositions et rarement on passe outre à son avis. La délibération terminée et le vote acquis, il devient, seul ou avec le concours des autres officiers universitaires, agent d'exécution. L'administration du studium et la gestion de ses finances lui appartiennent.

Comme administrateur, il a sous ses ordres tous les agents de l'Université, il les guide et les surveille. Il prend, avec ou sans leur concours, toutes les mesures exécutives ou conservatoires qu'ont prescrites les délibérations du Collège ou que nécessite le bien de l'Université. Il correspond avec le vice-légat, les consuls et l'archevêque, avec les cardinaux ou le secrétaire d'État du Saint-Père, avec les ministres du roi de France, avec les recteurs des autres Universités [2]. Il engage et poursuit les procès qu'il faut soutenir, sauf, s'il y a lieu, à en référer au Collège.

L'Université n'a pas d'autre trésorier, ni d'autre agent comptable que lui. Il a la surveillance de ses biens meubles et immeubles et la gestion de ses revenus. Il donne à bail, sur un vote du Collège, les bâtiments ou terres appartenant au

1. On voit souvent le primicier soit pendant le cours de sa magistrature, soit au moment où il va sortir de sa charge, faire au Collège un compte rendu général des affaires de l'Université, ou lui exposer les différents actes qui ont marqué sa gestion.

2. La correspondance des primiciers ne nous est parvenue que par fragments, mais les lettres les plus importantes parmi celles qu'il a écrites ou qui lui ont été adressées sont insérées, pour les xviie et xviiie siècles, dans les registres des délibérations des docteurs. On trouve aussi quelques originaux et beaucoup de copies dans les mss. du Musée Calvet.

corps. Assisté de députés désignés par l'assemblée des docteurs, il procède aux achats, ventes et échanges et perçoit le prix des ventes ou des locations. Il négocie les emprunts et les remboursements. Il veille à la rentrée des pensions dues à l'Université par la ville d'Avignon, les autres communautés du Comtat ou les particuliers. Il s'assure que les étudiants versent régulièrement leurs droits d'inscriptions ou d'examens. Il fait distribuer aux docteurs les jetons ou « testons » qui leur sont dus pour droits de présence aux actes et aux cérémonies. Les ouvriers, les agents inférieurs de l'Université, comme aussi les députés extraordinaires, avocats ou délégués du Collège sont payés ou remboursés de leurs avances par son ordre ou par ses soins. Le revenu des greffes des Cours du Comtat attribué à l'Université par le pape Sixte IV, en 1479 [1], est l'objet de sa part d'une comptabilité spéciale. Il acquitte, sur cette recette, les appointements fixes des régents; le reste est partagé entre les auditeurs des comptes [2].

Chaque année, en effet, le primicier qui sort de charge doit rendre compte de sa gestion financière devant six docteurs à ce délégués par le Collège. Après approbation des opérations, il remet, s'il y a lieu, le reliquat disponible à son successeur, à moins que les docteurs ne décident de se le partager [3]. Parfois aussi il y a déficit, car le primicier devient à l'occasion le banquier du Collège et lui consent des avances [4]. On le désin-

---

1. Bulle de Sixte IV portant union et incorporation à l'Université des greffes du Comtat Venaissin pour le paiement de l'honoraire des docteurs lisant devenu insuffisant (sept. 1479). Laval, 29.

2. V. les comptes des primiciers et du Collège des docteurs. A. V. D 194 et 195. Cf. Délib. du Coll. des docteurs, notamment celle du 18 mars 1719. A. V. D 33, fᵒˢ 14 à 16.

3. Délib. du 22 sept. 1787. (A. V. D 31, fᵒ 198), du 14 nov. 1722 (A. V. D 33, fᵒ 67.)

4. On observe, en 1719, que, tous les ans, l'Université est redevable au primicier de cinquante écus environ. A. V. D 33, fᵒ 13.

téresse alors dès l'exercice suivant ; mais le cas est rare et il arrive bien plus souvent que les primiciers restent redevables de certaines sommes, qu'ils ne sont pas toujours pressés de rembourser [1].

La vérité oblige à dire aussi que la reddition de ces comptes n'a pas toujours lieu au temps voulu. On observe, par exemple, en 1629, que le primicier élu en 1621 ne s'est pas encore acquitté de cette obligation. Même remarque en 1661, pour les primiciers de 1658 et de 1659. Mais ces retards deviennent moins fréquents au xviiie siècle : à cette époque, la liquidation se fait dans le courant de l'année, le plus souvent en décembre [2].

Comme chef suprême de l'Université, le primicier intervient dans tous les actes des Facultés. Il préside les assemblées particulières des Facultés de médecine, de théologie et des arts et sa présence est nécessaire pour que leurs décisions soient valables. S'il est absent, on devra solliciter son approbation. Il assiste généralement aux examens. La plupart des grades sont délivrés en son nom ; l'archevêque n'intervient guère, au xviiie siècle, que pour les degrés de théologie et pour le doctorat des autres Facultés. Il signe les diplômes conjointement avec les professeurs compétents [3]. Le contentieux des grades lui appartient. « La collation des grades, lit-on dans une délibération du Collège, est une récompense d'école qui ne peut être accordée que par le primicier, comme recteur et chef de toutes

---

1. Délib. du 21 avril 1717. A. V. D 32, f° 367.
2. Délib. des 23 avril 1629, 2 juill. 1661, etc. (A. V. D 29 f° 119 ; D 30, f° 141.) Cf. Délib. du 19 déc. 1718 (A. V. D 33, f° 10) et les comptes des primiciers. A. V. D 194 et 195.
3. Au xviiie siècle, les lettres de maîtres ès arts, de bachelier et de licencié en droit et en médecine sont délivrées au nom du primicier ; les grades de la Faculté de théologie et le doctorat dans les autres Facultés sont délivrés au nom de l'archevêque-chancelier ou du pro-chancelier. A. V. D 156.

les Facultés, à ceux qui les ont mérités par leur assiduité et leur capacité. La connaissance de la nullité ou de la validité de ces degrés appartient donc au primicier, *privativement*, comme toutes les affaires d'école, qu'il décide sans l'assistance d'aucun assesseur. » Tel est le droit. Le Collège sut le maintenir quand il se trouva menacé [1].

Le primicier exerce aussi sur les maîtres et les élèves du studium la juridiction disciplinaire. Contre les docteurs le primicier peut prononcer l'amende, la suspension, même, s'il s'agit d'agrégés en droit, l'exclusion au moins provisoire de l'Université [2]. L'occasion est rare d'ailleurs de recourir à de si graves pénalités ; en général, il suffit d'un avertissement. A l'égard des étudiants, maintenant bien assagis et ne rappelant guère les écoliers si turbulents du moyen âge, le primicier doit

---

1. Délib. du Coll. des docteurs du 18 mai 1750. L'admission à l'agrégation, bien que réservée à chaque Faculté en particulier, est aussi de la compétence privative du primicier. A. V. D 34, f° 125. V. dans la délib. du 10 avril 1750, le récit de l'affaire d'un docteur agrégé en médecine nommé Manne. Quelques docteurs s'étaient pourvus devant le primicier contre la délibération du Collège des médecins qui avait prononcé l'admission de Manne à l'agrégation et contre les degrés de bachelier et licencié en médecine et de maître ès arts que ledit Manne avait obtenus à Avignon et dont ils demandaient la cassation. Les deux parties « sans qu'on sache pourquoi » avaient recouru à la S. Congrégation d'Avignon qui, après débat, avait renvoyé l'affaire au primicier par rescrit notifié au vice-légat, le 4 février 1650, pour en décider sans appel dans les deux mois. Ce délai touchait à la fin quand le primicier apprit qu'un second rescrit notifié le 11 mars au vice-légat avait adjoint au primicier deux assesseurs ou juges, l'auditeur général et le doyen de la rote. La juridiction du primicier se trouvant « blessée » par ce procédé, le Collège jaloux de maintenir ses prérogatives députa à Rome pour obtenir soit l'annulation de ce rescrit, soit un commentaire par lequel les deux personnes dont il s'agit quoique qualifiées tantôt juges tantôt assesseurs fussent réduites aux fonctions d'assesseurs. L'affaire n'eut pas de suite. (A. V. D 34, f°° 108-111.)

2. Assemblée du 6 oct. 1656. Suspension de trois mois prononcée contre M. de Ribiers, aussitôt retirée d'ailleurs (A. V. D 30, f° 84). Amende de cent écus prononcée contre M. de Bottin le 26 mars 1693 (A. V. D 32, f° 26). — Exclusion de M. de Tellus, qui fut ensuite rayé du cadre des agrégés (V. plus haut, p. 10). Suspension du P. Barbat, professeur de philosophie (A. V. D 72 et D 33, f°° 26 et 29).

surtout user d'indulgence. « C'est un père qui corrige avec douceur ses enfants et ne fait mine de vouloir sévir contre eux que pour les ramener à l'obéissance. Juridiction « privée et domestique », du reste, où les autorités étrangères à l'Université n'ont point de part [1].

Ce n'est pas tout. On a vu que le pape Jean XXIII, par une bulle du 6 septembre 1413, avait doté l'Université d'une juridiction spéciale, confiée à trois conservateurs : l'abbé de Saint-André, le prévôt de la métropole et le doyen de Saint-Pierre [2]. Le pape Léon X, par une bulle du 3 mars 1513, adjoignit le primicier à ces trois conservateurs en lui attribuant mêmes pouvoirs, juridiction, prééminence et prérogatives sur les docteurs, licenciés, écoliers et autres suppôts de l'Université et faculté de leur appliquer, le cas échéant, les peines ecclésiastiques elles-mêmes. Dès lors le primicier commença à être considéré comme le seul juge de la corporation universitaire et c'est à lui qu'oubliant les autres conservateurs, on s'habitua à recourir.

Il vit d'ailleurs cette nouvelle prérogative très vivement attaquée. D'un côté, le vice-gérant qui, antérieurement à la bulle de 1413, était investi à l'égard de l'Université de la juridiction de droit commun et, en dépit de cette bulle, avait vu ses pouvoirs confirmés en 1445 et 1520, prétendait que ces mesures contradictoires ne devaient pas léser ses prérogatives; de l'autre, l'auditeur général de la vice-légation ne reconnaissait aux conservateurs que la juridiction civile, en première instance [3]. On sait que la question resta en sus-

---

1. Lett. du primicier du 25 août 1758. A. V. D 31, f° 285.
2. Voir plus haut, p. 35.
3. Bulle du 3 mars 1513. « ...Nos pro tempore existentem dictæ Universitatis primicerium, dummodo esset clericus, numero conservatorum privilegiorum ejusdem Universitatis [adjunximus] cum facultatibus, juridictione, prœeminentiis et prœrogativis in doctores, licentiatos, scholares et alios suppositos

pens, jusqu'en 1745, époque où Benoît XIV la trancha par sa bulle du 10 octobre. En dépit des difficultés qu'elle rencontra, l'Université ne manqua jamais de revendiquer pour son chef les droits qui lui étaient si âprement disputés. On voit, par exemple, en 1645, le Collège essayer d'arracher au tribunal du vice-légat un étudiant accusé de viol [1]; mais il ne paraît pas avoir obtenu gain de cause, les précédents étant contre lui. Il est plus heureux en 1665, quand il soutient un docteur contre les officiers de justice de Carpentras. Il parvient alors à faire reconnaître que la juridiction civile du primicier s'étend sur tout le Comtat et le vice-légat lui-même consacre ses prétentions [2].

Cette juridiction souffrait d'ailleurs une exception remarquable. Un primicier laïque ne pouvait, en aucun cas, juger les clercs; mais une bulle de Léon X lui permettait de désigner, sous réserve de l'approbation du Collège, un clerc, docteur agrégé, pour être le juge des ecclésiastiques [3]. Les laïques

dictæ Universitatis, quas priores seu rectores aliarum Universitatum studiorum generalium Italiæ et Galliæ in illarum doctores licentiatos, scholares et alios suppositos, tam de jure communi quam speciali habebant..... » Laval, 43.

1. Délib. du Coll. des docteurs du 30 avril 1649. A. V. D 30, f° 9.
2. Délib. du 25 août 1665. Le primicier expose que M. Gouze, docteur de l'Université d'Avignon, a pris cartel contre un sien débiteur de Carpentras de l'autorité dudit primicier, mais les officiers de Carpentras ont fait un procès criminel contre ledit sieur Gonze prétendant que le primicier n'a aucune autorité audit Carpentras. Le Collège décide au contraire que le primicier a autorité sur tout le Comtat pour toutes les causes civiles, criminelles ou mixtes et qu'il poursuivra l'affaire devant le vice-légat. Le vice-légat octroie en effet les inhibitions demandées contre les officiers de Carpentras. Puis, après plaidoiries, il casse les procédures et renvoie l'affaire civile devant le primicier. Le primicier remercie le vice-légat qui a si bien maintenu les droits de l'Université (23 sept. 1665). A. V. D 30, f°² 178, 180, 181.
3. Bulle de Léon X, d'avril 1514. De jurisdictione privilegiata primicerii studii generalis Avenionensis, cum facultate deputandi clericum de Collegio pro juridictionis exercitio in clericos dictæ Universitatis suppositos, si laïcus in primicerium electus fuerit. Laval, 46. — Ce délégué devait exercer la juridiction sur les clercs et religieux pendant tout le temps que le primicier lui-même restait en fonctions.

élus primiciers [1] ne manquèrent jamais de procéder à cette désignation, qui conciliait leurs prérogatives avec les lois de l'Église et s'accordait d'ailleurs avec le droit commun de l'ancien régime, où chaque magistrat pouvait déléguer un suppléant à sa place et l'investir d'une autorité égale à la sienne propre [2].

Ces attributions si multiples et si diverses font du primicier, pendant sa courte magistrature, un homme certainement fort occupé. Il ne reçoit pourtant aucun traitement régulier [3]. A peine quelques jetons de présence, d'ailleurs partagés avec les autres docteurs, le dédommagent-ils de corvées auxquelles il ne peut se soustraire : actes publics, cérémonies civiles ou religieuses, messes, assemblées et processions. Sur les gradués il perçoit une taxe spéciale : deux écus pour les bacheliers en droit, un écu et demi pour les licenciés, huit livres pour les docteurs, presqu'autant sur les gradués en théologie ou en médecine, beaucoup moins sur les maîtres ès arts [4]. Ajoutons un mince honoraire pour le renouvellement des baux des greffes [5]

1. Le cas le plus fréquent était l'élection d'un laïque au primicériat (ut plurimum sit laïcus, dit la bulle précitée). En 1789, sur 13 ex-primiciers vivants, il y avait seulement quatre prêtres (M. C. 2489. Cf. A. V. D 30, f° 8).

2. Délib. du Collège des docteurs, du 30 juin 1725, du 9 juin 1748, du 1er juillet 1748, du 30 juin 1754, du 24 nov. 1706. A. V. D 33, f° 115. D 34, f°° 11, 69, 196; D 35, f° 2 etc.

3. On songea, un instant, à lui en attribuer un. En 1682, M. Claude Teste, primicier sortant, observe que tous les magistrats de la ville jouissent d'un honoraire annuel, et qu'il conviendrait d'en instituer un pour le primicier « qui étant le premier magistrat de la présente ville, prend beaucoup de peine et de soin tant pour les affaires de la dite ville que pour celles de l'Université. » La proposition est rejetée par 16 voix contre 9. (Assemblée du 15 mai 1682. A. V. D 31, f° 135.)

4. Les droits, au xviiie siècle étaient exactement les suivants. Médecine : baccalauréat, 6 livres; doctorat simple, 8 livres 13 sous; doctorat et agrégation, 5 écus. Théologie : licence, un écu; doctorat et agrégation, deux écus. Baccalauréat ès arts, un écu; maîtrise, 30 sous; agrégation, un écu.

5. Il sera question plus loin de ces greffes. Lors du renouvellement des baux une commission composée du primicier, des régents et de quelques délé-

et les présents annuels des greffiers, redevances d'origine antique et d'apparence féodale : ici un « demi-veau » ou deux chevreaux ; là quelques cailles ou quelques chapons [1].

Mais si le primicier ne reçut jamais « l'honoraire » qui semblait devoir lui revenir, en revanche les honneurs ne lui furent jamais ménagés. De bonne heure, on voit les papes s'occuper de fixer son rang qui, réserve faite pour le viguier et pour l'évêque, est le premier [2]. Si, à l'Hôtel de Ville, où il siège en vertu de ses fonctions, il cède le pas aux consuls, — il s'assied, dans l'Assemblée municipale, en face du premier de ces magistrats, — dans les autres actes de sa vie publique, il suit immédiatement le viguier et précède le vice-gérent, les juges et tous les autres dignitaires de la cité ; dans les cérémonies universitaires, il précède le viguier lui-même. Cette préséance lui est d'ailleurs âprement disputée ; mais il triomphe de tous ses

---

gués du Collège examinait les candidats et dressait les contrats. Les membres de cette commission recevaient un honoraire qui variait suivant l'importance du greffe.

1. Ces présents étaient destinés, à l'origine, à contribuer au banquet annuel que le primicier offrait aux agrégés ; ils survécurent à l'usage du banquet, qui disparut au xvii° siècle. A. V. D 34, f° 379. Le greffier de Pernes devait, par exemple, douze cailles et quatre chapons ; celui de Cavaillon, quatre chapons « bons et gras » ; le greffier des appellations de Carpentras, deux chevreaux ; celui de la cour ordinaire de la même ville, un demi-veau qui, en 1730, fut abonné à dix livres, sans conséquence. A. V. D 35, f° 350 ; D 34, f° 379 ; D 30, f° 2 ; D 33, f° 378.

2. Bulle de Pie II (fév. 1458) qui donne la préséance, pendant la durée de leur magistrature, aux assesseur et syndic de la ville sur tous les autres dignitaires à l'exception du viguier et des membres de l'Université. Laval, 24. Bulle du même pape (avril 1459) qui dans les cérémonies publiques, les actes universitaires exceptés, règle ainsi le rang des dignitaires : le viguier, l'évêque-chancelier, ses vicaires, le primicier de l'Université, le vice-gérent, l'official de l'évêque, le prévôt de la métropole, les juges des cours temporelles et les consuls. Laval, 26. — Règlement du légat Julien de la Rovère, du 20 juin 1481, qui donne le premier rang aux prélats. Doivent venir ensuite le viguier ou, en son absence, son lieutenant, le primicier, le vice-gérent, le vicaire de l'archevêque, les juges temporels, les consuls.

rivaux, du vice-gérent [1], de l'auditeur général [2], du prévôt de la métropole même, fût-il revêtu du titre épiscopal [3]. On le voit, dans les cérémonies religieuses, prendre la droite du vice-légat et, en l'absence de celui-ci, revendiquer la première place [4]. Aux entrées et aux funérailles des archevêques, par exemple, il étale toute la pompe universitaire et triomphe de son rang, aimant à se montrer, tel qu'il apparut en 1649 à l'entrée solennelle de l'archevêque de Marinis, « à cheval, en robe de damas, au milieu de M. le viguier qui occupait sa droite et du vice-gérent placé à gauche, le bedeau aussi à cheval et en robe portant la masse devant lui [5] ».

Pour qui avait tenu un si haut rang dans la cité, la noblesse personnelle dévolue aux simples docteurs pouvait paraître peu de chose. L'Université revendiqua donc de bonne heure en faveur de ses anciens primiciers une marque de distinction spéciale, qui les suivit dans leur retraite et témoignât de l'honneur qui leur avait été accordé, savoir la noblesse transmissible et héréditaire. Il semble bien que les familles des primiciers aient longtemps joui de ce privilège; toutefois c'est au xviiie siècle seulement qu'un acte en forme vint le consacrer.

1. V. plus loin, livre III, ch. III l'historique de ces différends.
2. Délib. du Coll. des docteurs du 24 déc. 1749. A. V. D 34, f°s 89 à 92.
3. Délib. du Coll. des doct. des 8 sept. 1735, 1er mars 1737, 10 janv. 1738. En 1735 éclate un long différend avec le prévôt de la métropole, évêque in partibus d'Halicarnasse, qui veut avoir le pas sur le primicier, à l'Hôtel de Ville, opiner et voter avant lui. Le vice-légat, sur l'ordre de la secrétairerie d'Etat, rend une ordonnance conforme aux prétentions du prévôt. Réclamations du primicier et du Collège auprès du vice-légat qui refuse de rapporter son ordonnance. Appel à Rome. La congrégation d'Avignon donne raison à l'Université. Le prévôt obtient un nouvel examen de la question, mais se voit définitivement débouté de ses prétentions. A. V. D 33, f°s 280, 83, 310, 334.
4. A. V. D 31, f° 209.
5. A. V. D 30, f°s 5, 16 et 264; D 31, f° 209. L'Université ne perd jamais une occasion de se mettre en relief. Voir le récit des funérailles du primicier François-Sébastien Calvet, mort en fonctions, le 10 février 1693. Le Collège décida à ce propos de « faire une démonstration ». A. V. D 31, f° 240.

En 1728, sur la demande du Collège des docteurs, le pape Benoît XIII, par un bref que confirma Benoît XIV en 1745, reconnut et proclama que « le primicériat avait toujours constitué dans le passé et devait constituer dans l'avenir un titre primordial de noblesse héréditaire et transmissible, sous la condition que ceux qui seraient appelés à en jouir vivraient noblement et ne dérogeraient en rien, le tout sans préjudice de la noblesse concédée aux docteurs par la coutume et les privilèges universitaires [1] ».

En vertu des lettres patentes que les rois de France leur avaient à plusieurs reprises accordées, les membres de l'Université d'Avignon étaient considérés comme « regnicoles » et pouvaient en conséquence jouir dans le royaume des privilèges que les papes leur concédaient. Les primiciers et leurs familles s'ils allaient s'établir en France, devaient donc d'après le droit commun, y jouir de la noblesse héréditaire. Mais on commençait en France à trouver que le nombre des nobles s'accroissait trop vite et le gouvernement de Louis XV se refusa à reconnaître les effets de la bulle de Benoît XIII. De là de longues négociations entamées entre la Curie, l'Université et la cour de Versailles, dont les archives de l'Université nous retracent abondamment les péripéties. Plusieurs expédients furent proposés : le primicériat serait viager ou bien il serait donné plusieurs fois de suite à un même docteur; à ces condi-

---

1. Bref de Benoît XIII, du 17 sept. 1728. [Declaramus] Primiceriatum Universitatis generalis studii Avenionis tam de præterito quam in posterum constituere et constituisse titulum primordialem veræ nobilitatis ad descendentes transmissibilem et ad omnes et quoscumque effectus allegabilem, dummodo nobiliter vivendo, nullo unquam tempore quidquam egerint quod nobilitati derogare potuerit, sine ullo tamen prejudicio, derogatione aut minima lesione indirecte vel directe nobilitatis quam doctores hujusmodi ex vi consuetudinis hactenus servatæ habere et acquirere potuerunt aut poterunt... Laval, 72. Délib. du Coll. des docteurs des 13 et 14 janv. 1727 et 20 oct. 1728. A. V. D 33, f°⁵ 132, 136, 157.

tions, il confèrerait la noblesse héréditaire. L'Université rejeta ces propositions : la première aurait rompu une de ses traditions les plus anciennes, par l'autre on eût découragé les ambitions les plus légitimes. D'ailleurs, un bien petit nombre de familles, cinq ou six à peine, risquaient d'être anoblies de la sorte. Encore n'était-il guère à craindre qu'elles quittassent Avignon pour aller s'établir en France[1]. Finalement on s'accorda sur un moyen terme : la noblesse héréditaire serait acquise aux primiciers deux fois appelés à ces fonctions par des élections distinctes et non consécutives. Même faveur était accordée aux familles qui auraient compté deux primiciers dans leur descendance directe. Un bref du pape Pie VI du 22 août 1788 et des lettres patentes du roi Louis XVI, en date du 22 janvier 1789, vinrent confirmer cet arrangement, presqu'au moment où le primicériat allait disparaître avec l'Université elle-même[2].

1. M. C. 2489. D'un relevé fait sur les livres de l'Université il résulte que de 1728 à 1786, en mettant à l'écart les prêtres, les primiciers décédés sans enfants et ceux qui avaient d'autres titres de noblesse, vingt-huit familles seulement ont exercé le primicériat, dont six seulement sont dans le cas de jouir de la noblesse attribuée à cette charge.

2. Bref de Pie VI, 22 août 1788. Lettres patentes de Louis XVI du 22 janv. 1789. Assemblée du Collège des docteurs du 23 mars 1789. L'affaire avait causé à l'Université des frais très considérables. A. V. D 35, f° 331.

CHAPITRE IV

AUTRES OFFICIERS ET AGENTS DE L'UNIVERSITÉ

Les lieutenants du primicier ou proprimiciers; proprimiciers laïques et proprimiciers ecclésiastiques. — Le doyen du Collège. — L'actorie; comment se recrutent les acteurs. — Le bedeau général ou secrétaire. — Mode de nomination du bedeau; importance croissante et variété de ses attributions. — L'imprimeur de l'Université. — Avocats et députés de la corporation; ses protecteurs en cour de Rome.

On se rappelle que le primicier, lorsqu'il était laïque, pouvait et devait, sous l'approbation du Collège, déléguer à un docteur ecclésiastique sa juridiction sur les clercs. Il pouvait aussi, en cas d'empêchement légitime, remettre l'intégralité de ses pouvoirs à un ou plusieurs de ses collègues qui prenaient alors le titre de lieutenants du primicier ou plus souvent de proprimiciers. Le cas ne se produisit pas très fréquemment; on peut cependant en citer plusieurs exemples pour les XVIIe et XVIIIe siècles. Ainsi, en 1660, M. Denis de Sarpillon du Roure « étant détenu malade dans son lit et ne pouvant vaquer aux affaires de la ville, députe pour son lieutenant et proprimicier pour ces affaires et celles de l'Université, M. Jean-François Salvador, docteur ès-droits agrégé, auditeur de rote [1]. » En 1664, M. de Vedeau, député pour la ville d'Avignon à Paris, nomme M. de Gay pour proprimicier [2]. Et

---

1. Ass. du 3 mai 1660. A. V. D 30, f° 127.
2. Ass. du 15 mars 1664. A. V. D 30, f° 167.

de même, en 1682, M. Payen choisit M. Salières pour son délégué général et proprimicier [1]; en 1701, M. Philippe de Tulle attribue les mêmes pouvoirs à son frère Pierre de Tulle [2]. Dans d'autres circonstances les primiciers choisissent plusieurs lieutenants. En 1725, le primicier Crivelli, quelques jours à peine après son élection, choisit deux proprimiciers l'un pour exercer la juridiction ecclésiastique, l'autre auquel « il transfère tous ses pouvoirs et facultés en la meilleure et plus ample forme et *ad suum beneplacitum* » [3]. C'est la même formule que l'abbé de Tulle avait employée en 1718 lorsque « faisant » trois proprimiciers, il leur avait délégué tous ses pouvoirs « pour les exercer tant conjointement que séparément pendant tout le temps de son absence » [4].

Cette délégation était un acte du primicier, révocable suivant sa volonté, mais, en général, soumis à l'approbation du Collège [5]. De son côté, en cas de vacance du primicériat, cette assemblée pouvait choisir elle-même le proprimicier et c'est ainsi qu'en 1769, M. d'Armand n'ayant pas accepté l'élection dont il avait été l'objet, elle nomma trois proprimiciers qui devaient rester en fonctions jusqu'à la fin du débat soulevé à ce propos et qui, en réalité, gouvernèrent pendant un an [6].

1. Ass. du 20 oct. 1689. A. V. D 31, fol. 143.
2. Ass. du 16 avril 1701. A. V. D 32, f° 153.
3. Ass. du 7 juin 1725. M. Crivelli, élu primicier le 21 mai précédent, choisit deux lieutenants : le 7 juin, il fait et députe pour proprimicier noble Esprit Véran de Ribiers, docteur ès droits agrégé et lui transfère tous ses pouvoirs et facultés en la meilleure et plus ample forme, c'est-à-dire « ad universitatem causarum secularium et ad beneplacitum nostrum. » Le 30 juin, il désigne un délégué pour les causes ecclésiastiques.
4. 3 février 1718. A. V. D 32, f° 383.
5. A. V. D 32, f° 167.
6. Ass. du Coll. des doct. du 18 mai 1769. Le secrétaire donne lecture de la démission de M. d'Armand, élu primicier le 15 mai. Le primicier invite le Collège à nommer d'autres personnes pour exercer la charge de proprimicier.

Le proprimicier jouissait de toute l'autorité attribuée au primicier titulaire. Dans l'assemblée des docteurs, dans les actes des Facultés, à l'Hôtel de Ville même, il en tenait le rang et la place. Les conflits soulevés parfois à ce propos par les corps rivaux de l'Université tournèrent toujours au profit de celle-ci [1]. Titulaires ou délégués, ceux qui représentaient la corporation universitaire surent défendre ses droits et garder le rang qui lui appartenait.

En l'absence du primicier ou de son lieutenant, la préséance est dévolue au doyen du Collège des docteurs agrégés en droit et il est d'usage qu'en temps ordinaire, le doyen vienne immédiatement après le primicier; mais il ne s'agit ici que de privilèges honorifiques. Le décanat qui appartient au plus ancien des agrégés et revient en conséquence très fréquemment à un vieillard peu assidu aux assemblées et peu capable de s'occuper activement des affaires du studium, ne confère aucun pouvoir effectif et ne peut être considéré comme une magistrature universitaire [2].

Il en est tout autrement de l'actorie, dont le ou les titulaires, chargés d'entamer ou de poursuivre les procès de l'Univer-

Il est unanimement conclu et délibéré que sans avoir égard à la prétendue démission et renonciation au primicériat dudit d'Armand on fera part à Mgr le chancelier de France et autres seigneurs supérieurs (ceci se passe pendant l'occupation) du cas qui arrive et qu'en attendant les ordres, on députera trois ex-primiciers pour régir l'Université. MM. de Poulle, Teyssier et Aubert ayant été proposés sont unanimement et par acclamation élus et députés en cette qualité. On voit, à la réunion du 4 juin 1770, que l'affaire étant restée indécise, les proprimiciers ont régi l'Université pendant toute l'année. A. V. D 35, fᵒˢ 34 et 40.

1. Ass. du Coll. des docteurs du 6 mai 1663. M. de Tonduty, proprimicier, avait réclamé à l'Hôtel de Ville la place du primicier, qui était son père. Les députés du clergé s'y opposent, puis renoncent à leur opposition. Le Collège « avoue » la conduite du lieutenant, qui est conforme aux précédents. A. V. D 30, fᵒ 161.

2. Le doyen avait la garde des Archives de l'Université. C'était son unique fonction ; plus d'un doyen se montra peu empressé à la remplir.

sité et de plaider pour elle étaient, de ce chef, fort occupés.
On sait, en effet, avec quelle âpreté les anciennes corporations défendaient leurs droits même les plus contestables et qu'elles s'avouaient rarement vaincues sans avoir épuisé la série entière des juridictions. A ce point de vue, l'Université d'Avignon, en butte à des rivales acharnées, ne chôma guère dans les deux derniers siècles de son existence : on trouvera plus loin le récit de ses interminables procès.

Les acteurs étaient élus par le Collège et dans son sein. Ils devaient être avocats : c'était la seule condition requise pour l'éligibilité [1]. Jusque vers 1740, il n'y eut qu'un seul acteur titulaire; mais on prit de bonne heure l'habitude de lui donner, pour l'aider dans sa tâche, un coadjuteur ou même un coacteur souvent choisi dans sa famille et qui devait lui succéder à sa mort [2]. Même en 1696, M. de Gay étant depuis longtemps incommodé, le Collège lui nomma deux coacteurs qui devaient avoir successivement après sa mort, les honneurs et honoraires attachés à la charge [3]. Enfin, comme les procès devenaient de plus en plus nombreux et importants et comme on voyait même parfois l'acteur de l'Université engagé en faveur des adversaires de celle-ci et « prévenu par les parties, » on résolut d'en nommer deux qui jouirent tous deux des prérogatives attachées à leurs fonctions [4], mais ne reçurent chacun que la moitié de l'honoraire fixe, savoir l'écu d'or

---

1. A. V. D 33, f° 371; D 34, f° 57.
2. 6 déc. 1653. M. J.-B. Tonduty est adjoint comme co-acteur à M. de Gay. A. V. D 30, f° 56. M. Ant. Fr. Payen est adjoint en la même qualité au même acteur le 30 oct. 1656. A. V. D 30, f° 87. Le 24 oct. 1674, M. Fr. de Gay est adjoint comme co-acteur à son père. A. V. D 31, f° 11.
3. Le 14 sept. 1696, MM. Benoit père et fils sont adjoints comme co-acteurs à M. Fr. de Gay, qui avait succédé à son père. A. V. D 32, f° 58.
4. Délib. du Coll. des doct. des 28 et 30 mai 1740. M. Benoit, acteur, étant mort depuis quelques mois, le primicier a été obligé en diverses affaires contentieuses d'avoir recours à MM. Olivier père et Thomas pour soutenir les

au soleil, qu'on donnait à l'acteur aux fêtes de Noël, pour ses étrennes [1].

L'actorie était viagère, sauf démission du titulaire ou renonciation de sa part aux fonctions d'avocat [2]. Elle fut l'apanage d'un petit nombre de familles qui parfois se la transmirent comme un héritage; tels les Tonduty, les de Gay, les Benoît, les Ollivier, les Thomas, les Teste enfin qui eurent, aux XVIIe et XVIIIe siècles, la charge de soutenir les droits de l'Université [3].

Énumérer toutes les occasions où ces agents intervinrent, ce serait faire l'histoire même de la corporation : il suffira d'indiquer ici qu'outre leur rôle dans les procès proprement dits, la place des acteurs était marquée dans tous les actes civils ou judiciaires qui intéressaient l'Université : échanges, ventes, locations, conclusion des baux et traités pour la collation des offices et des greffes. Ils formaient comme le conseil judiciaire de l'Université et l'on peut les comparer à ces « assesseurs » des conseils de ville, dont l'action aussi fréquente qu'éclairée s'exerça si utilement pour la bonne marche des affaires municipales.

Hors du Collège, l'Université n'a guère qu'un agent, le bedeau, *bedellus generalis*, à la fois appariteur en chef, secrétaire, garde des bâtiments, archiviste et, au besoin, tré-

---

droits de l'Université dans les audiences publiques du vice-légat, les autres avocats membres du Collège se trouvant engagés dans la défense des parties; il conviendrait d'avoir deux acteurs, car cet emploi étant occupé par un avocat, cet avocat est quelquefois prévenu par les parties. On élit MM. Olivier père et Thomas. A. V. D 33, f° 371, 374. Cf. A. V. D 34, f° 37.

1. Délib. du Coll. des doct. des 6 déc. 1653 et 24 oct. 1674. A. V. D 30, f° 56; D 31, f° 11.
2. 28 déc. 1747. Election de M. Olivier à la place de M. Thomas de Saint-Laurent qui a quitté le barreau.
3. M. J. Fr. de Gay est élu coadjuteur de son père le 24 oct. 1674 et lui succède. MM. de Benoît père et fils élus co-acteurs en 1696, deviennent ensuite acteurs en titre. A. V. D 31, f° 11; D 32, f° 58, D 33, f° 371.

sorier. Comme celle de primicier, cette fonction datait de l'origine même du studium et ne disparut qu'avec lui, mais elle se modifia beaucoup avec le temps.

Les statuts primitifs énumèrent longuement les attributions du bedeau, et que l'évêque et les docteurs se soient disputé le choix de cet agent pendant près d'un siècle, cela seul dit assez son importance. Une transaction déjà citée remit, dès 1383, la nomination du bedeau au Collège, sous la ratification de l'évêque, auquel l'élu continua de prêter le serment accoutumé [1].

Il n'est d'ailleurs plus trace de ce serment au xvıı° siècle et les décisions du Collège sont désormais souveraines. Quand la charge vient à vaquer, le primicier et une commission de docteurs s'enquièrent des candidatures : le mérite et la moralité des postulants sont l'objet d'un examen approfondi. Une sorte de contrat est rédigé que l'élu doit accepter solennellement. Au jour fixé pour l'élection, le primicier soumet ses propositions au Collège qui généralement les ratifie par son vote : un notaire apostolique expédie ensuite des propositions régulières à l'élu. Il demeure entendu que le bedeau exercera son office seul et en personne et non par substitut, qu'il s'y portera avec toute l'assiduité, exactitude et diligence désirables, qu'il résidera à Avignon et ne pourra s'absenter que sur autorisation écrite du primicier et pour raisons légitimes, qu'il aura enfin dans la ville une maison décente et convenable pour y faire son domicile fixe, permanent et continu [2].

1. Stat. de 1503, art. 19. Quod bedellus generalis juret supra Sancta Dei Evangelia in manibus Avenionensis episcopi, esse obediens et fidelis et honorem et commodum studii et doctorum et scholarium procurare pro posse suo et habere stationem competentem, in qua teneat libros venales et insuper petias utriusque juris correctas in textu et in glossis, si eas potest habere et suum officium fideliter exercere. L'art. 64 des stat. de 1503 confirme cet article sauf en ce qui concerne la librairie.
2. Délib. du Coll. des docteurs des 21 avril 1621, 17 nov. 1696 et surtout du 1ᵉʳ mai 1761. A. V. D 29, f° 74; D 32, f° 62; D 34, f° 336.

A l'époque qui nous occupe le bedeau est souvent appelé secrétaire de l'Université. Ce titre nouveau, autrefois dévolu à un notaire, indique que les fonctions du bedeau se sont élevées et anoblies, qu'il se mêle plus intimement à la vie intérieure du Collège comme à ses actes publics et que de simple auxiliaire ou « suppôt », il est devenu peu à peu l'homme de confiance des docteurs et parfois leur conseiller [1].

Secrétaire ou bedeau, l'agent dont il s'agit garde toutes les attributions que les anciens statuts lui conféraient. Il doit publier dans les écoles la date du commencement des cours et annoncer les jours fériés. S'agit-il d'examens, d'exercices extraordinaires, de thèses solennelles, d'actes publics, il invite maîtres et écoliers à s'y rendre, indiquant à l'avance le sujet des « disputes », pour que les uns et les autres puissent à loisir préparer leurs arguments [2]. Quelque membre de la corporation vient-il à mourir, il ordonne de sonner la cloche et fait connaître dans toutes les Facultés les jour et heure des obsèques, avec prière d'y assister [3]. Dans les cérémonies

1. En 1671, Crivelli ayant été nommé coadjuteur du bedeau, on songea à l'obliger « à se pourvoir de la qualité de notaire, afin que l'Université eût en sa personne le notaire qui lui était nécessaire et que ses actes ne fussent pas épars dans les protocoles des différents notaires de la ville. » On abandonna cette idée, pour ne pas imposer au secrétaire des obligations trop onéreuses (A. V. D 34, f° 336.)
2. Statuts de 1303, art. 16. Quod bellus generalis mandet principia incipientium legere, denuntiationes repetentium extraordinarie faciat, doctores convocet, cum fuerit requisitus, dies festos per omnes scholas juris canonici et civilis et in medicina et in artibus in quacumque facultate civitatis Avenionensis denuntiet; et cum aliquis fuerit examinandus, ordinet scholares qui debent venire ad associandum doctores, ad dandum puncta et ad faciendam examinationem; insuper erit de ejus officio, cum fient examinationes publicæ, denuntiare eas per scholas, denuntiando per duos dies antequam fiant et notificando legem vel decretalem vel decretum quam vel quod leget examinandus in publico, ut scholares possint se preparare ad argumenta facienda. Faciet insuper dictus bedellus omnia quæ de consuetudine noscantur ad ejus officium pertinere. Cf. Statuts de 1503, art. 61.
3. *Ibid.* art. 18. Quod si unus doctor legum vel decretorum, vel magister in medicina vel in artibus, vel aliquis scholaris moritur, cujuscumque nationis

MARCHAND. *L'Université d'Avignon.* 6

publiques, il revêt la robe et monte parfois à cheval, portant la masse devant le primicier. Il a charge d'embaucher, quand besoin est, les porteurs de torches, estafiers et hautbois; il veille à l'observation stricte de l'étiquette et des préséances : les règles du cérémonial ou, comme on dirait aujourd'hui, du protocole n'ont pas de gardien plus vigilant. Par-dessus tout, il a mission de convoquer les assemblées des Facultés et particulièrement celles du Collège des docteurs en droit agrégés, se tenant, en quelque mesure pour responsable des absences et notant soigneusement sur les registres, pour se dégager, que les non-présents ont été bien et dûment convoqués, avec mention, s'il y a lieu, de leurs excuses [1].

Aux xiv° et xv° siècles, il devait tenir librairie à l'usage des écoliers; mais, dès les statuts de 1503, cette charge devient facultative et on note même, à cette époque, que les bedeaux s'en sont depuis longtemps dispensés [2]. La décadence de l'Université pendant les guerres religieuses du xvi° siècle valut, semble-t-il, à ces agents d'involontaires loisirs. Mais, après 1621,

---

sit, executores dicti defuncti et amici notificent bedello generalis studii, qui denuntiet omnibus doctoribus et magistris de Collegio et omnibus scholaribus dicti studii quod veniant ad exsequias dicti defuncti vel ad locum ubi debet sepeliri... Les statuts de 1503 indiquent (art. 63) que cet article est tombé en désuétude; ils le confirment, en ajoutant que le bedeau devra convoquer les docteurs et écoliers non seulement pour l'enterrement des défunts, mais encore pour les messes de neuvaines et d'anniversaires et faire sonner la cloche par l'ordre du primicier et non autrement.

1. Stat. de 1303, art. 17. Omnes convocationes generales faciat. — Stat. de 1503, art. 61. Cf. A. V, D 29, f° 75, 180, 188.
2. Stat. de 1303, art. 16. De salario bedelli generalis et statione per ipsum tenenda... Et quod habeat petias in jure canonico et civili tam in textu quam in apparatu bene correctas; et tradentur scholaribus pro pretio consueto, si eas potest habere. Stationem publicam in apparenti habebit, ubi reperientur libri (pro pretio) qui tradantur venales et petie supradicte, si potest. Les statuts de 1503, (art. 62) stipulent que le bedeau n'est pas tenu d'avoir boutique de livres, mais que s'il y consent, il doit prêter entre les mains du primicier serment spécial de ne commettre aucune fraude dans la vente des livres, de ne pas les vendre plus cher qu'il ne faut et de ne pas faire de bénéfice illicite.

quand les deux offices de secrétaire et de bedeau furent réunis dans les mêmes mains, les titulaires de l'emploi unique se trouvèrent de nouveau fort occupés. Ils durent rédiger les actes officiels, diplômes, certificats et attestations d'études, vaquer à la correspondance, surveiller la tenue des registres, collationner les actes notariés « les insérant dans un livre à ce uniquement destiné », classer et « mettre en liasses » les autres documents, noter, à l'occasion, les événements remarquables ou simplement intéressants [1], préparer enfin les comptes annuels des primiciers. Les habitudes d'ordre et de méthode dont ils ne se départirent jamais leur permirent de rendre à ces magistrats des services signalés. Mais leur titre le plus durable peut-être à la reconnaissance de l'Université, c'est le soin avec lequel la plupart d'entre eux, — tels les Bernard et les Chambaud, annalistes prolixes, mais d'une conscience admirable, — rédigèrent les délibérations du Collège. Dans leurs procès-verbaux, la corporation retrouvait écrite au jour le jour l'histoire de sa vie avec les preuves de sa noblesse et de sa grandeur : ils restent pour l'historien un inépuisable répertoire d'informations d'un inappréciable intérêt.

Le bedeau secrétaire était encore devenu, vers 1625, « garde des clés. » Ces fonctions, sur lesquelles les Archives universitaires donnent peu de détails, firent du bedeau une sorte de conservateur des bâtiments, au bon entretien desquels il devait veiller, provoquant les réparations nécessaires et surveillant leur exécution [2]. Il était aussi chargé de la comptabilité de l'Université ; il tenait compte des recettes et des dépenses effectuées par les primiciers. Parfois des sommes importantes

---

1. A. V. D 34, f° 337.
2. Délib. du Coll. des doct. du 16 juin 1625. Cet office était confié à Jacques Bramereau, imprimeur. Le fils du défunt le sollicitait ; on préféra le donner au bedeau. A. V. D 29, f° 96.

lui étaient remises en dépôt; il devenait alors agent comptable et trésorier, mais par exception seulement [1]. En 1779, la garde des archives, autrefois confiée au doyen du Collège, lui fut remise [2].

Enfin, il fut plus d'une fois chargé d'importantes missions. On voit par exemple, en 1662, le Collège députer à Aix le bedeau Jean Bernard, pour s'informer des difficultés que l'Université de cette ville suscitait à celle d'Avignon; quelques années plus tard, le fils de ce même Bernard et son coadjuteur est envoyé à Paris pour réclamer l'exécution de l'arrêt obtenu [3]. En 1671, il est en mission dans le Comtat, chargé d'en parcourir les villes et de dresser la liste des docteurs qui y résident [4]. Et c'est encore un des Bernard qui se rend, en 1698, à Dijon, à Besançon et à Grenoble, pour faire enregistrer dans les parlements de ces villes les lettres patentes rendues par le roi de France en faveur de l'Université d'Avignon [5].

Mais, en dépit de ces délégations extraordinaires, le bedeau reste ce qu'il a été dès le premier jour : l'agent d'exécution du primicier, sous les ordres directs duquel il est placé. C'est lui qui notifie aux étudiants et aux docteurs les ordonnances du chef de l'Université et en assure l'observation. Sa mission est parfois délicate : quand il s'agit, par exemple, d'exclure un agrégé du Collège [6] ou d'interdire à un professeur l'accès de

1. Il reçoit par exemple, en 1717, le dépôt des sommes provenant du jardin botanique. A. V. D 32, f° 367.
2. Délib. du Coll. des doct. du 6 mars 1779. Le primicier insiste sur les inconvénients des déplacements fréquents que devaient subir les archives, habituellement confiées au doyen du Collège. On décide de les remettre à Chambaud, secrétaire, digne de la confiance des docteurs : on le charge de faire un inventaire des pièces qui les composent. A. V. D 35, f° 124.
3. Délib. du 13 oct. 1662. A. V. D 30, f° 157. Délib. du 3 juin 1669. A. V. D 30, f° 215.
4. A. V. D 30, f° 246.
5. A. V. D 32, f° 108. Une mission analogue avait été confiée au bedeau Bernard en 1652. A. V. D 30, f° 42.
6. A. V. D 35, f°ˢ 109, 140.

sa chaire [1]. Dans ces occasions, le bedeau sait allier la fermeté à la finesse et jamais son autorité n'est méconnue.

Le bedeau ne reçut jamais de traitement. Il avait même cessé depuis longtemps, au xvii° siècle, de faire dans les différentes classes la « collecte », que les statuts de 1303 avaient instituée et que les statuts postérieurs avaient maintenue, en la réglementant de nouveau [2]. Bien plus, le Collège exigeait maintenant des titulaires de l'office une redevance annuelle fixée à cent cinquante livres [3]. Parfois d'ailleurs, remise était faite de ce droit, en considération des services rendus à l'Université par le bedeau ou ses ascendants [4].

Mais, en revanche, le bedeau percevait sur les gradués des droits considérables, égaux et parfois supérieurs à ceux que touchait le primicier : trois écus des bacheliers et licenciés en droit, cinq des docteurs ou agrégés du même ordre; les médecins « lui payaient pour les taxes accoutumées et pour leurs lettres », savoir les docteurs et licenciés, quinze livres, les bacheliers, douze livres dix sous. Les théologiens et les artistes étaient également ses tributaires, les premiers pour un ou deux écus d'or; les autres, pour un écu, lors du baccalau-

---

[1]. Affaire du P. Barbat, professeur de philosophie, suspendu de ses fonctions par le primicier. A. V. D 72; D 33, f° 26 à 29.

[2]. Statuts de 1303, art. 17. Quod bedellus generalis semel in anno, ante festum nativitatis Domini per omnes scholas juris canonici et civilis et in medicina et in artibus, faciet suam collectam et erit IV solid. monete currentis et V solid. pro banchis suis, V solid. pro domo et hoc sub pœna excommunicationis. Il recevait également (art. 22) sept sous des bacheliers lisant, et d'autres droits de ceux qui commençaient à lire (art. 23 et 24). Les nobles qui ne payaient pas les bancs lui devaient un habit. De même il recevait un habit quand mourait un docteur.

[3]. Traité avec M. Crivelli, nommé coadjuteur du bedeau. Art. 9. Devenu principal, il paiera chaque année au primicier, le lendemain de son élection, la redevance de 150 livres monnaie de France, à commencer à la première élection du primicier qui arrivera immédiatement après la cessation de la coadjutorerie et dès qu'il aura le titre de l'office. A. V. D 31, f° 336.

[4]. A. V. D 32, f° 62.

réat ou de la maîtrise, pour cent sous à l'agrégation. Au total, le profit n'était pas médiocre et la situation restait enviable; d'autant plus que l'office était viager.

Ce n'étaient pas d'ailleurs si petites gens que les secrétaires bedeaux de l'Université. Jean Bouzon, lorsqu'il démissionna en 1631, était chanoine de la métropole [1]. M. Chambaud l'aîné était notaire [2] et bien que les Bernard fussent de condition plus modeste, l'un d'eux, le troisième du nom, était bachelier ès droits et notaire apostolique; son oncle était prévôt de Saint-Symphorien et, en 1694, fut délégué par l'Université à Paris [3]. L'ambition assez naturelle de chacun était alors de transmettre son office à son fils et, comme il y avait des dynasties de régents et de primiciers, il y eut des dynasties de bedeaux, celle des Bernard, par exemple, qui, mise en possession de l'office en 1621, le garda pendant cent quarante années; elle fournit quatre titulaires ou coadjuteurs sous trois générations successives et près de s'éteindre en 1761, au grand regret du Collège, recevait de lui ce témoignage qu'elle avait exercé cette charge avec un zèle et une fidélité sans exemple, méritant de père en fils l'entière et absolue confiance de l'Université [4].

1. A. V. D 20, f° 77.
2. A. V. D 35, f° 129.
3. A. V. D 32, f° 33; D 32, f° 69.
4. En 1621, Jean Bernard est nommé bedeau à la place de Jean Bouzon, démissionnaire « ob ætatem ingravescentem et infirmitates ». Sur sa demande on lui donne pour coadjuteur, en 1646, son fils Marc-Antoine Bernard, « avec succession future irrévocable pour lui seul et gratis, ayant prouvé sa probité et suffisance. » En 1662, Marc-Antoine donne sa démission de coadjuteur en faveur de son frère Bernard Bernard. Devenu titulaire, celui-ci obtient encore en 1696, pour son fils Pierre-Joseph Bernard, la provision de la coadjutorerie cum futura successione. Ce dernier est titulaire, vers 1721, et exerce seul son office pendant environ quarante ans. On lui donne, à regret, en 1761, un coadjuteur, Crivelli, qu'il se charge d'instruire. Crivelli est remplacé en 1763 par Chambaud l'aîné auquel, en 1770, on donne pour coadjuteur son frère Pierre-Xavier Chambaud A. V. D 20, f° 75, 77 et 211; D 30, f° 148; D 32, f° 62; D 31, f° 337 et 383; D 35, f° 129.

C'était aussi dans l'organisme universitaire un personnage assez important que l'imprimeur, investi du monopole des publications qui intéressaient le studium. Non qu'il fut mêlé aussi intimement que le bedeau à la vie de la corporation et en devint, comme lui, un membre véritable par le fait de son élection; mais s'il gardait en dehors de ses fonctions spéciales toute sa liberté d'action, l'Université, pour tout ce qui concernait celles-ci, exigeait de cet agent une fidélité et une obéissance absolues.

Nommé par le Collège des docteurs après acceptation d'une sorte de traité ou, comme on disait, d'une « obligation » en bonne et due forme, — l'imprimeur (l'un des plus honorables, s'il était possible, de la ville) pouvait être révoqué par un vote de la même assemblée, « au gré d'icelle. » Il avait seul le droit d'imprimer les thèses des étudiants et recevait des licenciés et docteurs admis à Avignon dans les trois Facultés de droit, médecine et théologie, un droit fixe de quinze sols par examen. En retour, il s'engageait, à peine de privation de son office, à n'imprimer aucune thèse — notamment de bachelier ou maître ès arts, — sans permission expresse du primicier, à fournir gratuitement chaque année « au renouveau des études », en un nombre suffisant d'exemplaires, le programme ou catalogue des cours des régents et professeurs publics et à le faire placarder avec, en tête, les armoiries de l'Université, aux lieux et places accoutumés [1]. Il dut même parfois imprimer gratuitement tels documents ou publications que l'Université tenait à offrir à ses membres sans bourse délier [2]. Quant au tarif des thèses, il varia suivant le temps,

---

1. Délib. du Coll. des docteurs des 25 juin 1626 et 7 janv. 1659. A. V. D 29, f° 97; D 30, f° 110. Cf. Délib. du 13 sept. 1769. A. V. D 35, f° 37.

2. En 1659, on oblige l'imprimeur à publier gratuitement les copies des privilèges et arrêts des rois de France concernant l'Université. En 1681, on

de cinquante sols à un écu pour quarante ou cinquante exemplaires [1].

L'Université n'eut pas toujours à se louer de ses imprimeurs. Plus d'un, soudoyé par les Jésuites, imprima, quoique non approuvées, les thèses des élèves de la Compagnie [2] ou exigea des gradués plus que ne comportait le tarif [3]. De leur côté certains gradués, au mépris d'un privilège pourtant incontestable, faisaient imprimer ailleurs leurs thèses [4], et le Collège ne maintenait pas sans quelque peine des contrats auxquels on « brêchait » trop souvent [5]. On le vit cependant plus d'une fois accorder au fils la succession du père, en raison du zèle et de la fidélité de celui-ci [6].

Il reste à dire quelques mots des agents que l'Université chargeait à l'occasion, dans des circonstances extraordinaires, de la défense de ses intérêts. Les attaques dont ses privilèges étaient l'objet de la part des Universités françaises l'obli-

---

l'oblige à imprimer le livre sur les privilèges de l'Université composé par M. Payen et à en remettre gratuitement un exemplaire à chaque docteur et douze exemplaires pour les archives de l'Université. En 1728, on stipule qu'il imprimera gratis les statuts et lettres patentes intéressant l'Université. A. V. D 30, f° 110; D 31, f° 122; D 33, f° 145.

1. En 1728, le prix est fixé à 50 sols pour 50 thèses de bachelier et de licencié et à dix sols la douzaine pour le surplus. En 1769, le tarif est de 3 livres pour 40 thèses de bacheliers et 50 au besoin. A. V. D 33, f° 145; D 35, f° 37.

2. A. V. D 29, f° 28.
3. A. V. D 32, f° 376.
4. A. V. D 32, f° 181.
5. A. V. D 31, f° 98.
6. Jacques Bramereau est nommé en 1631 en remplacement de son père (élu en 1626) et est lui-même remplacé par son fils Georges Bramereau (1659 à 1681) Laurent Lemolt, qui succède à Bramereau en 1681, est remplacé en 1687 par son fils Georges Laurent, qui exerce jusqu'en 1698. Ces cinq imprimeurs, les trois Bramereau surtout, ont exercé leurs fonctions avec grand honneur. Il n'en est pas de même de Malard (1698-1728), ni même peut-être de Domergue (1728-1769), mais les bonnes traditions reprennent avec les Chambaud père et fils (1769-1780-1791). A. V. D 28, f° 97 et 142; D 30, f° 110; D 31, f° 122 et 198; D 32, f° 97; D 33, f° 115; D 35, f°° 37 et 157.

geaient fréquemment à se pourvoir auprès du roi. Et plus souvent encore elle avait à demander au pape la confirmation ou l'explication de telle bulle dont, volontairement ou non, des autorités rivales méconnaissaient le sens. Au surplus, le pape était, on le verra, juge en dernier ressort des causes qui l'intéressaient. De là des députations nombreuses à Rome ou à Paris. D'ordinaire, le Collège déléguait quelqu'un de ses membres à l'effet de poursuivre les démarches nécessaires [1]. Mais s'il fallait plaider, le ministère d'avocats romains ou parisiens devenait indispensable [2] et l'on devine que députations et plaidoiries finissaient par coûter cher à l'Université pour des procès, qui, parfois, duraient vingt ans [3].

L'Université se préoccupait aussi de s'assurer en cour de Rome des appuis solides, sinon désintéressés. Elle y eut, à diverses époques, sous le nom de protecteurs, des sortes de patrons, choisis parmi les plus hauts personnages de la curie. M. d'Argenvilliers qualifié quelque part « le premier avocat de son siècle [4] » et honoré bientôt de la pourpre, l'ancien vice-légat Salviati, devenu aussi cardinal, daignèrent accepter, au XVIIIᵉ siècle, la « protectorie » de l'Université avignonnaise [5]. Les docteurs mirent encore plusieurs fois à contribu-

---

1. 14 mars 1650. Envoi à Rome de M. de Royère. Coût : mille écus (A. V. D 30, f° 17) ; de M. de Tulle auquel on attribue 40 pistoles pour le voyage et 10 pistoles par mois (1683-85) ; de M. Genet, archidiacre de Vaison (10 mars 1705), de M. de Teste, en 1745, etc., etc. A. V. D 30, f° 27 ; D 31, f°° 155 et 274 ; D 32, f° 181. Délégation à Paris de MM. Blauvac en 1650, Payen en 1673, l'abbé Guyon en 1685, de Laurens en 1663, etc. Le primicier est aussi parfois délégué. A. V. D 29, f° 72.

2. A. V. D 32, f°° 22, 27 et 181 ; D 31, f° 7.

3. A. V. D 30, f° 27, 283 ; D 31, f° 172 ; D 32, f° 23 et 87.

4. A. V. D 34, f° 7. Il avait été chargé de plaider pour l'Université d'Avignon dans l'affaire de la juridiction des conservateurs.

5. Délib. du Coll. des doct. du 17 juin 1781. Le primicier expose que l'Université avait autrefois un protecteur en cour de Rome en M. d'Argenvilliers et l'on se félicitait des bons effets de cette protection. Il est surpris que depuis

tion les bons offices du nonce à Paris [1]. Ils pensaient sans doute, et non sans raison, qu'il n'est si bonne cause qui ne paraisse meilleure encore, défendue par d'éminents avocats;

la mort de M. d'Argenvilliers, le Collège ait négligé de demander la protection de quelque illustre prélat. Il propose le cardinal Salviati, ancien légat, dont la puissance, le rang et les vertus lui donnent grand crédit auprès du Souverain Pontife; il est unanimement délibéré de le prier d'accepter ce titre. (A. V. D 35, f° 262.) Cf. au 27 nov. une lettre de Salviati acceptant la « protectorie » de l'Université (*Ibid.*, f° 275).

1. A. V. D 31, f° 178; D 39, f°⁵ 37, 54, 84, 97, 115, 137.

CHAPITRE V

LES AUTORITÉS ÉTRANGÈRES A L'UNIVERSITÉ

L'évêque-chancelier. — Ses attributions : promulgation des statuts, assistance aux examens, délivrance des diplômes. — Déclin de son autorité. — Le prochancelier ou vice-chancelier. — Le vice-légat; étendue et limites de ses pouvoirs; son action administrative. — Intervention directe ou indirecte du Souverain-Pontife dans le gouvernement de l'Université. — Les Congrégations et le studium avignonais.

L'Université d'Avignon tendit sans cesse vers l'autonomie. Elle resta cependant soumise d'une façon plus ou moins directe à la triple autorité de l'évêque, du vice-légat et du pape lui-même. Quant aux conservateurs établis par Jean XXIII, et qui étaient l'abbé de Saint-André, le prévôt de la cathédrale et le doyen de Saint-Pierre, la rareté des documents empêche d'apprécier exactement l'étendue de leur action. De bonne heure, d'ailleurs, le primicier les supplanta : aux XVIIe et XVIIIe siècles, il n'est plus guère question d'eux.

A Avignon, comme ailleurs, l'évêque — plus tard archevêque [1], — fut proclamé dès le début chancelier-né de l'Université et le resta jusqu'à la fin. Outre la surveillance générale qu'en cette qualité, il exerça sur le studium, ses pouvoirs peuvent se résumer, au XIVe siècle, dans les termes suivants : il prépare et promulgue les statuts généraux, il assiste aux actes et examens des Facultés, il délivre les diplômes. Par une

---

1. On sait que l'évêché d'Avignon fut transformé en archevêché en 1175.

longue série d'empiètements successifs, le Collège des docteurs et les primiciers parvinrent, dans chacun de ces trois ordres d'idées, à réduire de plus en plus l'autorité de l'évêque : cette autorité n'est plus que nominale dans les derniers temps de l'Université.

C'est de l'évêque d'Avignon agissant « du conseil et consentement des docteurs » que l'Université naissante reçut ses premiers statuts. La part de l'évêque et celle des docteurs dans la rédaction de ces documents n'est d'ailleurs pas facile à déterminer. Mais à mesure que suivant les temps et les circonstances, la charte universitaire s'amendait et se complétait, l'intervention de l'évêque devenait moins active et plus rare. Les statuts du xvi° et du xvii° siècles furent, on l'a vu, l'œuvre à peu près exclusive des docteurs. Mais la promulgation de ces statuts ne cessa jamais d'être faite au nom de l'évêque et de l'archevêque-chancelier [1].

Les statuts généraux de l'Université, publiés du xiv° au xvi° siècle, faisaient une large part à l'intervention de l'évêque-chancelier dans les examens des diverses Facultés [2]. Aucun examen de licence ou de doctorat ne pouvait avoir lieu sans sa permission [3]. Après l'examen des mœurs, confié au primicier, le candidat devait se présenter à l'évêque, accompagné de son protecteur et lui demander humblement, *humiliter et*

---

1. Le pape Pie II, dans la bulle de réorganisation de 1459, avait essayé de réagir contre cette tendance et d'accroître considérablement les pouvoirs de l'évêque. Celui-ci devait notamment choisir le recteur, qui remplaçait le primicier, d'accord avec un conseil composé des représentants de toutes les Facultés et élu par l'Assemblée générale de l'Université. On sait que cette bulle ne fut jamais exécutée. — Voir plus haut, p. 52.

2. Le baccalauréat ne semble pas avoir nécessité, même au xiv° siècle, l'intervention de l'évêque ; les statuts de 1303 sont muets en ce qui le concerne ; ceux de 1407 qui le règlementent (art. 2) ne font aucune mention de l'évêque et de même ceux de 1503 (art. 18).

3. Stat. de 1407, art. 9.

submissa voce, dit un statut, la permission de subir l'examen rigoureux [1]. Avait-on besoin de dispenses, l'évêque seul pouvait les accorder [2]. C'était encore l'évêque ou son vicaire qui assignait les points accoutumés ou choisissait les docteurs, hommes dignes de sa confiance, chargés de ce soin [3]. L'examen avait lieu, à l'évêché, en sa présence, et c'est en son nom que les docteurs et étudiants étaient convoqués pour y assister. Enfin, c'était l'évêque ou son vicaire qui invitait les docteurs à voter, dépouillait le scrutin et en proclamait le résultat [4]. La majorité s'était-elle prononcée pour l'admission, il déclarait le candidat digne du grade ; dans le cas contraire, il pouvait l'admettre encore, après conférence avec le primicier et les docteurs et si, pour cause raisonnable, il pensait qu'on pût user d'indulgence [5].

Rien de semblable au xviie siècle. D'abord, en ce qui concerne la médecine, l'archevêque, particulièrement incompétent, semble s'être toujours récusé. On ne le voit, en aucun cas, assister aux examens. Dans les diplômes qu'il confère, il invoque l'autorité des docteurs et déclare confirmer leurs décisions [6]. Les points sont encore assignés par l'autorité épiscopale, mais c'est évidemment la Faculté qui en a dicté le choix. Et de même pour la maîtrise ès arts : cet examen se passe sans grande solennité, dans la salle ordinaire des actes, et c'est le primicier lui-même qui assigne géné-

1. Cette présentation, faite par le promoteur, avait lieu après l'examen des mœurs dévolu au primicier et si cet examen avait été satisfaisant, ce dont le primicier devait informer l'évêque. Stat. de 1303, art. 12; stat. de 1407, art. 8; stat. de 1503, art. 25.
2. Stat. de 1111, art. 6.
3. Stat. de 1303, art. 12; stat. de 1503, art. 29.
4. Stat. de 1303, art. 13.
5. St. de 1303, art. 16 et 17; stat. de 1503, art. 25 et 31.
6. Voir le diplôme de doctorat en médecine de J.-B. Terris du 23 juillet 1757. Laval, *Hist. de la Faculté de médecine*, p. 132.

ralement les points sur lesquels, à défaut de thèses solennelles, portera l'examen du candidat [1]. Dans l'examen du baccalauréat ès arts, l'archevêque n'intervient à aucun titre [2]. Quant à la licence et au doctorat en droit, le règlement de 1679, rédigé en exécution de l'édit de Louis XIV paru la même année, remet aux docteurs seuls l'examen qui y conduit. Son article VIII notamment, dispose expressément que seuls le primicier et les régents ou agrégés examineront les postulants, donneront leurs suffrages et prononceront à titre définitif sur l'admission ou l'ajournement [3].

Dans les seuls examens de théologie, l'archevêque conserva son ancien rôle. Le concile de Trente venait d'ailleurs de définir, à ce sujet, les devoirs de l'autorité épiscopale, et les statuts de 1605 ont soin d'en rappeler les canons [4]. L'autorisation préalable du chancelier, sa présence à l'examen, la part qu'il prend aux débats et au vote sont donc maintenus et les diplômes de licence ou de doctorat en font mention. L'exception se justifie d'elle-même. Les études médicales avaient toujours été réservées aux laïques; les études juri-

1. Stat. de 1675, art. 10. L'examen aura lieu dans l'auditoire de l'Université ou autre lieu désigné par le primicier. Art. 5. Les thèses seront visées par le chancelier et le primicier. La profession de foi et les serments seront faits entre les mains du chancelier ou du prochancelier ou en leur absence entre les mains du primicier. Art. 11. Les points seront assignés par le chancelier ou le prochancelier au palais de l'archevêque; en leur absence, le primicier est chargé de l'assignation des points, de la permission du chancelier.
2. L'évêque n'intervenait pas non plus dans l'examen du baccalauréat en droit.
3. Statut de 1679, art. 8. Ceux qui voudront prendre des degrés s'adresseront au primicier et aux professeurs, qui leur donneront des examinateurs et il sera procédé à l'examen en présence et sous la présidence du primicier, présents aussi tous les professeurs, docteurs et agrégés de la Faculté, qui donneront leurs voix pour l'admission des candidats aux degrés de bachelier, licencié et docteur ayant soutenu l'examen. — Art. 9. Il sera défendu aux professeurs de manquer à leurs leçons ordinaires sous prétexte de procéder aux examens, lesquels se feront dans des salles à ce destinées. A. V. D 12.
4. Stat. de 1605, art. 10, 15, 16, 22. A. V. D 9.

diques leur étaient peu à peu abandonnées. Au contraire, on exigeait des candidats au sacerdoce une forte instruction théologique et seuls les clercs pouvaient aspirer aux grades en théologie. Le pouvoir épiscopal pouvait donc se désintéresser d'études déjà presque sécularisées ; mais il y aurait eu de sa part une sorte de forfaiture à ne point surveiller celles qui restaient l'apanage exclusif des clercs.

Aussi les grades en théologie, — et non seulement le doctorat et la licence mais le baccalauréat lui-même, — sont-ils toujours conférés par l'archevêque ou son vicaire : c'est son nom et sa signature qui sont inscrits sur les diplômes ; en les délivrant, l'évêque remplit un des devoirs spéciaux de sa charge. Dans les autres Facultés, au contraire, le primicier prend la place que le prélat occupait jadis. Seuls les diplômes de docteur en droit ou en médecine sont délivrés par l'archevêque ; les lettres de licence, celles de maîtres ès arts ne portent que le nom du primicier et celui des régents présents à l'acte [1]. Ainsi, comme l'examen lui-même, le diplôme se transforme : il n'est plus guère que l'attestation de la capacité professionnelle et ceux-là seuls le délivrent qui ont pu apprécier le mérite du candidat [2].

En cas de vacance du siège épiscopal, le prévôt de la mé-

---

1. A. V. D 156.
2. Le chancelier n'en continue pas moins à percevoir des droits considérables sur les grades délivrés dans l'Université savoir : Faculté de droit (en 1698) doctorat, 6 écus ; licence, 3 écus ; baccalauréat, néant. — Faculté de médecine : doctorat, 12 livres ; doctorat et agrégation, 6 écus (pour les fils d'agrégés, 3 écus) ; agrégation, 6 écus ; licence, mêmes droits que pour le doctorat. Baccalauréat néant. — Faculté de théologie : doctorat et agrégation, 4 écus d'or ; licence, 3 écus. — Faculté des arts : maîtrise, 40 sous (plus 10 sous au secrétaire) ; agrégation, 1 écu et 20 sous (plus 30 sous au secrétaire). A. V. D 32, f° 113. — Laval, *Hist. de la Fac. de méd.*, p. 114. — Stat. de la Fac. de théologie de 1605, art. 26, 27, 31, 34. — Stat. de la Fac. des arts de 1675, art. 32 à 34. Sur les 4 écus que le chancelier touche des gradués en théologie, il en revient un au vicaire.

tropole était, d'après les anciens statuts, investi des fonctions de chancelier [1]. Si ces deux dignitaires venaient à manquer à la fois, le Collège des docteurs nommait lui-même un pro-chancelier. Le cas se produisit une fois, au xviiie siècle [2] et le Collège put exercer sans difficulté le droit qu'il avait toujours revendiqué. Mais c'étaient là des circonstances exceptionnelles et les statuts avaient prévu le cas, beaucoup plus fréquent, où l'évêque, occupé ailleurs, ne pourrait remplir ses devoirs de chancelier. Ils lui avaient donc attribué le droit de « députer » pour le remplacer, un personnage ecclésiastique, à qui il pouvait déléguer tous ses pouvoirs. En fait, au xviie et surtout au xviiie siècle, l'archevêque n'apparaît guère que dans des occasions rares et solennelles. C'est le vicaire ou vice-chancelier qui, à sa place, assiste à l'élection du primicier [3], assigne les points, prend part aux examens, confère les grades et même signe les diplômes [4].

Incontestablement, le choix du vice-chancelier appartenait à l'évêque, mais de bonne heure le Collège prétendit obliger

1. Statuts de 1303, art. 12. — Stat. de 1503, art. 25.
2. Délib. du Coll. des docteurs du 13 mai 1742. Le siège archiépiscopal était vacant, le prévôt de la métropole, alors légat apostolique en Cochinchine était absent. Le primicier expose qu'il faut choisir une personne capable de remplir dignement la charge de pro-chancelier. Il propose de nommer M. Louis Paul de Saillières de Fosseran, docteur agrégé en droit, chanoine de la métropole qui exerçait cette charge au nom de l'archevêque depuis plus de vingt ans. Ce qui est unanimement adopté. A. V. D 33 f° 405. — L'élection du primicier a lieu le lendemain en présence de ce pro-chancelier (Ib., f° 406). — Un cas analogue, s'était produit en 1686. L'archevêque Montecatino avait pris possession de son siège par procureur, mais n'avait pas nommé de pro-chancelier. Le primicier fait observer que le Collège est en droit de nommer un pro-chancelier quand l'archevêque n'en a pas désigné et que s'il ne le faisait pas, on ne pourrait plus passer de docteurs. M. de Guyon, docteur en droit agrégé, chanoine de la métropole est nommé « jusqu'à ce que l'archevêque en ait décidé autrement. » A. V. D 31, f° 193.
3. Assemblées du Collège des docteurs pour l'élection du primicier. A. V. D 29 à 35, *passim*.
4. A. V. D 156.

l'évêque à ne nommer qu'un docteur en droit. C'est dans le sein de l'Université que d'après lui, le vicaire devait être choisi. L'évêque revendiquait une entière liberté, mais il ne put obtenir gain de cause. Le cardinal de Foix, pris pour arbitre, donnait dès le 3 janvier 1439, entière satisfaction au Collège [1] et depuis lors, ce fut l'un d'entre eux, chanoine d'une des églises de la ville ou grand-vicaire de l'archevêché, que les docteurs virent occuper la place, généralement vide, du prélat. Grande satisfaction d'amour-propre pour le corps universitaire. Victoire sérieuse aussi, qui contribua encore à affaiblir l'autorité épiscopale et à préparer l'autonomie presque complète que l'Université en vint bientôt à revendiquer à son égard.

En dépit de ces empiètements, l'archevêque-chancelier garda jusqu'à la fin son rang, le premier, dans la hiérarchie universitaire. Au contraire, le vice-légat, qui, malgré le caractère ecclésiastique et le titre épiscopal dont il était généralement revêtu, représentait l'autorité civile, fut toujours pour l'Université un étranger. Ses pouvoirs ne sont nulle part définis et on n'en saisit que fort rarement la trace dans l'administration intérieure du studium. Parfois, il est vrai, il approuve les statuts ou règlements élaborés par les docteurs; mais c'est qu'il s'agit moins alors de modifier le régime des études et des examens que de réglementer l'exercice des professions auxquelles les grades donnent accès; et, de bonne heure, l'Université elle-même sut faire un départ judicieux entre les questions purement scolaires, qui ne regardaient qu'elle et les garanties d'âge ou de savoir professionnel exigibles des médecins, des avocats et des juges, qui touchaient au droit public. Voilà pourquoi, sans doute, le vice-légat est appelé à viser, en 1577, les statuts de la Faculté de médecine dirigés surtout

1. Fournier, 1326.

contre les faux-médecins et plus tard les règlements de 1679 et 1693 qui, en assurant à Avignon l'exécution des édits du roi de France sur les professions juridiques, permettaient aux Comtadins d'aller exercer ces professions dans le royaume [1].

Mais le vice-légat n'a que fort rarement, — on le comprend, — l'occasion de régler semblables matières. Son action est constante, au contraire, comme juge, un juge dont la juridiction est formellement reconnue par l'Université elle-même comme supérieure à celle du primicier [2] et qui d'ailleurs agit le plus souvent en arbitre et en conciliateur. C'est à lui que les membres de l'Université en appellent des décisions des Facultés ou du Collège par lesquelles ils se croient lésés; c'est devant lui que les docteurs portent leurs différends avec les corps voisins ou rivaux : corporations professionnelles, tribunaux, administration municipale surtout. On voit, par exemple, en 1760, les dominicains agrégés à l'Université protester auprès de lui contre l'agrégation des classes supérieures des Jésuites [3]; en 1682, M. de Garcin, docteur régent, lui demander d'annuler l'élection d'un étudiant en médecine comme abbé des écoliers [4]; en 1786, M. de Tellus, exclu du Collège, solliciter de lui sa réintégration [5]. Dans le second litige, sa compétence n'est pas discutée et il fait procéder à une nouvelle élection. Mais pour les deux autres, il est à peine juge en première instance et attend les ordres de Rome avant d'agir.

Dans les différends de l'Université avec les autres corps,

---

1. Stat. de 1679 votés en suite de l'édit de Louis XIV pour l'étude du droit, approuvés par le vice-légat le 19 janvier 1680; stat. du 7 nov. 1693 confirmés par le vice-légat le 18 du même mois. A. V. D 12. Cf. A. V. D 32, f°˚ 42 et 113. D 31, f° 99.
2. Délib. du Coll. des docteurs du 15 juin 1707. A. V. D 32, f° 223.
3. A. V. D 31, f° 303.
4. A. V. D 31, f° 139 (sept. 1682).
5. A. V. D 35, f° 289.

sa juridiction est plus étendue, mais non pas sans appel; et les docteurs—plaideurs plus acharnés encore que leurs adversaires, — recourent volontiers à Rome. Quand le vice-légat donne raison aux médecins contre les apothicaires qui se mêlent de « guérir [1] », au primicier contre l'auditeur général qui lui dispute la préséance [2], aux docteurs agrégés contre les officiers de Carpentras ou d'Avignon, qui méconnaissent les privilèges universitaires [3], ses décisions sont acceptées sans résistance. Mais qu'il s'avise de décider contre les docteurs *in utroque* en faveur des avocats qui veulent former un corps spécial [4], contre les collégiés du Roure et de Saint-Nicolas, qui prétendent fréquenter l'Université, en dépit des ordres du Saint-Siège [5], contre le primicier enfin, qui entend garder le pas sur le prévôt de la métropole, son rival [6], aussitôt l'Université s'émeut, en appelle et voit d'ailleurs souvent le pape accueillir ses réclamations.

Sur un seul point, on paraît accepter ses décisions comme définitives, c'est quand il s'agit de l'administration municipale et des rapports de l'Université avec l'Hôtel de Ville, rapports qui furent rarement cordiaux. Le vice-légat règle en dernier ressort le mode d'élection des députés de l'Université au conseil de ville [7] et, quand le scrutin lui paraît vicié, en ordonne un nouveau [8]. En matière de charges publiques,

---

1. 27 nov. 1656. A. V. D 30, f° 90.
2. A. V. D 31, f° 91.
3. A. V. D 29, f° 81. D 30, f°° 115, 126. D 30, f°° 180, 181. Les conflits de juridiction sont, on l'a vu, très fréquents. Notons que le vice-légat refuse parfois de se prononcer, notamment entre l'auditeur et le primicier et indique lui-même qu'il faut recourir à Rome. A. V. D 30, f°° 9 et 10.
4. A. V. D 31, f° 306, 333.
5. A. V. D 32, f° 235.
6. A. V. D 33, f° 280, 331, etc.
7. A. V. D 19, f° 41. D 34, f° 133.
8. A. V. D 31, f° 118.

garde des remparts, impositions, exemptions de taxes, travaux municipaux, l'Université, qui, on le verra, joue dans l'administration de la ville un rôle fort important, — porte devant lui ses différends avec les consuls. Conciliateur, sa parole est écoutée avec déférence; juge, on se soumet d'ordinaire à ses arrêts [1].

Au surplus, fort respectueux des droits et privilèges du corps universitaire, le vice-légat en sauvegarde les prérogatives, quand elles lui paraissent certaines, le rang, quand l'usage le lui a dévolu, la juridiction même quand elle est injustement attaquée. L'Université, soupçonneuse comme tous les corps privilégiés, se défie de ses « supérieurs » qu'elle suppose « jaloux [2] » d'elle et toujours disposés à l'amoindrir; elle se tient sur la défensive et a, comme dit un primicier, « l'œil au bois [3] ». Néanmoins les bons procédés du vice-légat la rassurent; elle reconnaît à maintes reprises son impartialité [4], sa bienveillance et plus d'une fois se loue de ses bons offices, — dans l'affaire de la noblesse du primicier, par exemple, où victorieuse enfin, elle lui attribue équitablement une bonne part du succès [5].

Le pape, chef suprême de l'Église et souverain temporel d'Avignon, intervient à son tour, à ce double titre, dans l'administration de l'Université. Son action s'exerce tantôt directement par des bulles, brefs ou autres actes personnels, tantôt par l'intermédiaire des Congrégations, chargées d'élucider les questions particulièrement délicates et difficiles et de les résoudre par des rescrits. A peine est-il besoin d'ajouter

1. Voir les règlements faits par les vice-légats pour l'administration de la ville en 1706, 1707. etc. A. V. D 32, f° 205 et suiv. D 29, f° 75.
2. A. V. D 31, f° 139.
3. A. V. D 32, f° 190.
4. A. V. D 30, f° 186.
5. A. V. D 35, f° 331.

que le pape se réserve le droit, soit d'infirmer les décisions de ses cardinaux ou simplement de ne pas les sanctionner, s'il les juge inopportunes, soit, au contraire, de les confirmer par des actes solennels, s'il veut leur donner plus de force et d'autorité.

Jusqu'au XVI° siècle, l'intervention du souverain pontife est presque toujours directe. Dans sa bulle de 1303, Boniface VIII affirme son droit de créer le studium et de le régir, pour ainsi dire, lui-même. C'est par un acte de sa puissance souveraine que le pape Jean XXIII crée à Avignon une Faculté de théologie [1] et Pie II n'agit pas autrement, quand il dote l'Université d'une organisation toute nouvelle, en opposition absolue avec son passé et ses traditions [2]. Et l'action des souverains pontifes ne se manifeste pas seulement par ces mesures générales — auxquelles on peut joindre l'institution d'une juridiction universitaire spéciale en 1413 [3], — elle pénètre dans le détail : préséances [4], exemptions d'impôts [5], salaire des professeurs [6], régime des étudiants [7], il n'est rien que les papes ne soient jaloux de décider, tant les Universités leur tiennent à cœur.

Mais ces dispositions se modifient avec le temps. Alexandre VI et Léon X statuent encore personnellement, l'un pour fixer le nombre des régents de chaque Faculté [8], l'autre pour régler l'ordre des lectures [9]. Mais l'action de leurs successeurs est moins visible. Surtout après que Sixte-Quint eut réorganisé le

---

1. Bulle de Jean XXIII, du 6 sept. 1413.
2. Bulle de Pie II, du 23 déc. 1459.
3. Bulle du 6 sept. 1413 sur la juridiction de la Conservatoire. — Bulle de Sixte IV, du 28 mai 1484.
4. Bulle de Pie II, du 3 avril 1459.
5. Bulle de Jean XXIII, du 6 sept. 1413.
6. Bulles de Sixte IV, des 5 juin et 17 sept. 1479.
7. Bulle d'Urbain V, du 17 avril 1367, confirmée par Grégoire XI et interdisant aux écoliers d'élire un recteur. Fournier, 1249, 1257.
8. Bulle d'Alexandre VI, du 13 sept. 1493. Laval, 37; Fournier, 1404.
9. Bulle de Léon X, du 13 févr. 1514. Laval, 44.

gouvernement de l'Église, les papes — d'ailleurs en peine de suffire à une tâche immense, — s'en remirent aux Congrégations de cardinaux. Plusieurs d'entre eux cependant intervinrent directement dans les questions universitaires qui se débattaient à Avignon : Benoît XIII, par exemple, en 1728, quand il reconnut *proprio motu* la noblesse héréditaire du primicier[1], et plus tard Pie VI, lorsqu'il accueillit les doléances des médecins, malgré les docteurs en droit[2] ou confirma l'agrégation des séminaires, en dépit des docteurs en théologie de l'ordre des dominicains[3].

Les affaires où l'Université avignonaise pouvait se trouver intéressée, ressortissaient à trois Congrégations différentes, dont il n'est point toujours facile de démêler les attributions respectives, si tant est que ces attributions fussent bien nettement déterminées. A la Congrégation d'Avignon, créée en 1693[4], revenaient, en général, les affaires temporelles : différends avec le conseil de ville, ou avec d'autres corporations, appels des décisions du vice-légat[5]. Devant elle fut discutée l'agrégation à l'Université du collège des Jésuites[6]; elle régla même une fois la composition des jurys pour les examens des Facultés[7].

C'est, au contraire, la Congrégation *de Propaganda fide* qui, depuis le XVII° siècle, reçut l'administration des collèges pontificaux. On verra plus loin l'Université lutter longtemps et sans succès contre les empiétements de la Propagande à cet endroit.

1. Bulle de Benoît XIII, du 17 sept. 1728. Cf. A. V. D 33, f° 132. Laval, 73.
2. Bref de Pie VI, du 18 juin 1784. Laval, 75.
3. Brefs de Pie VI, du 24 janvier 1786. Laval, 76, 77.
4. Jusqu'en 1691, Avignon et le Comtat furent administrés par des légats. A partir de cette époque, le légat fut remplacé par un vice-légat subordonné à une Congrégation composée de cardinaux et de prélats et établie par rescrit du pape Innocent XII du 16 février 1693.
5. A. V. D 32, f° 181. D 34, f° 322.
6. Rescrit du 27 sept. 1760. A. V. D 34, f° 365.
7. A. V. D 34, f° 362.

Enfin la Congrégation du Concile de Trente eut souvent à se prononcer sur les privilèges dévolus aux docteurs. Deux questions surtout l'occupèrent aux xvii⁰ et xviii⁰ siècles : par qui l'Université était-elle réellement composée et les non agrégés en faisaient-ils partie intégrante? Quelles étaient l'étendue et les limites de la juridiction universitaire [1]? Malgré la sage lenteur qu'elle mit à faire connaître ses décisions, la Congrégation ne les vit pas toujours confirmées par le Saint-Père, plus disposé qu'elle à maintenir dans la possession de privilèges même surannés, un corps issu d'un acte de la bienveillance pontificale et qui ne lui ménageait pas d'ailleurs les témoignages d'un dévouement sans réserves et d'un respect vraiment filial [2].

1. Voir décis. d'Innocent XI et brefs du même pape des 7 sept. 1680 et 23 sept. 1684. — Bulle de Benoît XIV d'oct. 1745. A. V. D 31, fᵒˢ 166, 167, 170.
2. A. V. D 34, fᵒˢ 9 et 32. — D 30, fᵒ 21.

LIVRE II

ÉTUDES ET ÉTUDIANTS

CHAPITRE PREMIER

LES FACULTÉS

Organisation primitive des Facultés. — Modifications successives. — Professeurs ordinaires et professeurs extraordinaires. — Les Facultés aux xviie et xviiie siècles. — Les professeurs de droit canonique, de droit civil et des Institutes. — Le professeur de droit français. — Les trois chaires de médecine : l'enseignement de l'anatomie et de la botanique. — La Faculté de théologie : création de deux chaires de philosophie thomiste. — La Faculté des arts avant et après 1675. — Agrégation à l'Université des classes de théologie et de philosophie des Séminaires.

L'organisation de l'Université d'Avignon, considérée comme corporation privilégiée et son mode d'administration intérieure offrent des caractères particuliers qui la distinguent nettement des institutions du même genre, ses voisines, et lui donnent une physionomie originale : l'omnipotence du Collège des docteurs en droit et de son chef élu, le primicier, en est le trait principal.

Rien de semblable en ce qui concerne les Facultés envisagées comme corps enseignants. Ces Facultés d'ailleurs, n'eurent jamais, au sein du studium Avignonais, ni la même importance, ni le même rang. Le nombre des professeurs, celui des élèves, le chiffre des grades décernés ont toujours absolument différé de l'une à l'autre et ont du reste beaucoup varié suivant les diverses époques. Aux xvii⁰ et xviii⁰ siècles, par exemple, la Faculté de droit n'a conservé qu'en partie son ancienne clientèle; les Facultés des arts et de théologie se réveillent à peine d'un long sommeil; au contraire, la Faculté de médecine prend un essor inespéré. Mais prospères ou non, rien dans le nombre de leurs chaires, dans leurs programmes ou dans leurs méthodes d'enseignement ne les distingue beaucoup des Facultés françaises. Bien plus, ces Facultés, celles de droit et de médecine tout au moins, pour assurer à leurs gradués les privilèges réservés aux « régnicoles » en viennent à adopter purement et simplement les programmes et les règlements que le roi de France impose à ses Universités. On a dit que l'Université d'Avignon était essentiellement ultramontaine. Elle le fut, en effet, dans les premiers siècles de son existence et ses doctrines théologiques ou philosophiques restèrent toujours strictement orthodoxes. Mais pour tout le reste, elle subit de plus en plus l'influence des Universités françaises et qu'il s'agisse de privilèges à solliciter ou de questions d'enseignement à résoudre, on la voit, aux xvii⁰ et xviii⁰ siècles, regarder moins souvent du côté de Rome que du côté de Versailles ou de Paris.

A l'époque où nous nous plaçons, les Facultés différaient fort de ce qu'elles avaient été aux premiers siècles de leur existence. Une grande révolution commencée dès la fin du xv⁰ siècle, était accomplie : l'enseignement, au lieu d'être, en fait, ouvert à tous les membres du studium, était maintenant réservé à un petit nombre de maîtres désignés et payés par l'Université. Il importe d'insister sur un changement aussi profond.

Au moyen âge, à Avignon, comme ailleurs, la liberté de l'enseignement était complète : tous les membres de l'Université étaient professeurs ou pouvaient l'être; les bacheliers étaient même tenus de lire pendant un certain temps avant d'être admis aux grades supérieurs. Les lecteurs recevaient une double rétribution : la « collecte », faite dans les classes et fixée, en 1303, à un florin par an[1]; les droits d'examen réservés, du moins en ce qui concerne la Faculté de droit, aux maîtres lisant réellement à titre ordinaire ou extraordinaire et aux douze plus anciens docteurs du Collège[2].

Ces émoluments devinrent bientôt insuffisants. Au XV° siècle, le nombre des écoliers avait beaucoup diminué, par suite de la fondation d'autres Universités dans la France méridionale; le produit de la collecte était dérisoire, la collation des grades rapportait peu[3]. Reprenant sur ce point particulier, en 1475, la réforme que le pape Pie II avait édictée seize ans auparavant sans pouvoir la faire aboutir[4], Sixte IV, pour remédier à un état de choses réputé intolérable, limita le nombre des chaires et assura aux titulaires une rétribution fixe prélevée sur les budgets du Comtat et de la ville d'Avignon; et un peu

---

1. Statuts de 1303, art. 26. De salario dominorum doctorum. « Quod quilibet scholaris intrans cum libris solvat et contribuat semel in anno doctori suo pro collecta sua, unum florenum in anno, nisi dominus doctor remittat sibi gratis vel amore Dei et hoc sub pœna excommunicationis. » Cf. Statuts de 1441, art. 11. Ce dernier article s'applique nommément non seulement aux régents de droit, mais aussi aux régents de théologie.
2. Statuts de 1389. « Item statuimus quod in posterum omnes doctores juris canonici et civilis ordinarie et extraordinarie actu legentes et duodecim doctores de antiquioribus receptis in eodem Collegio una cum primicerio percipere debeant jura consueta baccalariorum in privato examine approbatorum. »
3. Dans sa bulle du 5 juin 1475, Sixte IV parle de la « raritatem scholarium, collectarum et aliorum jurium quæ in collatione graduum doctores recipere consueverant. »
4. On sait que Pie II, dans sa célèbre bulle de réformation du 22 déc. 1459, qui ne fut jamais appliquée, avait fixé comme suit le nombre des régents de chaque Faculté : droit, 8 régents dont 3 pour les décrétales, 2 pour le décret, 3 pour le droit civil. Médecine : 3 régents. Théologie : 5 régents. Arts : 2 régents. Total, 18 régents.

plus tard, comme les ressources affectées au traitement des régents faisaient défaut, il incorpora à l'Université les greffes de diverses cours de justice du Comtat, sur le revenu desquels les professeurs devaient être payés et le furent en effet jusqu'en 1790[1].

La réforme de Sixte IV ne s'appliquait qu'à la Faculté de droit, qui devait compter huit lecteurs en droit canonique et civil, dont quatre ordinaires et quatre extraordinaires. Elle fut complétée en 1493, par Alexandre VI. La bulle du 13 septembre décida que l'Université compterait huit régents : un en théologie, deux en droit civil et deux en droit canonique lisant le matin, et deux autres régents en l'un et l'autre droit lisant le soir, enfin, un régent en médecine. Il n'était pas question

---

[1]. Bulle de Sixte IV du 5 juin 1475. Elle fixe à quatre le nombre des régents ordinaires et à quatre aussi le nombre des régents extraordinaires, et elle assigne comme émoluments à ces professeurs une somme de six cents ducats d'or à prendre, savoir : trois cents ducats sur le revenu des greffes de la cour de la vice-gérance et trois cents ducats sur les revenus des gabelles et autres impôts perçus par la ville d'Avignon. Les professeurs ordinaires recevront cent ducats chacun, les professeurs extraordinaires, cinquante. Mais, par délibération du 18 sept. 1478, le Conseil de ville refusa de contribuer à cette dépense, estimant que les docteurs d'Avignon devaient lire sans honoraires ou renoncer à l'exemption des droits de gabelles qui leur avait été accordée ; même, il manifesta l'intention d'appeler des docteurs étrangers. Alors, par une bulle du 18 août 1479, Sixte IV incorpora à l'Université une partie des greffes des cours du Comtat, dont le revenu dut être affecté au salaire des régents. Trois ans plus tard, il y joignit le greffe de la vice-régence (bulle du 7 mai 1482). Innocent VIII par une bulle du 13 déc. 1488, confirma, en général, l'incorporation faite par Sixte IV, mais supprima l'annexion de la vice-gérence, laissant d'ailleurs à l'Université la moitié des revenus du greffe de cette cour. Enfin, le 3 mars 1514, Léon X confirma l'incorporation opérée par ses prédécesseurs et y ajouta les autres greffes du Comtat. Les greffes dont les revenus devaient être perçus par l'Université et qui servirent jusqu'en 1790 au paiement des professeurs furent désormais les suivants : greffes de la rectorie de Carpentras, de la cour ordinaire et de la cour des appellations de cette ville, greffes des cours ordinaires de l'Isle, Cavaillon, Pernes, Monteux, Malaucène et Valréas. Ils produisaient, au xviiie siècle, trois cent soixante écus et vingt sous. Fournier, 1366, 1373, 1375, 1376, 1377. — Laval, 27, 29, 34, 42. — Arch. municip. d'Avignon. Reg. des délib. du Conseil de Ville, t. III, fol. 157, 167 et suiv.

de maîtres ès arts. Le primicier et les docteurs en droit devaient désormais élire tous les professeurs. Le régent de théologie et celui de médecine auraient un honoraire fixe de cinquante florins ; les professeurs de droit se partageraient le reste du revenu des greffes [1].

Les statuts de 1503 confirmèrent cette réforme. Ils supprimèrent définitivement la collecte, réglèrent l'ordre des lectures et stipulèrent que les régents devraient lire eux-mêmes et non « par substitués, » sauf empêchement légitime. Ils fixèrent aussi à nouveau les taxes imposées aux gradués [2]. En 1514, le pape Léon X créa, à la Faculté de droit, une nouvelle chaire magistrale pour l'enseignement des Institutes impériales. En revanche, les deux régents de droit canonique et civil qui devaient lire le soir, d'après la bulle d'Alexandre VI et les statuts de 1503, disparurent à un moment qu'il n'est pas possible de préciser. Ce furent là vraisemblablement les seules modifications importantes apportées, dans le cours du

1. Bref du 13 sept. 1493. Fournier, 1404, Laval, 37.
2. Statuts de 1503. Art. 35 portant suppression du statut *de Collecta facienda*, (art. 26 des statuts de 1302 et art. 11 des statuts de 1441) attendu que les régents ont aujourd'hui des émoluments fixes (stipendia) et perçoivent les revenus des greffes et ceux de la vice-gérence, lesquels sont partagés mensuellement entre les docteurs par le primicier. Art. 11, réglant l'ordre des lectures. Art. 12 proscrivant les lectures par substitués. Art. 39 et 40 fixant les droits à payer par les candidats à la licence et au doctorat savoir ; pour la licence, au chancelier, un écu ; au vice-chancelier, deux écus ; au primicier, deux écus ; au docteur présentant, deux écus ; à l'Université, un écu ; à chacun des douze plus anciens docteurs du Collège, un écu ; au bedeau, cinq florins ; au clerc du petit palais, un florin. Pour le doctorat : au chancelier, un écu, au vice-chancelier, huit écus ; au docteur promoteur, douze écus ; au bedeau, cinq écus ; au primicier, deux écus ; à l'Université deux écus ; à chaque docteur, une barette doublée d'écarlate et un repas, ou, à la place du repas, un écu. Pour les étrangers, les droits de licence et doctorat réunis sont réduits à vingt-sept écus. Ce tarif, qui constitue une diminution sensible sur les précédents, ne s'applique qu'aux gradués en droit. Le texte de l'art. 42 qui devait régler les droits à payer par les gradués en théologie, en médecine et en arts libéraux, manque dans tous les mss. et n'a sans doute pas été rédigé. Fournier 1421.

xv⁰ siècle, au régime des Facultés, par l'autorité pontificale.

Mais il se produisit, du fait de la municipalité d'Avignon, dans la Faculté de droit notamment, un changement qu'il est intéressant de noter. Le Conseil de Ville s'était toujours montré jusqu'ici fort jaloux de contribuer pour sa part, à la prospérité de l'Université. Il avait donc appelé à plusieurs reprises à Avignon ou subventionné sur les fonds municipaux des maîtres déjà avantageusement connus, des jurisconsultes surtout, dont l'enseignement lui paraissait capable d'attirer à l'Université de nombreux écoliers. Tels, par exemple, en 1517 et 1518, André Delza et André Castelhion engagés l'un à raison de cinq cents écus, l'autre à raison de quatre cents, et plus tard Jean-François de Rippa qui reçut jusqu'à trois mille livres, Celio Amaseo, Emilio Perrette, Perrinet Parpailhe et enfin les Suarès, qui s'établirent définitivement à Avignon et y firent souche de professeurs [1].

---

1. Il n'entre pas dans notre sujet de traiter, même sommairement, la question des rapports de la ville d'Avignon avec l'Université avant le xvii⁰ siècle et moins encore celle des institutions municipales d'enseignement. On sait que la municipalité avignonaise, jalouse d'assurer l'instruction des jeunes gens, entretenait des écoles de grammaire et qu'à plusieurs reprises elle appela à Avignon des étrangers pour y enseigner la rhétorique, la poésie et même la logique et la philosophie : parmi ces étrangers on peut citer notamment Achates Long et Gilles Bernardin (V. délibérations du Conseil de ville des 6 oct. 1376, 30 avril 1470, 14 oct. 1478, 30 oct. 1480, 17 sept. 1484, 14 mars et 8 août 1491, 14 mars 1497. Arch. munic. d'Avignon. Reg. des délib., t. I, f⁰ 86; t. III, f⁰ 237; t. IV, f⁰ 172; t. V, f⁰˙ 65 et 238; t. VI, f⁰˙ 6 et 119). En ce qui concerne particulièrement l'Université, l'intervention de la ville est constante, surtout à la fin du xv⁰ et dans la première moitié du xvi⁰ siècle. En 1467, en 1480, en 1485, en 1493, le conseil de Ville appelle pour enseigner à l'Université concurremment avec les professeurs ordinaires de médecine, des docteurs déjà avantageusement connus, tels Guilhermis et Imberti, ce dernier chargé en 1480 d'enseigner « la physique et la philosophie ». (Délib. du Conseil de Ville des 13 oct. 1467, 8 mai 1480, 14 mai 1485 et 29 nov. 1493. Arch. munic. d'Avignon, Reg. des Délib., t. III, f⁰ 192; t. V, f⁰ 109; t. VI, f⁰ 53. Cf. Laval, *Histoire de la Faculté de médecine d'Avignon*, p. 27 et 28.) Pour l'enseignement du droit, la sollicitude de la municipalité est plus grande encore; des docteurs étrangers sont appelés fréquemment et généreusement rétribués : André Delza

Les circonstances ne permirent pas à la municipalité de continuer ces libéralités. Dès 1522, elle se plaint des exigences de ces professeurs italiens, « qui veulent être payés sans avoir égard à la pénurie du trésor municipal et aux malheurs des temps [1] ». En 1538, elle déclare renoncer à appeler des régents étrangers, « la ville n'étant pas en état de faire des dépenses superflues [2] ». Ce n'est cependant pas là son dernier mot, car jusqu'aux premières années du xviie siècle, on la voit, à plusieurs reprises, voter des subsides aux régents de droit [3]. Encore, en 1608, elle ratifie un contrat passé par l'évêque d'Orange avec M. François Baldeschi venu de Rome pour être régent extraordinaire aux lois; mais quand ce professeur, nommé auditeur de la rote pontificale, quitte Avignon, elle demande qu'il ne soit pas remplacé [4]. Trois ans plus tard, un autre docteur, Forbesio, étant venu aussi de Rome sur la recommandation du légat, le cardinal Borghèse, « pour

obtient cinq cents écus en 1517 et André de Castelhion, quatre cents écus l'année suivante; la même année, Jean de Rippa est engagé à raison de six cents écus, plus ses frais de voyage pour lui, sa famille et neuf domestiques; en 1530, son honoraire est fixé à deux cents écus, plus ce qu'il pourra retirer des écoliers; en 1528, M. André Alsati, docteur milanais, est engagé pour trois ou quatre ans à raison de cent écus d'or; en 1535, traité avec Montanté à raison de deux cent cinquante écus; en 1546, Celio Amaseo vient pour deux cents écus; mais en 1550, on offre jusqu'à mille écus à M. Emilio Ferreti « pour l'empêcher d'aller professer ailleurs, où on le demandait. » En 1556, traité avec MM. Roberti et Suarès à raison de soixante et vingt-cinq écus, etc. (V. délib. du Conseil de ville des 3 déc. 1517, 2 oct. et 4 déc. 1518, 4 fév. 1528, 3 févr. 1535, 23 février 1546, 15 fév. 1547, 28 fév. 1550, 1er août et 28 nov. 1556, etc. Arch. mun. d'Avignon, Reg. des délib., t. VII, fo 13, 27 et 29; t. VIII, fos 158, 207, 98, 47; t. XI, fos 166, 196; t. XII, fo 48, etc.) Le 9 sept. 1538, le conseil se félicite des bons résultats obtenus par ce système de professeurs à louage, qui lui paraît propre à relever l'Université (Reg. des délib., t. VIII, fo 148).

1. Délib. du Conseil de Ville du 5 sept. 1522 (Reg. des délib., t. VII, fo 164).
2. Délib. du 19 nov. 1538 (Reg. des délib., t. IX, fo 152).
3. Ces engagements paraissent même avoir été plus fréquents que jamais vers le milieu du xvie siècle.
4. Délib. du Conseil de ville des 12 juin 1608 et 7 nov. 1609 (Reg. des délib., t. XX, fos 156 et 220.)

régenter à l'Université », la ville se déclare incapable de le payer et ne consent à acquitter ses frais de voyage que s'il est entendu qu'il partira sans retard [1].

Ainsi disparurent les professeurs extraordinaires, dont le concours avait parfois donné tant d'éclat à l'Université d'Avignon. Déjà, à cette époque, les agrégés avaient définitivement renoncé à partager avec les professeurs titulaires les fonctions de l'enseignement. C'est seulement par exception que l'on voit, aux XVIIe et XVIIIe siècles, un docteur en droit ou en médecine requérir la permission d'enseigner dans l'auditoire universitaire. En leur accordant l'autorisation demandée, le primicier ne manque pas, quand il y a lieu, de rappeler aux postulants qu'ils ne devront jamais lire aux heures assignées aux professeurs ordinaires, ni se mêler d'aucun des actes réservés à ces professeurs, ni enfin prétendre directement ou indirectement à aucun de leurs émoluments ou honoraires. La démarcation ne saurait être plus nette entre les uns et les autres [2].

Les cadres de l'Université sont donc désormais établis et

1. Délib. du Conseil de ville du 29 déc. 1612 (Reg. des délib., t. XXI, f° 29).
2. Nous n'avons retrouvé qu'un seul exemple d'une pareille demande pour ce qui concerne l'enseignement du droit. Le 13 février 1718, M. Melchior de Garcin qui avait été déjà professeur ordinaire de droit civil de 1713 à 1716 et allait le redevenir en 1719, demande la permission d'enseigner publiquement le droit canon à l'Université, « n'ayant pas voulu l'entreprendre sans avoir eu l'honneur auparavant d'en demander l'agrément et permission au primicier. » Le primicier accorde l'autorisation sous les conditions ci-dessus et « sans que ladite permission puisse porter aucune atteinte aux constitutions apostoliques et statuts de l'Université ». Il ordonne que mention en sera faite dans le livre des Actes. (A. V. D 32, f° 383.) L'enseignement de la médecine fut, au contraire, à diverses époques, pratiqué par plusieurs médecins. On essaya même, en 1603, d'établir une deuxième chaire officielle de médecine ; cette tentative ne réussit pas, mais à diverses reprises on trouve plusieurs médecins régents à côté du premier professeur : un en 1656 et 1659, quatre en 1669, dit M. Laval (*Histoire de la Faculté de médecine d'Avignon*, p. 120). L'édit de 1679 réserva plus tard le monopole de l'enseignement aux professeurs des Universités ; cet édit fut accepté par l'Université d'Avignon dans son règlement de la même année.

réduits aux chiffres prévus par Alexandre VI et Léon X. Ils furent sensiblement étendus dans la suite : l'enseignement de la théologie fut complété ; celui de la philosophie fut créé ; la Faculté de médecine s'accrut de deux nouvelles chaires ; seule la Faculté de droit, déjà largement dotée, ne fut pas très profondément modifiée et ne s'augmenta que d'un seul professeur. Du reste, quelqu'importants que ces changements aient pu paraître, la physionomie générale de l'Université n'en fut pas altérée et jusqu'à sa chute elle resta semblable à elle-même.

La Faculté de droit, de beaucoup la plus favorisée, compte cinq chaires au commencement du xviie siècle : deux pour le droit canon, deux pour le droit civil, une pour les Institutes impériales. En janvier 1700, le roi de France décida que le droit français serait désormais enseigné par un professeur spécial dans toutes les Universités du royaume [1]. Aussitôt le Collège des docteurs, moins jaloux sans doute de compléter l'enseignement juridique que d'assurer aux gradués d'Avignon, conformément aux ordonnances royales, le même traitement qu'à ceux des Facultés françaises, résolut de créer une nouvelle régence ; elle fut confiée à un des régents de droit civil [2]. Jusqu'en 1791, six professeurs furent ainsi chargés de l'enseignement : sauf à Paris, aucune Faculté française de droit ne comptait un plus grand nombre de chaires magistrales.

En vertu de la bulle d'Alexandre VI, le Collège des docteurs nommait les régents, et tout naturellement, les choisissait dans son sein ; mais la durée des fonctions professorales n'était pas fixée par les statuts et, en fait, les titulaires les gar-

---

[1]. Isambert, *Anciennes lois françaises*, t. XX, p. 349.
[2]. Délib. du Collège des docteurs, du 24 février 1700. M. de Folard, régent de droit civil, dont le mandat expirait en 1701, est élu à l'unanimité de 44 voix. A. V. D 32, f° 141.

daient toute leur vie. Les inconvénients de ce système étaient évidents : il décourageait de jeunes et louables ambitions; il nuisait aux études ; des maîtres parfois âgés et mal portants n'étaient capables que de médiocres efforts; les étudiants se plaignaient et désertaient l'Université [1]. On résolut donc, vers 1624, de modifier sur ce point les coutumes universitaires. Désormais les régences deviendraient triennales et nul ne pourrait être réélu professeur qu'après un intervalle ou, comme on disait, après un « repos » de trois ans [2]. Mais respectueux avant tout des droits acquis, le Collège ne voulut statuer que pour l'avenir : les professeurs en fonctions ne furent pas dépossédés. Au surplus, on ne s'interdit jamais absolument de donner quelques régences *ad vitam* ou, si cette expression devait être bannie de la langue universitaire, *ad beneplacitum Collegii et quamdiu professor benefecerit* [3]. Quelques docteurs eussent même voulu réserver à des professeurs d'un mérite éminent et digne d'une considération particulière une ou deux des quatre régences. La majorité ne suivit pas leur avis [4], mais quand l'occasion prévue se présenta, on ne manqua pas de maintenir *ad vitam* dans sa chaire tel professeur illustre ou particulièrement goûté des étudiants. Plus souvent encore, en dépit de la clause du repos, on vit le Collège réélire deux ou trois fois de suite les maîtres qu'il tenait à conserver. Ce

1. Délib. du Collège des docteurs du 21 fév. 1636. Plusieurs docteurs font observer qu'il est juste que les régences soient triennales, suivant l'intention du Collège, « pour inciter la jeunesse à y aspirer et à se rendre capable de faire fleurir l'Université. » A. V. D 29, f° 164.

2. Délib. du Collège des docteurs des 12 et 13 janv. 1624. A. V. D 29, f°° 88 et 89.

3. Délib. du 8 janv. 1635. M. Crozet, déjà réélu deux fois en 1626 et 1632, est, à cause de son extraordinaire mérite, réélu, au bout d'une nouvelle période triennale; ad beneplacitum Collegii et quamdiu benefecerit. On fait des réserves pour les autres régences. A. V. D 29, f° 153.

4. Délib. du 19 sept. 1699. A. V. D 32, f° 136.

régime mixte, si l'on peut dire, dura pendant tout le xvii° siècle [1]. La dernière régence viagère disparut seulement en 1699 [2], et ce n'est qu'à partir de cette époque qu'on n'accorda plus à aucun régent le bénéfice de deux réélections successives.

Soit d'ailleurs que le nombre des agrégés ait sensiblement diminué, soit que leur zèle pour l'enseignement se fût un peu refroidi, les régences, au xviii° siècle, ne furent plus disputées avec la même âpreté. Il avait été question antérieurement de réserver telle ou telle chaire aux « jeunes » ou aux « vieux [3] » ou même pour éviter des brigues et des rivalités malséantes, d'instituer une sorte de concours [4], ou enfin d'exiger que par une année d'enseignement gratuit, les candidats eussent fait preuve « de talent, de science, de facilité à s'expliquer, d'une santé robuste et d'une voix agréable [5] ». Mais maintenant le nombre des candidats diminuait peu à peu au point d'égaler à peine celui des chaires à pourvoir. En 1710, en 1729, on comptait encore six ou sept candidats [6]; à partir de ce moment, il

---

1. Réélection de M. Crozet en 1626; de M. Jean des Laurents en 1635; de M. Gabriel-Marie Crozet fils en 1685, etc. A. V. D 29, f° 100 et 151; D 30, f° 161.

2. Par la mort de M. Gabriel-Marie de Crozet, qui avait occupé pendant cinquante ans une régence « ad beneplacitum Collegii. » (Délib. du 19 sept. 1699. A. V. D 32, f° 136.)

3. Délib. du Collège des docteurs du 20 oct. 1656. Le primicier fait observer que depuis peu, on brigue les chaires trois ou quatre ans avant qu'elles ne vaquent. Il y a danger de les voir occupées par quatre jeunes docteurs sans expérience, les « vieux » ne voulant pas se mettre en concurrence avec des agrégés si inférieurs en mérite et en agrégation. Il propose d'attribuer deux régences aux vieux, c'est-à-dire aux docteurs ayant plus de vingt ans d'agrégation et les deux autres aux jeunes, ayant au moins dix ans d'agrégation. Cette proposition est adoptée; mais elle est révoquée le 20 août 1660. A. V. D 30, f° 84 et 129.

4. Proposition faite le 3 juin 1680 par M. Payen et d'ailleurs immédiatement rejetée. A. V. D 31, f° 110.

5. A. V. D 30, f° 84 et 156.

6. A. V. D 32, f° 270; D 33, f° 160.

ne s'en présenta guère que quatre, la plupart ayant déjà enseigné [1]; les chaires devinrent alors des sortes d'offices alternatifs, que l'on se passait tour à tour, chaque élection triennale faisant entrer dans les cadres à peine un ou deux régents nouveaux, souvent fils ou neveux de leurs prédécesseurs.

La régence des Institutes et celle du droit français échappèrent d'ailleurs à la loi commune. La première restée viagère jusqu'à la mort de M. Ribère en 1662, devint biennale à cette époque et le demeura pendant trente-six ans [2]. En 1698 [3], elle fut donnée *ad vitam* à M. Gilles de Benoît « nonobstant la conclusion du 15 janvier 1662 »; et, malgré les réserves que le Collège avait faites pour le moment où elle vaquerait de nouveau, elle fut désormais attribuée dans les mêmes conditions. Jusqu'en 1790, elle ne compta que cinq titulaires, MM. de Benoît père et fils et MM. de Teste qui s'y succédèrent pendant trois générations [4].

Quant à la chaire de droit français, confiée, en général, à d'anciens professeurs de droit civil et donnée aussi *ad vitam*, elle ne compta, comme celle des Institutes, que cinq professeurs, depuis sa création en 1700 [5] jusqu'à la suppression de

---

1. A. V. D 33, f°ˢ 194, 271, 388, 429; D 34, f°ˢ 35, 100, 187, 292, 351, 397; D 35, f°ˢ 18, 96, etc.

2. Délib. du Collège des docteurs des 7 et 14 janv. 1662. A. V. D 30, f°ˢ 146 et 148.

3. A. V. D 32, f° 98.

4. M. Gilles de Benoît (1698-1723) a pour coadjuteur en 1703 son fils Louis-Gabriel. Celui-ci démissionne, en 1719, en faveur de M. Guillaume Teste qui devient « principal » en 1723. A sa mort (1736), on lui donne pour successeur son fils Joseph (1736-1771). A Joseph, succède aussi son fils, Gabriel de Teste-Venasque (1771-1791). Délib. du Collège des docteurs des 25 mai 1703, 22 mai 1719, 28 déc. 1736, 20 sept. 1771. A. V. D 32, f° 185; D 33, f°ˢ 17 et 78; D 35, f° 56.

5. Délib. du Collège des docteurs du 24 fév. 1700. Le primicier dit qu'il a reçu une nouvelle ordonnance du Roi portant que dans chaque Université, il

l'Université; trois d'entre ces maîtres appartenaient à la même famille : M. Jean-Baptiste Levieux de Laverne, M. Esprit-Benoît Levieux de Laverne, son fils et M. de Guilhermis, son neveu. A eux trois, ils gardèrent cette régence pendant près de soixante-dix ans [1].

La régence de médecine eut une fortune à peu près pareille. On a vu déjà qu'elle constituait à elle seule tout l'enseignement médical officiel et que le Collège des docteurs en droit en disposait. Elle resta viagère jusqu'en 1617, époque où mourut son titulaire, Denis Chrétien, qui avait enseigné pendant vingt-trois ans [2]. On décida alors qu'elle deviendrait triennale, mais le Collège des docteurs se réserva d'autoriser des exceptions à cette règle et, s'il ne la conféra que deux ou trois fois *ad vitam* à plusieurs reprises, il continua dans leurs fonctions pour deux ou plusieurs périodes triennales les professeurs dont l'enseignement était particulièrement brillant ou fécond [3]; du reste, ces réélections interdites, en principe,

y aura un régent de droit français, sous lequel S. M. veut que chaque écolier étudie pendant un certain temps, que pour ce sujet il croit nécessaire de créer une nouvelle régence et, parce qu'elle ne sera pas aussi considérable que les autres et pour trouver plus facilement quelque personne de ce corps propre et habile pour remplir dignement cet emploi, il est du sentiment de la donner ad beneplacitum Collegii, sous les mêmes honneurs, honoraires, émoluments et casuel concédés au régent institutaire. A. V. D 32, f° 141.

1. De 1719 à 1791. Les autres professeurs furent M. de Folard (1700-1706) et M. G.-G. Testé (1706-1719). Délib. du Coll. des docteurs des 22 mai 1719, 29 avril 1723, 16 mars 1711, 29 avril 1747, 22 mars 1773. A. V. D 33, f°⁸ 18, 78 et 386; D 34, f° 39; D 35, f° 69.

2. Délib. du Coll. des docteurs du 1ᵉʳ mai 1617. Sur la collation et provision de la régence de médecine vacante par la mort de M. Denis Chrétien, dernier possesseur d'icelle, appartenant ladite collation à plein droit au Collège, ont été faites les propositions et conclusions suivantes par le primicier et les docteurs au nombre de 91. La proposition de conférer la régence ad vitam est rejetée par 61 voix contre 27; sa triennalité est votée par 84 voix contre 7. On stipule que le régent ne pourra être continué dans l'exercice de ladite régence sans nouvelle provision et députation. Cette délibération est confirmée le 11 mai 1622. A. V. D 29, f°⁸ 59 et 83.

3. Le 26 juin 1638, M. Paul-Antoine Chrétien, qui avait déjà exercé pendant

pour les chaires de droit, ne l'avaient jamais été pour la chaire de médecine [1].

L'insuffisance d'un seul professeur, quels que fussent d'ailleurs son savoir et son zèle, avait de bonne heure frappé le collège des médecins. Il avait essayé d'y remédier en instituant des cours supplémentaires confiés à des agrégés; mais les résultats avaient été médiocres, et dès 1677 [2], il songeait à créer

deux triennaux, est élu ad beneplacitum Collegii; de même, les 7 mai 1631, M. Gastaldy père, qui avait déjà exercé à plusieurs reprises, pendant quinze ans, est élu pour trois ans et on convient qu'après le triennal, la régence lui sera prorogée ad beneplacitum Collegii; enfin, le célèbre Calvet, élu pour trois ans en 1759, puis réélu pour trois ans en 1759 et pour six ans en 1762 est prorogé ad libitum Collegii, le 14 mars 1768 « sans déroger aux statuts. » A. V. D 29, f° 184; D 33, f° 183; D 35, f° 19.

[1]. Comme pour les professeurs de droit, on confia souvent la régence de médecine pour une nouvelle période triennale à des docteurs sortis d'exercice depuis un temps plus ou moins long. Sans parler des trois régents cités plus haut, plusieurs furent ainsi rappelés deux ou trois fois en fonctions. De 1617 à 1790, la première chaire de médecine ne compta que vingt-six titulaires. C'est en 1686 seulement qu'on fit concorder l'entrée en fonctions des professeurs avec le commencement de l'année classique (A. V. D 31, f° 187). Il est inutile d'insister sur les inconvénients du système suivi jusque là et en vertu duquel le professeur quittait sa chaire le 20 février. Dans l'assemblée ou Collège des docteurs en droit du 16 mars 1686, on remarque « qu'à la fin des trois ans, il n'y a jamais aucun écolier, d'autant que le régent qui devait finir le 20 février, au lieu de continuer à enseigner depuis la Saint-Luc précédente, voyant que son temps devait finir sitôt se néglige et ne va pas à l'Université pour enseigner. Les écoliers obligés d'attendre jusqu'à la Saint-Luc ne viennent pas à Avignon » (Ibid.).

[2]. V. Laval, *Histoire de la Faculté de médecine d'Avignon*, p. 224. La création est du 10 nov. 1677, mais les délibérations des médecins ne sont inscrites dans les registres des délibérations du Collège des docteurs en droit qu'à partir de 1695, et la première mention de l'élection d'un professeur d'anatomie qu'on trouve dans les registres date seulement de 1697. Le 9 sept. de cette année, M. Ch. Delafont est élu régent d'anatomie pour un an en remplacement de M. Pinard, dont le temps d'exercice expirera à la Saint-Luc; il recevra comme honoraire, cinq livres communes de chaque aspirant au doctorat. (A. V. D 32, f° 81.) Les nominations se succèdent régulièrement à partir de cette époque. La chaire compta trente-quatre titulaires, dont plusieurs furent réélus jusqu'à quatre et cinq fois. L'élection avait généralement lieu en septembre. En 1718, on décida qu'elle aurait lieu en août, comme pour la chaire de botanique, dont il va être question, afin de donner aux nouveaux titulaires le temps de se préparer à leur enseignement (A. V. D 33, f° 5).

une seconde chaire magistrale plus particulièrement consacrée à l'enseignement de l'anatomie. Comptant peu sur le concours du Collège des docteurs en droit, les médecins décidèrent de faire seuls les frais de la nouvelle régence; en retour, ils s'attribuèrent le choix du professeur, lequel ne devait être élu que pour un an. Les candidats aux très modestes fonctions dont il s'agit ne paraissent pas d'ailleurs avoir abondé, car on en vint à décider, en 1747, que chacun des agrégés devrait les remplir à son tour [1]; le règlement de 1677 semble avoir prévu cette disette de postulants: il avait stipulé, en effet, qu'à défaut de toute candidature, le plus jeune des agrégés serait chargé du nouvel enseignement.

Quoi qu'il en soit, lorsque Louis XIV, par son édit de 1707 [2], eut réorganisé les études médicales, la Faculté de médecine d'Avignon, pour se conformer aux prescriptions du roi de France, n'eut rien à innover sur ce point. Non seulement elle possédait un professeur d'anatomie, mais elle avait un amphithéâtre et un service de dissections [3]. Au contraire, l'enseignement de la botanique était à créer. Le collège des médecins y pourvut par la création d'une troisième régence,

1. A. V. D 34, f° 71.
2. Isambert, *Anciennes lois françaises*, t. XX, p. 500. L'art. 22 de l'édit rend obligatoires les études d'anatomie.
3. Délib. du Collège des docteurs du 3 juillet 1696. Sur la requête du régent (Ch. Delafont) et du collège des docteurs en médecine, le Collège des docteurs agrégés en droit « délibère de faire un amphithéâtre dans la présente école pour faire des anatomies, par le moyen desquelles les écoliers seraient attirés dans cette Université en quantité, pour y étudier et prendre ensuite leurs degrés, ce qui redonderait au grand honneur et avantage de l'Université et du bien public. On construirait l'amphithéâtre en bois avec une table pour les démonstrations dans l'école de médecine ou ailleurs. » (A. V. D 32, f° 56.) Le 3 mars 1697, l'hôpital Sainte-Marthe s'obligea à fournir des cadavres pour les dissections (un homme et une femme par an). En 1745, on adjoignit au professeur un chirurgien qui sous le nom de démonstrateur anatomique devait faire des démonstrations sur les cadavres ». A. V. D 33, f° 466 (délib. du coll. des médecins du 10 mars 1745).

instituée dans les mêmes conditions que la chaire d'anatomie, mais qui, faute de ressources, dut d'abord être confiée au premier professeur de médecine ou, à son défaut, à quelque agrégé de bonne volonté. En 1718, la Faculté, disposant enfin de quelques revenus, put faire cesser une situation si précaire ; et la régence de botanique fut dévolue à un titulaire spécial, élu tous les deux ans par les médecins. Un peu plus tard et à travers des péripéties sur lesquelles on reviendra dans la suite, le collège des médecins compléta cet enseignement par l'acquisition d'un jardin botanique, où eurent lieu les démonstrations et les leçons pratiques prévues par l'édit de 1707 [1].

La Faculté de médecine était désormais constituée telle

1. La question de l'acquisition et de l'aménagement d'un jardin botanique précéda, dans les préoccupations des médecins, l'institution d'une chaire spéciale pour cet enseignement. Dès 1707, l'Université demandait au pape de lui céder l'ancien cimetière situé dans le quartier de Champfleury « dehors et proche les murailles de la ville, » ce que le pape voulut bien accorder. Mais la ville et les états du Comtat protestèrent et la question resta en suspens jusqu'en 1717. (V. délib. du Coll. des docteurs en droit des 21 déc. 1711 et 3 juin 1712. A. V.D 32, f⁰⁸ 296 et 304). En 1718, on décida d'affecter les revenus du jardin de Champfleury à l'entretien du professeur. (Délib. du 5 août 1718 ; A. V. D 33, f⁰ 2). En vertu de la même délibération, le régent botanique devait « donner en hiver, dans la classe de médecine un traité de cette science et faire, en été, des démonstrations des plantes, tant dans ladite classe que dans les jardins particuliers et à la campagne, en conformité des Universités de France où il n'y a pas de jardin botanique, jusqu'à ce que l'on ait les fonds suffisants pour l'entretien dudit jardin et professeur » (Idem.). Le premier régent titulaire, M. Gastaldy, fut nommé le 10 oct. 1718 pour deux ans et, depuis lors, les nominations se succédèrent régulièrement. La chaire eut depuis 1718, seize titulaires, dont plusieurs furent réélus jusqu'à quatre et cinq fois. D'ailleurs c'étaient souvent d'anciens professeurs de la première chaire ou de la chaire d'anatomie qu'on chargeait de l'enseignement de la botanique ; les régents qui débutaient par l'enseignement de la botanique étaient aussi fréquemment appelés aux autres chaires. Au xviiiᵉ siècle, on ne compte pas moins de cinq professeurs ayant occupé à tour de rôle les trois chaires et de huit professeurs en ayant occupé deux. Quant à la question du jardin botanique, elle fut résolue en 1743 par l'acquisition d'un enclos appartenant au chirurgien Pamard (Délib. des médecins des 9 août et 3 sept. 1743. A. V. D 33, f⁰⁸ 428).

qu'elle devait se maintenir jusqu'à la disparition de l'Université elle-même. Quoiqu'on en ait dit, ses cadres étaient encore bien étroits, non seulement au regard des développements que la science médicale avait déjà pris au xviiie siècle, mais aussi par rapport à de puissantes rivales, auxquelles on ne pouvait manquer de la comparer. Elle ne rencontra pas d'ailleurs, dans cette dernière période de son existence, tous les concours sur lesquels elle semblait pouvoir compter. La municipalité se désintéressa de sa prospérité; les états du Comtat, jaloux peut-être d'Avignon, non seulement refusèrent de contribuer à ses dépenses, mais raillèrent plus d'une fois ses efforts et se plurent à souligner cruellement son infériorité vis-à-vis de la Faculté de Montpellier [1]. Et le Collège des docteurs en droit, son protecteur naturel, sans renoncer à l'ombrageuse tutelle qu'il fait peser sur une Faculté éternellement traitée en mineure, l'abandonna trop souvent à ses propres forces. Réduits à ne compter que sur eux-mêmes, les médecins, cherchèrent au moins à s'émanciper. Ils y parvinrent enfin — ou à peu près, — en 1784 et dès lors purent disposer librement de leurs chaires, qui toutes les trois devinrent triennales. Mais la Faculté ne pouvait déjà plus trouver dans cette indépendance relative la source d'une véritable prospérité.

Bien qu'un enseignement théologique existât dès longtemps à Avignon et que la fondation de la Faculté de théologie n'ait été guère postérieure que d'un siècle à celle de l'Université elle-même [2], le rôle de cette Faculté resta tou-

1. Le 13 mars 1711, en protestant contre la donation du jardin de Champfleury et en refusant de contribuer à des dépenses pour l'Université (Laval, l. c., p. 268). Aix avait trois professeurs, Montpellier, huit; Perpignan, six; Toulouse, cinq, avec une école de chirurgie qui à elle seule comptait six chaires. (V. Liard, *L'Enseignement supérieur en France*, t. I, p. 12 et suiv.)

2. On sait qu'en 1227, le cardinal légat Roman, qui était chargé d'organiser

jours assez modeste. Considérait-on que l'existence, dans plusieurs couvents, de cours de théologie professés par des religieux, rendait inutile la création de nombreuses chaires à la Faculté universitaire, ou bien l'étude du dogme paraissait-elle encore, aux XVe et XVIe siècles, moins nécessaire que celle du droit? En tous cas, les statuts universitaires qui, à diverses reprises, multiplièrent les chaires de droit, n'attribuèrent jamais à la théologie qu'un seul professeur [1] et les statuts de 1605 consacrèrent cet état de choses. Le professeur unique, qui était en même temps doyen de la Faculté, était élu chaque année par les agrégés, le surlendemain de la fête de Pentecôte et pris, à tour de rôle, parmi les membres des quatre ordres mendiants [2]. Depuis 1605, les séculiers eurent part à l'enseignement et au décanat dans une mesure qui varia à plusieurs reprises, mais qui, en fait, ne fut jamais très étendue [3].

Pendant un demi-siècle, à partir de sa réorganisation en 1605, l'enseignement de la Faculté de théologie eut peu d'éclat et son histoire n'offre pas d'épisode digne d'être noté. C'est l'époque, au contraire, où les Jésuites achèvent de conquérir la faveur publique et attirent à leurs cours des élèves de plus en plus nombreux. On sait que le collège fondé à

---

l'enseignement théologique à Toulouse, créa aussi pour combattre l'hérésie, un enseignement de même nature à Avignon. Fournier, 1236. La Faculté de théologie fut fondée par Jean XXIII en 1413.

1. Exception doit être faite pour la réforme de Pie II. La bulle de réformation du 22 décembre 1459 attribuait, en effet, cinq chaires à la Faculté de théologie; mais les prescriptions de cette bulle ne furent jamais exécutées.

2. Statuts de 1605. Art. 3, 13 et 14.

3. Sur 75 élections dont le procès-verbal nous reste pour la période comprise entre 1656 et 1781, nous n'avons relevé que quatorze élections de prêtres séculiers. De 1782 à 1790, au contraire, quatre réguliers seulement furent élus : le supérieur du séminaire Saint-Charles de la Croix, M. Roux fut élu en 1781 ; M. Lebansais de Viéval, chanoine de Saint-Didier, fut élu en 1785 et réélu en 1786 et 1787 « sans conséquence pour l'avenir » puis réélu une dernière fois en 1790.

Avignon par la Compagnie de Jésus dès l'année 1564, s'était restreint pendant trente ans à l'enseignement de la grammaire et des humanités. Mais en 1594, croyant leur situation menacée en France, à cause du triomphe définitif de Henri IV, les Jésuites résolurent de transférer à Avignon les cours de théologie précédemment établis dans leur collège de Lyon. Ces cours furent confiés d'abord à deux professeurs seulement. On leur adjoignit plus tard un professeur de morale et un professeur d'Écriture Sainte. Chargé de l'enseignement de la morale, le célèbre Père Coton, futur confesseur de Henri IV, vit accourir autour de sa chaire un si grand nombre d'étudiants, de prêtres, de docteurs en droit et de magistrats qu'aucune salle ne se trouva assez grande pour contenir tant d'auditeurs et qu'il dut faire sa classe dans l'église de la maison [1].

Longtemps, les archevêques d'Avignon accordèrent aux pères Jésuites une grande faveur, s'associant à leur propagande, les chargeant même de missions de confiance, conférences ou prédications. Quant à l'enseignement de la théologie et de la philosophie, il demeura sans conteste leur partage. Il fallut, pour modifier cet état de choses, l'élévation au siège archiépiscopal, en 1648, d'un religieux dominicain, M. de Marinis, lequel se montre bientôt jaloux d'accroître l'influence de son ordre et d'assurer la propagation des doctrines de saint Thomas.

On sait d'ailleurs, — et il serait inutile d'y insister ici, — les profondes divergences de doctrines et les rivalités d'influence, qui partout mettaient aux prises les disciples de saint Dominique et ceux d'Ignace de Loyola. A Avignon, les dominicains, membres de la Faculté de théologie, mais rarement appelés au décanat restaient confinés dans leur couvent. M. de Marinis

---

1. V. Chossat, *Les Jésuites et leurs œuvres à Avignon*, p. 99.

résolut de les en faire sortir. A l'enseignement public et si goûté des Jésuites, il voulait opposer un enseignement de même nature. Le cadre universitaire, où malgré plusieurs tentatives, les professeurs jésuites n'avaient pu pénétrer, se prêtait merveilleusement aux projets du savant prélat.

Dès l'année 1665, l'archevêque fondait donc, de ses deniers, une chaire de théologie scolastique dont le titulaire, dûment agrégé à la Faculté de théologie de l'Université, devait enseigner et défendre la doctrine de saint Thomas, telle qu'elle était contenue dans la *Somme* du docteur Angélique. M. de Marinis se réservait, sa vie durant, la nomination du nouveau professeur. Après sa mort, quand la chaire deviendrait vacante, un concours serait ouvert qui porterait sur quelques points de la doctrine thomiste et un jury, composé du chancelier et du primicier de l'Université assistés du doyen et des agrégés en théologie, nommerait le plus capable des candidats, avec cette réserve qu'à égalité de mérite entre les concurrents, un dominicain serait choisi. En 1666, l'archevêque renonça à cette procédure un peu compliquée et remit la nomination du professeur au provincial et aux religieux dominicains de Toulouse, dont le couvent était, on le sait, renommé pour l'ancienneté de sa fondation comme pour la science et la piété de ses membres [1].

C'est sous l'influence de pareils mobiles, qu'en 1719, un prêtre de Valréas, Étienne Millaret, imitant l'exemple de M. de Marinis, fonda à la Faculté de théologie d'Avignon, une troisième chaire, destinée à l'enseignement de la morale. Comme l'ancien archevêque, M. Millaret se réserva pour le temps de sa vie, le choix du titulaire et décida qu'il appartiendrait ensuite aux Dominicains de Toulouse. D'ailleurs le

---

1. Acte notarié du 13 nov. 1655. Laval, 55.

régent de théologie morale devait, après son élection, s'agréger à la Faculté de théologie d'Avignon, y prendre, s'il y avait lieu, ses degrés de docteur et subir un examen sur la doctrine thomiste. Si cet examen lui était défavorable, les Pères de Toulouse devaient présenter un autre candidat [1]. Mais pareil échec ne se produisit jamais.

L'enseignement universitaire compta donc, depuis 1719, trois chaires de théologie, sur lesquelles deux au moins appartenaient nécessairement à des religieux dominicains. L'influence de cet ordre resta par suite prépondérante dans l'Université, jusqu'au moment où des circonstances sur lesquelles on reviendra tout à l'heure, vinrent la miner et l'anéantir [2].

Quant à la Faculté des arts, on a vu déjà qu'elle n'eut qu'une existence obscure et intermittente et qu'au début du XVIIe siècle, elle était dépourvue de tout enseignement public. L'enseignement philosophique — auquel elle fut réduite dans la dernière période de son existence, car aux XVIIe et XVIIIe siècles, il ne fut point question de lui annexer des classes de grammaire ou d'humanités, — cet enseignemement naquit de la même pensée qui avait inspiré la création des chaires de théologie thomiste. C'est pour compléter sa création de 1655 et pour la rendre plus féconde, que M. de Marinis créa, en 1666, à l'Université, une chaire de philosophie également consacrée à l'étude des doctrines de saint Thomas [3]. L'archevêque se réservait, sa vie durant, la nomination du titulaire

1. Acte notarié du 20 juin 1719. Laval 71.
2. Sur les 84 élections qu'il nous a été possible de relever de 1656 à 1790, nous voyons les dominicains appelés seize fois à la première chaire et au décanat de théologie. Cette fonction n'était pas incompatible avec celle de professeur d'une des chaires de théologie ou de philosophie fondées par MM. de Marinis et Millaret ; mais on conçoit difficilement comment un même titulaire pouvait suffire à ce double enseignement (V. par exemple le programme de 1708. A.V. D 73).
3. Acte notarié du 9 janv. 1668. Laval, 62.

qui fut au début un prêtre séculier, docteur en théologie et en droit, M. François Genet; mais dans la suite, le choix du nouveau régent, soumis d'ailleurs à la ratification des chefs de l'Université, devait appartenir, comme celui des professeurs de théologie, aux dominicains de Toulouse, à charge pour l'élu de se faire agréger à la Faculté de théologie et d'y prendre le doctorat. Jusqu'à la chute même de l'Université, vingt-un dominicains se succédèrent dans cette chaire. Plusieurs d'entre eux furent appelés à occuper ensuite l'une ou l'autre des deux chaires publiques de théologie.

Vers la fin du xviiie siècle, peu d'années avant la disparition de l'Université, le nombre des chaires universitaires de théologie et de philosophie s'accrut considérablement, par suite de l'agrégation aux Facultés de théologie et des arts des classes supérieures des deux séminaires établis à Avignon. Il convient d'ailleurs de ne pas se méprendre sur le but que poursuivaient ceux qui sollicitèrent cette mesure, ni sur les résultats que put avoir son adoption. L'éclat nouveau que l'Université devait en recevoir invoqué par les professeurs des Séminaires, n'était qu'un prétexte dont personne n'était dupe. La question était tout autre. Les professeurs de l'Université avaient gardé le monopole de la collation des grades; seuls leurs élèves pouvaient régulièrement devenir bacheliers, licenciés, maîtres ou docteurs. Les établissements ecclésiastiques, voisins et rivaux des Facultés universitaires, voulaient avoir part à ces privilèges. L'unique moyen de les satisfaire, sans renoncer à un monopole auquel on restait attaché par-dessus tout, était d'agréger aux Facultés les maîtres intéressés et de déclarer leurs classes « académiques ». Dès 1595, les Jésuites d'Avignon sollicitaient pour leur collège une faveur de ce genre, ils furent refusés ; de nouvelles tentatives faites en 1648, puis en 1759, n'eurent pas un meilleur

,succès. Les séminaires de Saint-Charles de la Croix et de Sainte-Garde furent plus heureux. En dépit de l'opposition tenace autant que clairvoyante des Dominicains qui, maîtres à peu près incontestés de l'enseignement théologique et philosophique de l'Université, se refusaient à faire à côté d'eux une place à ces intrus, ils obtinrent successivement de la Faculté des arts et de la Faculté de théologie, puis du Collège des docteurs en droit, l'agrégation pour leurs régents de théologie et de philosophie et pour leurs élèves le droit de recevoir les grades, sous la seule condition que le primicier acquérait sur les classes de théologie et de philosophie, devenues académiques, un droit d'inspection, dont il semble d'ailleurs n'avoir jamais usé. Au reste, la nomination des professeurs et la direction même de l'enseignement des séminaires échappaient absolument au contrôle des autorités universitaires [1].

La Faculté de théologie et celle des arts purent avoir néanmoins, dans les dernières années de leur existence, l'illusion de s'être accrues et développées. Le nombre de leurs chaires s'éleva à trois pour celle-ci, à sept pour la première. En réalité, rien n'était changé; il n'y eut que quelques gradués de plus. Confinés dans les séminaires et réservés aux élèves internes de ces établissements, les cours devenus académiques n'ajoutèrent pas grand'chose au prestige de l'Université. Ils ne s'inspiraient pas de son esprit, ils n'accrurent pas son influence, ils n'arrêtèrent pas la désertion qui déjà annonçait la ruine prochaine.

1. Voir pour le détail des négociations relatives à cette agrégation, J. Marchand, *La Faculté des arts*, etc., p. 40 et suiv. Chacun des deux séminaires dont il s'agit possédait une chaire de philosophie et deux de théologie. Ces classes furent respectivement agrégées à la Faculté des Arts et à la Faculté de théologie par délibérations de ces Facultés en date des 22 août 1781 et 18 nov. 1782 et des 10 août 1781 et 30 oct. 1782. La ratification du Collège des docteurs en droit et celle du pape ne tardèrent pas à intervenir. Celle du roi de France se fit attendre plus longtemps.

CHAPITRE II

L'ENSEIGNEMENT

Les études. — Ouverture et durée de l'année scolaire. — Les programmes des cours. — Forme des leçons. — Isolement des Facultés. — L'enseignement juridique. — Le Digeste. — Le Code et les Institutes de Justinien. — Le Décret et les Décrétales; les Institutes de droit canonique de Lancelot. — Le droit français. — L'enseignement médical; efforts faits au xviiie siècle pour lui donner un caractère plus scientifique et plus expérimental. — La théologie et la philosophie universitaires : leur source unique est la *Somme* de Saint-Thomas. — Relâchement croissant dans la discipline des cours.

Au point de vue administratif, les Facultés étaient unies entre elles par une étroite solidarité ou, si l'on veut, par une commune subordination au Collège des docteurs en droit. Rien de pareil en ce qui concerne l'enseignement. Ici nulle coordination entre les chaires ou les cours. Sauf la Faculté de théologie et celle des arts ou de philosophie, qui se complètent l'une l'autre et se prêtent un mutuel appui, les divers corps universitaires sont séparés par autant de cloisons étanches, qui ne permettent aucune communication. Ni vues communes, ni direction générale. Chaque Faculté se développe ou languit au hasard des circonstances, sous des influences qu'on ne cherche ni à prévoir, ni à combattre. L'Université ne forme pas un ensemble dont les diverses parties restent solidaires entre elles; ses organes sont juxtaposés, mais indépendants. Considérée sous cet aspect, elle se peint elle-même dans le programme de ses cours, qu'elle publie chaque année : les

Facultés y sont rapprochées, mais non unies; les divers enseignements s'y succèdent, mais ne s'y combinent pas.

Seules quelques prescriptions réglementaires d'ordre tout à fait général s'appliquent à toutes les Facultés : l'obligation, par exemple, pour les professeurs de lire en personne et non « par substitués [1] »; celle de faire régulièrement leurs leçons tous les jours aux heures prescrites, sans pouvoir s'en dispenser, même pour vaquer aux examens ou sous le prétexte que leurs cours sont terminés [2]; celle enfin de ne délivrer des attestations d'études qu'aux élèves véritablement assidus, sans se permettre à ce sujet des complaisances coupables, mais trop fréquentes [3]; réciproquement, l'obligation pour les étudiants de suivre assidûment les lectures des professeurs choisis par eux, et plus tard, celle de s'inscrire, quatre fois par an, sur les registres de l'Université et d'acquitter régulièrement les droits d'inscription ou de « matricule [4] ».

Les statuts de 1303 avaient, dès la fondation de l'Université, fixé la durée de l'année scolaire. Elle commençait le lendemain de la Saint-Luc, c'est-à-dire le 19 octobre, et se terminait le 7 septembre, veille de la Nativité de la Vierge [5]. Cette tradition fut suivie pendant quatre siècles, sauf une modification de peu d'importance : en 1654, une délibération

---

1. Statuts de 1303, art. 6 (où la prohibition de se faire suppléer s'applique aux professeurs lisant *ordinarie*.—Statuts de 1503, art. 11.—Statuts de la Faculté de théologie de 1605, art. 14. — Édit de mars 1707 pour l'étude de la médecine, art. 3.

2. Délib. du Coll. des docteurs des 9 oct. 1654 et 8 avril 1665. A. V. D 30, f°s 63 et 174. — Règlement fait pour l'application à Avignon de l'édit de Louis XIV d'avril 1679, art. 9. A. V. D 12. — Règl. de 1707 pour la médecine, art. 3.

3. Règlement de 1679. Art. 10. — Délib. du Collège des docteurs du 22 avril 1699. A. V. D 32, f° 128.

4. Règlement de 1679, art. 4 et 12. — Règlement du 18 avril 1701. A. V. D 32, f° 159. — Règlement de 1707 pour les études de médecine, art. 10.

5. Statuts de 1303, art. 9. — Statuts de 1441, art. 7.

du Collège des docteurs fixa l'ouverture des vacances à la veille de Notre-Dame de Septembre (31 août) [1].

Au XVIIIe siècle, la durée des cours de droit fut sensiblement réduite. Le roi de France ayant, par son règlement du 30 janvier 1700, décidé que les Facultés juridiques du royaume vaqueraient du 1er août au 12 novembre, le Collège des docteurs, par sa délibération du 1er août 1701, adopta les dates nouvelles [2]. Quant aux autres Facultés, elles continuèrent à ouvrir leurs portes le 19 octobre; mais depuis quelque temps déjà, elles avaient pris l'habitude de les fermer aux environs du 20 juillet. Si les documents précis manquent à ce sujet, pour la Faculté de médecine, ils abondent au contraire pour celles de théologie et des arts. Les vacances pour ces Facultés, comme pour la Faculté de droit, duraient donc environ trois mois.

Les congés étaient d'ailleurs nombreux au cours de l'année scolaire. Vacances du 20 décembre jusqu'au lendemain de l'Épiphanie (6 janvier) et de la veille des Rameaux jusqu'au lendemain de Quasimodo; congé non seulement le jour des fêtes chômées, mais souvent la veille et le lendemain; et on sait si ces fêtes étaient nombreuses. Pendant soixante ou soixante-dix jours par an les cours vaquaient ainsi, soit toute la journée, soit l'après-midi seulement [3].

En revanche les grandes vacances n'interrompaient pas les examens. Dans les premiers siècles de l'Université, ils avaient lieu pendant toute l'année. Le règlement de 1701 décida qu'ils continueraient du 1er août au 7 septembre pour le baccalauréat et la licence en droit; on vit d'ailleurs des docteurs admis entre cette dernière date et celle de la rentrée. Quant aux

---

1. Délib. du Collège des docteurs du 9 oct. 1654. A. V. D 30, f° 63.
2. Délib. et règlement des 27 juin et 1er août 1701. A. V. D 32, f°⁸ 157 et 159.
3. Voir le calendrier de l'Université. A. V. D 10. — Fournier, 1245.

autres Facultés, elles restèrent fidèles à l'ancienne tradition et distribuèrent, pendant toutes les vacances, à des candidats d'ailleurs de moins en moins nombreux, licences et doctorats. Au reste, tous les régents n'assistaient pas obligatoirement aux épreuves, ils pouvaient à tour de rôle « aller à la campagne, se reposer et vaquer à leurs affaires », sans perdre les droits qui leur revenaient [1].

L'ouverture des cours se faisait avec solennité. Les statuts de 1303, confirmés en 1441, disposaient que le jour de la Saint-Luc une messe solennelle avec sermon *ad clerum* serait célébrée dans l'église des Frères Mineurs et que tous les docteurs devraient y assister. Le lendemain, jour de la rentrée, messe du Saint-Esprit à Saint-Martial, après laquelle le doyen et régent de théologie faisait sa leçon d'ouverture ou *principium*. Le jour suivant, un régent de décret devait lire seul; le lendemain un docteur utriusque juris montait à son tour dans sa chaire; le quatrième jour seulement, depuis 1413, les médecins étaient autorisés à enseigner. Enfin les lectures extraordinaires et celles des bacheliers pouvaient commencer le cinquième jour [2].

Ces coutumes sont bien simplifiées aux XVIIe et XVIIIe siècles. La messe de la Saint-Luc à l'église des Mineurs, celle du lendemain à Saint-Martial ont persisté, mais le discours d'ouverture est prononcé maintenant, le jour de la Saint-Luc, par un docteur agrégé *in utroque jure*, qui reçoit pour ses peines un salaire de dix, puis de vingt-quatre livres royales [3]. Dès le

---

1. Voir les registres des gradués. A. V. D 136 à 154, *passim*. — Délib. du Collège des docteurs du 1er août 1744. A. V. D 33, f° 449. Cette question des vacances des régents ne fut jamais définitivement réglée; mais les faits indiquent que leurs absences étaient fréquentes, les cours une fois terminés.
2. Statuts de 1303, art. 9. — Statuts de 1441, art. 7. — Statuts de 1303, art. 13.
3. Programmes des cours. A. V. D 73. — Comptes de l'Université. A. V. D 194 et 195.

19 octobre, tous les régents, à quelque Faculté qu'ils appartiennent, peuvent monter dans leurs chaires. Un programme des cours, affiché en divers endroits de la ville, — notamment aux portes des églises, des collèges et des couvents, — et adressé aux villes du Comtat et aux Universités françaises, a d'ailleurs indiqué, depuis plusieurs semaines, les « matières » que chaque régent se propose de « lire » pendant l'année qui va s'ouvrir [1].

L'heure des cours y est soigneusement indiquée. Elle varie d'ailleurs d'une année à l'autre, au gré des professeurs. Les régents de droit, par exemple, enseignent tantôt le matin, tantôt le soir. Depuis que toute distinction a disparu entre les cours ordinaires et les cours extraordinaires on n'a plus de raison de réserver aux premiers la matinée, aux autres, l'après-midi. Mais il y a généralement deux cours de droit canon ou civil le matin et deux le soir ; tantôt les deux cours de droit canon ont lieu le matin et les deux cours de droit civil l'après-midi ; tantôt, au contraire, on associe dans la matinée et dans l'après-midi un cours de droit canon avec un cours de droit civil. Le professeur des Institutes et celui de droit français lisent tantôt le matin et tantôt le soir, aux heures laissées libres par leurs collègues. Chacun des six professeurs de droit lit tous les jours pendant une heure. Les lectures se succèdent ainsi de huit heures du matin à midi, et d'une

---

[1]. Les archives possèdent des programmes depuis l'année 1690, mais avec de très nombreuses lacunes surtout de 1690 à 1730. A. V. D 73. — Voir A. V. D 136, f° 56, la liste des endroits perpétuels où il faut mettre les placards *sive* matières que lisent chaque année MM. les régents de l'Université. Trente-quatre placards sont affichés à Avignon : à la maison du primicier et des régents, à la porte des quatre couvents, dont certains religieux sont agrégés à l'Université, à la porte des divers collèges, même du Collège des Jésuites, à Notre-Dame des Doms, au coin du Change, à la Croix de Saint-Didier, à la place Saint-Pierre, au puits de la Chaîne, etc.

heure à cinq heures du soir, avec des intervalles qui varient suivant les saisons [1].

A la Faculté de médecine les cours durent aussi une heure et ont lieu tous les jours. Le premier professeur enseigne soit à dix ou onze heures du matin, soit à une heure après-midi. Le régent anatomique fait généralement son cours à deux heures, le régent botanique enseigne la matière médicale à trois heures pendant le premier semestre, il dirige des herborisations, à six heures, pendant le second.

Les deux professeurs de théologie scolastique et de théologie morale sont plus chargés; leurs cours ont lieu tous les jours, l'un, le matin de huit à dix heures, l'autre, le soir, de deux à quatre et durent chacun deux heures. Le doyen et régent n'indique pas sur les affiches l'heure de sa leçon, qui a lieu sans doute dans la matinée [2]. Quant au régent de philosophie, il devait lire aussi deux heures par jour, mais on a vu que pour ne pas être en reste avec les Jésuites, il lui fallut se multiplier; comme les régents des collèges, il lut de huit à dix heures et de deux à quatre, à partir de 1695 [3].

Bien qu'aucune pensée commune ne les anime, tous ces cours se ressemblent cependant par quelques traits. Ils sont dictés et littéralement reproduits par les auditeurs. La langue latine y est seule employée [4]. On y abuse de l'appareil syllogistique,

1. Certains cours ont lieu, par exemple, à une heure après-midi en hiver et à quatre heures en été. Les auditoires n'étaient sans doute pas éclairés après le coucher du soleil.
2. Ce cours avait lieu probablement dans le couvent auquel le régent appartenait quand celui-ci était un religieux, ce qui fut la règle générale jusqu'à l'agrégation des séminaires en 1782. Quelquefois aussi, — mais c'est un cas exceptionnel, — on choisit pour doyen et régent ordinaire le titulaire d'une des chaires fondées par M. de Marinis ou M. Millaret (en 1773 par exemple) et alors les deux cours se confondent ou à peu près.
3. A. V. D 32, f°s 24 et 26.
4. Il faut en excepter le cours de droit français qui était professé « franco sermone », comme disent les programmes, et les parties du droit canonique qui

des distinctions subtiles, des démonstrations superflues. En revanche toute discussion féconde en est bannie. On y suit avec une fidélité scrupuleuse la doctrine et la méthode du maître choisi pour modèle et pour guide. On cherche à saisir sa pensée et à s'en pénétrer, on ne voit rien au delà. A Avignon, plus peut-être que dans les Universités françaises, on a gardé le respect de l'autorité, le culte de la tradition et l'habitude peu scientifique de jurer « in verba magistri ».

C'est seulement à la fin du xvii° siècle et au commencement du xviii° que furent déterminés avec quelque rigueur les programmes des examens universitaires et par suite les études dont ces examens étaient l'objectif. Jusqu'à cette époque, chaque Faculté avait pu réglementer à son gré ses lectures et, parmi tant de questions qui, dans les limites mêmes de leur enseignement particulier, s'imposaient à leur attention, les régents savaient garder presque entière la liberté de leur choix.

A Avignon, les statuts de 1303 et ceux de 1441 avaient à peine distingué les cours ordinaires des cours extraordinaires [1]. Ceux de 1503 décidèrent qu'avant la Saint-Michel ou tout au moins avant la Saint-Luc, chaque année, le primicier indiquerait, de l'avis des docteurs, les livres à lire dans chaque Faculté. Les régents de droit canon, par exemple, suivant une coutume depuis longtemps observée devaient lire *pro ordinario*, le matin « le livre des Décrétales en quelqu'une de ses parties », le soir, une année le Sexte, l'autre année, le livre des Clémentines. En droit civil on devait lire également *pro ordinario*, le matin, le Code et le *Digestum vetus* alternativement, le soir, une année l'Inforliat, l'autre, le *Digestum*

---

traitaient spécialement des « libertés » de l'Église gallicane, autrement dit du pouvoir des évêques et des exemptions de la juridiction des évêques et archevêques en France. Cf. M. C. 669, f° 32 à 36.

1. Statuts de 1303, art. 9 et 10. — Statuts de 1441, art. 7 et 8.

novum et « ainsi de suite, ajoutent les statuts, pour les autres Facultés, comme le primicier et les docteurs le jugeront à propos [1] ».

Un siècle et demi plus tard, en 1654, on essaya d'une réglementation plus précise. A ce moment, les lectures extraordinaires avaient depuis longtemps disparu, une nouvelle chaire, celle des Institutes, avait été créée. Une délibération du Collège des docteurs du 9 octobre décida que le régent des Institutes achèverait son cours deux fois par an, de la Saint-Luc à Pâques et de Pâques au 7 septembre. Des deux professeurs de droit canonique l'un, le plus ancien, traiterait des règles du droit civil et du droit canon, l'autre ferait un cours général de droit canonique « par définitions, divisions et connexions. » Quant au cours de droit civil, on s'efforça d'en répartir les matières sur deux ou trois années. Le plus ancien des régents devait traiter, tour à tour, pendant ses trois années d'exercice, des actions et matières judicielles, des contrats et dispositions entre vifs, enfin des testaments, des substitutions et des fideicommis, « de telle sorte que les écoliers les plus doctes puissent s'y plaire »; l'autre régent de droit civil devait enfin lire le Code, y compris les *Tres Libri* et alternativement le *Digestum vetus*, l'Infortiat et le *Digestum Novum*, c'est-à-dire, l'ensemble même du *Corpus Juris Civilis* [2].

Ces prescriptions qui laissaient encore aux professeurs une suffisante latitude, — car à moins de se réduire à un résumé extrêmement sec, ils n'auraient pu commenter tout le droit romain, — les règlements de 1679 et de 1700 vinrent heureusement les compléter. Quelques années plus tard, l'étude de la médecine était à son tour réglementée. Seules, la théolo-

---

1. Statuts de 1503, art. 13 et 14.
2. Délib. du Collège des docteurs du 9 oct. 1654. A. V. D 30, f° 63.

gie et la philosophie ne furent l'objet d'aucune mesure spéciale. Les édits royaux appliqués à Avignon se préoccupaient surtout de recruter des magistrats instruits et des médecins expérimentés ; on n'avait cure des théologiens et des philosophes. Ici d'ailleurs, les traditions étaient assez vivaces pour tenir lieu de programmes et de règlements.

L'édit de 1679 fixait à trois ans la durée des études juridiques dont le couronnement naturel était désormais la licence. La déclaration du 30 janvier 1700 confirma ces dispositions. Elle prescrivit, en outre, que la première année serait consacrée à l'étude des Institutes et se terminerait par un examen spécial sur cette partie du droit. En seconde année, les étudiants assistaient à un cours de droit civil et à un cours sur le Décret et les Décrétales. La troisième année était consacrée à l'étude du droit français, mais les écoliers étaient tenus de suivre, en outre, un cours de droit canon ou un cours de droit civil, à leur choix [1].

L'Université d'Avignon adopta ces dispositions par deux règlements, l'un de 1679, l'autre du 1er août 1701 et une chaire de droit français fut aussitôt instituée. La distinction qui avait existé jusqu'alors entre les gradués en droit canon et les gradués en droit civil ou en l'un et l'autre droit tendit désormais à s'effacer de plus en plus, bien que les règlements eussent maintenu aux candidats aux grades en droit canon la faculté de n'être interrogés que sur ce droit [2]. Les registres

---

1. Édit d'avril 1679, art. 6 et 7. —Déclaration du 30 janvier 1700, art. 1, 2, 3. — Délib. du Collège des docteurs du 1er août 1701. Par cette délibération, l'Université d'Avignon accepte les prescriptions qui seront désormais en vigueur dans les Universités du royaume et notamment la division du cours, l'obligation d'un examen sur les Institutes à la fin de la première année d'études ou avant le 30 mars de l'année suivante et celle d'un examen sur le droit français après la troisième année.

2. Édit de 1679, art. 9.

des inscriptions prouvent que les grades *in utroque jure* furent désormais à peu près seuls recherchés.

L'enseignement juridique de l'Université d'Avignon comprend donc, au xviiie siècle, trois ordres de matières bien distinctes : le droit civil ou droit romain, confié à trois professeurs; le droit canon qui possède deux chaires; le droit français enfin, enseignement nouveau, confié à un seul maître. Les programmes annuels, que nous possédons presque tous pour cette époque, les cours des professeurs dont un certain nombre nous ont été conservés, donnent une idée à peu près complète de l'étendue et du caractère de cet enseignement [1].

Ce qu'on enseigne à Avignon, comme ailleurs, sous le nom de droit civil ou de droit romain, car ces deux expressions sont encore à peu près synonymes, ce n'est pas la législation de l'époque classique, ni même celle de Théodose, depuis longtemps oubliées, mais seulement celle de Justinien qui, depuis le xiiie siècle, n'avait pas cessé de régner dans les écoles de droit restaurées. Et comme les travaux du célèbre empereur se trouvent résumés d'une façon exacte et suffisamment complète dans les Institutes, c'est cet ouvrage qui forme encore au xviiie siècle la base de l'enseignement juridique.

Au reste, nos professeurs ne font pas du droit romain une étude historique et érudite. Ils ne s'occupent guère de Rome, de ses mœurs, de sa constitution et de ses lois et moins encore de Constantinople. Loin d'eux la pensée de rechercher la genèse d'une législation qui finit par dominer le monde, ou les causes de son expansion. Leur point de vue est plus étroit et leur but plus modeste. Comme ils parlent à de futurs praticiens du droit, ils n'ont en vue que la pratique et c'est à elle

---

1. A. V. D 73.

qu'ils accommodent et bornent leur enseignement. Les théories générales tiennent donc peu de place dans leur cours et la critique en est à peu près bannie. Ils s'attachent, en revanche, à signaler les emprunts que les coutumes encore en vigueur à Avignon ou dans le royaume ont fait à la législation impériale. Certes, ils suivent exactement l'ordre des livres et des titres de l'ouvrage qui leur sert de guide, mais ils négligent volontiers ou traitent de brève façon les problèmes, même très développés dans les Institutes, qui se posant à l'époque où ils enseignent de tout autre façon que sous le Bas Empire, ne peuvent pas fournir matière à d'utiles rapprochements. Ainsi le livre Ier qui traite de la condition des personnes n'est pas l'objet d'un long commentaire, non plus que les premiers chapitres du livre III, qui ont laissé peu de traces dans la législation de l'ancien régime. On insiste, au contraire, sur les modes d'acquérir, les obligations et les actions, dont l'étude est particulièrement utile à de futurs magistrats ou à des hommes de loi français [1].

A côté du professeur des Institutes qui, on l'a vu, recommence chaque année son cours à l'usage des étudiants de première année, deux autres régents de droit civil étudient, l'un le Digeste, l'autre le Code. La symétrie n'est pas absolue entre ces différents cours et l'ordre des matières adopté en 1654

---

1. La bibliothèque du Musée Calvet conserve un certain nombre de cours manuscrits sur les Institutes, dont les principaux sont les suivants : N° 761. Ægidii de Benoit Institutionum imperialium professoris publici et perpetui in hac alma Universitate Avenica Tractatus theorico-practicus de Actionibus, in-f°, 351 p. — N°^{s} 2611 et 2612. Institutionum juris civilis methodica interpretatio bipartita, theoriæ scilicet et praxi accomodata, nob. dom. Ægidii de Benoit earumdem professoris publici, 385 et 330 p. — Les n°^{s} 2614, 2616, 2617 (717, 459 et 545 p.) sont également un commentaire de M. Gilles de Benoit sur les quatre livres des Institutes de Justinien. M. Gilles de Benoit fut professeur des Institutes de 1698 à 1705 et son fils lui succéda de 1705 à 1719. — V. aussi le n° 2615. Cours des Institutes de M. de Félix, 1669.

n'est pas toujours régulièrement suivi. Le professeur du Digeste ne peut guère achever dans ses trois années d'enseignement l'étude de cette vaste compilation. Il néglige volontiers l'Infortiat et le *Digestum novum* pour commenter les vingt premiers livres du recueil connus sous le nom de *Digestum vetus*. Les questions qui y sont traitées : théorie des actions, héritages, locations, créances, mariages, dots, donations entre vifs, fournissent une ample matière à des développements étendus. Le professeur n'a d'ailleurs garde de s'égarer, il reste fidèle, il a soin de l'indiquer chaque année, à la méthode paratitlaire.

Le professeur chargé de commenter le Code ne sort guère des neuf premiers livres de ce recueil. Les trois derniers livres, communément appelés *Tres Libri* se trouvant, en effet, presque entièrement consacrés à l'administration byzantine ou à l'organisation des corporations que l'empire avait vues naître et qui ne lui survécurent pas, n'offraient qu'un intérêt historique et rétrospectif. L'étude du premier livre même pouvait paraître superflue à nos modestes étudiants. Les magistratures dont il y est question ne vivaient guère dans leur souvenir ; la théorie du pouvoir impérial pouvait leur échapper et quant à la législation ecclésiastique donnée par Justinien au christianisme triomphant, le droit canon l'avait abrogée en la remplaçant. Restait la législation civile proprement dite, demeurée vivante et où, comme son collègue, le régent du Digeste, le professeur de Code Justinien pouvait s'étendre à loisir. C'est du Digeste et du Code qu'étaient alternativement tirées, — comme le programme annuel des cours avait soin de l'indiquer, — les lois sur lesquelles devaient porter les examens [1].

1. A. V. D 73.

Bien qu'aux xvii° et xviii° siècles, la lutte autrefois si ardente et si âpre des juridictions civiles contre les juridictions ecclésiastiques fut depuis longtemps terminée et que la victoire du pouvoir laïque ne fut plus guère contestée, l'étude du droit canonique n'était pas encore devenue superflue, même pour de futurs officiers royaux. On comptait encore nombre de matières mixtes, — questions de serments, de mariages, d'état civil, de successions, — où chacune des deux juridictions avait conservé sa compétence spéciale; et d'ailleurs les limites de l'une et de l'autre n'étaient pas si rigoureusement tracées qu'elles n'offrissent encore bien des occasions de litige. L'ordonnance du 30 janvier 1700 avait donc très judicieusement disposé que les candidats à la licence devraient suivre pendant un an au moins un cours de droit canon; le titre de gradué *in utroque jure* qu'on leur décernait après leurs études n'avait pas perdu toute signification. Quant aux gradués en droit canon, on a vu qu'ils devaient, à leur tour, étudier les Institutes.

Deux professeurs étaient chargés, comme on sait, de l'enseignement des lois de l'Église. Mais quelle lourde tâche était la leur! N'allaient-ils pas se perdre au milieu de cet immense amas de documents qui formait le droit canonique, depuis le Décret de Gratien jusqu'aux décisions du Concile de Trente? Nos professeurs avignonais, moins bien préparés peut-être que d'autres à l'enseignement et, en tous cas, voyant leurs fonctions limitées à une période triennale, auraient peut-être hésité, comme le disait l'un d'eux en montant dans sa chaire, « à affronter cette mer féconde en naufrages [1] », s'ils avaient dû faire autre chose que commenter un recueil devenu

---

1. Cours de droit canonique professé à l'Université d'Avignon en 1720. M. C. 669, f° 10.

classique et qui fut pour le droit canonique ce qu'étaient pour le droit civil les Institutes de Justinien.

Ce recueil, commode entre tous, c'est celui que sous l'inspiration du pape Paul IV, un jurisconsulte de Pise, Lancelot, avait rédigé en 1563, et dont l'adjonction au corps du droit canonique ne tarda pas être autorisée. On l'appela *Institutiones* ou Institutes de droit canonique et il fut pendant plusieurs siècles le bréviaire des canonistes. Il offrait, en effet, sous une forme brève, claire et précise, un abrégé de toute la législation pontificale; il fut complété plus tard par la chronologie des papes et des divers conciles généraux, grecs, latins et provinciaux, par un résumé des règles du concile de Trente et même par un sommaire des règles de la chancellerie apostolique. Divisé, suivant l'usage, en quatre parties et chaque partie en livres, titres et paragraphes, il renvoyait très exactement au texte des Décrétales ou du Décret et rendait aisées les recherches les plus minutieuses. Les programmes annuels ne manquent pas de louer la méthode excellente et l'esprit ingénieux et subtil de Lancelot, en indiquant que c'est en le suivant de très près que les professeurs de l'Université d'Avignon rendront le plus de services à leurs auditeurs [1].

L'un des deux professeurs au moins employait ses trois années de professorat à commenter Lancelot, ce qui équivalait à une étude générale du droit canonique. Il ne s'interdisait pas d'ailleurs quelques digressions particulièrement intéressantes pour des Français, traitant par exemple, à propos du pouvoir des évêques, des libertés de l'église gallicane et de l'étendue de l'autorité épiscopale dans notre pays ou insistant d'une façon particulière sur les matières bénéficiales, au sujet desquelles la France avait aussi des traditions qui lui étaient particulières [2].

1. Programmes de 1700, 1708, 1719, 1742, etc. A. V. D 73.
2. M. C. 670 et 669 (déjà cité.)

Quant au deuxième cours, il portait sur le décret de Gratien ou sur les décrétales de Grégoire IX, plus souvent sur ce dernier recueil, dont les gloses avaient plus d'intérêt. Le professeur lui consacrait ses trois années, mais sans doute il n'épuisait pas la matière. La liberté de son choix paraît d'ailleurs avoir toujours été respectée, mais il nous reste trop peu de cours de droit canon professés à Avignon pour que de ce choix on puisse apprécier exactement les motifs [1].

Le cours de droit français, institué en 1701, se répétait tous les ans. Il semble avoir toujours été assez sommaire. Chose curieuse! Malgré tant de transformations qui avaient fait du droit en vigueur sous l'ancien régime une chose si différente du droit romain, c'est encore au plan des Institutes que le régent chargé de ce cours aime à se reporter. M. de Laverne, qui pendant plus de vingt ans occupa la chaire de droit français, n'intitule-t-il pas ses leçons « Commentaires sur les quatre livres des Institutes rapportées au droit français, conformément aux ordonnances et déclarations des rois très chrétiens, à la jurisprudence des arrêts et aux usages et coutumes de France? » C'est aux Institutes qu'il emprunte, autant qu'il le peut, ses définitions et son cadre, visiblement dérouté quand il doit abandonner un guide si sûr. Aussi, le voit-on passer rapidement sur la condition des personnes et des biens féodaux, où il a moins souvent à citer Justinien que Loisel, pour s'appesantir au contraire sur la théorie des obligations et des actions, où le droit romain lui fournit matière à de plus amples et plus instructives comparaisons [2]. Au demeurant, si l'on prend

1. M. C. 674. Paratitla in V libros Decretalium Gregorii IX pontificis, 358 feuillets. Cf. M. C. 2010. Juris canonici Institutionum libri III, 1689.
2. M. C. 2553. Cours professé par M. Levieux de Laverne à l'Université d'Avignon (sans date). Un fragment seulement nous en est parvenu : c'est le commentaire du livre II des Institutes (20 feuilles). M. Esprit-Benoît-Jean Levieux de Laverne, auteur du cours dont il s'agit, enseigna le droit français de 1773 à 1791. Son père avait occupé la même chaire de 1719 à 1741.

ce cours — le seul qui nous soit parvenu, — pour exemple, il semble bien que l'enseignement du droit français valait à Avignon celui des Facultés du royaume. Ordonnances royales, travaux des principaux jurisconsultes, arrêts des Parlements, aucun des éléments de la législation générale n'y était inconnu ou négligé et même notre Université paraît avoir plus d'une fois sacrifié aux intérêts de ses étudiants régnicoles ceux de sa clientèle comtadine, pour laquelle l'étude des coutumes avignonaises eût présenté plus d'attrait.

La Faculté de médecine n'avait eu, pendant longtemps, qu'un seul professeur. Encore au xviii° siècle « la province dévolue », comme on disait, à ce maître restait presque sans limites. A vrai dire, toute la médecine y entrait. En général — et sans que cette tradition fût toujours respectée, — il divisait son cours en trois parties correspondant aux trois années de sa régence et traitait, la première année, de la physiologie, la deuxième, de la pathologie et de la sémiotique, la dernière année enfin, de la thérapeutique et de l'hygiène. C'est là du moins la division que consacrent les programmes de l'Université. Du reste, pendant les dernières années du xviii° siècle, la pathologie prend une place de plus en plus grande dans l'enseignement médical et le professeur lui consacre parfois les trois années de sa régence. En même temps, le cours devient de moins en moins « livresque » et MM. Vicary et Voullonne, par exemple, s'efforcent de l'accommoder à la pratique de la clinique. Enfin, il arrive parfois que le professeur d'anatomie empiète sur le domaine de son collègue et se chargeant d'une partie de l'enseignement physiologique, lui permet de donner tous ses soins à l'étude de la pathologie.

A son tour, l'enseignement de l'anatomie prend un caractère de plus en plus expérimental. Le professeur s'est d'abord borné à des descriptions; bientôt il dissèque des animaux de différentes sortes; à partir de 1730, il se permet d'opérer sur des cadavres. Sans doute les dissections de ce genre sont encore rares et insuffisantes; elles marquent néanmoins un progrès qu'il serait injuste de ne pas noter. En général, le cours théorique d'anatomie occupait le premier semestre, la seconde partie de l'année était consacrée aux dissections.

Quant au régent botanique, son cours comprenait toute la matière médicale (produits minéraux, végétaux et animaux) et se divisait en deux parties. En hiver, il traitait théoriquement des médicaments, de leurs indications et contre-indications et des précautions à prendre dans leur usage, y compris les différentes formules sous lesquelles on pouvait les ordonner. En été (hieme præcipitante et vere jam appetente), il herborisait soit au jardin botanique, soit dans les champs; les plantes médicinales de la région comtadine étaient l'objet d'une étude spéciale. Un tel cours, aujourd'hui presque déserté par les étudiants en médecine et abandonné aux pharmaciens, avait encore une très grande importance à une époque où l'usage fréquent et même indiscret des remèdes, purgatifs, vomitifs, diurétiques, cardiaques, sudorifiques, apéritifs doux et forts, etc., distribués à profusion par les docteurs sous la triple forme de sels, de pilules et de potions, méritait encore les sarcasmes que Molière lui avait prodigués [1].

Comme l'enseignement médical, l'enseignement de la théologie, longtemps attribué à un seul professeur universitaire,

---

1. Il ne nous est pas resté de cours de médecine professé à l'Université d'Avignon, mais à défaut de documents plus étendus, on peut se faire une idée de ce qu'était l'enseignement médical dans cette Faculté au xviii° siècle, par les œuvres du célèbre Calvet, en partie imprimées, en partie manuscrites (M. C. 2343 et suiv.) et par les cours qu'il avait suivis à Montpellier et qui formèrent sans doute la base de son enseignement. (M. C. 2341 et suiv.) — Voir aussi des traités de matière médicale fort étendus. (M. C. 1004 et 1007.) — Enfin les programmes de l'Université indiquent très exactement le sujet des cours pour l'ensemble du xviii° siècle. A. V. D 73.

ne se compléta que tardivement. On a déjà dit dans quelles circonstances et dans quel but deux chaires nouvelles avaient été créées, en 1685 et en 1719, pour l'enseignement de la théologie scolastique et de la théologie morale, d'après les doctrines de saint Thomas d'Aquin. Le doyen et régent de théologie vit donc par deux fois sa tâche allégée, et pendant les soixante-dix dernières années de son existence — sans parler des séminaires dont les chaires réservées à une clientèle spéciale ne s'ajoutèrent que pour la forme à celles de l'Université, — la Faculté de théologie d'Avignon compta trois cours réguliers.

En principe, un cours complet de théologie devait durer quatre années et embrasser successivement les quatre parties de la *Somme* du docteur Angélique, y compris le complément ajouté à cette œuvre célèbre, après la mort prématurée de son auteur [1]. Mais nos régents n'observèrent pas toujours dans leurs leçons une ordonnance si régulière. Il leur était difficile d'ailleurs, dans le temps qui leur était imparti, de suivre saint Thomas dans tous ses développements et forcés de choisir, on les voit presque toujours insister de préférence sur quelques questions essentielles, la doctrine de la Trinité, celle de l'Incarnation et la théorie des sacrements par exemple, qui reviennent périodiquement dans les programmes. Plus tard quand, outre le doyen et régent ordinaire, deux professeurs se trouvèrent conjointement chargés d'enseigner les doctrines thomistes, les cours se succédèrent avec plus d'ampleur et de méthode, dans un ordre à peu près immuable. Le régent de théologie scolastique traita régulièrement en quatre années

---

1. On sait que la troisième partie de la Somme est communément appelée secunda (pars) secundæ (partis), ce qui réduit à trois le nombre des parties ; le complément commence à la 91ᵉ question de la quatrième partie qui, d'après le système précédent, est la troisième.

de Dieu et de la Trinité, de la Religion, de la Foi et de l'Église, de l'Incarnation et de la Grâce, matières comprises dans la première, et la quatrième parties de la *Somme*. A son tour, le professeur de théologie morale, achevant son cours dans le même espace de temps, étudiait la deuxième et la troisième partie de la *Somme* et quelques questions de la quatrième, savoir la théorie des actions humaines, celle du droit et de la justice, les lois et préceptes de l'Église[1], enfin les sacrements, parmi lesquels le sacrement de la Pénitence était l'objet d'une particulière attention.

Quelques-uns des cours professés à l'Université d'Avignon nous sont restés. Ils sont malheureusement fragmentaires. Aucun n'embrasse les quatre années dévolues à chaque régent pour épuiser son sujet. La plupart traitent de la Doctrine de la Trinité et du mystère de l'Incarnation, considérés comme le fondement de la foi catholique. Le reste de la théologie positive paraît avoir été un peu négligé. Dans aucun cours par exemple, nous ne voyons développée la doctrine de la création ou de la Providence, ni même celle de la vie future. Les cours de théologie morale offrent généralement moins de lacunes; toutefois la théorie des vertus et des vices si longuement exposée par saint Thomas, dans sa troisième partie, n'y est l'objet que d'un petit nombre de leçons. Au reste, les cours qui nous sont parvenus n'offrent-ils peut-être pas une image suffisamment fidèle de l'enseignement théologique de l'Université : sur l'étendue de cet enseignement, ils ne fournissent que des présomptions [2].

---

1. Il n'est pas besoin de répéter ici ce qui a été cent fois indiqué par les commentateurs de saint Thomas, savoir que le traité des Actions humaines et celui des Lois sont non seulement parmi les plus importants de la Somme, mais forment la partie la plus remarquable peut-être de l'œuvre du Docteur Angélique.

2. M. C. 479 et 480. Theologia angelica juxta ordinem et inconcussa ac tutissima dogmata doctoris Angelici sancti Thomæ Aquinatis, auctore seu compi-

Ce qu'ils indiquent, au contraire, de la façon la plus nette, c'est la méthode des professeurs, laquelle est purement scolastique. Chaque traité comporte un certain nombre de *quæstiones* ou *disputationes* subdivisées elles-mêmes en articles et en paragraphes. Pour chaque article, le maître énonce sa proposition, déduit ses raisons, tire les conséquences, réfute les objections et résout les difficultés qu'on pourrait soulever. Il suit d'aussi près que possible l'ordre adopté par l'auteur de la *Somme*, mais il ne s'interdit pas les digressions, surtout s'il rencontre l'occasion de réfuter quelques erreurs ou hérésies anciennes ou modernes, celles de Pélasge, de saint Augustin ou de Duns Scot et, plus près de nous, celles de Quesnel ou de Jansénius.

On a dit ailleurs ce qu'était l'enseignement philosophique à l'Université d'Avignon depuis la fondation d'une chaire de philosophie thomiste en 1668. La méthode suivie par le maître, théologien lui-même, était celle des théologiens. Quant au fond, il tenait pour non avenues toutes les découvertes et toutes les théories modernes. Descartes lui-même n'avait pas encore obtenu droit de cité à Avignon. Ce qu'on enseignait de sciences, c'était simplement la physique d'Aris-

latore R. P. J. Patin, ordinis F. F. Prædicatorum, sacræ theologiæ professore, audiente M. Ant. Jourdan, acolytho Avenionensi, 1717 et 1718. Le 1ᵉʳ volume comprend un traité de la Sainte-Trinité (Somme, 1ᵉ partie, quest. 27 à 43), des fragments sur l'homme, sur les anges (*Ib.* quest. 50 à 63), sur la Providence, un traité du bonheur; un traité des actions humaines (Somme, 2ᵉ partie, quest. 1 à 5; 6 à 20), des fragments sur les passions, les vertus, les vices et les péchés (*Ib.*, quest. 22 à 48, 55, 71 à 89). On trouve dans le 2ᵉ, un traité de l'Eucharistie (Somme, 3ᵉ part. quest. 73 à 83), un traité de la pénitence (*Ib.*, quest. 81 à 90), enfin un traité de l'Extrême-Onction. — Nᵒˢ 466 et 467. Cours de théologie par le P. Sarpillon, professeur à l'Université, terminé en 1731. — Nᵒ 503. Tractatus de Deo uno ac de divinis attributis, auctore P. F. Carolo Sarpillon, ordinis Prædicatorum, sacræ theologiæ in hac alma Universitate doctore aggregato, necnon perpetuo in cathedra sancti Thomæ scholasticæ theologiæ professore, 1733 et 1731. — Nᵒ 507. Tractatus de Incarnatione, auctore P. F. Sarpillon, etc. 1735-36. Cf. nᵒˢ 393, 394, 395 et 398.

tote; moins favorisée que le collège des Jésuites, l'Université ne possédait d'ailleurs pas de chaire de mathématiques. La métaphysique et la logique dominaient tout l'enseignement. Des deux années que son cours devait durer, le professeur consacrait l'une à la physique, l'autre à la métaphysique et à la morale; mais dans chacune des deux il enseignait, en outre, la logique restée encore dans l'esprit de nos docteurs la science des sciences et regardée par eux comme l'unique maîtresse de vérité [1].

Tel est, résumé à grands traits, l'enseignement qui se donnait, aux XVIIe et XVIIIe siècles, à l'Université d'Avignon et le caractère général qu'il revêtait. Les documents font défaut, qui permettraient de dire s'il répondait exactement à son objet et si les étudiants, encore nombreux, en retiraient tout le profit désirable. On a noté cependant un effort sérieux, de la part des maîtres de droit et de médecine en particulier, sinon pour initier leurs élèves aux méthodes vraiment scientifiques et pour leur donner le goût et le besoin des recherches personnelles, au moins pour faire d'eux d'honorables praticiens. Mais, il faut bien le reconnaître, à l'époque où nous sommes arrivés, on ne trouvait plus guère chez les professeurs, ni chez leurs disciples, cette belle ardeur au travail et cette soif de science qui avaient fait la gloire et la prospérité des Universités naissantes. Sans parler des étudiants de plus en plus nombreux, qui, en dépit des inscriptions obligatoires, s'abstenaient de fréquenter les cours, ceux mêmes qui suivaient régulièrement les leçons quotidiennes de l'Université s'attachaient de moins en moins à des maîtres qui s'intéressaient peu à leurs études et, en dehors des leçons, leur restaient étrangers. L'ancienne intimité si féconde qui liait le régent à l'élève avait presque cessé.

1. V. J. Marchand. *La Faculté des arts*, etc., p. 17 à 20.

Le caractère même des cours s'était profondément modifié et l'étudiant y jouait un rôle moins actif. Les *repetitiones* avaient disparu. Les *quæstiones* ou *disputationes* étaient tombées en désuétude. Déjà, les statuts de 1503 constataient qu'on n'en faisait plus guère et désespérant d'être obéis s'ils essayaient d'en rendre l'usage obligatoire, se bornaient à le conseiller [1]. Comme il était à prévoir, ces recommandations ne furent pas écoutées. Même on ne suivit jamais, à Avignon, la coutume en vigueur à Paris par exemple, de prolonger la durée de la leçon magistrale d'une demi-heure réservée aux interrogations. L'étudiant se bornait donc à écrire sous la dictée du maître le cours que celui-ci lisait et c'est sans doute d'une façon brève et rapide qu'étaient donnés les éclaircissements et les commentaires qu'il pouvait solliciter. Au reste l'enseignement n'était-il pas conçu de telle sorte qu'au lieu de provoquer les objections et les doutes, le professeur s'efforçât d'y faire par avance des réponses captieuses, sinon péremptoires?

Les cours étaient-ils toujours terminés en temps utile et les professeurs, donnant à leurs élèves le salutaire exemple de l'assiduité, montaient-ils toujours très régulièrement dans leur chaire aux jours et heures déterminés? Les documents ne nous renseignent pas ici d'une façon précise, mais aux objurgations sévères et pressantes que le primicier adresse maintes fois à ses collègues [2], on peut deviner un peu de laisser-aller. Certes les régents furent nombreux, aux XVIIe et XVIIIe siècles, qui ne ménagèrent ni leur temps, ni leurs peines pour maintenir à l'Université d'Avignon quelque chose de cette

---

1. Statuts de 1503, art. 17.
2. Délib. du Coll. des docteurs des 1er déc. 1603, 5 juin 1610, 3 juin 1610, 16 juin 1682, 11 nov. 1722, 10 mars 1774, etc. A. V. D 20 fos 1 et 23; D 31 fo 110 et 138; D 33, fo 67; D 35, fo 75.

antique renommée dont le souvenir était son orgueil; et plus d'un docteur, pour retenir autour de sa chaire les étudiants que lui disputaient de tenaces rivaux, s'imposa bravement un supplément de fatigue ou même, quand les ressources du Collège ne suffirent pas à rétribuer tous les maîtres, consentit à enseigner gratuitement[1]. Mais ce ne fut là que l'exception. Et combien d'autres professeurs découragés par l'inutilité de leurs efforts, ou absorbés par d'autres travaux, ou enfin arrivés presque au terme de leur charge, négligèrent par anticipation les devoirs qu'elle leur imposait[2]?

L'Université elle-même ou le Collège des juristes qui la dirigeait fut-il à l'abri de tout reproche, quand, par exemple, il laissa vaquer pendant des semaines et des mois telle régence qu'on pourrait citer ou quand, pour subvenir à des procès aussi ruineux que stériles, il supprima ou suspendit pendant une ou plusieurs années tel ou tel enseignement[3]? N'aurait-il pas dû plutôt employer toutes ses ressources à multiplier les chaires et à prolonger les études juridiques ou médicales dont la durée, dès 1682, paraissait insuffisante à tant de bons esprits? Ne fallait-il pas enfin, — sans parler du régime des examens dont il sera question tout à l'heure, — essayer au moins de détruire ce fléau des attestations d'études délivrées par complaisance, contre lequel on fulminait de temps en temps, mais qu'on ne combattit jamais de façon sérieuse et efficace[4]?

---

1. Délib. du Coll. des docteurs des 26 juin 1663, 27 avril 1667, 23 mars 1673. A. V. D 30, f⁰ˢ 162, 197, 270. V. également des délibérations conférant le titre de comte aux lois à MM. Crozet, Garcin, Gilles de Benoît, Teste, Vernéty, Levieux de Laverne, etc. A. V. D 30, f⁰ 237; D 32, f⁰ˢ 127, 136; D 33, f⁰ˢ 12, 102; D 34, f⁰ 148; D 35, f⁰ˢ 121 et 351.
2. Délib. du 16 mars 1686. A. V. D 31, f⁰ 187.
3. Délib. des 23 juill. 1618, 13 oct. 1662. A. V. D 30, f⁰ˢ 4 et 158.
4. Délib. du 22 avril 1690. A. V. D 32, f⁰ 128.

En 1774, au lendemain, il est vrai, d'une crise où l'Université avait pu craindre de voir sombrer, avec ses privilèges, tout ce qui dans le passé avait fait sa force et sa grandeur, un primicier clairvoyant, M. de Poulle, dévoilait sans faiblesse les vices des mœurs universitaires, les classes languissantes et souvent abandonnées des maîtres, les certificats de présence délivrés à des élèves presque toujours absents, le crédit des diplômes compromis, et faisant appel aux glorieux souvenirs qui devaient remplir tous les membres de la corporation d'une émulation salutaire, il exhortait les régents de toutes les Facultés à plus de labeur et d'efforts. M. de Poulle fut sans doute écouté avec beaucoup d'attention et de respect et plus d'un professeur dut, à son appel, faire son examen de conscience et se promettre de suivre de si judicieux avis. Mais ces sages résolutions ne s'envolèrent-elles pas aussitôt, comme tant d'autres, et d'ailleurs suffisait-il des bonnes volontés particulières pour remédier à tant d'abus?

CHAPITRE III

LE RÉGIME DES EXAMENS

Les examens à l'origine de l'Université. — Coutumes et cérémonial. — La durée des études. — La question des tarifs. — Variations successives des taxes imposées aux gradués. — Le régime moderne. — Modifications apportées dans la forme des examens et la nature des épreuves. — L'édit de 1679 sur l'enseignement du Droit. — L'édit de 1707 sur l'enseignement et l'exercice de la Médecine. — Inexécution des règlements. — Abus multipliés qui en résultent. — Avilissement des diplômes.

Les différents statuts universitaires, si sobres de détails sur l'organisation des études, sont plus explicites au sujet des examens. Toutefois ce qu'ils s'attachent à réglementer, c'est moins la nature que la forme des épreuves. Sur les conditions que doivent remplir les candidats, sur leur présentation au primicier ou à l'évêque, sur la manière dont les « points » doivent être « assignés » ou « rendus », sur les visites à faire, les festins à offrir, les serments à prêter, les droits à consigner, sur la manière enfin dont la Faculté doit délibérer et voter après l'examen, les législateurs successifs de l'Université se sont tous montrés également prolixes et minutieux : sur le fond même et le programme de l'examen comme sur le degré de capacité exigible, ils s'en sont trop souvent remis au hasard des circonstances ou à l'indulgente sagacité des jurys. A leurs yeux, évidemment, les réponses des candidats ne devaient être qu'un élément d'appréciation et non peut-être le plus décisif.

Les règlements les plus anciens, — ceux qui du XIVe au XVIe siècle régirent l'Université, — sont particulièrement destinés aux juristes; à peine les autres Facultés y sont-elles une ou deux fois mentionnées [1]. Mais il est clair que leurs dispositions générales s'appliquaient par extension aux médecins, aux théologiens et aux artistes. Pour être gradué dans l'une quelconque des Facultés il fallait être de naissance libre et légitime [2], jouir d'une bonne réputation [3], ne pas avoir commis de délit, surtout contre un docteur [4], faire profession de la foi catholique. Avant d'être admis à subir les épreuves, tout candidat devait prêter serment d'obéissance aux statuts de l'Université, rendre visite aux docteurs, acquitter certains droits fort différents suivant le grade ou la Faculté et dont le tarif fut maintes fois modifié, enfin être présenté par le docteur dont il avait suivi les cours pendant un temps déterminé et qui servait devant les juges de caution ou de répondant.

Il est remarquable assurément qu'aucune condition d'âge n'ait été, à l'origine, imposée aux candidats [5], ni même

---

1. V., par exemple, les statuts de 1407, art. 11. Cf. Statuts de 1503, art. 27.
2. Statuts de 1503, art. 12.
3. Statuts de 1407, art. 11. Qualiter inhonesti vel diffamati non sunt ad examen aut gradum aliquem admittendi. — De même ceux qui étaient accusés de quelque crime, « de gravi crimine notabiliter diffamati » ne devaient pas être admis à subir les examens, avant d'avoir prouvé leur innocence. (Statuts de 1503, art. 27 s'appliquant à toutes les Facultés.)
4. Statuts de 1503, art. 28. Toute offense commise par un écolier à l'encontre d'un docteur de la Faculté de théologie, de droit canon ou civil ou de médecine, régent ou non régent, dans sa personne ou dans ses biens, en paroles ou en acte, directement ou indirectement, en public ou en particulier, devait être punie d'une peine exemplaire, à appliquer par l'archevêque, le vicaire, l'official ou un autre conservateur de l'Université et consistant en refus, rejet ou ajournement dans l'attribution des grades.
5. Les statuts de 1303, art. 12 et ceux de 1407, art. 6, disposent qu'à l'examen des mœurs, le primicier interrogera le candidat sur son âge (quot annorum sit); mais ils n'indiquent pas l'âge minimum exigé des candidats à chacun des grades.

aux écoliers, comme garantie de la maturité de leur esprit et que, sauf en ce qui concerne la médecine et depuis 1707 seulement, on n'ait pas exigé la preuve que par des études préparatoires et générales, ils s'étaient rendus capables de profiter réellement de l'enseignement des Facultés. Même à l'époque où, sous l'influence des collèges de Jésuites ou à leur exemple, les humanités étaient restaurées à Avignon comme dans tout le royaume, nul lien ne s'établit entre les différents ordres d'enseignement. Et c'est là certainement une des causes de la stérilité des Facultés juridique ou médicale et de l'insignifiance des grades qu'elles décernaient.

Ajoutons cependant qu'aux xviie et xviiie siècles, les examens ont perdu, en partie du moins, ce caractère solennel et religieux qu'ils avaient revêtu dans les Universités du moyen âge, que si les études ne sont pas plus fortes, ni les candidats plus instruits, on se place pourtant, pour les juger, à un point de vue plus strictement scientifique, ou si l'on veut, professionnel; que le grade tend de plus en plus à devenir la sanction d'études régulièrement poursuivies; que la pompe et l'apparat autrefois déployés dans sa collation font place à plus de simplicité et que la religion, sans en être complètement bannie, n'y occupe plus une aussi grande place. Les grades comme l'enseignement tendent à se séculariser. De ce fait on trouve la preuve dans le nouveau régime des examens et dans la rédaction même des diplômes [1].

Au sujet des examens, comme au sujet des études, c'est sur la Faculté de droit que nous sommes le mieux renseignés. Toutefois, même pour cette Faculté, la réglementation resta

---

[1] On ne reviendra pas ici sur ce qui a été dit (p. 66 et 92) sur le rôle respectif du chancelier et du primicier dans la délivrance des diplômes et sur la rédaction même de ces documents. Il suffit de rappeler que les grades deviennent de plus en plus la constatation du savoir professionnel, au lieu d'être un acte de la juridiction gracieuse de l'autorité ecclésiastique.

longtemps rudimentaire, l'usage, auquel on s'en rapportait volontiers, tenant lieu de prescriptions plus étendues. Les statuts de 1303, par exemple, ne règlent guère que deux points : les formes de l'examen du doctorat et les droits à payer au bedeau. Rien sur la licence, ni sur le baccalauréat qui est à peine mentionné [1]. On sait d'ailleurs qu'à cette époque licence et doctorat se confondaient. Le bachelier qui voulait être doctoré devait donc être présenté par son professeur au primicier qui, en présence des docteurs, l'interrogeait sur son âge, sa naissance, la durée de ses études ; il lui demandait aussi s'il avait lu pendant cinq ans et possédait les livres nécessaires. Procès-verbal était dressé de cet interrogatoire et s'il était favorable au candidat, celui-ci se présentait à l'évêque ou au prévôt de la métropole, accompagné du docteur sous lequel il devait être licencié. L'évêque autorisait l'examen privé, lequel avait lieu, un matin, à l'église Saint-Symphorien, en présence de tous les docteurs. Il consistait dans la reddition des points précédemment assignés au candidat. Chaque docteur pouvait proposer à celui-ci deux arguments ou deux questions. Immédiatement après la clôture des épreuves, les docteurs votaient, en l'absence du candidat et de son professeur ; la majorité décidait de l'admission ou de l'ajournement [2]. Le bedeau, qui assistait à l'examen privé, recevait du candidat un habit neuf ou une somme équivalente. Quant à l'examen public qui, à proprement parler, conférait le doctorat, c'était une cérémonie d'apparat destinée à prouver que le candidat possédait bien la « faconde » nécessaire chez les professeurs [3]. Le candidat y prononçait en effet un discours

---

1. Statuts de 1303, art. 20.
2. *Ib.*, art. 12, 13 et 14.
3. *Ib.*, art. 11. Tales solennitates nullo modo obmittantur, ut facundia, quae debet esse in doctoribus, cognoscatur.

« plein d'agrément »; après quoi son maître lui donnait le baiser de paix, la bénédiction, et lui remettait le bonnet, insigne de sa nouvelle dignité; enfin, muni du livre qui représentait la science, le nouveau docteur montait dans la chaire, où il avait désormais le droit d'enseigner.

Les statuts de 1407 et ceux de 1303 complétèrent ceux de 1303. Les premiers, plus spécialement destinés à réglementer les examens, décidèrent qu'il faudrait, suivant l'usage, avoir étudié pendant quatre ans pour être promu bachelier et un an de plus pour être admis à la licence [1]. Ils précisèrent les conditions dans lesquelles devaient avoir lieu l'examen des mœurs [2], formalité préalable essentielle, les visites aux membres de la Faculté, au cours desquelles le candidat ne devait pas se faire accompagner de plus de vingt personnes [3], la présentation à l'évêque devant qui le futur bachelier devait paraître « humble et soumis [4] », enfin l'assignation des points à laquelle devaient assister quatre docteurs au moins, s'il s'en trouvait en ville un pareil nombre [5]. Ils s'efforcèrent de prévenir toute fraude et toute surprise et se préoccupèrent de restreindre les dépenses excessives et les fêtes parfois scanda-

1. Statuts de 1407, art. 2. Pour être bachelier en droit canon ou civil, il faudra être dans sa cinquième ou au moins dans sa quatrième année d'études. — Art. 4. Pour être admis à la licence, il faudra avoir étudié pendant cinq ans ou tout au moins être dans sa cinquième année et avoir accompli la plus grande partie de celle-ci. Quant aux étudiants venant d'autres Facultés, il leur suffisait d'avoir étudié un an dans la Faculté où ils voulaient être gradués, s'ils visaient au baccalauréat, trois ans, s'ils aspiraient à la licence.

2. Ib., art. 5 et 6. Le candidat se présentera au primicier avec son docteur et quelques amis et compagnons (cum veris familiaribus et sociis). Le primicier lui assignera un jour pour l'examen, après l'heure doctorale, et un lieu convenable, voisin de la rue où les docteurs ont coutume de lire, afin que les docteurs lisant puissent plus facilement s'y rendre et procéder à l'examen avec le primicier.

3. Ib., art. 10.

4. Ib., art. 8 : cum magna humilitate, cum humili et depressa voce.

5. Ib., art. 16.

leuses auxquelles les futurs docteurs se laissaient entraîner [1].

La réforme de 1503 marqua un progrès dans cette voie. Sur les formes mêmes de l'examen, elle ne fait guère que répét les prescriptions déjà en vigueur, mais en les précisant et en les commentant; elle insiste particulièrement sur l'assignation des points [2], sur les cérémonies qui précèdent ou accompagnent la remise des insignes doctoraux [3], sur les conditions de dignité et de moralité que les candidats doivent remplir [4]. Elle innove sur un point essentiel : la durée des études. Désormais, pour être bachelier, il suffira d'avoir étudié pendant trois ans et commencé sa quatrième année; le candidat aura à prouver d'ailleurs qu'il a entendu « en entier et complètement » les livres prescrits [5]. Pour la licence, suite naturelle du baccalauréat, on sait que l'usage ancien n'était pas d'exiger des études beaucoup plus longues, mais seulement des épreuves particulières. Les statuts de 1503 décidèrent donc qu'après ses trois ans de lecture, le candidat à la licence devrait faire une répétition publique, sauf dispense à accorder par le chancelier, du consentement du primicier et des docteurs, à ceux que la noblesse de leur naissance recommanderait spécialement ou qui posséderaient une haute dignité ecclésiastique [6].

Cette législation resta en vigueur pendant près de deux siècles. Il serait superflu d'insister sur ses défauts et ses

---

1. Statuts de 1407, art. 10. Tant que le résultat de l'examen sera douteux, le candidat ne devra avoir avec lui dans sa visite aux docteurs ou à l'évêque, tant à l'aller et au retour, que six compagnons ou au plus douze. Il devra s'abstenir de tout luxe et de beuveries exagérées, « potu generali et aliis pompis. » Après son admission, son cortège n'est pas limité, mais il doit s'abstenir d'excès de boissons et n'amener avec lui ni femmes, ni mimes (art. 3).
2. Ib., art. 29 et 30.
3. Ib., art. 38.
4. Ib., art. 27.
5. Ib., art. 18.
6. Ib., art. 22.

lacunes. Elle ne distinguait pas suffisamment entre les différents grades; la matière de l'examen n'était pas assez nettement délimitée; le cérémonial et l'apparat jouaient encore un trop grand rôle dans ces épreuves; le candidat pouvait y briller; on n'y acquérait pas la certitude qu'il était réellement instruit. Au surplus, dans les gradués on voyait surtout de futurs professeurs : on leur demandait donc avant tout de posséder les qualités nécessaires à ceux qui enseignent.

L'édit de Louis XIV, d'avril 1679, bientôt mis en vigueur à Avignon, s'inspirait de tout autres idées. Les études de droit étant de plus en plus abandonnées par les ecclésiastiques pour les études de théologie, le gouvernement royal se préoccupait surtout de former, dans ses Universités juridiques, des praticiens du droit, avocats, juges et conseillers. Les épreuves comme l'enseignement prirent donc un caractère plus strictement professionnel et furent réglementées avec plus de rigueur. Pour des raisons sur lesquelles il n'y a pas lieu de revenir, l'Université d'Avignon s'appropria l'ordonnance du roi de France et le régime de ses examens se trouva du coup profondément modifié. Le règlement de 1679 [1], approuvé par le vice-légat et par l'archevêque, Hyacinthe Libelli, est muet sur les cérémonies prescrites par les statuts antérieurs et dont la plupart persistèrent plus ou moins modifiées; mais la durée des études fut fort réduite. Il suffit de deux ans pour devenir bachelier, de trois ans pour obtenir la licence, de quatre pour être admis au doctorat [2]. L'examen du baccalauréat consistait en un acte public ou thèse, dont la soutenance devait durer deux heures; pour la licence, deuxième acte public d'une durée de trois heures et interrogations sur le droit canon et le droit civil, y compris le droit français. Enfin, nouvelles

1. A. V. D 12.
2. Statuts de 1679, art. 1, 5 et 6.

épreuves de même nature pour le doctorat, avec cette différence que l'examen ou acte public devait durer au moins quatre heures. Un règlement ultérieur fixa d'abord à dix-huit, puis dix-sept ans l'âge auquel les études de droit pourraient être commencées. Les étudiants âgés de vingt-sept ans révolus n'étaient pas astreints aux « interstices », c'est-à-dire aux intervalles que le règlement prescrivait d'observer entre les divers examens; ils pouvaient passer ces examens de trois en trois mois; aux étrangers, aucune condition d'âge ou de stage n'était imposée [1]. Les ecclésiastiques candidats aux grades en droit canonique étaient dispensés des épreuves de droit civil [2].

Telles furent les dispositions successivement mises en usage à la Faculté de droit. Dans les autres facultés on suivit longtemps des traditions dont la trace ne nous est pas parvenue. Les statuts du XIVe et XVe siècles, ceux même de 1503 se bornent à ratifier ces traditions sans les préciser : on n'y trouve que peu de détails à glaner [3].

Les statuts que la Faculté de médecine reçut en 1577 ne sont pas beaucoup plus instructifs. Ils stipulent simplement que six docteurs agrégés, y compris le promoteur, choisis par ordre d'ancienneté, assisteront aux examens de licence et de doctorat [4]; ils règlent, en outre, les émoluments des juges, quatre écus d'or au soleil pour le promoteur, deux écus pour les autres

---

1. A. V, D 12. — Ce privilège fut bientôt étendu aux étudiants âgés de vingt-cinq ans révolus.
2. Règl. de 1679, art. 7.
3. Statuts de 1407, art. 6. L'examen des mœurs aura lieu en présence des professeurs de la Faculté intéressée seulement. — Art. 11. Aucun candidat mal famé ne pourra être admis à la licence en droit ou en médecine. — Stat. de 1503, art. 22. Dans les facultés de théologie et de médecine, on suivra les usages accoutumés.
4. Statuts de la Faculté de médecine de 1577, art. 1. Cf. Laval, *Histoire de la Faculté de médecine d'Avignon*, p. 67.

agrégés [1]. Et c'est en 1707 seulement qu'on arrive à une réglementation plus complète. A cette époque, l'Université d'Avignon, s'appropriant la célèbre ordonnance de Louis XIV sur l'enseignement médical, impose aux gradués trois années d'études. A la fin de chaque année scolaire, les étudiants subiront un examen sur les matières qui leur auront été enseignées ; l'examen de troisième année portera sur l'ensemble des cours et se complétera par une épreuve spéciale d'une durée de trois heures : après quoi l'étudiant deviendra bachelier. Il pourra, trois mois plus tard, obtenir la licence, après une nouvelle épreuve d'une durée de quatre heures; enfin, un dernier examen qu'il pourra subir sans délai et qui ne durera pas moins de cinq heures, lui conférera le doctorat [2]. Comme pour les examens de droit, dispense de tout stage était accordée aux étudiants étrangers, mais les grades ainsi acquis ne permettaient d'exercer la médecine ni à Avignon, ni dans le royaume [3].

Les statuts de la Faculté de théologie, rédigés en 1605, se préoccupent surtout de maintenir l'ordre et la discipline dans ce corps et la concorde parmi ses membres. Ils renferment cependant un certain nombre de dispositions concernant les examens. Une enquête préalable porte tout d'abord sur les mœurs du candidat et sur sa foi; son savoir ne vient qu'au second rang; néanmoins s'il est des écoliers inintelligents, disent les statuts, on ne les admettra à aucun prix, les futurs théologiens devant être très savants en haute littérature [4]. Au surplus, pour éviter toute cause d'erreur, les candidats au baccalauréat ne pourront disputer en public, sans que

1. Statuts de 1577, art. 3.
2. Édit de 1707, art. 9 et 11.
3. Ib., art. 17.
4. Statuts de 1605. Art. 5

le doyen et régent de la Faculté se soit assuré, par un examen préalable, que leurs conclusions ne contiennent rien de contraire à la foi, aux décisions des conciles et à la doctrine des Pères [1]. C'est là la seule allusion faite au baccalauréat en théologie. Quant à la licence, au doctorat et à la maîtrise, ils ne donnent visiblement lieu qu'à un examen composé de deux parties : la tentative ou majeure ordinaire, et la soutenance des principes. La première de ces épreuves, qui durait tout un après-midi, consistait en une longue discussion contradictoire dont la matière n'était pas déterminée; la seconde, appelée aussi examen rigoureux, était beaucoup plus solennelle, bien qu'elle ne fut pas publique. Le candidat y discutait les points ou principes qui lui avaient été assignés la veille et qui étaient tirés des quatre livres du Maître des sentences, Pierre Lombard. Le statut prescrivait que ces principes, au nombre de quatre, fussent confirmés et développés, en présence des maîtres, par des raisons multiples et variées tirées de l'Écriture Sainte, et cela de trimestre en trimestre [2]. En fait, les points se réduisaient à deux et étaient soutenus consécutivement le même jour. Deux maîtres en théologie devaient disputer avec le candidat; l'épreuve durait deux ou trois heures. Le vote suivait et s'il était affirmatif, on ouvrait au public les portes de l'auditoire. Alors le promoteur prononçait un discours à la louange du récipiendaire, remettait à celui-ci le livre ouvert, après l'avoir fait monter dans sa chaire, le coiffait du bonnet carré, le proclamait docteur en théologie, au nom du Père, du Fils et du Saint-Esprit et lui passait l'anneau au doigt « comme l'époux à l'épouse. » Enfin il lui donnait le baiser de paix et la bénédiction. A son tour, le lauréat rendait grâces à Dieu,

1. Statuts de 1603, art. 7.
2. *Ib.*, art. 6, 8, 10 et 16.

aux anges, au chancelier, au primicier, au doyen, à son promoteur, à ses juges et aux autres maîtres et tous ensemble allaient remercier la Vierge, en grande pompe et cérémonie [1].

Les examens de la Faculté des arts rappelaient, au moins dans la forme, ceux de la Faculté de théologie. Pour aucun d'eux, on n'exigeait un temps de scolarité déterminé. C'est seulement au XVIIIe siècle que fut imposée aux futurs maîtres ès-arts l'obligation de justifier de deux années d'études philosophiques [2]; on vient de voir que les théologiens ne furent jamais astreints à des justifications de ce genre. Comme celui de la licence en théologie, l'examen de la maîtrise ès arts consistait généralement dans la soutenance de deux « points » assignés à l'avance et choisis dans les œuvres d'Aristote ou extraits de tel autre livre de philosophie étudié par le candidat. Les thèses solennelles prévues, mais non imposées par les règlements ne furent jamais que l'exception : c'était un moyen de briller réservé à l'élite de la jeunesse des collèges [3].

Les statuts de 1675 prévoient deux examens : le baccalauréat et la maîtrise, mais ils ne règlementent guère que celle-ci ; l'usage s'établit au XVIIIe siècle, de donner le baccalauréat après un an de philosophie. Baccalauréat et licence devaient d'ailleurs être subis devant le même jury, où siégeaient le primicier, le régent de philosophie et aussi les régents des lois ou celui de médecine, quand le primicier l'y déléguait. Le petit nombre des maîtres ès arts agrégés autorisait cette dérogation à la règle générale, qui réservait à chaque faculté le monopole de la collation de ses grades. On sait d'ailleurs que les douze plus anciens agrégés ès lois étaient réputés agrégés nés à la Faculté des arts.

1. Statuts de 1603, art. 16, 17, 18, 19, 20 et 21.
2. Édit du roi de France de mars 1707 déclaré par le primicier applicable dans l'Université d'Avignon. A. V. D 32, f° 231.
3. Statuts de 1675. Art. 5, 11, 18, 32, 35.

A l'origine, la collation des grades était gratuite. Seul le bedeau recevait un salaire pour ses peines et soins matériels [1] ou pour les lettres testimoniales [2]. Ce régime ne fut pas de longue durée. Dès 1376, on oblige les bacheliers en droit civil ou canon à verser deux florins pour l'achat d'une cloche [3]. En 1389, le principe d'émoluments dûs au primicier, aux lecteurs ordinaires et extraordinaires et aux douze plus anciens docteurs du Collège est déjà admis en ce qui concerne ces mêmes bacheliers [4]. En 1441, on dresse un tarif applicable non seulement au baccalauréat, mais encore au doctorat et à la licence. En outre des personnes indiquées dans le statut de 1389, le chancelier, les docteurs présents à l'examen, le promoteur, sont maintenant admis à participer aux droits ; un versement est également fait à la masse de l'Université [5]. Et depuis

---

1. Statuts de 1303, art. 20 et 21. Le bedeau recevra des bacheliers, pour assistance à l'examen privé, un habit ou une somme équivalente (unam vestem bonam vel pecuniam taliter quod sit bene contentus); les docteurs lui donneront une veste et un pardessus fourrés. — Statuts de 1376, art. 4 et 5. Le bachelier examiné pour la licence paiera 1 florin de Florence entre les mains du bedeau; pour le doctorat, on paiera au même, deux florins. Le bedeau pourra retenir en gage les livres du candidat.

2. Statuts de 1376, art. 7. Ceux qui voudront avoir des lettres testimoniales scellées du sceau de l'Université pour un usage quelconque devront verser 12 sous au primicier.

3. Statuts de 1376, art. 6. Pour le baccalauréat en droit canon ou civil, il faudra verser 2 florins destinés à l'achat d'une cloche.

4. Statuts de 1389. Item statuimus quod in posterum omnes doctores juris canonici et civilis ordinarii et extraordinarii actu legentes et duodecim doctores de antiquioribus receptis in eodem collegio, una cum primicerio percipere debeant jura consueta baccalariorum in privato examine approbatorum. Et si contigerit quod aliquis vel aliqui de praedictis praesentent aliquem baccalarium in examine privato, statuimus ac etiam ordinamus quod numerus praefatus impleatur de antiquioribus doctoribus in eodem collegio receptis, extra numerum praedictorum jura dicta recipientium.

5. Statuts de 1441, art. 15. Les bacheliers aspirant à la licence paieront à l'Université, 2 florins ; à chaque docteur présent à l'examen, 1 ducat; au chancelier, au primicier et au docteur présentant, outre ce ducat, 2 florins. — Art. 16. Pour le doctorat ou l'agrégation on paiera 1 fr. à l'Université; à chaque

lors le tarif ne cesse de s'élever. En 1503, on le juge excessif et on le réduit : il en coûtera, seulement, décide-t-on, six florins pour être bachelier, vingt écus et six florins pour être admis à la licence, trente écus pour obtenir le doctorat. Les nouveaux docteurs doivent, en outre, à leurs collègues une barrette d'écarlate et un repas, où l'Université entière doit figurer, mais dont ils peuvent se dispenser en payant un écu à chaque docteur. D'ailleurs une réduction est faite aux candidats qui prennent en même temps la licence et le doctorat [1].

Les tarifs varièrent à plusieurs reprises, au cours des XVIIe et XVIIIe siècles, mais ils restèrent toujours fort élevés ; du reste, les droits d'inscription institués en 1701, se confondirent avec les droits d'examens. Il en coûtait, en 1698, seize écus de trois livres pour être bachelier en l'un ou l'autre droit,

docteur, à la place du repas, 1 ducat et 2 au primicier ; au docteur doctorant, 25 ducats ; au vicaire du chancelier, 15 ducats ; au bedeau de l'Université, 10 ducats. — Art. 17. Le candidat au grade de bachelier en droit canon ou civil paiera 2 florins au primicier pour l'Université, à moins qu'il ne soit trop pauvre ou que ses mérites ne puissent l'en faire dispenser ; et à son docteur il paiera un florin.

1. Statuts de 1503, art. 39. Les droits précédemment fixés paraissant excessifs surtout pour les pauvres et en ce qui concerne le vice-chancelier, le docteur doctorant et le bedeau, le chancelier, de l'avis et consentement du primicier et Collège des docteurs, les réduisit et arrêta comme suit : pour la licence, au chancelier, 1 écu ; au vice-chancelier, 2 écus ; au primicier, 2 écus ; au docteur présentant, 2 écus ; à l'Université, 1 écu ; aux douze docteurs anciens, en dehors des précédents, 1 écu à chacun ; au bedeau, 5 florins ; au clerc du petit Palais, 1 florin. Pour le doctorat : au chancelier pour le sceau des lettres, 1 écu ; au vice-chancelier, 8 écus ; au docteur-promoteur, 12 écus ; au bedeau, 5 écus (ces trois derniers touchaient respectivement, avant ce statut, 15, 25 et 10 écus) ; au primicier, 2 écus ; à l'Université, 2 écus. A chaque docteur une barrette doublée d'écarlate et le repas ou, au lieu du repas, 1 écu. On faisait une réduction en faveur des candidats de passage (transeuntes) qui précédemment évitaient de prendre leurs grades à Avignon, à cause de la cherté excessive des diplômes. Pour la licence et le doctorat pris ensemble, cette catégorie de candidats dut payer seulement : au chancelier, 4 écus ; au primicier, 2 écus ; au docteur doctorant, 6 écus ; au bedeau, 3 écus ; à chacun des douze anciens, 1 écu (*Ibid.*, art. 10).

trente écus pour obtenir la licence, cinquante-quatre écus et trente-six sous pour le doctorat. En 1700, les droits du régent des Institutes et ceux du régent de droit français, fixés à un écu pour chaque professeur, vinrent s'ajouter encore à ce tarif [1].

La Faculté de médecine, dont les membres étaient beaucoup moins nombreux que ceux de la Faculté de droit, exi-

1. Délib. du collège des docteurs du 16 juillet 1698. Les droits afférents au baccalauréat sont fixés à 16 écus de trois livres savoir : au primicier, 2 écus; à chacun des quatre régents, 1 écu ; au régent institutaire, 1 écu; au promoteur ou cathédrant, 3 écus; à chacun des argumentants, 30 sols, soit en tout, 1 écu ; à la masse de l'Université, 2 écus; au secrétaire bedeau, 3 écus. Par délibération du 20 sept. 1699, ces droits furent augmentés de 20 sous pour la préparation de la salle et portés en conséquence à 16 écus 20 sols. Les droits de licence furent taxés à 30 écus de trois livres savoir : au chancelier, 3 écus; au primicier, 1 écu 30 sols; à chacun des quatre régents, 1 écu ; au régent institutaire, 1 écu ; au promoteur ou cathédrant, 3 écus; à chacun des douze plus anciens agrégés, 30 sous, soit en tout, 6 écus; aux argumentants, trente sous, soit en tout 1 écu; aux jeunes docteurs, à se partager, 5 écus; à la masse de l'Université, 2 écus; au bedeau, 3 écus; à l'imprimeur, 15 sous; pour préparer la salle, 15 sous. Le 21 février 1700 ces droits furent augmentés d'un écu en faveur du régent de droit français et portés en conséquence à 31 écus. Le degré de doctorat fut taxé, suivant la coutume, à 53 écus 36 sous savoir : au chancelier, 6 écus ; au primicier, 2 écus 40 sous; aux quatre régents, à se partager, 9 écus 20 sous; au promoteur, 4 écus; au présentateur, 1 écu; aux six docteurs jeunes tenus d'assister à l'assignation des points et à la dation du bonnet, 10 sous chacun soit un écu; aux douze plus anciens docteurs, 1 écu chacun; aux docteurs jeunes à se partager, 9 écus; aux deux argumentants, 30 sous, soit un écu; au bedeau et secrétaire pour ses droits et pour les lettres, 5 écus ; à l'imprimeur, 15 sous ; à la masse de l'Université, 1 écu 21 sous; au sacristain de Notre-Dame, pour le cierge, 5 sous ; aux estaffiers de l'archevêque, 30 sous; au suisse, 5 sous; au secrétaire qui lit les lettres d'autorisation, 15 sous; au valet du primicier, 5 sous. Le 1er juin 1699, ces droits furent augmentés d'un écu pour le régent institutaire perpétuel et le 21 février 1700, d'un écu pour le régent de droit français. Ils s'élevèrent ainsi à 55 écus 36 sous. Moyennant ces droits, les régents et secrétaire étaient tenus de recevoir les inscriptions et matricules, faire les examens, assister aux actes, donner les attestations d'études, expédier les lettres, apposer le sceau de l'Université aux attestations. Les fils de docteurs agrégés versaient seulement les demi-droits de baccalauréat et de licence. (A. V. D 32, f° 113, art. 111, 130, 132, 112.)

geait beaucoup moins de ses gradués. Un bachelier n'y payait guère que trente livres et quinze sous, un licencié ou un docteur, cent-dix livres dix sous; mais les médecins demeurés intransigeants sur le chapitre du repas, continuèrent à l'exiger de leurs jeunes confrères, même quand ceux-ci arguaient de leur indigence pour s'en dispenser. A la même époque cependant, les juristes ne recevaient qu'une boîte de dragées, en souvenir des festins d'autrefois [1].

1. Les droits exigés des gradués en médecine varièrent beaucoup. Les statuts de 1377 les fixaient comme suit (art. 3, 4 et 5). Doctor regens et promotor a singulis qui promoventur ad lauream quatuor aureos solatos accipito. Reliqui doctores de prædicto numero senario a singulis qui promoventur duos aureos singuli accipiunto. In absentia alicujus doctoris aggregati... qui erit de prædicto numero senario, proximus doctor aggregatus succedito et emolumenta sumito; doctores tamen infirmi pro præsentibus sunto; (sont réputés absents les docteurs qui ne se trouvent pas à Avignon, au jour fixé pour l'examen). — Ce tarif parut trop élevé et fut modifié le 6 juillet 1629. Les droits de doctorat et ceux de licence furent fixés à 110 livres 10 sous savoir : à l'archevêque chancelier, 12 l.; au primicier, 8 l. 13 s.; au régent et promoteur, 16 l. 17 s.; à chacun des cinq plus anciens docteurs, 8 l., soit 40 l.; aux docteurs jeunes, à se partager, 9 l.; à l'Université, 3 l. 15 s.; au bedeau secrétaire pour ses droits et pour les lettres de doctorat 9 l.; aux clercs du palais ou estaffiers, 30 s.; au secrétaire de l'archevêque qui lit l'autorisation de promouvoir, 15 s.; à l'imprimeur de l'Université, 15 s.; au sacristain de l'église métropolitaine, 5 s., total 109 l.; plus pour les six docteurs qui accompagnent le régent à l'assignation des points, 1 l. 10 s. En tout 110 livres 10 s. Le tarif du baccalauréat était de 30 l. 15 s. savoir; au primicier, 6 l., au régent de médecine, 8 l.; au bedeau, 6 l. 10 s.; à l'Université, 3 l. 15 s. et pour les lettres de baccalauréat, 0 l. 10 s. — Les droits pour le doctorat et l'agrégation pris ensemble s'élevaient à 62 écus 1/2, ou en monnaie d'Avignon, à 189 l. Les fils d'agrégés payaient 53 l. 16 sous, plus un écu par agrégé jeune. Les docteurs d'Avignon qui désiraient s'agréger postérieurement à leur doctorat payaient 82 l. 10 s., plus 3 écus par agrégé jeune. Les docteurs étrangers qui voulaient s'agréger à la Faculté d'Avignon payaient le même tarif que pour le doctorat et l'agrégation réunis, sauf quelques menus frais. Le festin était exigé de tous les agrégés, même des fils de docteurs et des étrangers. — Le règlement du 19 mai 1695. (V. délib. du Collège des médecins, A. V. D. 32, f° 31) substitua à ces droits fixes des droits variables suivant le nombre des agrégés, en ce qui concerne l'agrégation. — Le 9 juin 1710, le tarif du doctorat et celui de la licence furent modifiés et fixés respectivement à 115 livres, savoir : à l'archevêque chancelier, 11 l. 13 s. 6 d.; au primicier, 8 l. 9 s. 8 d.; au premier professeur, 15 l. 12 s.; aux cinq plus anciens docteurs, 7 l. 16 s. soit 39 l.;

Quant aux membres de la Faculté de théologie, ils ne mettaient pas la collation des grades à si haut prix. Les statuts de 1605, qui reproduisent des coutumes plus anciennes, distinguent plusieurs catégories de candidats soumises à des tarifs différents : ceux qui veulent être à la fois doctorés et agrégés et sont dispensés de tous les actes, les élèves de la Compagnie de Jésus, les candidats qui ne résident pas à Avignon sont particulièrement favorisés. D'ailleurs, la somme totale à payer varie ici, comme dans les autres Facultés, suivant que le nombre des agrégés est plus ou moins grand, chacun d'eux recevant un écu d'or, tandis que le doyen en reçoit deux et le chancelier, trois. Au surplus, ce tarif ne s'applique qu'à la licence, celui du baccalauréat nous est inconnu. Ajoutons enfin que la Faculté de théologie délivrait généralement à la fois la licence et le doctorat et l'on comprendra qu'il soit à peu près impossible d'évaluer exactement les sommes payées par chaque candidat au milieu de cet inextricable enchevêtrement de tarifs [1]. Plus jalouse, au contraire, de simplicité, la Faculté des

à chacun des argumentants, 1 l., soit 3 l.; au professeur d'anatomie, 4 l. 6 s. 8 d.; aux docteurs jeunes (en tout) 8 l. 15 d.; à l'Université, 3 l. 15 s. 9 d.; au secrétaire de l'archevêque, 15 s.; aux estaffiers, 1 l. 15 s.; à l'imprimeur, 15 s.; au sacristain, 5 s.; aux six docteurs qui assistaient à l'assignation des points, 1 l. 6 s.; au secrétaire bedeau 6 l. 16 s. 6 d.; pour les lettres, 9 l.; aux valets du primicier et du premier professeur, 8 s. 8 d. — En 1713, le baccalauréat ne permettant plus l'exercice de la médecine, les droits en furent modérés à 10 l. 10 s. (au lieu de 30 l. 15 s.) savoir : au primicier 1 l. 10 s.; à l'Université, 1 l.; au régent, 2 l.; à chacun des deux argumentants, 1 l.; au régent anatomique, 10 s.: au secrétaire, 3 l. 10 s. Cf. Laval, *Hist. de la Fac. de méd.*, p. 113 et 218.

1. Statuts de 1605. Art. 26. Jura debita per doctorandum et aggregandum quando dispensatur de omnibus actibus. Au chancelier, 4 écus d'or dont un pour le prochancelier; au primicier, 2 écus; à l'Université, 6 florins; au doyen, 4 écus d'or et ce en raison de son décanat; à la Faculté, 1 écu; à chacun des docteurs agrégés, 4 écus; à chacun des examinateurs, 1 écu (en dehors de leurs autres droits); au secrétaire qui rédige les lettres, 30 sous; au clerc de palais, 30 s.; à l'imprimeur, 15 sous; au sacristain de l'église métropolitaine qui allume les cierges, 5 s. — L'art. 27 dispose que les scolastiques qui ont terminé leurs cours

arts restaurée fixa, en 1675, à quatre et à huit écus les droits exigibles respectivement des bacheliers et des maîtres [1]. Même ces droits ne tardèrent pas à lui paraître excessifs et, vingt ans plus tard, elle les réduisit de moitié [2].

Le nombre des gradués a beaucoup varié, dans chaque Faculté, suivant les époques et les circonstances. Il fut considérable, semble-t-il, aux premiers siècles de l'Université, en ce qui concerne les juristes tout au moins. Après les guerres de la Réforme et la longue crise qui en résulta, on le trouve extrêmement réduit. En 1620, par exemple, la Faculté de droit ne ... erne que quatorze grades, la Faculté de médecine, six, celle de théologie, trois ; il est fait, la même année, sept bacheliers et ... x maîtres ès arts. En 1625, il y a déjà progrès : huit gradués en théologie, neuf en médecine, seize en droit.

de théologie sous les Pères de la Société de Jésus et satisfait aux actes publics de philosophie et de théologie, bien que les anciens statuts les obligeassent à payer 5 écus à chacun des docteurs, avant d'être promus au doctorat, paieront seulement pour le doctorat simple un écu au primicier, 2 au doyen, 1 à chaque docteur, 2 au promoteur, 1 à chaque examinateur et 2 au bedeau ; les autres droits comme ci-dessus. On stipule en outre qu'en cas de besoin et pour payer les dettes de la Faculté, on pourra abonner tous les droits à 30 écus d'or. — Art. 28. Les docteurs d'une autre Faculté paieront, pour s'agréger, les mêmes droits, sauf le droit de sceau (un écu). les droits du promoteur et des examinateurs et les menues dépenses. Le docteur promu dans cette Faculté mais qui s'y agrégera plus tard paiera les droits entiers. — L'art. 31 fixe comme suit les droits de la licence : au chancelier, 3 écus d'or ; au primicier, 1 ; au doyen, 3 ; à la Faculté, 1 ; à chaque docteur, 1 ; au bedeau, 1 ; à l'Université, 6 florins.

1. Statuts de 1675, art. 32. Les droits de baccalauréat sont fixés à 4 écus, savoir : au primicier, 1 écu ; à la masse du Collège de lois, 40 sous ; à l'un des quatre régents des lois, *per turnum*, 40 sous ; au régent ordinaire de philosophie, 40 sous ; au bedeau, 1 écu. — Art. 33. La maîtrise simple est taxée à 8 écus, savoir : au chancelier, 40 sous ; au primicier, 30 ; au Collège des lois, 30 s. ; à l'un des quatre régents des lois, 20 s. ; au régent de philosophie, 20 s. ; au promoteur, 1 écu ; à l'un des trois argumentants, outre les droits ordinaires, 15 s. ; aux maîtres agrégés, en tout (à se partager également), 3 écus, 15 sous ; au secrétaire de l'Université, un écu ; au secrétaire du chancelier, 10 sous.

2. Délib. du Collège des docteurs du 7 mai 1691. A. V. D 32, f° 9.

Vingt ans plus tard, les registres accusent un accroissement plus notable encore : on distribua, en 1645, trente-huit grades pour l'un ou l'autre droit, vingt pour la théologie, onze pour la médecine [1]. Jusqu'à la réforme des études juridiques et médicales et sauf quelques années exceptionnelles, la moyenne des réceptions annuelles oscilla autour de ces chiffres : au XVIIIe siècle, ils ne furent guère dépassés que dans la Faculté de droit.

Le règlement de 1679 et ceux qui le suivirent, modifièrent sensiblement la proportion de divers grades délivrés par cette Faculté. Les degrés de baccalauréat et de licence, devenus obligatoires pour tous les candidats aux fonctions judiciaires, furent de plus en plus recherchés; le doctorat, exigé des seuls professeurs ou plutôt des futurs agrégés et qui, en outre, coûtait fort cher, fut au contraire délaissé. De 1650 à 1680, période, il est vrai, d'extraordinaire fécondité, la Faculté de droit avait fait, bon an, mal an, vingt-deux docteurs contre trente-six ou trente-sept bacheliers et un licencié seulement. A partir de 1700, le chiffre des licenciés s'élève jusqu'à égaler presque celui des bacheliers, mais le nombre des docteurs n'est plus que de quelques unités. Même peu d'années avant sa chute, quand le nombre de ses bacheliers et licenciés — qui vers le milieu du siècle n'était que de quinze à vingt par an, — s'est élevé jusqu'au double, au triple et même au quadruple, sans doute grâce à l'indulgence toute paternelle qu'on pratiquait à Avignon, l'Université admet à peine sept ou huit docteurs chaque année [2]. Et peut-être dans son aridité, cette

---

1. A. V. D 36 (Reg. des gradués de 1430 à 1651).

2. Un dépouillement relatif à trente-cinq années comprises dans la période de 1651 à 1790 nous a donné les résultats suivants : moyenne annuelle des admissions de 1615 à 1715 : baccalauréat, 30; licence, 7; doctorat, 14; de 1723 à 1761 : baccalauréat, 21; licence, 11; doctorat, 4; de 1762 à 1790 : baccalauréat, 55; licence, 45; doctorat 5. D'où une moyenne générale annuelle de 35 bacca-

courte statistique montre-t-elle dans quel esprit étaient recherchés, — déjà, — les grades universitaires. On prisait fort ceux qui ouvraient une carrière; les autres, quelque honorables qu'ils fussent, à peine une petite élite s'en souciait.

Rien de pareil à la Faculté de médecine, où le doctorat semble avoir été de plus en plus recherché. De 1511 à 1650, cette Faculté avait fait neuf cent soixante-dix gradués, soit sept par an, en moyenne; dans la deuxième moitié du XVII° siècle, elle en fit six cent quarante-neuf, soit une moyenne annuelle de treize. Cette moyenne tombe à sept de 1701 à 1750, à cinq de 1750 à 1790; dans les dix dernières années de son existence, la Faculté ne délivra en tout que quatorze diplômes. Bien que le baccalauréat, et à plus forte raison la licence, conférassent dans une certaine mesure, le droit de pratiquer la médecine, on ne se contentait généralement pas de ces grades, dont les titulaires étaient vis-à-vis des docteurs dans des conditions trop évidentes d'infériorité. Au XVII° siècle, à Avignon, on faisait environ onze docteurs par an contre trois bacheliers ou licenciés. Au contraire, après le règlement de 1707, le nombre des admissions aux trois grades fut à peu près semblable. Le baccalauréat et la licence n'étaient désormais que des examens préparatoires au doctorat et les futurs praticiens tenaient à pousser jusqu'à la conquête de ce dernier grade les études médicales, dont il était le couronnement naturel [1].

La Faculté de théologie eut au point de vue qui nous occupe,

---

lauréats, 20 licences et 8 doctorats. (A. V. D 136 à 153). Ajoutons que jusqu'à la fin de son existence, la Faculté d'Avignon délivra des grades en droit canon seul (en moyenne, cinq baccalauréats et une licence par an). Elle eut au contraire très rarement l'occasion de faire des bacheliers et des licenciés en droit civil (mêmes registres).

1. A. V. D 136 à 153. Cf. Laval, *Hist. de la Faculté de médecine d'Avignon*, App. XXV, p. 469.

comme d'ailleurs à bien d'autres égards, des destinées beaucoup plus modestes que les autres Facultés, ses aînées. La moyenne annuelle de ses gradués n'est guère que de quatorze de 1651 à 1715; elle s'élève à vingt-quatre au milieu du xviii° siècle, pour retomber à douze ou treize aux approches de la Révolution. C'est de 1720 à 1740, que les cours de cette Faculté furent le plus fréquentés; c'est aussi à cette époque qu'elle eut à délivrer le plus de grades : en 1730, par exemple elle ne fit pas moins de trente-huit bacheliers [1], dix-sept licenciés et dix-sept docteurs. Mais la décadence fut rapide, quand les séminaires eurent décidément absorbé la meilleure part des candidats aux fonctions sacerdotales. Les grades théologiques n'ouvraient plus seuls l'accès à ces fonctions; le baccalauréat autrefois recherché par tant de prêtres fut abandonné et une petite élite seulement poussa ses études jusqu'à la licence et au doctorat, qui la plupart du temps on l'a vu étaient conférés ensemble à la suite d'un seul et unique examen. Dans les dernières années de son existence, la Faculté d'Avignon délivrait encore annuellement cinq ou six licences et doctorats, elle ne faisait presque plus de bacheliers.

Quant aux grades ès arts, jusqu'à la rénovation de la Faculté, en 1675, ils ne furent délivrés que d'une façon irrégulière et intermittente [2]. Même jusqu'à l'époque où les gradués en médecine durent justifier de la maîtrise, ce diplôme fut peu recherché. A partir de 1707, au contraire, on vit

1. A. V. D 136 à 153. De 1651 à 1715, la moyenne annuelle est de 12 baccalauréats, 2 licences, 7 doctorats; de 1721 à 1761 : 15 baccalauréats, 9 licences, 9 doctorats; de 1767 à 1790, un à deux baccalauréats, 5 à 6 licences et doctorats. Sur 57 candidats au doctorat qui se présentèrent dans cette dernière période, 55 prirent à la fois ce grade et la licence.

2. Quand la Faculté des arts n'avait pas d'existence régulière, c'était un délégué du primicier qui était chargé de présider les examens des bacheliers et maîtres ès arts. Sur les difficultés auxquelles cette procédure donna lieu et le nombre des gradués, voir J. Marchand, *La Faculté des arts*, p. 6.

accourir en grand nombre à Avignon les candidats naguère si rares ; alors la Faculté des arts répara le temps perdu : au xviii° siècle, elle ne fit pas moins de quatorze à quinze cents gradués [1].

En somme, considérées comme jurys d'examens, les Facultés avignonaises ne chômèrent jamais et le chiffre total de leurs gradués de tout ordre est fort imposant. Mais les diplômes qu'elles délivraient parfois en si grand nombre étaient-ils toujours le prix d'un travail assidu, d'un savoir éprouvé? Les documents officiels ne nous renseignent guère sur ce point ; mais on sait que l'Université d'Avignon jouissait, aux xvii° et xviii° siècles, d'une réputation d'indulgence contre laquelle elle protestait quelquefois, mais dont elle se consolait facilement en voyant tant de candidats venir de toutes les provinces du royaume solliciter ses suffrages [2]. Sans doute les certificats et les diplômes s'étendent complaisamment, en leur prolixité solennelle, sur les mérites constatés des postulants, sur la faconde avec laquelle celui-ci a exposé son sujet, sur la subtilité dont un autre a fait preuve dans la discussion, sur l'unanimité qu'un troisième a recueillie dans le

---

[1]. Les registres de l'Université ne comprennent pas de rôle complet des maîtres ès arts pour les années 1674 à 1705. En 1691, le P. Barbat constate qu'il n'y a pas eu d'examen de maître ès arts depuis vingt ans. Mais on doit entendre seulement qu'il n'y avait pas eu d'examen public de ce genre à l'Université ; des thèses pour la maîtrise avaient été soutenues chez les Jésuites et chez les Prêcheurs. A partir de 1694, le nombre des candidats augmente sensiblement : il est de quatre par an de 1706 à 1721, époque où la peste vint interrompre les études ; il s'élève ensuite très rapidement et atteint pour l'ensemble du xviii° siècle, une moyenne de vingt à vingt-deux par an. A. V. D 110 à 154, *passim*,

[2]. Ass. du Collège des docteurs du 26 juin 1682. Le primicier après avoir insisté sur l'urgence qu'il y a d'observer les nouveaux règlements dressés pour les Universités françaises, ajoute que « s'il n'y a pas tant de docteurs que par le passé, cela ne redondera pas au préjudice de l'Université et de la Faculté qui se trouve en quelque sorte avilie par la facilité d'avoir le degré. » A. V. D 31, f° 138.

vote définitif. Mais sans nous demander même si les épreuves ordinaires — parfois si superficielles et si puériles, — étaient en réalité bien probantes, il est bien des raisons de ne point souscrire aveuglément à ces éloges trop académiques. La première, c'est assurément le nombre infime des échecs ou plutôt des ajournements. Ajoutons-y les objurgations répétées des primiciers à l'encontre des promoteurs indiscrets et des examinateurs trop débonnaires et cette constatation deux fois renouvelée à un siècle de distance que, faute d'une sévérité suffisante, les grades ne cessent de s'avilir [1].

Le règlement de 1679 pour le droit, celui de 1707 pour la médecine introduisirent par voie de conséquence dans les examens des modifications à peu près semblables à celles qu'elles opérèrent dans les études. La collation des grades, comme l'enseignement lui-même, fut aux mains des seuls professeurs. Encore au XVII° siècle, c'était la corporation toute entière qui constituait le jury. Tous les agrégés pouvaient, devaient même assister aux examens et y prendre part. Mais la plupart se montraient peu jaloux d'user de cette prérogative ou de remplir ce devoir. Ils n'assistaient pas à l'assignation des points [2]. S'ils venaient parfois à la discussion, c'était

---

1. Disc. du proprimicier à l'assemblée du Collège des docteurs du 17 juillet 1770 : « Que les promoteurs soient attentifs à ne présenter que des sujets instruits et qui dans la récitation des points, qui est la principale chose qu'on demande, soient dressés de façon à ne pas faire rougir celui qui les présente et ceux qui les écoutent... Ce que j'ai dit du choix, de la capacité et des mœurs dans l'admission aux grades regarde respectivement toutes les Facultés... » A. V. D 35, f° 45.

2. Délib. du Coll. des doct. du 13 mars 1638. A l'assignation des points d'un candidat nommé Avignon, il ne s'est trouvé, à part les régents, que six ou huit docteurs. Cependant, à la reddition des points, quand il s'agit de toucher le salaire, les docteurs sont tous présents, mais aucun ne veut argumenter. A. V. D 29, f° 182. — Le 28 juin 1612, on décide de faire un rôle des agrégés qui devront argumenter per turnum. Cette délibération n'est pas exécutée. A. V. D 29, f°² 219 et 227. — Mêmes constatations en ce qui concerne les médecins, à l'égard desquels on prend, sans plus de succès, des mesures semblables. A. V. D 29, f° 231.

pour toucher leur salaire, mais non pour argumenter; ils en laissaient le soin aux docteurs simples ou aux licenciés, malgré le scandale que pouvait causer leur abstention [1]. Toutes les mesures de rigueur échouèrent devant leur coupable indifférence; il fallut faire la part du feu : dispenser les agrégés les plus « anciens » d'un service trop fatiguant, désigner parmi les plus « jeunes » ceux qui devraient venir à chaque examen et finalement admettre ce qui était depuis longtemps usité, à savoir que les régents seuls ou à peu près seuls participeraient aux épreuves. Au début du xviii° siècle cette révolution est presque achevée.

Elle eut pour résultat de rendre l'examen plus sérieux. Au surplus, les ordonnances exigeaient maintenant un intervalle régulier entre les diverses épreuves; même elles disposaient qu'en cas d'échec, on ne pourrait subir un nouvel examen avant six mois [2]. C'étaient de graves innovations. Au milieu du xviie siècle, on était bien loin de pareilles exigences. Ne vit-on pas, par exemple, en 1640, un candidat au doctorat *in utroque* réciter ses points en balbutiant, ne rien répondre aux objections et dûment ajourné pour ce fait, doctoré cependant

1. Délib. du Coll. des docteurs du 9 juillet 1708. Dans les soutenances de thèses, les gradués des Facultés de théologie, des lois et de médecine se laissent précéder dans l'argumentation par des non gradués, les licenciés par des bacheliers, les docteurs même agrégés par des docteurs simples ou des licenciés, ce qui n'est toléré dans aucune autre Université et donne une flétrissure injurieuse auxdites Facultés. On décide que ces gradués seront punis *ad arbitrium primicerii*. A. V. D 32, f° 216. Cf. délib. du 14 août 1713. A. V. D 32, f° 319.
2. Edit d'avril 1679, art. 7 et 10. On sait que l'examen du baccalauréat en droit devait être subi après la deuxième année d'études, celui de la licence, au bout de la troisième année. Le règlement de la Faculté d'Avignon, du 16 juill. 1698 exigeait seulement un an d'études pour le baccalauréat et stipulait que les candidats âgés de plus de 25 ans pourraient passer la licence trois mois après le baccalauréat. — Edit de mars 1707 sur les études de médecine, art. 13 et 14. Il doit y avoir trois mois d'intervalle entre la licence et le doctorat.

deux jours après, *sub spe futuri studii* et sous la seule condition qu'il ne jouirait qu'un an plus tard des privilèges doctoraux [1]? Un autre candidat, en médecine celui-ci, dûment ajourné le 27 mars 1696, ne fut-il pas trouvé fort apte le 6 avril [2]? Et ne faut-il pas admirer ce troisième qui, déclaré tout à fait insuffisant à sa première épreuve, montre vingt jours plus tard une telle science et érudition que ses juges en paraissent comme éblouis [3]?

Ces abus, les règlements étaient impuissants à les détruire, car même dans leurs prescriptions les plus élémentaires et les plus formelles, ils n'étaient pas obéis. Depuis 1679 et 1707, par exemple, les étudiants n'étaient-ils pas astreints à suivre les cours, et pour être admis aux grades ne devaient-ils pas justifier de leur assiduité? Quelle exigence pouvait paraître plus naturelle? Et pourtant parmi tant d'attestations dont les archives universitaires sont remplies, combien s'en trouve-t-il de véridiques [4]? Il fallait, pour devenir médecin, justifier de la maîtrise ès arts. Combien d'étudiants en médecine ne se pourvurent de ce grade qu'au moment de passer leurs derniers examens? Les règlements prescrivaient un intervalle raisonnable entre le baccalauréat et la licence : pourquoi donc vit-on tant de juristes — qui n'étaient pas tous des étrangers — sacrés bacheliers et licenciés en quarante-huit heures et doctorés vingt ou trente jours plus tard. D'autres candidats ne furent-ils pas pourvus de tous leurs grades en une semaine

1. A. V. D 20, f° 205. Malgré son insuffisance, ce candidat nommé Petity ne fut ajourné que par 11 voix contre 9.
2. A. V. D 32, f° 48.
3. Ce candidat, ajourné à trois mois, le 29 avril 1679, est admis, le 17 mai suivant, après avoir répondu « doctissime et erudite ». A. V. D 30, f° 253.
4. Délib. du Coll. des doct. du 22 avril 1699. Les régents sont souvent indiscrètement sollicités de signer des attestations d'études de complaisance, ce qu'on leur interdit de faire sous peine de violation de leur serment. A. V. D 32, f° 128. Cf. A. V. D 35, f° 75 bis (10 mars 1774).

et tel étudiant en médecine reçu bachelier le 26 août ne se trouva-t-il pas docteur le 3 novembre suivant [1]? On pourrait multiplier ces exemples. A mesure qu'approche le terme de son existence, l'Université s'abandonne et dénombrant avec complaisance tant de gradués qu'elle a produits, elle néglige de se demander ce que tous ces diplômes représentent et s'il ne faudrait pas les prodiguer moins pour leur conserver quelque prix.

1. A. V. D 151, f° 254 et suiv.

CHAPITRE IV

LES ÉTUDIANTS

Condition des étudiants avignonais; ils sont exclus du gouvernement du studium. — Les sept collèges d'Avignon; leur autonomie; leur régime intérieur; ils échappent de plus en plus à la surveillance des autorités universitaires. — Nombre et origine des étudiants de chaque Faculté aux xviie et xviiie siècles. — Progression subite et imprévue de l'effectif des étudiants en droit. — La confrérie de Saint-Sébastien; ses origines; ses transformations; le recteur et l'abbé des étudiants.

Les anciennes corporations universitaires comprenaient, comme on sait, deux éléments, les maîtres et les écoliers. Mais ces deux éléments si nettement séparés dans nos Facultés modernes, on les distinguait à peine l'un de l'autre dans les Universités primitives. Ni l'âge, ni la nature des grades, ni même les fonctions que chacun remplissait dans la corporation, n'établissaient entre les étudiants et les professeurs une ligne de démarcation bien tranchée. Ne pouvait-on pas professer dès vingt-un ans? Ne fallait-il pas avoir lu pendant cinq ans pour devenir bachelier? Pour chaque nouveau degré les règlements n'imposaient-ils pas un stage dans une chaire magistrale? Dans les examens enfin, les gradués de tout genre et de tout âge ne pouvaient-ils pas prendre part à la discussion au même titre que les professeurs?

Il y a plus. Dans un grand nombre d'Universités, c'était aux étudiants qu'appartenait la direction du studium. Ils étaient le nombre; ils conquirent l'autorité. Les chefs élus par eux et parmi eux devinrent un moment tout puissants.

Est-il besoin d'ajouter qu'une fréquentation quotidienne et l'usage de privilèges communs engendrèrent entre les écoliers et les maîtres une camaraderie et une solidarité dont l'ordre public eut plus d'une fois à souffrir et que, appelés à juger les délits de leurs élèves, les juges universitaires montrèrent parfois une indulgence qui touchait à la complicité?

Au reste, au XVII° siècle, il ne subsiste que peu de traces de cet âge héroïque des corporations enseignantes. On ne voit plus depuis longtemps, à Avignon, de ces grèves d'étudiants ou de candidats, que l'intervention pontificale avait peine autrefois à faire cesser [1]; les tribunaux universitaires restent debout, mais peu à peu les délits de droit commun leur échappent et l'on va jusqu'à interdire aux écoliers de porter l'épée, au moins dans l'intérieur de l'Université [2]. La coutume du béjaunage a presque disparu et de même ces tributs que les étudiants levaient autrefois sur les Juifs et les filles de joie [3]. L'abbé des étudiants, dont il sera question tout à l'heure, n'a guère conservé de ses anciens privilèges que celui d'entrer gratis à la Comédie.

Ici d'ailleurs, les écoliers n'étaient jamais parvenus à une organisation puissante, ils n'avaient jamais pris part au gouvernement du studium. Chez eux ni nations, ni tribus; point

---

1. 4 nov. 1393. Lettre des cardinaux Jean, évêque de Tusculum, et Guillaume, du titre de Saint-Etienne, annonçant aux écoliers de l'Université d'Avignon que le pape Clément VII les relève du serment qu'ils avaient fait de ne point suivre les leçons des docteurs. (Fournier, 1268. — Laval, 10.)

2. Ordonnance du primicier, du 14 nov. 1718. Cf. Laval, *Hist. de la Fac. de Méd.*, p. 286.

3. Le bedeau-secrétaire de l'Université indique, vers 1660, que le droit de lever ce tribut existe encore, mais il ajoute, en ce qui concerne le tribut levé sur les Juifs, qu'un accord est intervenu entre le recteur des étudiants et les baillis de la Juiverie, le 29 mars 1603. Quant à l'autre tribut, il ne se perçoit que rarement et avec prudence. Il fallait que le recteur, pour exercer son droit se fît accompagner d'un notaire et d'un sergent, et cela pour se faire payer trois livres. M. C. 2892, f° 261.

de délégués au Collège des docteurs, ni aux assemblées des Facultés. Un moment, ils essayèrent de se donner un recteur; cette unique tentative échoua devant le veto pontifical et ne fut jamais renouvelée [1]. Aussi, vers le xvii° siècle, quand l'Université d'Avignon, sortie enfin d'une crise où elle avait failli périr, revêtit une forme plus moderne, des traditions plusieurs fois séculaires prédisposaient les étudiants à subir une discipline plus exacte et à accepter des règlements plus sévères.

Aucun document ne nous fait connaître dans ses détails la vie de l'étudiant avignonais au moyen âge; mais à bien des indices qui ne trompent guère, il est aisé de la deviner. L'opulence et le faste n'en sont certes pas le trait distinctif. Quelques étudiants nobles ou réputés tels tranchent, il est vrai, sur la misère de leurs confrères par la richesse de leurs vêtements et la splendeur des fêtes, dont leurs examens sont l'occasion; ils donnent aux professeurs ou au bedeau une « collecte » plus élevée et, en retour, siègent sur les premiers bancs de l'école, autour de la chaire du maître [2]. Le reste des écoliers vivent pauvrement d'une maigre pension et l'usurier les guette. Aussi multiplie-t-on en leur faveur les mesures de protection. Un banquier officiel leur prêtera seul de l'argent, à l'exclusion de tout autre bourgeois et même des professeurs [3]. Leurs logements sont taxés et ils ne peuvent en être expulsés, au gré de leurs hôtes, s'ils paient le prix convenu [4]. Ils sont enfin exemptés de tout impôt et admis à la jouissance de tous les droits des citoyens [5].

1. Bulle d'Urbain II, du 28 mars 1367. Fournier 1349. — Laval, 5.
2. Statuts de 1303, art. 25. — Statuts de 1411, art. 10.
3. Lettres de Charles II du 21 oct. 1302. Fournier, 1342. — Statuts de 1303, art. 29.
4. Lettres de Charles II précitées. — Stat. de 1503, art. 7 et 8.
5. Statuts de la ville d'Avignon de 1298. Fournier, 1241. — Lettres de Charles II confirmées par Urbain V (13 sept. 1361), Jean XXIII (6 sep. 1413), Nicolas V (20 oct. 1447) et Pie II (22 déc. 1459). Fournier, 1253, 1286, 1310, 1362. — Statuts de 1303, art. 27. — Stat. de 1503, art. 9.

En dépit de ces faveurs, beaucoup d'écoliers, d'ailleurs capables d'étudier avec fruit, n'auraient pu s'entretenir à leurs frais pendant la durée de leurs études. C'est pour cette plèbe universitaire que furent fondés, dans certaines villes, des établissements hospitaliers, communément appelés collèges et où, sous l'autorité de chefs généralement élus par eux, un certain nombre d'écoliers allaient vivre d'une vie à demi monastique, partageant leurs journées entre d'interminables exercices religieux et les leçons plus brèves de leurs professeurs. De 1379 à 1500, Avignon vit naître sept de ces établissements, créés les uns par des Bénédictins de Cluny ou de Citeaux — tels les collèges de Saint-Martial et de Sénanque, — les autres par de hauts dignitaires ecclésiastiques ou même par des membres de l'Université, comme les collèges de Saint-Michel, du Roure, de la Croix et de Saint-Nicolas d'Annecy. Ce dernier, appelé aussi collège de Genève et doté par le cardinal Brogny, reçut vingt-quatre, puis trente-six étudiants et, en raison de son importance exceptionnelle, fut de bonne heure appelé le Grand-Collège [1].

1. Ces collèges étaient les suivants : 1° Collège de Saint-Martial, fondé en 1378, par les Bénédictins de l'abbaye de Cluny, pour douze moines de cet ordre, étudiants en droit canon. Douze autres moines, mais revêtus de la prêtrise, devaient habiter aussi le monastère et y servir « in divinis ». (V. Fournier, 1260, 1262, 1263 et 1264.)

2° Collège de Saint-Nicolas d'Annecy ou de Genève fondé, en 1421, par le cardinal Brogny, pour 24 étudiants en droit canon ou en droit civil, dont huit devaient être originaires du diocèse de Genève, huit de la Savoie et huit des provinces de Vienne et d'Arles. En 1481, le nombre de collégiats fut porté à 36 (V. Fournier, 1296, 1308, 1313, 1314 et 1386.)

3° Collège de Saint-Michel, fondé en 1453, par Jean Isnard, docteur ès droits, ancien primicier de l'Université, pour six étudiants en droit civil ou en droit canon, dont deux prêtres. En 1486, ce collège s'accrut de deux étudiants. (Fournier, 1349, 1351, 1354, 1355, 1359, 1391.)

4° Collège de Jujon ou de Dijon fondé, vers 1471, par les Bénédictins de l'abbaye de Montmajour pour dix étudiants en droit canon ou en théologie, moines de cette abbaye (Fournier, 1364). Il était situé rue des Trois Faucons (aujourd'hui propriété particulière).

Une règle à peu près uniforme était imposée à tous ces établissements [1]. Ils se recrutaient presque tous par cooptation,

5° Collège du Roure ou de Saint-Pierre, fondé, en 1476, par Julien de la Rovère, archevêque d'Avignon, pour trente-six étudiants en droit canon ou civil, dont quatre prêtres. Ce chiffre était d'ailleurs un maximum et ne devait être complété que si les revenus du collège le permettaient. Au début, il n'y eut que dix-huit collégiés, dont deux prêtres (Fournier, 1368 à 1372). — Occupa l'ancien palais de Poitiers.

6° Collège de Sénanque, fondé en 1591, par Jean Casalety, abbé de Sénanque, de l'ordre de Cîteaux, docteur en décret, pour six religieux dudit ordre, étudiants en droit canon ou en théologie (Fournier, 1406, 1409 et 1412). Il était situé rue Petite Fusterie (aujourd'hui propriété particulière).

7° Collège de la Croix, fondé en 1500, par Guillaume de Ricci, seigneur de Lagnes, docteur en droit, pour douze étudiants en droit civil ou en droit canon. — Est devenu le grand séminaire du diocèse.

A cette liste on ajoute parfois le collège de Notre-Dame de la Pitié, fondé en 1491, par Barthélemy de Riquetis, professeur de théologie à Avignon et prieur du couvent des Frères Prêcheurs, pour vingt-quatre moines de cet ordre. Mais ce collège ne fut pas agrégé à l'Université. Il était pourvu de trois professeurs de grammaire, rhétorique, logique, philosophie et théologie et se suffisait à lui-même. C'était un véritable séminaire, comme il s'en créa au XVII° siècle, à la suite des décisions du concile de Trente (Fournier, 1399).

1. C'était à peu près le régime monastique. Les exercices religieux y tenaient une très grande place. Les collégiés devaient, par exemple, entendre la messe tous les jours, sous peine d'être privés de « pittance » à déjeuner ou à dîner : telle était du moins la règle à Saint-Nicolas. Les pensionnaires de Saint-Martial portaient une robe longue descendant jusqu'aux talons; leurs feux devaient être éteints tous les soirs, à neuf heures et demie. Chaque écolier avait sa chambre ou cellule, mais tous mangeaient ensemble au réfectoire, en entendant une lecture pieuse. L'ordinaire était d'ailleurs modeste; deux livres et demie de pain, réduites à deux livres, les jours de jeûne, et deux bouteilles de vin, plus six deniers par jour portés à vingt deniers les jours de fête, pour acheter la viande, le poisson ou les légumes, lesquels devaient être apprêtés en commun. Pour s'habiller, dix florins par an. Il était défendu de sortir du collège, sans autorisation du recteur. Celui qui découchait pendant trois nuits était censuré; à la quatrième nuit, il était exclu. Défense d'introduire des étrangers et surtout des femmes dans le collège; celles-ci ne devaient même pas traverser la cour, à peine d'excommunication. A Saint-Nicolas et au Roure, on avait pris soin d'interdire les rixes (à Saint-Martial l'exclusion était prononcée contre tout collégié qui avait frappé trois fois un frère), les blasphèmes, jurons illicites, injures, jeux malhonnêtes, port d'armes, etc. Ces délits et même le séjour sans autorisation à la Bibliothèque étaient punis de trois jours de jeûne et plus en cas de récidive. Le mariage, l'acquisition d'un office importance rapportant au moins quarante livres tournois, ou celle d'un héritage de même ou enfin une absence non autorisée de trois mois, sauf en cas de peste, entraînaient l'exclusion.

sous réserve que les volontés du fondateur seraient respectées. Nul ne pouvait y entrer, s'il ne possédait les connaissances grammaticales nécessaires pour suivre avec profit les cours de l'Université. L'assistance à ces cours était obligatoire, mais chacun étant libre de choisir son professeur [1]. D'ailleurs les places de collégiats étaient généralement réservées à des théologiens, à des juristes, à des canonistes surtout, l'intention des fondateurs étant qu'elles servissent au recrutement du clergé. Les étudiants pouvaient demeurer dix ou même douze ans au collège [2]; mais ils devaient, au bout de la cinquième année, affronter le baccalauréat et, deux ans après, la licence [3]. Vers la fin du xve siècle, les sept collèges d'Avignon recevaient plus de cent écoliers et fournissaient à l'Université une bonne part de sa clientèle.

Bien qu'ils jouissent dans leur administration intérieure d'une réelle autonomie [4], les collèges étaient cependant placés sous le patronage ou plutôt dans la dépendance de la triple autorité ecclésiastique, universitaire et municipale représentée par l'archevêque ou le chapitre métropolitain, le primicier et les consuls [5]. Mais ceux qui devaient leur origine

1. Statuts du collège de Saint-Nicolas d'Annecy, de 1447, art. 26. Fournier, 1339. Les étudiants devaient aussi s'engager à ne prendre leurs grades que dans l'Université d'Avignon. (Statut de Julien de la Rovère du 5 juillet 1497. Fournier, 1410.)
2. Statuts du collège de Saint-Nicolas de 1481, art. 7. Fournier, 1386.
3. Statuts du collège de Saint-Nicolas de 1447, art. 24. Fournier, 1339.
4. L'administration intérieure du collège était remise à un recteur choisi par les collégiés et parmi eux. Il avait la discipline du collège. Il était également l'administrateur de ses biens. Il devait rendre ses comptes, tous les ans, aux collégiés et remettre le trésor à son successeur. Que s'il essayait d'éluder ces prescriptions salutaires, deux juges choisis l'un parmi les étudiants en droit civil, l'autre parmi les canonistes pouvaient — c'était du moins la règle de Saint-Nicolas, — l'y contraindre, à peine de censure ecclésiastique. On sait que plusieurs de ces collèges étaient propriétaires d'immeubles féodaux, tels le collège de Saint-Martial qui possédait le prieuré de Piolenc et celui de Saint-Nicolas qui possédait le prieuré de Bollène.
5. Acte de fondation du collège du Roure, de 1476. Fournier, 1368. — Statuts

à un ordre religieux, tels les collèges de Saint-Martial, de Sénanque et de Dijon fondés par les Bénédictins, tendirent constamment à s'affranchir de ce contrôle ; au contraire, leur sujétion à l'égard des prieurs et des abbés de leur ordre devint chaque jour plus étroite et ils ne furent bientôt plus que des annexes des couvents-fondateurs. Le Collège des docteurs s'efforça longtemps, il est vrai, de maintenir le droit d'inspection que les statuts lui conféraient et l'on voit encore, en 1656, le primicier visiter Saint-Martial et requérir l'application des règlements trop souvent méconnus : cette intervention de l'autorité universitaire qui fut, semble-t-il, la dernière, n'eut aucune efficacité [1].

Les autres établissements gardèrent plus longtemps le caractère que leurs fondateurs avaient entendu leur donner. L'action de l'Université y fut plus durable et plus efficace ; mais elle n'empêcha pas les abus. Les primiciers constatent, en effet, trop souvent, dans leurs visites, que les statuts ne sont pas observés : les collégiés sont admis avant l'âge prescrit, ils gardent leurs places au-delà du terme réglementaire ; ils ne suivent pas les cours de l'Université et ne se font pas graduer aux époques fixées. Sujet d'interminables doléances, dont les docteurs font retentir leurs assemblées ; mais regrets impuissants devant l'attitude nouvelle que le Saint-Siège va prendre, au XVIIe siècle, et en face d'empiètements que les primiciers ne pourront bientôt plus arrêter [2].

---

des collèges de Saint-Martial, de Sénanque, de Saint-Nicolas d'Annecy, de Saint-Michel et du Rourc. Fournier, 1262, 1296, 1308, 1303, 1339, 1386, 1354, 1312. Les statuts de Saint-Nicolas ont servi de modèle pour tous les collèges de ce type.

1. A. V. D 29, f° 220 et D 30, f° 80. — En 1656, il y avait au collège de Saint-Martial, 12 écoliers étudiant en droit canon, théologie et philosophie.

2. A. V. D 30, f°° 76, 92, 131 ; D 32, f° 80, 176 ; D 34, f° 114. — En 1730, on observe que le collège Saint-Martial n'a pas reçu la visite du primicier depuis 46 ans.

Dès l'année 1639, en effet, le pape Urbain VIII revendique la juridiction des collèges d'Avignon et la remet à la Congrégation de la Propagande [1]. Quelques années plus tard, on introduit dans les deux plus importants de ces établissements, le collège du Roure et celui de Saint-Nicolas d'Annecy, les Pères de la Mission. En vain l'Université proteste et envoie une députation à Rome [2]. Pour achever l'œuvre commencée, on réunit, en 1709, ces deux collèges, devenus collèges pontificaux [3]. Le collège de la Croix avait été annexé, en 1704, au séminaire de Saint-Charles. Seul, celui de Saint-Michel, fondé par un ancien primicier de l'Université, conserve encore quelque indépendance administrative à l'égard de la Cour romaine.

Chose plus grave encore. Les collégiats désertent l'Université. En 1649, la Propagande veut les obliger à suivre les cours des Jésuites [4]. Déjà, elle leur avait imposé l'étude du droit canon et de la théologie, à l'exclusion du droit civil réservé aux seuls écoliers du Roure; elle prétendait maintenant les obliger à entrer dans la vie ecclésiastique [5]. Ainsi les anciens collèges se transforment peu à peu en séminaires. Ils ne cessent cependant pas de fournir aux régents universitaires un certain nombre d'auditeurs : sans eux, remarque un primicier en 1729, les cours de théologie et de philosophie seraient déserts [6].

Au reste, pendant que ces changements se produisent, et

---

1. Bulle d'Urbain VIII de juin 1639. M. C. 2445. Cf. A. V. D 29, f°* 153 et 220.
2. A V. D 29, f° 236. Délib. du Collège des docteurs du 7 juill. 1645.
3. Bulle pontificale de 1709.
4. Délib. du Collège des docteurs, du 27 mai 1649. A. V. D 30, f° 8. Cf. A. V. D 32, f°* 190, 202, 235, 248.
5. Délib. du 7 juill. 1645. A. V. D 29, f° 236. En retour, les collégiats pouvaient étudier les lettres humaines et la philosophie, préparation nécessaire aux études théologiques.
6. A. V. D 33, f° 46. Délib. du Collège des docteurs du 14 mai 1725.

pour les raisons qu'on a déjà vues, le nombre des étudiants s'accroît à Avignon dans des proportions inattendues. Les registres d'inscriptions n'existent que depuis 1718. Mais les archives nous donnent pour la période antérieure des chiffres intéressants. Ils nous apprennent, par exemple, qu'en 1657 les professeurs de droit comptaient cinquante-trois élèves, le régent de médecine treize, celui de théologie trente-deux [1]. Et jusque vers la fin du siècle, la moyenne des présences annuelles oscille autour de trente pour le droit, de quarante pour la théologie, de quatorze ou quinze pour la médecine. Quant au cours de philosophie créé en 1666, il eut d'abord un grand succès et reçut jusqu'à cent vingt-deux étudiants qui, d'ailleurs, ne lui furent pas longtemps fidèles [2].

Au XVIII° siècle, la Faculté de droit voit le chiffre de ses élèves — celui des inscrits tout au moins, car seul ce chiffre-là nous est connu, — s'élever d'invraisemblable façon. Il n'est d'abord que de cinquante ou soixante; mais après une crise causée par la peste de 1720, il monte jusqu'à cent, cent cinquante, deux cents même vers 1740, puis à travers d'inexplicables fluctuations, atteint son maximum vers 1780, pour tomber rapidement à cinquante vers 1789 [3].

La Faculté de médecine ne connut jamais pareille prospérité. Jusqu'au milieu du XVIII° siècle, elle compta dix à douze étudiants; à partir de cette époque le chiffre décroît peu à peu; il est de six à sept en moyenne de 1750 à 1780, et cet effectif, pourtant modeste, la Faculté ne le conserve pas jusqu'au

---

1. A. V. D 136, f° 77.
2. A. V. D 136, f°° 88, 98, 112, 163 et 168; D 137, f°° 108, 115, 177, etc.
3. A. V. D 43 à 60. — De 1698 à 1720 la moyenne annuelle est de 53 étudiants; elle tombe à 35 de 1721 à 1735. Mais le nombre des inscriptions s'accroît très rapidement dans les années suivantes : 151 en 1737, 205 en 1745, et retombe à 152 en 1749 et à 109 en 1750; il se relève à 166 en 1769, à 234 en 1771 à 291 même en 1780. En 1783, il n'est plus que de 97 et en 1790, de 51.

bout; à la veille de sa chute, elle était presque complètement désertée [1].

Quant aux théologiens et aux philosophes, la création, longtemps retardée d'ailleurs à Avignon, de séminaires destinés au recrutement du clergé, devait les éloigner peu à peu des chaires universitaires. Pendant quelque temps, les séminaristes de Saint-Charles et de Sainte-Garde purent, par tolérance, fréquenter les cours des Dominicains; ordre leur fut ensuite donné de se rendre chez les Jésuites; enfin des professeurs spéciaux leur furent donnés, quand l'internat devint leur règle. Ce fut un coup sensible pour l'Université. Celle-ci compte encore, en 1735, soixante-seize écoliers en théologie et cinquante-trois en philosophie; dix ans après, ce nombre a diminué de moitié; il est de dix et de vingt à peine dans l'un ou l'autre cours, vers 1789. En 1782, il est vrai, l'Université qui vient de s'agréger les classes supérieures des séminaires, voit ses registres se couvrir d'un nombre inespéré d'inscriptions, mais ce succès apparent ne fait qu'accuser sa décadence. Les séminaires comptent, en 1783, cent dix philosophes ou théologiens, et en 1789, quatre-vingt-deux théologiens et quarante-deux philosophes; aux mêmes années, l'Université ne voit dans ses propres cours de philosophie ou de théologie que quinze ou vingt-cinq écoliers; encore le chiffre des philosophes est-il parfois descendu à quatre ou cinq [2].

Ces étudiants, d'où venaient-ils et quelle était, en réalité, la sphère d'action de l'Université avignonaise? les documents permettent de le dire avec une suffisante précision. La Faculté

---

1. Mêmes registres. Cf. Laval, *Hist. de la Fac. de médecine*, p. 233 et 317. De 1717 à 1750, 1389 inscriptions trimestrielles soit 42 par an (par conséquent 10 à 11 étudiants). De 1750 à 1790, 1067 inscriptions trimestrielles, soit 26 à 27 par an, ce qui donne un peu moins de 7 étudiants.

2. A. V. D. 38 et 39.

de théologie et celle des arts ne recrutèrent jamais qu'une clientèle intermittente et incertaine et n'exercèrent point autour d'elles une bien grande attraction. Même avant que le collège des Jésuites et les séminaires diocésains soient venus leur faire une concurrence victorieuse, leur auditoire ne comprenait guère, en dehors des collégiats, qu'un petit nombre d'Avignonais et de Comtadins [1]. Et, si parfois la liste de nos maîtres ès arts s'allonge jusqu'à compter trente, quarante et même, en 1747, quarante-huit noms, c'est que bon nombre de ces postulants, ayant fait ailleurs leur philosophie, ne viennent chercher à Avignon qu'un diplôme. Quant à la Faculté de médecine, elle était, pour jamais beaucoup prospérer, trop voisine de Montpellier, qui au XVIII° siècle avait gardé tout son prestige et comptait encore quatre-vingt ou cent étudiants. Aussi ses professeurs, quel que fut leur mérite, ne groupaient-ils guère autour de leurs chaires qu'un auditoire tout local, grossi de quelques recrues faites dans les pays voisins, Arles et Sisteron, par exemple.

Seule, la Faculté de droit, dont l'antique renom persistait à travers les siècles, reçut toujours un grand nombre d'élèves régnicoles et étrangers. Sans doute Avignon et les diocèses de Carpentras, de Cavaillon, de Vaison lui fournirent la plus grande part de sa clientèle ; mais elle recueillit aussi bon nombre de juristes languedociens et provençaux, originaires notamment des diocèses de Fréjus, Apt, Sisteron, Digne, Arles, Embrun, Uzès, Pont-Saint-Esprit, Rodez ou Nîmes. Même il en vint, à diverses époques, de Gap, de Lyon, de Grenoble et d'Albi, pour citer seulement quelques-unes des villes dont les registres portent les noms. Ce concours vraiment extraordinaire d'étrangers, est-ce la science et la réputation des pro-

1. A. V. D 113 à 115, *passim*.

fesseurs qui l'explique, ou l'indulgence dont ces maîtres vénérables savaient user aux examens? Ou bien encore est-ce que les régents d'Avignon auraient été particulièrement cléments aux candidats qui, peu soucieux de science, mais pressés de s'ouvrir les carrières juridiques, ne se rendaient à Avignon que pour conquérir hâtivement un diplôme? Combien, en effet, ont suivi régulièrement les cours et mérité les attestations qu'on leur délivre avec complaisance, parmi les élèves dont les noms couvrent les registres d'inscriptions? Mais quoi! dans un temps où tout s'achète, — parchemins et fonctions publiques — ils ont religieusement acquitté droits d'inscriptions et droits d'examen. Pourquoi n'iraient-ils pas grossir cette liste de gradués, que l'Université est si fière de voir s'allonger chaque jour[1]?

On a vu que les docteurs de l'Université d'Avignon avait fondé de bonne heure, sous l'invocation de la Vierge, une

1. A. V. D 43 à 60 (notamment les registres 45 et 46) et 64. Un dépouillement relatif à la Faculté de droit et portant sur quelques-unes des années où elle fut très fréquentée nous a donné les résultats suivants : sur 177 étudiants qui ont suivi les cours de 1739 à 1744, 42 sont originaires d'Avignon, 21 du diocèse de Carpentras, 11 de celui de Cavaillon et autant de celui d'Apt, 8 de celui de Vaison, 12 de celui d'Uzès sans compter 3 étudiants de Pont-Saint-Esprit, 7 étudiants viennent de Digne, 7 de Fréjus, 4 de Rodez, 5 d'Embrun, 4 d'Arles, 4 de Nimes, 4 de Senez, 7 de Sisteron. Fournissent encore quelques unités : Viviers, Lyon, Gap, Albi, Aix, Saint-Paul-Trois-Châteaux, Agde, Marseille, Grenoble, etc. Sur 132 étudiants inscrits de 1749 à 1785, 42 sont d'Avignon ou de son territoire, 3 de Cavaillon, 7 d'Apt, 11 de Carpentras, 10 d'Arles, 5 d'Orange, 8 d'Uzès, 7 de Vaison, 4 de Senez, 4 de Sisteron, 5 de Nimes, 5 de Saint-Paul Trois-Châteaux, 4 de Fréjus, etc. En ce qui concerne la Faculté de médecine, sur 78 étudiants ayant suivi ses cours de 1717 à 1791, 23 sont d'Avignon, 4 viennent de Carpentras, 3 de Bonnieux, autant de Pernes, de Vaison et de Sisteron, 2 d'Apt, 2 de Marseille, 2 de Grenoble, 3 d'Arles. Les autres sont, en général, originaires du Comtat ou des localités voisines. Ajoutons qu'un certain nombre d'étrangers, c'est-à-dire n'étant ni du Comtat, ni du royaume de France, vinrent prendre leurs degrés à Avignon ; ils n'étaient soumis ni aux inscriptions trimestrielles, ni aux intervalles que les règlements prescrivaient d'observer entre les différents examens. Mais ils ne pouvaient exercer, en vertu du diplôme obtenu ni dans le Comtat, ni en France (A. V. D 60).

confrérie dont la fête se célébrait le jour de l'Annonciation. Dès 1441, les étudiants, alors au nombre de plus de deux cents, formaient une association du même genre dont le patron fut saint Sébastien. Cette fondation pieuse paraît avoir eu un double objet : ramener les étudiants aux pratiques religieuses dont ils se dispensaient trop souvent et assurer à ceux qui viendraient à mourir pendant le temps de leur scolarité des funérailles solennelles ou le bénéfice de messes annuelles; d'autre part, faire cesser les abus et les scandales dont était l'occasion la venue d'étudiants nouveaux obligés à des dépenses exagérées pour « purger leur béjaunage. » A plusieurs reprises les statuts primitifs de la corporation furent complétés, modifiés, confirmés. Ces changements, quand il s'en produisit, n'altérèrent pas sensiblement la physionomie de la confrérie : quelques-unes de ses pratiques purent tomber en désuétude, elles ne furent jamais formellement abrogées [1].

Comme toutes les associations de ce genre, la confrérie de Saint-Sébastien s'administrait elle-même, par l'organe d'un prieur et de conseillers au nombre de douze, choisis primitivement par tous les confrères, puis recrutés par cooptation et responsables devant leurs successeurs, à qui ils devaient rendre leurs comptes et remettre le trésor et les biens de la confrérie dûment inventoriés. Ces magistrats étaient annuels [2]. Les ressources de la confrérie se composaient uniquement de la cotisation de ses membres fixée à trois gros par an [3] et du droit d'entrée de six gros imposé aux béjaunes, lesquels étaient réputés « infects » et indignes du nom

---

1. Statuts de la confrérie de Saint-Sébastien. V. Fournier, 1332, 1311, 1345, 1363, 1332, 1411, 1380 et l'opuscule du même auteur : *Une corporation d'étudiants en droit en 1441.*
2. Statuts, art. 1 à 7.
3. *Ib.*, art. 13.

d'écolier, jusqu'à acquittement de ladite taxe. Comme dans la pensée des fondateurs de la confrérie, tous les étudiants devaient évidemment y entrer, les béjaunes pouvaient être forcés de payer la taxe, sous peine de confiscation de leurs livres, sauf le cas d'indigence avérée; l'examen de ces cas particuliers était réservé aux conseillers [1]. Au surplus on s'interdisait de recevoir dans la confrérie aucune personne notoirement mal famée ou incorrigible ou détenue en prison, le tout après enquête [2]. Quant aux retards qui pouvaient se produire dans le paiement des cotisations, ils n'étaient point un motif absolu d'exclusion. Néanmoins les écoliers qui, après sommation, refusaient de s'acquitter trois ans de suite, étaient expulsés. En payant le arrérages, ils étaient réintégrés de plein droit [3].

Les statuts s'efforcent de ramener et de maintenir la concorde parmi les membres de la confrérie. Ils prohibent les injures et les rixes. Ils instituent le prieur et les conseillers juges des litiges entre confrères, avec pouvoir de prononcer telle peine qui conviendra, même l'exclusion de la confrérie [4]. En retour, la confrérie s'engageait à soutenir ses membres contre toute attaque venue d'un étranger [5]. Le prieur et les conseillers devaient visiter les confrères malades; la confrérie en corps devait, de son côté, assister aux obsèques de ceux qui viendraient à décéder et en faire les frais, s'il s'agissait d'indigents. Une messe était dite à leur intention [6].

La veille de la Saint-Sébastien, une procession était faite

---

1. Statut postérieur : Quantum teneatur contribuere quilibet bejaunus confratriæ. Fournier, 1341.
2. Statuts de 1441, art 16.
3. *Ib.*, art. 14.
4. *Ib.*, art. 9.
5. *Ib.*, art. 15.
6. *Ib.*, art. 12, art. 10 et 11.

par la confrérie. Le jour même de la fête de ce saint, une messe solennelle était célébrée avec sermon pour les clercs; d'ailleurs, tous les dimanches, la confrérie faisait dire une messe. Les étudiants devaient tous y assister, convoqués ou non, à peine d'une amende d'un gros pour chaque absence. La confrérie avait acquis six torches et quatre brandons pour les allumer, pendant ces messes, à l'élévation. Aux processions, chaque confrère tenait un cierge [1].

On pourrait citer beaucoup d'autres prescriptions analogues et insister, par exemple, sur les serments imposés au prieur, aux conseillers, aux confrères eux-mêmes [2]. Celles qui précèdent suffisent à marquer le caractère de la confrérie des écoliers avignonais. Notons seulement, pour finir, qu'en retour des charges que leur magistrature leur avait imposées, les anciens prieurs des étudiants recevaient gratis les grades universitaires : s'ils refusaient pour eux-mêmes cette faveur, ils pouvaient en faire bénéficier un étudiant, à leur choix [3].

Les documents sont assez nombreux jusque vers la fin du XVIe siècle, qui montrent la confrérie de Saint-Sébastien vivante et agissante. On perd ensuite un moment sa trace. Pour le XVIIe siècle et le XVIIIe, les archives n'ont guère conservé, à son sujet, que deux ordres de documents : les procès-verbaux d'un certain nombre d'élections de prieurs ou d'abbés des étudiants et des ordonnances relatives aux entrées gratuites à la comédie que l'usage réservait à certains membres de l'association [4].

1. Statuts de 1441, art. 7 et 8.
2. *Ib.*, art. 17 à 21.
3. Privilège accordé par Julien de la Rovère, le 8 juillet 1497. Fournier, 1411.
4. Les étudiants se sont toujours montrés jaloux de ce privilège. A plusieurs reprises le vice-légat et, pendant les occupations temporaires, le gouverneur royal l'a confirmé; mais le nombre des étudiants admis gratis aux spectacles varia suivant le temps : telle ordonnance le fixe à dix, telle autre à huit, six,

Cependant des modifications importantes se produisirent, à cette époque, dans la confrérie des étudiants. Au xvie siècle, s'était fondée à Avignon une autre confrérie, celle des clercs assistants des notaires et procureurs près les cours de justice, qu'on appela la Basoche [1]. Son chef, qualifié d'abbé, était annuel, comme le recteur de Saint-Sébastien. C'était une sorte d'abbé de la jeunesse ou de chef des plaisirs, comme on en rencontre sous l'ancien régime, à la tête d'une foule de corporations : il devait organiser les fêtes et mascarades alors si nombreuses et pour subvenir aux frais qu'elles entraînaient, il percevait sur les communautés juives du Comtat, une imposition annuelle de six écus d'or. Il levait également sur les filles publiques un droit de « batacule », dont celles-ci pouvaient se racheter moyennant une somme de cent livres, transformée ensuite en un impôt d'un écu par contribuable. Mais ces ressources étaient insuffisantes et souvent l'abbé de la Basoche, bientôt appelé abbé des étudiants, dut combler le déficit de ses deniers. Aussi cette dignité était-elle peu convoitée.

Souvent, pour l'organisation de leurs fêtes, on vit la Basoche et la confrérie de Saint-Sébastien s'unir et mettre en commun leurs ressources. Peu à peu l'union devint plus étroite et l'on en vint à élire le même jour le recteur de Saint-Sébastien et l'abbé des étudiants. Le titre même de recteur finit par disparaître et seul celui d'abbé des étudiants persista ; dès la fin du xviie siècle, il n'est plus question que de l'abbé [2].

cinq ou deux écoliers seulement. Certains textes paraissent réserver ce privilège aux seuls étudiants en droit; en réalité, il ne leur est pas spécial. L'abbé jouissait d'un droit particulier. Ord. du vice-légat des 9 juillet 1651, 8 juill. 1660, 27 avril 1661, du 1er juill. 1664, du 7 avril 1691, des 24 janv. 1694 et 3 mai 1699. — Ord. de M. de Rochechouart du 1er juill. 1768. (A. V. D 136, fos 5, 99, 113, 143; D 138, fo 70; D 35, fo 26.)

1. V. sur ce sujet P. Achard, *Les chefs des plaisirs*, dans l'Annuaire de Vaucluse, 1869, p. 37 et 45.

2. En 1658, 1659, 1660, on élit en même temps un recteur et un abbé des étudiants, celui-ci n'ayant que le deuxième rang. (A. V. D 136, fos 77, 89, 99.)

Rectorat ou abbaye furent longtemps l'apanage des seuls étudiants en droit. Cependant les médecins finirent, à leur tour, par y prétendre et dès 1627, ils firent élire un des leurs. Victoire longtemps encore disputée. Plus de cinquante ans après, un autre étudiant en médecine ayant été nommé abbé, le Collège des docteurs, juge ordinaire de pareils conflits, dénie encore aux médecins voix passive, sinon voix active dans le scrutin. Le vice-légat choisi, à son tour, comme arbitre, ordonne une nouvelle élection ; mais quoique le collège électoral comptât plus de légistes que de médecins, — trente-un contre quinze, — le même candidat est élu et cette fois, malgré des protestations acharnées, le primicier confirme ce choix [1]. Du reste, la nomination d'un médecin ou d'un théologien, — on vit élire, en 1769, un théologien déjà prêtre [2], — resta toujours exceptionnelle; les juristes gardèrent, en général, suivant l'antique usage, la charge dont il s'agit, avec ses prérogatives et ses devoirs [3].

Bien qu'à l'époque où nous sommes parvenus, l'abbaye des étudiants eût beaucoup perdu de son prestige, cette élection ne se faisait pas moins dans des formes tout à fait solennelles. Elle avait lieu au couvent des Dominicains, dans la chapelle de l'Inquisition, sous la présidence du primicier et des régents,

---

Ultérieurement, il n'est question que de l'abbé (Voir les procès-verbaux d'élection de 1667, 1682, 1705, 1788. (A. V. D 137, f" 234, 267, 358 ; D 140, f° 117; D 151, f° 373.)

1. A. V. D 31, f° 139. Barbier étudiant en médecine est élu avec une majorité de cinq voix.

2. 10 mai 1769. L'abbé Pelatan, élu abbé des étudiants, se trouvant ecclésiastique et ne voulant pas profiter des honneurs et privilèges attachés à cette charge, en fait sa démission. Le primicier nomme alors lui-même un autre étudiant. A. V. D 149, f° 98.

3. V. procès-verbaux de l'élection de l'abbé des étudiants en 1660, 1664, 1677, 1678, 1682, 1705, 1788, etc. A. V. D 136, f" 99, 144; D 137, f" 234, 267, 358; D 140, f° 117; D 151, f° 373.

MARCHAND. *L'Université d'Avignon.*

tous revêtus de leurs robes. Le bedeau y avait convoqué les étudiants des quatre Facultés qui, généralement, accourraient en grand nombre. Le primicier les exhortait à faire un choix judicieux; après quoi, le vote avait lieu à voix basse, par appel nominal, au pied de l'autel. En raison des dépenses que devaient faire les abbés, les candidats n'étaient pas nombreux. On ajoutait cependant beaucoup d'importance à l'élection et chacun était jaloux d'y concourir. En 1782, on voulut exclure du vote les étudiants des séminaires; malgré les protestations de quelques régents universitaires, le droit des séminaristes fut reconnu et depuis 1786 demeura incontesté [1].

Les cérémonies de la confrérie gardaient aussi un vif éclat. Ni la messe annuelle, ni la fastueuse procession prescrite par les statuts, n'étaient tombées en désuétude. La veille de la fête du saint, cette procession, conduite par les chefs de la confrérie et par ceux de l'Université, en costume d'apparat, et suivie par tous les étudiants, l'épée au côté et un cierge à la main, se déroulait dès deux heures de l'après-midi, à travers les principales rues de la ville, au son des violons et des hautbois, tandis que la cloche de Saint-Didier sonnait à toute volée. Le lendemain, toutes les autorités ecclésiastiques ou municipales, vice-légat, consuls, viguier, juges ou conservateurs, se rendaient de bonne heure à l'église des Prêcheurs et assistaient à la grand'messe, pour laquelle un maître de musique avait été spécialement engagé. L'église et l'autel avaient revêtu une parure nouvelle : des cierges de cire blanche remplaçaient les torches et les brandons d'autrefois. A la place où devaient s'asseoir les magistrats, on avait tendu des tapisseries; sur la grande porte d'entrée, on avait placé les armes de l'Université entourées d'un cordon de lauriers.

---

[1]. Election de l'abbé des étudiants faite le 16 déc. 1786. M. C. 248, f° 174.

Après l'offrande, on distribuait suivant l'usage, des gâteaux à tous les assistants : le vice-légat seul recevait un gâteau de douze sous ; ceux de l'archevêque-chancelier, du primicier et des capitaines d'infanterie et de cavalerie coûtaient dix sous; ceux des magistrats municipaux, régents et chefs de la confrérie, au nombre de dix-neuf, six sous seulement; les écoliers n'avaient droit qu'à un gâteau de deux sous. La cérémonie terminée, le recteur était accompagné chez lui en grande pompe et pouvait, s'il le jugeait bon, offrir à dîner à ses confrères ainsi qu'au primicier, aux régents et au secrétaire de l'Université; le cérémonial indique même que lorsqu'il voulait se faire honneur, il distribuait aux écoliers une livrée qu'ils portaient suspendue à leur cierge, à la procession [1]. Mais sans doute peu d'abbés pouvaient pourvoir à tant de frais.

En dépit de la sécularisation progressive des études juridiques et quoique les étudiants en droit — les plus nombreux de beaucoup à l'Université d'Avignon, — eussent déjà perdu le caractère à demi clérical que revêtait tout écolier dans les Universités primitives, la confrérie de Saint-Sébastien dura autant que l'Université elle-même. A ce titre seul elle eût ici mérité une mention; mais il était un autre motif de ne point l'oublier : à connaître les institutions de ce genre, on comprend mieux la nature des vieilles corporations enseignantes; une place leur appartient donc dans l'histoire de celles-ci.

1. M. C. 2892, f⁰⁸ 261 et suiv.

LIVRE III

SITUATION MATÉRIELLE ET VIE EXTÉRIEURE DE L'UNIVERSITÉ

CHAPITRE PREMIER

LES BATIMENTS

Le quartier universitaire à Avignon. — Installations primitives. — Les bâtiments de l'Université aux XVIIe et XVIIIe siècle. — Les auditoires des diverses Facultés. — Construction ou aménagement de classes nouvelles pour la théologie, la philosophie et la médecine. — Échanges et pérégrinations. — L'amphithéâtre et le « jardin des médecins ». — Construction, vers 1698, d'une salle des Actes et Assemblées. — La bibliothèque de l'Université et les bibliothèques des collèges. — Les archives. — La masse. — La cloche ou *Doctoresse*.

Les « palais universitaires » sont une création de notre époque. Les anciennes Universités n'en possédèrent jamais : à grand' peine purent-elles se procurer, au fur et à mesure de leurs besoins, une très modeste et parfois assez misérable installation. Au moyen âge, les docteurs enseignaient chez eux ou dans des salles louées aux frais de leurs élèves et dont tout confort était banni. Avignon ne faisait pas exception à cette règle. Sa rue du Fouarre, — son quartier latin, si l'on veut, — c'étaient la place et la rue encore dénommées *des Études*, non loin de l'église Saint-Didier. Les premières écoles se groupèrent autour du monastère de Saint-Martial.

Cependant, dès le xv⁰ siècle, l'Université en corps est propriétaire : elle dépense des sommes considérables pour démolir, reconstruire, réparer ou aménager ses salles de cours ou pour les pourvoir de chaires et de bancs. Mais bientôt les immeubles qu'elle possède ne suffisent plus à ses besoins; elle déborde sur les bâtiments voisins, dont elle loue plusieurs salles pour l'usage de ses régents [1].

Cette période d'expansion ne fut pas d'ailleurs, de longue durée ; elle a pris fin dès le xvi⁰ siècle et lorsque, après la crise des guerres civiles et religieuses, l'Université se relève enfin, son installation matérielle paraît plutôt médiocre. Elle se compose, au nord de la place ou planet des Études, de deux corps de bâtiments comprenant l'un, la classe de théologie et une annexe ou « membre » peut-être inoccupé, l'autre, la classe de droit canonique et celle de médecine, avec une autre annexe dépourvue d'affectation spéciale. Quelques-uns de ces locaux tombent en ruines et l'Université se décide à les vendre ou à les louer [2]. En retour, elle répare et aménage à grands frais ceux où elle s'installe définitivement. Plus tard même, au xviii⁰ siècle, elle construit de nouvelles salles sur les emplacements restés vacants et même au-delà du planet, du côté sud de la rue des Études, où nous voyons se trans-

---

[1]. Voir pour cette question des bâtiments universitaires avant et pendant le xviii⁰ siècle, Laval, *Les bâtiments de l'ancienne Université d'Avignon*, dans le *Bulletin historique et archéologique de Vaucluse*, année 1889. Cette notice est accompagnée de trois plans et d'une photographie, cette dernière prise en 1880, quelques mois avant qu'un incendie vint détruire les derniers restes des bâtiments universitaires.

[2]. A. V, D 15. Vente de deux membres ou annexes des bâtiments de l'Université attenant l'un à la classe de théologie, l'autre à la classe de droit canon (juillet 1638). — Location, le 17 février 1611, à M. de Molard, pour six ans et moyennant une rente de 25 écus par an, d'une salle de l'Université, sise paroisse Saint-Didier et place des Études, à côté de celle où se trouvait autrefois l'imprimerie. L'imprimerie, jadis annexe de l'Université et établie dans son voisinage ou dans ses locaux, en était alors séparée.

porter, à cette époque, la classe de droit et celle de philosophie.

Veut-on savoir les vicissitudes que subirent, à ce point de vue, chacune des Facultés et les pérégrinations imposées aux professeurs ? — La Faculté de droit, d'abord la mieux partagée en raison de son importance, se vit peu à peu réduite à n'occuper qu'une place assez modeste au milieu des autres Facultés, ses voisines. Nul doute qu'elle possédât, au xv° siècle, des salles en assez grand nombre, puisqu'on voit les régents se disputer les plus vastes et les plus commodes. Il lui en restait deux seulement vers 1638, l'un à l'est, l'autre à l'ouest des bâtiments universitaires ; encore le régent de théologie venait-il, ce semble, enseigner dans cette dernière. Les juristes émigrent enfin, au cours du xviii° siècle, au sud de la place des Études et n'ont désormais qu'une salle. Les documents ne l'indiquent pas, il est vrai, de façon absolument explicite [1], mais pourquoi, à cette époque, les cinq ou six régents de droit, eussent-ils si soigneusement placé leurs leçons journalières à des heures différentes, s'ils n'avaient pas dû se succéder dans la même chaire, alors que des quatre cours ordinaires de droit canon et de droit civil, les étudiants n'étaient astreints à suivre que deux [2] ?

Le professeur de théologie occupait, vers 1630, concurremment avec les régents de droit, la classe située à l'angle ouest des bâtiments universitaires, du côté nord de la place des Études ; il y resta jusqu'en 1665. A cette époque, il put s'installer plus confortablement. En effet, l'archevêque d'Avignon, François de Marinis qui, on se la rappelle, avait créé en 1655 une chaire de théologie scolastique, s'était aussi préoccupé de fournir une salle convenable au professeur. En conséquence, il avait fait à ses frais « construire à nouveau, réparer et

---

1. A. V. D 30, f° 87; D 32, f° 280; D 35, f° 152.
2. A. V. D 73.

orner tant de bancs et chaires que de porte et de fenêtres une salle située dans l'enclos des études de l'Université », à l'angle est de la place. Une statue de saint Thomas d'Aquin fut placée à l'entrée de la nouvelle classe, qu'on inaugura en grande solennité le 29 septembre 1665 [1]. L'ancienne salle de théologie fut donc abandonnée et louée à des particuliers.

Elle ne garda pas longtemps cette très profane destination. Dès 1666, en effet, François de Marinis fondait à l'Université d'Avignon une nouvelle chaire, destinée à l'enseignement de la philosophie thomiste et dont le titulaire devait lire deux heures tous les jours, une heure le matin et une heure le soir. Les leçons devaient avoir lieu dans la classe de théologie, où les deux professeurs pourraient se succéder, sans se gêner réciproquement. Telles étaient du moins les intentions de l'archevêque : on s'y conforma pendant trente ans.

Mais, en 1694, les Dominicains, chargés des cours universitaires de théologie et de philosophie, sentirent le besoin de fortifier leur enseignement. Le collège des Jésuites comptait quatre professeurs de théologie lisant chacun une heure par jour; la durée des cours de philosophie n'était pas moindre. Il fallait lutter contre des rivaux si bien outillés, avec des ressources bien moindres en argent et en personnel. Pour cela, le Père Patin, professeur universitaire de théologie, que l'acte de fondation de sa chaire n'obligeait qu'à une lecture quotidienne d'une heure, s'offrait à enseigner quatre heures par jour. Et de même le Père Barbat, professeur de philosophie. Mais alors une classe unique devenait insuffisante et le Père Barbat abandonnant la place à son collègue, demanda à être mis en possession d'un « membre » ou annexe de l'Université, maintenant donnée à bail à des particuliers et qui avait

---

1. A. V. D 30, f° 184.

servi de classe autrefois. Il s'agissait simplement de l'ancienne classe de théologie, abandonnée depuis 1665. Les Dominicains s'engageaient à la faire réparer à leurs frais, à la meubler de bancs, à y faire installer une chaire. Malgré une assez vive opposition, le Collège des docteurs en droit agréa cette requête en réservant d'ailleurs tous les droits de l'Université [1]. C'est dans cette salle que jusque vers la fin du XVIII° siècle, se donna l'enseignement philosophique. A cette époque le professeur émigra au sud de la place des Études, à côté de l'auditoire du droit.

Quant à la Faculté de médecine, son installation matérielle fut dès l'origine et resta toujours insuffisante, malgré les tentatives faites à diverses reprises pour la compléter. Elle occupait encore au XVII° siècle, un fort mauvais local dit « des chirurgies », qui chaque jour devenait insuffisant. Elle fut transférée vers 1655, dans une salle plus convenable située à l'angle oriental de la place des Études. A cette salle on fit une porte neuve qu'on orna d'inscriptions magnifiques [2]; mais l'aménagement intérieur ne répondait pas, ou du moins ne répondit pas longtemps à ces superbes dehors. Dès 1683, en effet, on observe que les bancs de la classe de médecine sont presque tous rompus et on délibère de les réparer [3]. Vingt ans plus tard, c'est le bâtiment lui-même qui menace ruine; les écoliers n'y veulent plus entrer de peur d'être « accablés ». On vote des réparations nécessaires et, en attendant qu'elles soient faites, on transfère les cours de médecine dans la grande salle des Assemblées [4]. Mais déjà une salle unique paraissait bien

1. Délib. du Collège des docteurs des 23 déc. 1694 et 26 mars 1695. A. V. D 32, f°° 24 et 26.
2. V. Laval, *Les bâtiments*, etc., p. 412.
3. Délib. du 5 déc. 1683. A. V. D 30, f° 166.
4. Délib. des 14 juin et 10 sept. 1708. A. V. D 32, f°° 340 et 249.

insuffisante, même pour une école de médecine aussi rudimentaire que celle d'Avignon. La création d'une chaire d'anatomie, en 1677, avait entraîné, dès 1696, la construction d'un amphithéâtre en bois, avec table pour les dissections [1]. En 1717, quand la botanique fut publiquement enseignée, il fallut songer à un jardin des simples. La Faculté de médecine et le Collège des docteurs s'en occupèrent pendant plus de trente ans. Déjà en 1711, ils avaient obtenu du pape, en vue de cet établissement, le vaste enclos de Champfleury; mais devant l'opposition des consuls, leurs efforts pour arriver à un aménagement définitif restèrent longtemps inutiles. En 1729, ils se résolurent à vendre pour deux mille livres le terrain, d'ailleurs trop étendu, qui leur avait été concédé et quatorze ans plus tard, en 1743, avec le produit de cette vente et les intérêts accumulés, ils pouvaient acquérir près de la place Belle-Croix, un terrain nouveau, où ils s'installèrent enfin, dans l'enclos longtemps connu sous le nom de jardin des médecins [2].

Mais l'entreprise qui, à l'époque où nous sommes arrivés, préoccupa surtout le Collège des docteurs, c'est la construction et l'ornementation d'une salle des Actes et Assemblées, dont l'Université avait été dépourvue jusqu'alors. On se rappelle en effet, que les séances du Collège des docteurs avaient lieu,

---

1. Délib. du Collège des docteurs du 3 juillet 1696. Sur la requête du régent et du collège des docteurs en médecine, on délibère « de faire faire un amphithéâtre dans la présente école ou ailleurs, où sera avisé, aux dépens de l'Université, pour faire des anatomies, afin que les écoliers fussent attirés en cette Université en quantité pour y étudier et prendre ensemble leurs degrés, ce qui redonderait au grand honneur et avantage de l'Université et du bien public. » A. V. D 32, f° 56.

2. Voir l'histoire des difficultés sans fin auxquelles donna lieu la création du jardin botanique dans Laval, *Hist. de la Fac. de méd.*, p. 263 à 283. Cf. A. V. D 33, f°ˢ 161 et 428. (Délib. du collège des docteurs agrégés en médecine des 18 mai 1729, 9 août et 3 et 16 sept. 1743.)

en général, dans la classe de médecine ; quant aux actes et examens, on se rendait autrefois à l'archevêché pour y procéder. Mais à mesure que l'Université s'émancipait davantage de la tutelle épiscopale, elle devait désirer de plus en plus rester chez elle pour accomplir ces sortes de solennités. Dès 1698, en effet, un docteur observait, dans l'assemblée du 18 août, que le Collège « donnait à ferme pour peu de chose » une annexe ou, comme on disait alors, un « membre » sis entre la classe de théologie et celle de philosophie, dont on pourrait faire une belle salle pour les actes et thèses de baccalauréat et de licence et cela sans beaucoup de frais [1]. L'idée fut aussitôt accueillie et la salle en question mise en état [2]. Mais cette appropriation paraît avoir été plutôt sommaire et ne se compléta que peu à peu. En 1717, il fallait déjà refaire le toit et le plafond qui menaçaient ruine; plus tard, on dut changer l'escalier qui était entièrement usé [3]; enfin, en 1750, on y fit faire un plancher [4]. Vers la même époque, pour honorer Benoît XIV, restaurateur des privilèges universitaires, on élevait au fond de cette salle un monument commémoratif comprenant le buste du Souverain Pontife [5] et dont le prix dépassa quinze cents livres [6]. Mais un monument si magni-

---

1. Délib. du 18 août 1698. A. V. D 32, f° 115.
2. Délib. du 4 mars 1717. A. V. D 32, f° 367. — Le 5 août 1718, on délibère d'employer aux réparations de la salle les rentes provenant du jardin botanique A. V. D 33, f° 2.
3. Délib. du 18 nov. 1758. A. V. D 33, f° 351.
4. Délib. des 12 janv. et 11 mai 1750. A. V. D 34, f°° 92 et 118.
5. Délib. du 9 janv. 1746. A. V. D 34, f° 9.
6. Livre des comptes du Collège des docteurs. 4 fév. 1746. Payé au sieur Péru, sculpteur, à titre d'acompte du prix fait pour la construction d'un monument et la sculpture de la statue en marbre du Souverain Pontife devant être placée dans une salle de l'Université, 700 l. — 25 nov. 1746 : au sieur Péru, pour l'entier paiement de la somme convenue pour la construction du monument élevé à Benoît XIV dans la salle de l'Université : 816 l. 13 s. 4 d. A. V. D 194, f°° 398 et 322.

fique parut bientôt déplacé dans une salle nue, où il n'y avait « que les quatre murs et le toit » et, pour mettre en harmonie le cadre et le tableau, le primicier ne tarda pas à proposer à ses collègues « d'attacher tout autour, contre les murs, des chassis pour y tendre une toile sur laquelle on ferait mettre les armoiries et les noms de tous les primiciers connus avec la date de leur primicériat, de boiser le pavé de la salle en l'élevant de six pouces, de faire grisailler les bancs et le plancher neuf, d'abaisser la fenêtre du Levant, qui n'était pas au niveau des autres et de fermer complètement une autre ouverture en retrait pour donner à la salle la symétrie qui lui manquait. » Cette fois, le Collège trouva son chef trop enclin au faste et à deux voix de majorité rejeta sa proposition [1]. Cependant tout le monde voulait décorer la salle, on avait reculé seulement devant tant de dépenses à faire à la fois. Le primicier reprit donc ses projets en détail, le lendemain, et fut approuvé. On convint de « faire toutes les décorations, mais sans toucher à la distribution de la salle », et cela petit à petit, sans emprunter [2]. Ce sage programme ne fut que partiellement exécuté. Du reste, le Collège ne perdit pas de vue les améliorations projetées en 1750. Encore en 1788, on le voit les poursuivre : il vote, à cette époque, des fonds pour réparer les fenêtres et les boiser en y ajoutant un vitrage à grands carreaux [3].

Les autres délibérations relatives aux bâtiments universitaires, qui nous sont parvenues, ne visent que des aménagements de moindre importance. En 1656, par exemple, le pri-

---

1. Délib. du 13 mai 1750. A. V. D 34, f° 119.
2. Délib. du 14 mai 1750, prise à la majorité de 18 voix contre 12. A. V. D 34, f° 120. — Délib. des 30 juin et 30 oct. 1753. On décide de faire grisailler le plancher et les bancs, ce qui n'avait pas encore été fait, parce que le bois n'était pas assez sec; puis de faire une petite porte à la salle de l'Université par laquelle entreront les domestiques qui portent les robes des docteurs, pour qu'ils ne traversent pas la salle pendant les actes. A. V. D 34, f°⁸ 198 et 199.
3. A. V. D 35, f° 320.

micier expose que « les classes des lois et de médecine n'ont aucune marque, ni vestige pour pouvoir être différenciées du prêche des Huguenots, dans lequel il y a une chaire et des bancs comme dans lesdites études, n'étant pas séant que dans une ville aussi catholique qu'Avignon, il y ait un lieu qui ait quelque chose d'approchant au trône du Démon. » Pour remédier à ce scandale, il propose de faire poser un tableau de piété dans chacune desdites classes, « à bon marché et sans grande dépense. » Approuvé unanimement [1]. En 1686, il faut faire face à des nécessités d'un ordre moins élevé. Les toits des auditoires sont rompus; il y pleut; il y a nombre de vitres cassées. Commission est donnée au primicier d'y pourvoir [2]. En 1710, on s'avise que les classes des lois sont inabordables « pour leur entrée être plus basse que celle de la rue, qui n'est pas pavée; et quand il a plu, il y a un demi pied d'eau. » Délibéré de faire paver « le long de ces classes » et plus tard toute la cour [3]. On pourrait multiplier ces exemples, qui se répètent pendant tout le cours du XVIIIe siècle. Ceux qui précèdent montrent assez, qu'en dépit des libéralités du Collège, l'Université n'eut jamais qu'une installation assez médiocre. Néanmoins, au cours du XVIIIe siècle, on avait réalisé quelques progrès; le Collège des docteurs avait enfin sa salle des Actes; la théologie et les arts étaient logés confortablement; enfin la Faculté de médecine avait obtenu quelques annexes indispensables. Pour faire mieux, il eût fallu des res-

---

1. A. V. D 80, f° 87.
2. A. V. D 31, f° 194.
3. A. V. D 32, f° 280. A. V. D 33, f° 22 (28 juin 1719). — La place des Études, qui était comme le centre de l'Université, était trop souvent envahie et devenait même un réceptacle d'immondices. Nous voyons le vice-légat Frédéric Sforza, par ordonnance du 13 juin 1611, interdire d'y faire ou déposer des ordures et d'y jouer aux boules aux heures des cours, sous peine d'un écu d'amende. A. V. D 15.

sources qui manquaient; car l'Université, en vue d'acquitter les dépenses engagées, avait dû plus d'une fois emprunter et rogner même les appointements de ses professeurs [1].

On ne comprendrait guère aujourd'hui une Université sans bibliothèque. L'Université d'Avignon eut, en effet, dans les premiers siècles de son existence une ou même plusieurs « librairies ». Ce fut d'abord, en 1388, la bibliothèque des Bénédictins, installée dans leur collège de Saint-Martial, puis en 1427 [2], la bibliothèque universitaire proprement dite, due aux libéralités du cardinal de Saluces [3] et qui fut placée, à son tour, dans une chapelle du même monastère. Elle s'accrut au xve siècle, de plusieurs dons importants. Sous la haute surveillance des primiciers, la garde en était confiée aux moines bénédictins. Ceux-ci semblent s'être bien mal acquittés de leur office, — peut-être parce qu'ils n'étaient pas régulièrement rétribués de leurs peines, — car, dès 1512, le primicier, dans une inspection, constate que le bâtiment menace ruine et que les volumes sont dispersés. Puis, ce fut l'Université elle-même qui, pressée de difficultés financières, consacra elle-même la disparition de sa librairie en vendant les livres qui lui restaient (1578). Seuls un *Corpus juris civilis* et un exemplaire du *Décret* de Gratien furent conservés : en 1746, le Collège des docteurs en fit hommage au Souverain Pontife, Benoît XIV [4]. Plus sages ou plus heureux, les Bénédictins gardèrent les livres qui leur appartenaient en propre et même en accrurent

---

1. Délib. des 1er avril et 19 déc. 1718, 23 mai 1719, 12 janv. et 30 juin 1750, etc. A. V. D. 32, f° 384; D 33, f°° 9 et 16; D 34, f°° 92 et 136.

2. Accord entre l'Université et l'abbé de Cluny pour l'installation de la bibliothèque de l'Université dans la chapelle du collège Saint-Martial, qui dépend de l'abbé de Cluny, 7 sept. 1427. Fournier, 1303.

3. Testament du cardinal Amédée de Saluces, du 21 juin 1419, par lequel il donne une partie de ses livres à l'Université d'Avignon « pro una libraria ibidem incipienda. » A. V. D 15. Cf. Fournier, 1291.

4. Délib. du 9 janv. 1746. A. V. D 34, f° 9.

beaucoup le nombre, pour en vendre d'ailleurs, au XVIII° siècle, une partie. Quant aux étudiants, à défaut d'une bibliothèque universitaire, ils pouvaient consulter les librairies de Saint-Michel, de Sénanque, du Roure ou de Saint-Nicolas, ces deux dernières fondues ensemble, lors de la réunion des Collèges; mais l'étude des textes originaux et les recherches érudites ne les passionnaient plus guère, je pense, et d'ailleurs, cette dernière ressource, offerte à leurs curiosités, ne leur fut-elle pas ôtée, lorsque les collèges passèrent sous l'autorité de la Propagande [1]?

Quant aux archives, on a dit combien elles étaient incomplètes pour la période antérieure à 1590 ou 1600. La perte de tant de documents précieux est due sans doute à bien des causes, dont la moindre ne fut pas la négligence et l'impéritie des autorités universitaires. Un usage ancien prescrivait que toutes les pièces et registres fussent confiés au doyen du Collège des docteurs en droit [2]. En général, les doyens se montraient peu jaloux de cet honneur : plus d'un, parmi eux, le déclina [3]; ceux qui le subirent ne firent pas grand'chose pour le mériter. Ils laissèrent s'accumuler, au milieu d'un désordre et d'une confusion extrêmes, dans la caisse et plus tard dans le « buffet », qu'on fit construire à leur intention, les bulles, papiers et registres du Collège; si bien que les recherches y étaient à peu près impossibles. Nombre de pièces précieuses disparurent [4]. C'est seulement en 1703 qu'on ouvrit un registre

---

1. Sur cette question des bibliothèques d'Avignon, voir Labande, *Catalogue général des manuscrits des Bibliothèques de France. Avignon*, tome I, 1894, Introduction, p. XLVI à LXVII.

2. A. V. D 30, f° 121.

3. A. V. D 43, f°ˢ 13 et 351 ; D 34, f° 41.

4. Délibéré, le 29 mars 1683, de faire faire une garde-robe, pour y mettre les bulles, papiers et documents du Collège, vu que tous ceux qui sont dans la caisse gardée par M. de Gay, doyen, sont pêle-mêle et qu'on ne peut trouver une pièce sans tout bouleverser, quand on en a besoin. — Délib. du 17 mars

des emprunts, lequel ne fut d'ailleurs jamais régulièrement tenu [1]. On essaya, en 1699, de rédiger un inventaire [2], on nomma, en 1713, une commission de surveillance [3] ; mais les exodes périodiques des Archives continuèrent. En 1779 seulement, on remédia d'une façon définitive aux inconvénients de tous genres qu'ils offraient. Les archives furent désormais placées sous la garde du secrétaire-bedeau. Cet agent eut la libre disposition des livres des actes, des registres des gradués et des listes d'immatriculation, qui étaient d'un usage journalier ; quant aux pièces les plus importantes et aux titres originaux, ils furent placés dans une armoire fermée de trois clés confiées l'une au primicier, l'autre au doyen du collège, la troisième au plus ancien régent [4]. Il était trop tard hélas! pour que ces sages mesures pussent arrêter des dilapidations qu'on n'avait pas su prévenir à temps.

Quelques mots, avant de clore ce chapitre, sur deux accessoires obligés du matériel universitaire : la cloche et la masse. La masse de l'Université d'Avignon a eu déjà son historien, dont il suffira de résumer très brièvement la notice [5].

1695. Le primicier a fait porter le buffet dans lequel sont enfermés les papiers et documents, titres et bulles de l'Université chez M. Salvador, doyen. Et ayant eu besoin de quelques papiers, il a remarqué un grand désordre et confusion. A. V. D 31, f° 143; D 32, f° 87.

1. Délib. du 30 avril 1703. A. V. D 32, f° 171.
2. La rédaction de l'inventaire est décidée dès le 29 mars 1683; mais l'exécution de cette délibération n'a lieu qu'en 1698; le 17 mars, on confie la rédaction de cet inventaire au chanoine Bernard, frère du secrétaire-bedeau de l'Université ; on lui adjoignit un aide, le 22 avril 1699 et on décida en même temps de faire fabriquer un deuxième cabinet en bois de noyer, le premier étant insuffisant ou d'agrandir celui-ci. A. V. D 31, f° 143; D 32, f°' 87 et 129.
3. Cette commission, constituée le 14 déc. 1713, comprenait quatre membres du Collège, dont le primicier. A. V. D 33, f° 320.
4. Délib. du 6 mars 1779. Le secrétaire était alors M. Chambaud, « qui méritait toute confiance. » A. V. D 35, f° 124. — L'usage était ancien de donner au primicier, au sous-doyen du Collège et au plus ancien régent une des clés de la caisse ou de l'armoire où étaient enfermées les archives. A. V. D 32, f° 320.
5. V. L. Duhamel, *Les masses des Universités d'Avignon et d'Orange*, 1896, p. 3.

Elle fut fondue en 1453 — ce n'est sans doute pas la première qu'ait possédée l'Université [1] — et coûta vingt-sept écus d'or. C'était une véritable œuvre d'art. « D'une longueur totale d'environ 0,60 ou 0,70 centimètres, dont 15 à 20 pour la masse elle-même et le reste pour le manche, elle affectait la forme d'un petit bâtiment à six faces séparées par des colonnettes à chapiteaux gothiques. Dans chacune de ces faces étaient représentés en gravure, sur un fond semé d'étoiles Notre-Dame, saint Jean-Baptiste, saint Pierre et saint Paul, saint Nicolas et sainte Catherine. Deux de ces faces devaient être ornées, en outre, l'une de l'effigie d'un docteur lisant dans sa chaire, entouré d'étudiants, l'autre, des armes de l'Université. La partie supérieure formait coupole, surmontée d'un chérubin aux ailes éployées ». Elle était en argent doré. Les primiciers se transmirent pendant plus de trois siècles ce précieux dépôt. En 1792, elle fut confisquée comme bien national, envoyée à Marseille et fondue avec nombre d'autres objets d'argenterie enlevés aux églises et aux couvents. Il n'en est fait mention qu'une fois dans les archives, au cours des XVIIe et XVIIIe siècles : les comptes de l'Université renferment un reçu de deux écus signé, le 28 octobre 1667, par le sieur Arnould, « pour avoir soudé en plusieurs endroits la masse de l'Université et l'avoir entièrement blanchie [2] »; depuis 1453, la dorure en avait sans doute disparu [3].

---

1. Plus huit ducats et demi pour la dorure ; elle fut fabriquée par un orfèvre nommé Margier. En outre, le Collège commanda, pour y enfermer la masse, à un certain Marcavi, une gaine de cuir qui coûta trois florins. Enfin, en 1454, on fit encore fabriquer par Margier, au prix de neuf écus, un chérubin en argent doré, qui devait être placé sur la partie supérieure de la masse.
2. A. V. D 190.
3. Il est aussi question, à plusieurs reprises, dans les assemblées du Collège des docteurs, des armes et du sceau de l'Université. C'est ainsi qu'en 1674, le Collège délibère de faire faire sur bois les armes de l'Université et de les faire peindre à l'huile, pour les mettre annuellement sur la porte du primicier

Quant à la cloche, la *Doctoresse*, dont il est si souvent question dans les statuts, elle avait été placée dans le clocher de Saint-Didier et remise à la garde du chapitre de cette église. Par une convention du 19 mars 1534, l'Université s'engagea à payer annuellement au chapitre cinq florins pour « l'emplacement de ladite cloche » et douze florins pour la faire sonner aux heures des cours [1]. Les réparations restaient d'ailleurs à la charge du Collège [2]. On sait que la Doctoresse annonçait non seulement les leçons des régents, mais aussi les messes, processions, cérémonies et actes solennels de l'Université, ainsi que la mort des docteurs agrégés et de leurs femmes; les docteurs simples pouvaient partager cet honneur moyennant une rétribution supplémentaire [3]. Le chapitre de Saint-Didier oublia d'ailleurs plus d'une fois les obligations qui lui incombaient et il fallut les lui rappeler. De nouveaux arrangements

---

élu; en 1738, ces armoiries étant usées, on les fait refaire. (Délib. du Collège des docteurs des 30 mai 1672 et 18 nov. 1638. A. V. D 30, f° 257; D 33, f° 351.) Quant aux sceaux de l'Université, qui étaient en argent et ont disparu, ils représentaient un docteur assis dans sa chaire, avec, au-dessus, l'image de la Vierge portant l'Enfant Jésus. En exergue, cette inscription : *Sigillum Primicerii Universitatis Studii Avenionensis*. Les armes de l'Université représentaient un ange à plusieurs paires d'ailes, avec la même inscription ou avec celle-ci plus brève : *Universitas Avenionensis*. La planche en taille-douce dont on se servait pour imprimer ces armes sur les thèses ou sur les programmes de l'Université, fut refaite à plusieurs reprises soit en bois, soit en cuivre ou en bronze. (Délib. du Collège des docteurs des 9 oct. 1724 et 8 mars 1742. A. V. D 33, f°⁵ 98 et 400. Cf. A. V. D 73.)

1. A. V. D 16.
2. Délib. du Collège des docteurs du 15 mai 1746. Le bois de la cloche était en partie pourri. Le primicier a recours aux lumières de cinq charpentiers, qui tous déclarent une réparation indispensable et urgente, mais ne s'entendent pas sur le coût. Le Collège s'en remet au primicier, qui confie l'ouvrage à un fort habile homme nommé Raffin. A. V. D 34, f° 41.
3. Délib. du Collège des docteurs des 26 juin 1673 et 8 avril 1691. La redevance est fixée à trois écus pour les docteurs simples et agrégés en médecine et en théologie. De même pour les femmes des docteurs simples en droit et des docteurs simples ou agrégés de la Faculté de médecine. A. V. D 30, f° 276; D 31; f° 226.

intervinrent, à plusieurs reprises. On décida notamment en 1666, que la cloche sonnerait après matines, pour les leçons du matin et après vêpres, pour les leçons du soir [1]. Comme la masse de l'Université, la Doctoresse disparut pendant la tourmente révolutionnaire.

1. Délib. du Collège des docteurs du 3 mai 1666, acceptée par le chapitre de Saint-Didier le 26 juin. A. V. D 30, f° 190.

CHAPITRE II

LE BUDGET

Les comptes des primiciers et du Collège des docteurs. — Difficulté de reconstituer les budgets annuels de l'Université. — Recettes ordinaires : produit des greffes attribués à l'Université; rentes ou « pensions »; droits perçus sur les gradués. — Ressources extraordinaires. — Emprunts et remboursements. — Dépenses. — Honoraires des professeurs et agents de l'Université. — Entretien des bâtiments et menues dépenses de matériel. — Frais de procès. — Du salaire des agrégés et des régents dans chacune des Facultés. — Traitements fixes et casuel. — Inégalité et modicité de ces émoluments.

Les comptes des primiciers et ceux du Collège des docteurs nous sont restés en partie [1]. Ils n'ont rien de la belle ordonnance des budgets de nos établissements modernes d'instruction secondaire ou supérieure, lesquels, s'ils grossissent sans cesse et aboutissent généralement à un déficit libéralement comblé par l'État, sont irréprochables dans la forme et flattent l'œil par la multiplicité croissante et la superbe régularité de leurs colonnes. Les primiciers, — les seuls trésoriers, on l'a vu, qu'ait connus l'Université d'Avignon, — tenaient leurs registres de recettes et de dépenses au jour le jour, de façon tout empi-

[1] Les archives de l'Université ne renferment les comptes des primiciers que depuis 1730. Pour la période antérieure, on n'a que des comptes fragmentaires et des pièces justificatives fort incomplètes, à l'aide desquels on ne peut dresser un tableau exact des recettes et dépenses de l'Université. Les comptes des primiciers concernent l'Université en général et la Faculté de droit en particulier; il n'est pas de comptes spéciaux pour les Facultés de théologie, de médecine et des arts.

rique et sans aucun souci de l'équilibre budgétaire. Pas de budget de prévision, pas même de compte administratif ou de gestion. Un simple journal justificatif, appuyé, il est vrai, des pièces comptables, mais ne coïncidant ni avec l'année civile, ni avec l'année scolaire, mais simplement avec la durée de la gestion du primicier, laquelle pouvait être d'un peu plus d'un an ou d'un peu moins et pendant laquelle on ne réalisait que rarement toutes les recettes, on n'effectuait presque jamais toutes les dépenses régulièrement afférentes à un même exercice. Faire après coup ce que les primiciers ne tentèrent point, n'est pas chose facile : dressés à l'aide de documents si imparfaits, les budgets annuels ne sauraient être qu'approximatifs. Ajoutons qu'ils manquent forcément de simplicité. L'Université pratiquait, en effet, le procédé de la spécialisation des recettes et des dépenses, si sévèrement proscrit aujourd'hui de nos budgets. Telle ressource était nécessairement appliquée à couvrir une dépense déterminée ou partie de cette dépense. De là, de nouvelles chances d'erreur ou de doubles emplois, si bien qu'en énumérant les ressources et les paiements, on ne peut jamais se flatter ni d'être tout à fait complet, ni de rester rigoureusement exact.

Trois sources différentes de revenus alimentaient le budget universitaire, en dehors de certains droits directement perçus par les professeurs et dont il sera question ultérieurement. C'étaient : le produit des greffes d'un certain nombre de juridictions du Comtat, concédés, en 1479, à l'Université ; les rentes que lui devaient certaines communautés ou qu'elle s'était constituées par l'apport de capitaux ; enfin, les droits que les gradués devaient verser à la « masse » de l'Université.

On sait comment l'Université devint propriétaire des greffes de diverses juridictions du Comtat.

Vers la fin du xve siècle, par suite de la diminution du

nombre des écoliers, les émoluments des professeurs étaient devenus manifestement insuffisants. Le pape Sixte IV résolut d'y pourvoir. Il assigna, en conséquence, aux docteurs lisant, pour leur salaire, six cents ducats d'or, dont trois cents à prendre sur les revenus du greffe de la vice-gérence et trois cents à payer par la ville sur les revenus des gabelles ou autres impôts indirects [1]. Mais le Conseil de ville refusa absolument de souscrire à cette décision et par une nouvelle bulle, du 18 août 1479, Sixte IV accorda aux régents, en compensation de la rente municipale dont ils étaient frustrés, les revenus des greffes de la cour de la rectorie de Carpentras et de la cour des appellations de cette ville, ainsi que ceux des greffes des cours ordinaires de Carpentras, de l'Isle et de Valréas [2]. En 1514, Léon X concédait, à son tour, à l'Université les autres greffes du Comtat, savoir ceux des cours ordinaires de Monteux, de Pernes, de Malaucène et de Cavaillon [3]. Quant aux revenus du greffe de la vice-gérence, le pape Alexandre VI en avait réservé la moitié au greffier; plus tard même l'Université cessa de percevoir aucun revenu de ce chef [4]. Mais les autres greffes lui restèrent et le Collège des docteurs ne cessa pas d'en nommer les titulaires. Ils rapportaient ensemble, aux XVIIe et XVIIIe siècles, environ 360 écus 20 sols, soit 1081 livres [5].

1. Bulle de Sixte IV du 5 juin 1475. A. V. D 2. Fournier, 1366; Laval, 27. Le ducat valait environ 10 à 12 fr. de notre monnaie.
2. Bulle de Sixte IV du 18 août 1479. Fournier, 1378; Laval, 29.
3. Bulle de Léon X du 3 mars 1514. Laval, 43.
4. Bulle d'Alexandre VI du 5 sept. 1493. Fournier, 1402; Laval, 39.
5. Ces revenus étaient les suivants :
Cour de la rectorie de Carpentras, en deux échéances
égales au 1er janvier et au 1er juillet. . . . . 84 écus 20 sous.
      plus 12 lapins.
Cour des appellations de Carpentras, échéance unique à
Pâques. . . . . 10 écus.
      plus 2 chevreaux.
Cour ordinaire de Carpentras, en deux échéances égales

En 1768, lors de la dernière occupation du Comtat par les troupes du roi de France, l'Université fut privée de cette ressource et Louis XV lui accorda, en compensation, une rente de 1081 livres. Bien que son budget annuel n'y perdît rien, l'Université ne cessa de protester avec vigueur contre une mesure, dans laquelle elle voulut voir une véritable spoliation [1].

Le deuxième chapitre du budget universitaire comprenait un certain nombre de rentes ou, comme on disait alors, de pensions, provenant généralement de capitaux que l'Université avait prêtés à des communautés et dont celles-ci lui ser-

au 24 juin et au 24 décembre...............	28 écus.
plus un demi-veau, estimé 10 livres.	
Cour ordinaire de Pernes, en deux échéances égales au 1ᵉʳ mars et au 1ᵉʳ septembre................	60 écus.
plus 12 cailles et 4 chapons.	
Cour ordinaire de l'Isle, en deux échéances égales à Pâques et au 29 septembre...............	100 écus.
plus 12 poulets et 12 pigeons.	
Cour ordinaire de Cavaillon, échéance unique au 1ᵉʳ novembre.............................	20 écus.
plus 4 chapons.	
Cour ordinaire de Malaucène, échéance unique au 24 décembre.............................	10 écus.
plus 6 poulets bons et gras.	
Cour ordinaire de Valréas, en deux échéances égales au 1ᵉʳ janvier et au 1ᵉʳ juillet..................	28 écus.
plus 6 chapons.	
Cour ordinaire de Monteux, échéance unique au 4 septembre...............................	20 écus.
plus 4 oisons.	
Total.....	360 écus 20 sous.

(A. V. D 187.)
L'Université affermait ces greffes et pouvait ainsi en retirer un revenu fixe. Ajoutons que, lors du renouvellement des baux à ferme, elle recevait des sommes considérables des nouveaux titulaires; ces sommes étaient généralement réparties entre les docteurs agrégés; quelquefois une partie en était versée à la masse de l'Université.

1. A. V. D 35, fº 76 (délib. du 10 mars 1774).

vaient les intérêts. Telles étaient encore, au xviii⁰ siècle, les pensions acquittées par les communautés de Cavaillon, de Velleron, d'Entraigues et du Pont-de-Sorgues et qui s'élevaient ensemble à 54 écus ou 162 livres par an [1]. La Juiverie d'Avignon devait aussi à l'Université une sorte de tribut fixé à 36 sous. Enfin deux particuliers, dont les ancêtres avaient acquis quelques annexes des bâtiments universitaires payaient au Collège des docteurs — de façon très irrégulière, — une cense minime de 10 et 2 deniers [2]. Mais la principale créance de l'Université reposait sur l'Hôtel-de-Ville d'Avignon, qui, au xviii⁰ siècle, ne lui payait pas moins de 715 livres 5 sous, chaque année. Cette créance comprenait trois objets différents : 1° une somme de 70 écus ou 210 livres, représentant l'exemption des impôts indirects primitivement accordée aux membres de l'Université et à laquelle ils avaient dû renoncer ; 2° l'intérêt de diverses sommes prêtées à la communauté d'Avignon, soit 190 livres 5 sous par an. Dans ce total était comprise une pension de 35 livres provenant d'un capital de 1000 livres placé, en 1722, sur la communauté d'Avignon et destiné à accroître les honoraires du professeur des Institutes [3] ; 3° enfin, quatre pensions formant un total de 315 livres et provenant de la fondation par l'archevêque de Marinis des deux chaires de théologie et de philosophie scolastiques, pour lesquelles il avait été versé entre les mains des consuls, par l'intermédiaire du primicier, des sommes diverses s'élevant ensemble à

---

1. Savoir : la communauté de Cavaillon, 90 livres ; celle de Velleron, 30 livres ; Entraigues, 21 livres ; le Pont de Sorgues, 21 livres. V. les budgets de 1730 à 1790. A. V. D 194 et 195.

2. *Ibid.*

3. Ass. du Collège des docteurs du 14 nov. 1722. Pendant la peste, les professeurs n'avaient pas fait leurs cours et n'avaient pas été payés. On décida de « mettre à constitution de rentes » les sommes que le primicier avait entre les mains et dont les revenus seraient destinés à payer le complément des honoraires du régent des Institutes. A. V. D 33, f° 67.

9.000 livres [1]. Le chapitre des pensions de l'Université formait ainsi un total de 879 livres 2 sous.

C'étaient là des revenus réguliers et — en dépit des retards qui se produisaient parfois dans les paiements — assurés. Il en était d'autres plus aléatoires et surtout plus variables, parmi lesquels il faut citer d'abord les droits perçus sur les gradués. On sait en effet qu'outre les droits payés directement et à divers titres aux officiers et docteurs agrégés des Facultés, les candidats aux grades universitaires étaient encore redevables à la « masse » de l'Université d'une taxe qui varia souvent et qui était, à la fin du XVIII° siècle, de 13 livres pour le baccalauréat ainsi que pour la licence en droit et de 11 livres 1 sou pour le doctorat de la même Faculté, non compris les examens sur les Institutes et sur le droit français tarifés chacun à une livre. De même les licenciés, docteurs et maîtres en théologie devaient payer 2 livres 19 sous, et les maîtres ès arts 30 sous. Chaque examen de médecine était tarifé à 3 livres 12 sous. De ce chef, l'Université percevait une somme qui jusque vers 1775, ne dépassait guère 5 ou 600 livres, mais qui,

1. Par acte du 13 nov. 1655, l'archevêque de Marinis avait fondé une chaire de théologie scolastique et consacré au paiement du titulaire 3.000 livres tournois (3.100 l. en monnaie courante) à prendre sur les revenus que l'archevêque percevait aux lieux de Saint-Rémy, Noves et Bournissac en Provence ; cette somme devait être payée au primicier. Par contrat du 16 mars 1656 la ville d'Avignon se chargea de ce capital contre une pension de 155 livres payable chaque année entre les mains du primicier. Peu de temps après, de Marinis augmenta son premier don de 2000 l. La ville d'Avignon ne voulut d'abord pas se charger de cette nouvelle somme qui fut déposée chez les Pères Chartreux de Villeneuve ; elle y consentit enfin par contrat du 15 févr. 1666. Quelques semaines auparavant, l'archevêque avait fondé une chaire de philosophie thomiste (9 janvier 1666). Il fit don pour défrayer le titulaire de cette chaire, de 500 écus blancs qui devaient être employés par le primicier à l'achat d'une rente. La ville d'Avignon se chargea de ces 1500 livres par acte du 15 février. Le 10 sept. 1668, elle se chargea encore de 1500 livres nouvelles que de Marinis ajouta à son premier don. Au XVIII° siècle, le revenu de ces quatre « pensions » n'était plus que de 315 livres royales.

à partir de cette époque, s'éleva d'une façon à peu près continue pour atteindre 1.000 livres dans l'année scolaire 1777-78 et 2.000, en 1780-81, et dépassa même 4.000 livres dans les deux dernières années de l'existence de l'Université. A ce moment, le commerce des grades — qu'on nous pardonne cette expression assez exacte dans sa sévérité, — ce commerce était particulièrement florissant et, si la réputation de l'Université n'y gagnait guère, ses finances s'en trouvaient fort bien [1].

Telles étaient les ressources ordinaires de l'Université. D'autres recettes venaient parfois, à titre exceptionnel, s'y ajouter. Les greffes, par exemple, outre les rentes annuelles qu'ils fournissaient, étaient encore une source de recettes extraordinaires. Le renouvellement des baux à ferme de ces greffes, la nomination d'un nouveau greffier ou celle d'un coadjuteur offraient l'occasion de percevoir des sommes considérables; c'est ainsi que l'on voit, pour le xviiie siècle seulement, les nouveaux greffiers de la rectorie de Carpentras financer à deux reprises jusqu'à concurrence de 2.000 livres et ceux des cours ordinaires de Cavaillon, l'Isle, Malaucène et Monteux verser à leur tour au primicier des sommes variant de 400 à 800 livres [2].

1. Sommes perçues sur les gradués. En 1730-31 (année primicériale) 496 l. 12 s. 3 d.; en 1739-40, 566 l. 15 s.; en 1740-41, 571 l. 19 s. 2 d.; en 1741-42, 562 l. 2 s.; en 1749-50, 514 l. 17 s. 16 d.; en 1764-65, 482 l. 11 s. 9 d.; en 1766-67, 550 l. 15 s.; en 1768-69, 240 l. 17 s. seulement; en 1769-70, 143 l. 3 s. 6 d.; en 1772-73, 505 l. 3 s.; en 1773-74, 586 l. 14 s. 11 d.; en 1774-75, 578 l. 18 s. 10 d.; en 1775-76, 770 l. 2 s. 6 d.; en 1776-77, 575 l. 2 s. 6 d.; en 1777-78, 1028 l. 8 s. 6 d.; en 1778-79, 986 l. 13 s.; en 1780-81, 2130 l. 10 s. 6 d.; en 1781-82, 2238 l. 6 d.; en 1782-83, 2416 l. 8 s.; en 1783-84, 1885 l. 3 s. 10 d.; en 1784-85, 2951 l. 2 s. 6 d.; en 1785-86, 2299 l. 4 s.; en 1786-87, 2756 l. 18 s. 6 d.; en 1787-88, 2493 l. 9 s.; en 1788-89, 4329 l. 15 s. 6 d.; en 1789-90, 4756 l. 16 s. A. V. D 194 et 195.

2. 29 sept. 1735. La coadjutorerie du greffe de la cour de la rectorie de Carpentras est concédée à un sieur Firmin, moyennant la componende de 2000 l. (A. V. D 33, f° 288). Traité semblable du 29 mai 1761. (A. V. D 34, f° 281). — Collation du greffe de la cour ordinaire de Carpentras, moyennant 12 livres payées à chaque docteur, au lieu des 9 l. payées d'ordinaire, le nombre des docteurs étant

Ce n'est pas tout. Obligée, à diverses reprises, de subvenir à des dépenses extraordinaires, l'Université, d'abord exceptionnellement, puis, à partir de 1738, d'une façon régulière, abonna l'agrégation en droit. Au lieu des taxes diverses qui leur étaient primitivement imposées, les nouveaux agrégés n'eurent plus, ainsi qu'il a été dit précédemment, qu'à acquitter une somme fixe qui fut d'abord de 600 écus blancs ou de 1.500 livres, mais s'éleva en 1784, à 2.000 et même à 2.400 livres royales. L'Université qui n'avait fait que deux agrégés de cette sorte au XVIIe siècle [1], en fit quatre en 1738 [2], puis six en 1746 [3], et successivement, jusqu'en 1790, deux douzaines, ce qui ne laissa pas de faire entrer dans ses caisses plus de 16.000 écus [4].

fort diminué. 27 juillet 1739. A. V. D 33, f° 366. — Collation du greffe de la cour de l'Isle, moyennant une componende de 800 l. 14 mars 1763. A. V. D 34, f° 367. Auparavant le nouveau greffier devait payer à chaque docteur un louis d'or valant 11 l. 8 s. et le double aux doubles. (Contrat du 9 mai 1659. A. V. D 30, f° 114). — Collation du greffe de Cavaillon, moyennant 400 l. 13 fév. 1784. A. V. D 35, f° 248; auparavant le nouveau greffier devait payer 4 l. 8 s. à chaque agrégé et le double aux doubles. — Collation du greffe de Malaucène, moyennant 600 l. 6 nov. 1777, 9 sept. 1789. (A. V. D 35, f°° 149 et 344.) Auparavant la componende était de 15 sous par docteur (20 nov. 1688. A. V. D 21, f° 199). — Collation du greffe de Monteux moyennant une componende de 800 livres) le 19 déc. 1718 et moyennant une componende de 600 l., le 20 déc. 1779. A. V. D 43, f° 9; D 35, f° 149.

1. Délib. du 10 janv. 1682. On décide de recevoir à l'agrégation deux docteurs in utroque jure de l'Université, sous condition de verser 600 écus blancs chacun, lesquels seront employés à éteindre les dettes, ce qui ne pourrait se faire de longtemps avec les revenus ordinaires de l'Université, « sans conséquence ». Le 15 janvier, M. de Pézenas est agrégé dans ces conditions, A. V. D 31, f° 130 et 132. — Délib. du 18 août 1698. Le prix de l'abonnement est fixé à 2000 l. qui seront consacrées à l'extinction des dettes. A. V. D 32, f° 115.

2. Délib. du 18 nov. 1738. On décide d'abonner quatre places d'agrégés pour éteindre les dettes de l'Université. Le prix est fixé à 1500 l., le nombre des agrégés étant moitié environ de ce qu'il était en 1682 et 1698. A. V. D 33, f° 352.

3. Délib. du 9 janv. 1746. A. V. D 34, f° 11.

4. Délib. des 27 mai 1748, 21 janv. 1751, 6 sept. 1753, 23 mars et 18 août 1760 et 3 déc. 1764; on abonne encore deux places par délib. du 17 janv. 1778; puis l'agrégation est portée à 2400 l. (Délib. du 30 mars 1784) et on abonne encore quatre docteurs à 1500 l. A. V. D 34, f°° 61, 147, 197, 320, 333, 396; D 35, f°° 108,

Le Collège trouvait aussi, mais rarement, une ressource exceptionnelle dans la vente ou la location de bâtiments ou annexes de l'Université devenus inutiles. En 1638, il vend « deux membres » voisins des classes de théologie et de droit canon [1]. En 1773 et 1774, il retirait encore un droit de lods de 125 et de 130 livres pour la vente d'anciens immeubles lui appartenant [2]. En 1784, on le voit louer au sieur Mazetti, marbrier, pour le prix de 75 livres royales, l'ancienne classe de philosophie [3]. En revanche, il devient propriétaire, en 1711, du vaste terrain de Champfleury que le pape lui avait cédé pour y établir le jardin botanique ; et comme des difficultés surgissent au sujet de cette création, il finit par vendre cet emplacement à l'hospice de la Charité, qui lui en paie la rente, à raison de 84 livres par an, lesquelles sont affectées, il est vrai, au traitement du professeur de botanique [4].

Enfin et comme dernière ressource dans ses besoins pressants, l'Université empruntait. Rendons-lui cette justice qu'elle emprunta peu, à un taux relativement bas et à brève échéance. Elle mit à rembourser ses emprunts une exactitude et un empressement, dont elle ne trouvait pas l'exemple dans les communautés du Comtat [5]. En outre, le crédit dont elle jouis-

et 234. — Au total, de 1738 à 1790, on compte 34 agrégés par abonnement, dont 26 à 1500 l., 4 à 900 l. (tarif de deux frères agrégés simultanément), 2 à 1050 l. (par faveur spéciale), un à 2000 l., un à 2100 l. Le produit total s'élève à 49.100 l. royales. V. les budgets de 1738-39 à 1789-90. A. V. D 194 et 195.

1. A. V. D 15.
2. A. V. D 195. (Recettes du primicier en 1773 et 1774.)
3. A. V. D 195. (L'acte de location est du 29 mai 1780.)
4. A. V. D 194 f° 22. Cf. le chap. I ci-dessus : les Bâtiments.
5. Principaux emprunts de la fin du xvii° siècle à 1790. — 26 juin 1673 : emprunt de 500 écus à rembourser sur le produit des greffes. A. V. D 30, f° 286. — 7 mai 1674. Emprunt de 300 écus à M. Siffredi. D 31, f° 1. — 5 déc. 1676. Emprunt de 1000 l. puis de 500 écus blancs. D 31, f° 47. — 31 mai 1677 ; emprunt de 300 écus blancs. D 31, f° 49 et 53. Tous ces emprunts sont nécessités par le procès pendant contre l'Université d'Aix. On remarque, le 7 novembre 1680, qu'ils se sont élevés, en y comprenant les gages abandonnés par les régents pour cette affaire, à

sait lui permit plus d'une fois d'opérer ce qu'on appellerait aujourd'hui des conversions avantageuses. C'est généralement pour réparer ses bâtiments ou soutenir ses procès qu'elle eut recours à l'emprunt. On a déjà vu d'ailleurs qu'elle essaya plus d'une fois de faire face aux dépenses de cette nature avec ses ressources ordinaires. En 1680 les régents avaient pour un pareil objet renoncé à leurs honoraires [1].

2990 écus. D 31, f° 114. — 7 nov. 1693. Emprunt de 300 écus à 4 ou 4 1/2 p. %. pour l'affaire de la confirmation des privilèges A. V. D 32, f° 43. — 9 mai 1698. Emprunt de 1800 livres aux religieux de Saint-Augustin pour la même affaire. On avait précédemment décidé d'emprunter 800 écus ; il restait donc 200 écus à réaliser. Mais le prêteur qu'on avait en vue, M. de Folard, ne voulait prêter que 300 écus en bloc à 4 %. Le 31 mai 1698, on délibère de ne pas laisser échapper cette occasion, puisque la ville empruntait à 4 1/2 et on emprunte les 300 écus. A. V. D 32, f° 101 et 108. — 27 juill. 1709. Emprunt de 1000 l. pour le procès avec l'Université d'Aix, à 6 %. D 32, f° 263. — 14 déc. 1713. Délibéré de rembourser à M. Crozet le capital de 1200 l. que l'Université lui doit parce qu'il n'a pas voulu réduire son intérêt à 4 p. %. On emprunte pour cela à M. Montanier 1000 l. à 4 p. %. — 1ᵉʳ avril 1718. Délibéré d'emprunter les sommes nécessaires pour les réparations de la salle (800 l.) A. V. D 33, f° 9, 16. On rembourse M. Montanier, en 1720, avec le prix de vente d'un « membre » de l'Université acquis par M. de Fortias de Montréal, savoir 800 l., plus 200 l. prises sur la masse de l'Université (délib. du 7 fév. 1720). A. V. D 33, f° 32. — 5 sept. 1729. Réduction de 5 à 4 % des pensions dues par l'Université, pour un capital de 1000 l., au chapitre de Notre-Dame la Principale et pour un autre capital de 1000 l. dû à Mᵐᵉ veuve Michel. Si les créanciers ne voulaient pas accepter cette réduction, on emprunterait pour les rembourser. Ils y consentirent A. V. D 33, f° 169. — 20 oct. 1735 : emprunt de 600 l. roy. pour l'affaire de Rome ; 18 déc. 1738, emprunt de 1000 l. pour le même objet ; 23 mars 1740, emprunt de 1000 livres pour le même objet. — En 1740, emprunt de 1000 l. à Mᵐᵉ du Pellon, veuve Michel (remboursé en 1750). — Pendant l'année 1744-45. emprunt de 1500 l. à M. Louvet (remboursé en 1746). — 12 novembre 1745. Emprunt de 4000 l. à Mᵐᵉ Roussel (remboursé au bout d'environ six mois). — 9 janvier 1746. Emprunt de 600 l. à M. Veran de Ribiers (remboursé en 1747-48). — En 1749, emprunté de Mᵉ de Bonneau, 1000 livres. — En 1758, emprunté aux Recteurs de l'Orphelinat, 1000 livres remboursées l'année suivante. — En résumé, de 1738 à 1790, époque pour laquelle nous possédons les comptes réguliers des primiciers, l'Université a emprunté 11.300 l. royales et en a remboursé 10.300, dont 9.300 provenant de ces emprunts et 1000 d'emprunts antérieurs. Elle devait encore, en 1790, 2000 l. à deux de ses créanciers et leur payait deux rentes de 40 livres chacune. A. V. D 33, f°ˢ 352 et 384 ; D 34 f°ˢ 11, 93, 136 ; D 194 et 195.

1. Délib. du 7 nov. 1680. A. V. D 31, f° 114.

Les comptes des primiciers ne distinguent pas assez nettement les sommes qui proviennent des pensions, celles qu'ils ont perçues sur les gradués, enfin le produit des emprunts. Toutes ces recettes figurent dans leurs livres ensemble et dans l'ordre chronologique. D'où l'impossibilité à peu près complète où l'on se trouve de faire exactement le départ entre la partie ordinaire et la partie extraordinaire du budget de chaque année et de donner le chiffre même approximatif des recettes et des dépenses annuelles de chaque ordre. En ne tenant compte que des recettes assurées et en prenant pour base la somme de 500 livres comme chiffre du produit des grades, on obtient, pour le xviiie siècle, une recette totale annuelle d'environ 2.500 livres, à laquelle s'ajoute le reliquat de l'année précédente. Mais que le nombre des gradués s'élève, qu'une ou plusieurs agrégations soient abonnées, enfin qu'un emprunt soit contracté et le chiffre des recettes s'enfle sans mesure. Année moyenne, il est de 3.000 livres vers 1780 ; il s'élève ensuite à 5 et 6.000 livres ; entre temps et par suite de circonstances exceptionnelles, il est monté, en 1783-84, jusqu'à 18.247 livres 12 sols et 6 deniers [1].

1. Budgets des recettes : 1730-31, 1653 l. 2 s. ; 1739-40, 2964 l. 11 s. 5 d. y compris un reliquat de 1428 l. 18 s. 9 d. provenant de l'exercice précédent) ; 1740-41, 4457 l. 10 s. 2 d. ; (dont un emprunt de 1000 l. roy. et un abonnement à l'agrégation) ; 1741-42, 1977, l. 8 s. 6 d. ; 1749-50, 3478 l. 19 s. 1 d. ; 1766-67, 2143 l. 7 s. 3 d. ; 1770-71, 2467 l. 15 s. (y compris 1500 l. pour un abonnement à l'agrégation) ; 1772-73, 1563 l. 17 s. 10 d. ; 1773-74, 2414 l. 10 s. 5 d. (y compris la componende du greffe de Monteux, 350 l.) ; 1775-76, 1018 l. 15 s. 2 d. ; 1777-78, 4178 l. 10 s. (y compris une agrégation à 1500 l.) ; 1778-79, 8728 l. 2 s. 10 d. (y compris quatre agrégations) ; 1780-81, 3261 l. 4 s. 2. ; 1782-83, 6381 l. 13 s. (y compris une agrégation) ; 1783-84, 18247 l. 12 s. 6 d. (dont 7 agrégations et un reliquat du précédent primicériat de 1870 l. 10 s. 11 d.) ; 1784-85, 5208 l. 9 s. 10 d. ; 1785-86, 5889 l. 10 s. 2 d. ; 1786-87, 5959 l. 13 s. 8 d. ; 1787-88, 5506 l. 18 s. 2 d. ; 1788-89, 8364 l. 19 s. 1 d. (y compris une agrégation) ; 1789-90, 11190 l. 19 s. 9 d. Le total du budget est donné en livres patas qui valent un septième de moins que les livres royales françaises. Par exemple, les agrégations fixées à 1500 l. royales produisaient dans le budget total 1750 l. Un budget de 3500 l. ne devrait donc être compté, en monnaie française, que pour 3000 l.

Mêmes fluctuations dans les chiffres des dépenses, car l'Université ne capitalise guère et vit au jour le jour. Aux divers articles de recettes correspondent d'ailleurs des dépenses équivalentes; en fin d'exercice, le reliquat, s'il y a lieu, est partagé entre les agrégés en droit.

Le revenu des greffes reste affecté au traitement des professeurs ou du moins aux honoraires de quelques-uns d'entre eux. Sur les 1.081 livres auxquelles il se monte, les quatre régents ordinaires de droit canon et civil reçoivent chacun 137 livres 5 sous à titre de traitement fixe; le doyen et régent ordinaire de théologie, 30 livres; le premier professeur de médecine aussi 30 livres; le professeur des Institutes, 30 livres; le primicier et le secrétaire-bedeau reçoivent pour la confection des comptes, l'un 13 livres, l'autre 6 livres 10 sous; le reste, soit 422 livres 10 sous, est partagé entre les quatre régents ordinaires à raison pour chacun de 105 livres environ [1].

Certaines pensions servies à l'Université par la communauté d'Avignon avaient aussi, on l'a vu, une affectation spéciale. Les 315 livres provenant des fondations de l'archevêque de Marinis étaient intégralement versées, en trois échéances, au prieur des Dominicains, pour le traitement des régents appartenant à cet ordre. De même le revenu de la rente de 1.000 livres acquise en 1722 était versé au régent institutaire. Le reste servait, avec l'argent des gradués, aux dépenses générales de l'Université [2].

Ces dépenses sont de plusieurs sortes : traitement ou complément de traitement de deux régents; honoraires de divers

---

1. A. V. D 184 à 187. Comptes des greffes et notamment D 186, f** 1 et 147; D 187, f** 1 à 13, etc.
2. A. V. D 194 et 195. Livres des comptes du Collège des docteurs (1730-1790).

agents de l'Université; paiement des droits de présence ou testons pour les cérémonies publiques et frais matériels de ces cérémonies; entretien des bâtiments, frais de procès, service des emprunts, distribution de reliquats aux docteurs agrégés, ces trois derniers articles constituant une sorte de budget extraordinaire, bien que les primiciers, dans leurs comptes, ne les séparent pas des autres dépenses.

Le professeur des Institutes ne recevait que 30 livres sur le produit des greffes; on lui payait sur les fonds de l'Université un supplément de 70 livres, en deux échéances inégales, l'une de 20 livres, l'autre de 50. Le professeur de droit français recevait sur les ressources générales du corps un traitement de 100 livres [1].

L'acteur ou les acteurs de l'Université recevaient 10 livres royales; le bedeau-secrétaire, pour avoir dressé les comptes, 10 livres également. On payait au chapitre de Saint-Didier, pour « l'emplacement » de la cloche de l'Université, 18 livres 3 sous; le salaire du sonneur était de 3 livres. Ajoutons que les orateurs chargés de prononcer les discours solennels à la rentrée des cours et à la fête de l'Annonciation, recevaient pour ce service 24 livres royales [2].

Des jetons de présence ou, comme on disait, des « testons » étaient distribués aux agrégés en droit qui assistaient aux neuf cérémonies suivantes : procession de la Fête-Dieu; messe aux Cordeliers, le jour de Saint-Luc; messe à Saint-Martial, le lendemain de la Saint-Luc; messe à la même église, le lendemain des Rois; messe aux Cordeliers, à la fête de l'Annonciation; grand'messe des morts, à Saint-Didier, le lendemain

---

1. A. V. D 194 et 195.
2. Ces discours étaient, en général, prononcés par un docteur agrégé en droit. Les programmes de l'Université mentionnent l'orateur qui prendra la parole pour la rentrée des cours. A. V. D 73.

de cette même fête ; messe à Saint-Martial, le lendemain de Quasimodo ; procession de la veille de l'Ascension ; élection du primicier. Ces distributions, qui du reste ne paraissent pas avoir été très régulièrement faites, — sans doute parce que les docteurs ne se rendaient pas exactement aux solennités qui y donnaient lieu, — coûtèrent, en 1739, 228 livres 15 sous et, en 1788-89, 207 livres, 15 sous 8 deniers, non comprise la distribution relative à l'élection du primicier [1].

Les cérémonies universitaires entraînaient encore d'autres dépenses. Il fallait payer les messes, qui ne se disaient pas toujours gratuitement, indemniser les sacristains qui faisaient garnir les églises de chaises et de fauteuils, rétribuer les suisses qui escortaient les docteurs, les valets qui les précédaient portant les insignes de l'Université, les hautbois et les joueurs de flûte, qui égayaient le cortège des nouveaux docteurs, enfin les voituriers qui conduisaient les représentants de l'Université à l'archevêché et au palais du vice-légat, les jours de visites officielles. Les processions nécessitaient une consommation considérable de cierges. Les mémoires du cirier montent parfois à 60 ou 70 livres par an. Ajoutons quelques menues dépenses, consciencieusement énumérées dans les comptes annuels : achat de registres pour les délibérations, pour les comptes et les matricules, cire et pains à cacheter, port des lettres adressées au primicier [2], enfin, en 1782, 35 livres payées

---

1. Ces testons étaient de la valeur uniforme de 13 sous, à la fin du XVIII° siècle, soit, pour l'année, 5 livres 17 sous. Il y avait, en 1739, 60 agrégés et en 1788, 48 ; mais tous les agrégés n'assistaient pas à toutes les cérémonies. A ces distributions, il faut ajouter celles qui étaient faites aux « jeunes » agrégés, c'est-à-dire à tous les membres du Collège des agrégés en droit, sauf les douze plus anciens appelés « vieux », le jour de la procession de l'Ascension et lors de l'élection du primicier. Une « part de jeune » variait, à la fin du XVIII° siècle, entre 14 et 17 livres. Elle atteignit même 30 et 31 livres en 1789 et 1790. A. V. D 190.

2. Nous relevons, par exemple, dans le compte des dépenses de l'année 1788-89, les articles suivants :

à l'imprimeur pour l'impression, à deux mille exemplaires, des lettres patentes rendues par Louis XIV et confirmant les privilèges de l'Université.

L'entretien et parfois la réfection des bâtiments grèvent assez lourdement le budget universitaire. On a vu déjà que plusieurs emprunts avaient été effectués pour cet objet : emprunt de 800 livres en 1718 [1], de 1000 livres en 1750 [2]. Dans la dernière moitié du xviiie siècle, le Collège des docteurs, devenu plus riche, pourvoit, en général, avec ses ressources ordinaires, aux réparations nécessaires. Souvent d'ailleurs les sommes dépensées de ce chef sont peu considérables [3]. Pour quelques exercices

Au sacristain de Saint-Eutrope, préparatifs pour une messe.	1 l. 8 s.
Au prieur de Saint-Martial pour une messe célébrée dans l'église..................................	3 l.
Au sacristain des P. Mineurs, pour port de chaises dans l'église......................................	1 l. 15 s.
Au même, pour un objet semblable...............	1 l. 15 s.
Aux 4 suisses, qui accompagnèrent les docteurs à la procession de l'Ascension........................	5 l. 12 s.
Aux 2 hommes qui portaient les insignes de l'Université, revêtus de robes rouges......................	2 l. 16 s.
Aux 4 suisses qui accompagnèrent les docteurs à la messe dite à l'église de Saint-Didier.................	5 l. 12 s.
Aux serviteurs à pied de l'Archevêque, qui préparèrent la salle pour l'élection du primicier nouveau..............	2 l. 16 s.
Aux hommes qui portaient des rameaux, lorsqu'on reconduisit chez lui le primicier nouveau...................	6 l.
Aux voituriers qui nous conduisirent visiter l'archevêque. ..	7 l.
Au sr Descotes, cire fournie en 1787 et 1788.	55 l. 17 s. 1 d.
Achat d'un livre pour les inscriptions................	12 l. 16 s.
Pains à cacheter.......................................	0 l. 14 s.
Port de lettres (en tout)............................	41 l. 10 d.

Divers budgets, notamment celui de 1787, portent la mention suivante :

Aux violons et hautbois qui accompagnèrent le primicier, le jour de son élection....................	9 l.

(A. V. D 193, f° 367 et suiv.)

1. A. V. D 33, f°s 9 et 16.
2. A. V. D 34, f°s 92 et 136.
3. Exercice 1775-76 : à Lagier, vitrier, 15 l. 18 s. 6 d.; 1780-81 : à Lagier, vitrier, 53 l. 1 s. 8 d.; à Armand, carrier, 65 l. 6 s. 8 d.; 1781-82 : à Guillaume, menuisier, 105 l.; à Armand, carrier, 235 l. 11 s.; 1784-85 : à Doulio, carrier, 140 l.; 1786-87 : à Lagier, vitrier, 56 l. A. V. D 195.

seulement le chiffre en est très élevé. En 1775 par exemple, il faut réparer la classe de théologie et un peu plus tard celle de droit; on en profite pour diviser cette dernière classe en deux et installer dans une des nouvelles salles la classe de philosophie. De là des dépenses qui montent à 700 livres, en 1777-78, à 969 livres, 13 livres 4 deniers, en 1778-79, enfin à 1262 livres 16 sous, en 1779-80 [1]. Plus tard, en 1788, on décide de réparer les fenêtres de la salle des actes, de les vitrer à grands carreaux, d'y mettre des rideaux et en même temps de réparer la cour. De là des dépenses qui, pour l'année 1788-89, atteignent 815 livres 7 sous 8 deniers et ne sont complètement liquidées que l'année suivante, au moment même où les portes de l'Université vont se fermer [2].

Plus considérables encore furent les dépenses que l'Université d'Avignon dut exposer pour défendre ses droits menacés ou ses privilèges compromis. Elle eut notamment à soutenir, de 1650 à 1789, sans parler des instances de moindre intérêt, trois grands procès, où la question même de son existence était engagée. C'est d'abord l'Université d'Aix, qui conteste ses privilèges d'Université « régnicole » et la validité des grades qu'elle décerne. Trois fois déboutée de ses prétentions, l'Université provençale revient sans cesse à la charge, épilogue sur la transaction signée en 1669, sur l'arrêt du Conseil d'État de 1674, sur celui de 1676, et s'avoue à peine vaincue en 1678. Peu d'années s'écoulent et dès 1684, c'est le roi de France

---

1. Compte du primicier pour l'exercice 1777-78 : réparations de la classe de théologie : 700 l. — Exercice 1778-79 : à Bagnol, serrurier, 178 l. ; à Armand, carrier, 175 l., plus 466 l. 13 s. 4 d. ; à Richard, menuisier, 150 l. — Exercice 1779-80 ; à Armand, carrier, 728 l. ; à Richard, menuisier, 338 l., 16 s. ; à Bagnol, serrurier, 196 l. A. V. D 195, f˚˚ 130, 164 et 176.

2. Exercice 1788-89 : à Bagnol, serrurier, 121 l. 5 s. 8 d.; à Doulio, carrier, en trois quittances, 523 l. 3 s. 8 d.; à Lagier, vitrier, 53 l. 13 s. 4 d. Coût des rideaux, 119 l. 4 s. Total 815 l. 7 s. 8 d. A. V. D 195, f˚ 367. — Doulio reçoit encore 140 l. sur l'exercice 1789-90. *Ib.*, f˚ 394.

lui-même qui déclare l'Université d'Avignon « étrangère ». D'où un nouveau procès, qui ne finit guère qu'en 1698. En même temps, l'Université a à soutenir devant la cour de Rome les droits de son primicier, dont la juridiction, battue en brèche par les cours ordinaires du Comtat et réduite dès 1679 par la Congrégation du Concile aux causes des seuls docteurs agrégés, n'est définitivement confirmée qu'en 1745, après une nouvelle lutte de sept années et en ce qui concernait les procès civils des intéressés seulement. A ces instances, dont l'Université dut s'occuper d'une façon presque ininterrompue, joignons le procès avec les avocats, celui qui concernait la collation des grades, l'affaire de l'agrégation des classes des Jésuites et des classes des séminaires, l'instance, enfin, soutenue à la fois à Rome et à Paris, au sujet de la noblesse du primicier, et l'on pourra se faire une idée des sommes énormes que la corporation dut dépenser en frais de justice. De fait, les dépenses de ce genre dépassent 8.000 livres de 1673 à 1679, 2.700 livres en 1698, 15.500 livres, de 1735 à 1746. Pour le seul exercice 1744-45, l'Université a dû verser à ses agents plus de 3.000 livres et, l'année suivante, 3.460 livres; en 1739-40, elle avait même dépensé près de 5.000 livres, sans compter les cadeaux et les pièces de vin, dont elle avait gratifié les gens en place, qui pouvaient servir ses intérêts [1].

1. Le 7 nov. 1680, le primicier fait connaître au Collège que les frais des instances en cours se sont élevés, de 1674 à 1679, à 2761 écus 12 s. 6 d. Il y a été fait face par des emprunts et grâce à l'abandon que les régents ont fait de leurs honoraires. A. V. D 31, f° 114. — En 1698, emprunts de 600 et de 300 écus. A. V. D 32, f° 108. — Dépenses pour frais de procès : en 1735-36, 700 l.; en 1736-37, 700 l.; en 1737-38, 551 l. 7 s.; en 1739-40, 4980 l. 4 s. 10 d.; en 1740-41, 1750 l.; en 1744-45, 3021 l. 6 d.; en 1744 et 1745, pour envoi de vin à Rome, 378 l. 6 s. 5 d.; en 1745-46, 3460 l. 2 s. — En 1758-59, frais du procès contre les avocats, 162 l. 11 s. 6 d.; en 1760-61 (même objet) 614 l. 10 s. 10 d.; frais du procès concernant l'agrégation des classes des Jésuites, 362 l. 7 s. En 1761-62, frais des instances à Rome, 659 l.; en 1762-63 (même objet), 381 l. En 1789, instances à Rome pour l'affaire de la noblesse, 770 l. A. V. D 194 et 195.

Le service des emprunts n'apporta pas, malgré tout, une sérieuse perturbation dans les budgets universitaires. Le Collège des docteurs, on l'a vu, n'emprunta, en somme, qu'assez rarement et remboursa très vite ses créanciers. Il n'eut donc à leur payer des intérêts que pendant quelques années ou même pendant quelques mois. Le taux auquel il trouvait des fonds n'atteignant le plus souvent que 4 % et ne dépassant presque jamais 5, c'est à peine de 100 ou de 200 livres qu'au xviii° siècle, ses dépenses annuelles se trouvèrent, du fait des emprunts, augmentées. Quant aux remboursements, ils furent, en général, effectués par un procédé fort ingénieux, — celui des agrégations abonnées, — et quelquefois même sur l'excédent annuel des recettes.

Sauf pour quelques exercices, en effet, les comptes des primiciers se soldent toujours par un boni. Jusque vers 1750, ce boni est minime et atteint rarement 500 livres. Mais, dans la dernière moitié du siècle, il est très souvent plus considérable, dépasse parfois 800 et 1.000 livres et même, après 1785, s'élève à plus de 2.000 livres; il est de 3.259 livres 17 sous 11 deniers, en 1789-90[1].

Cet excédent — quand il n'est pas employé aux dépenses générales du corps, — les docteurs agrégés en droit se le par-

1. De 1731 à 1735, l'excédent des recettes sur les dépenses n'atteint pas 100 livres. Jusqu'en 1749, il oscille autour de 500 livres, sauf en 1738-39, où il est de 1428 l. 18 s. 9 d. En 1750-51, il s'élève à 955 l. 6 s. 10 d.; en 1759-60 à 1280 l.; en 1764-65, à 1349 l. 12 s. 8 d.; pour les autres années comprises dans cette période, il varie entre 491 l. 1 s. 11 d. et 941 l. 4 s. 4 d. et tombe même trois ou quatre fois au-dessous de 200 l. Il n'est que de 192 l. 10 s. en 1773-74, mais l'année suivante, il remonte à 498 l. 5 s. 5 d. et en 1777-78, il est de 1223 l. 14 s. 6 d. Il s'accroît ensuite presque régulièrement et monte à 1377 l. 1 s. 7 d. en 1780-81, à 1350 l. en 1781-82, à 1870 l. 10 s. 11 d. en 1782-83, à 1434 l. 4 s. 4 d., en 1783-84, à 2174 l. 4 s. 2 d. en 1784-85, à 2214 l. 10 s. 2 d. en 1785-86, à 2025 l. 4 s. 2 d. en 1786-87, à 2203 l. 3 s. 7 d. en 1788-89, à 3259 l. 17 s. 11 d. en 1789-90. Il a été de 727 l. 18 s. 2 d. seulement en 1787-88. Le déficit est, au contraire, de 306 l. 7 s. 2 d. en 1735-36, de 2489 l. 14 s. 8 d. en 1739-40, de 349 l. 9 s. 7 d. en 1762-63; il varie entre 81 l. et 644 l. de 1768 à 1783. A. V. D 194 et 195.

tagent. De 1748 à 1770, nous constatons dix-neuf distributions de ce genre formant un total de plus de 19.500 livres, ce qui constituait pour les agrégés, dans les meilleures années du moins, un appréciable supplément d'honoraires [1].

Il y a plus. L'abonnement aux agrégations n'avait été adopté, à l'origine, que pour parer à de pressantes nécessités financières; mais il aboutissait à priver les agrégés des droits qu'ils auraient dû légitimement percevoir. Quand donc cette pratique se généralisa et que le budget universitaire fut moins difficile à équilibrer, les docteurs réclamèrent le partage des droits abonnés et satisfaction leur fut donnée dix-huit fois. De ce chef, ils touchèrent encore plus de 18.000 livres [2].

Recherchons maintenant quel était le salaire des membres de l'Université et en particulier celui des professeurs. Une statistique à peu près exacte n'est possible, à ce sujet, que pour le xviiie siècle; avant cette époque, on ne possède, pour apprécier la partie casuelle de ce salaire, que des documents insuffisants.

Tous les agrégés — chacun dans sa Faculté respective — participent aux examens et reçoivent des candidats aux grades des droits assez élevés. A ces droits se réduit le profit que les membres des Facultés de théologie, de médecine et des arts retirent de leur agrégation. Comme les gradués sont relativement peu nombreux et que le promoteur — spécialement favorisé par le tarif — est généralement un professeur, le profit est médiocre pour les agrégés simples. Encore faut-il dis-

1. Les distributions correspondent à peu près exactement aux excédents de recettes. Elles sont faites, pendant l'exercice suivant, après reddition des comptes. L'excédent est tout d'abord versé, s'il y a lieu, par le primicier sortant entre les mains du primicier nouveau.
2. Ces distributions eurent lieu en 1753-54, en 1770-71, en 1771-72, en 1777-78, 1778-79 (4 agrégations), en 1779-80, en 1782-83, en 1783-84 (7 agrégations), en 1788-89, en 1789-90. Parfois, mais rarement, une partie seulement du produit de l'abonnement était distribué aux agrégés (1500 l. sur 1800 en 1771-72, 1000 sur 1500 en 1778-79). A. V. D 194 et 195.

tinguer parmi eux entre les « vieux » et les « jeunes, » les premiers jouissant généralement d'un droit fixe et personnel, tandis que les autres doivent se partager une somme déterminée par le règlement, sans égard pour leur nombre, qui peut varier. Les théologiens reçoivent, il est vrai, 4 écus pour chaque licence ou doctorat, ce qui peut leur valoir dans les meilleures années 35 ou 40 écus, et vers la fin du siècle, 20 à 25 écus seulement. Mais les médecins sont moins bien traités. Les « jeunes » n'ont que 8 livres par examen, à se partager, ce qui fait à peine 130 livres vers 1750, soit pour chacun des docteurs 20 ou 25 livres par an et quelques livres à peine, aux approches de 1789. Les cinq « vieux » touchent, au contraire, 7 livres et 16 sols chacun, ce qui est assez considérable, quand le chiffre des licenciés ou des docteurs se maintient à 15 ou 20 par an, mais devient presque dérisoire, lorsque ce chiffre tombe à deux ou trois. Quant à la Faculté des arts, les argumentants seuls y perçoivent des droits d'examen — 30 sols pour chaque baccalauréat ou maîtrise — et l'on sait que le chiffre des maîtres ne fut, année moyenne, que de 20 à 22 [1].

---

1. On a vu précédemment quels étaient les droits exigibles des gradués. Ceux de ces droits qui revenaient aux agrégés étaient les suivants :

Faculté de théologie. — Pas de droits spéciaux pour le baccalauréat. — Licence : au doyen, 2 écus ; à chaque docteur, 1 écu. — Doctorat et agrégation : au doyen, 4 écus ; à chaque docteur agrégé, 4 écus ; à chacun des examinateurs (outre les droits précédents), 1 écu. On compte, de 1651 à 1715, une moyenne annuelle de 2 licenciés et de 7 docteurs ; de 1725 à 1761, 9 licenciés et autant de docteurs ; de 1767 à 1790, 5 à 6 licenciés ou docteurs (la licence et le doctorat s'acquièrent, en général, simultanément). Le chiffre des agrégés de théologie en exercice oscilla généralement entre 20 et 25.

Faculté de médecine. — Tarifs de 1710 et 1713. Baccalauréat. Pas de droits spéciaux aux agrégés. — Licence et doctorat : à chacun des cinq plus anciens docteurs, 7 l. 16 s. ; aux docteurs jeunes, en tout, 8 l. 15 s. ; à chacun des argumentants, 1 livre. De 1651 à 1715, on compte à peine un licencié par an, mais on fait 11 docteurs. De 1724 à 1761, la moyenne annuelle est de 8 licenciés et 8 docteurs ; on fait à peine un licencié et un docteur par an, de 1762 à 1790. Les cinq plus anciens agrégés perçoivent donc, dans la première moitié du XVIIIe siècle, environ 125 livres par an et plus tard 15 à 16 livres. Les « jeunes »

Les agrégés en l'un et l'autre droit sont tout autrement lotis. Outre les droits d'examens, inégalement répartis d'ailleurs ici, comme à la Faculté de médecine, entre les « jeunes » et les « vieux [1] », ils touchent des jetons de présence pour assister aux cérémonies [2] ; de même, quand un bail à ferme est conclu pour l'exploitation d'un des greffes appartenant à l'Université, ils se partagent la « componende » versée à cette occasion. Moins bien traités que leurs douze aînés, aux examens, les jeunes reçoivent, deux fois par an, quand le budget le permet, une « part » qui s'élève à 15, à 20 et même à 30 livres [3]. Enfin quand le compte du primicier se solde par un excédent, les docteurs se partagent ce boni. Si parfois ils abandonnent leurs droits d'agrégation à la masse du Collège, plus souvent ils se divisent les 1500 livres auxquelles monte habituellement, au XVIIIe siècle, l'abonnement des nouveaux agrégés, ce qui leur vaut 25 ou 30 livres à chacun [4]. Au surplus,

---

ont à se partager, dans la première période, 128 livres et, dans la seconde, 16 ou 17 livres. Or, jusqu'en 1725, on compte 15 à 20 médecins agrégés et, après cette date, 10 à 12.

Faculté des arts. — Baccalauréat et maîtrise : à chacun des argumentants, 30 sous. Il y avait 20 à 22 grades décernés par an. On sait que les juristes et les médecins prenaient part aux examens de cette Faculté, concurremment avec le professeur de philosophie. Pour la maîtrise, il fallait verser, en outre, 3 écus 15 sous, que les maîtres agrégés se partageaient par parts égales.

1. Règlement de 1698. Baccalauréat. Pas de droits spéciaux aux agrégés ; les argumentants touchent 30 sous. — Licence : aux douze plus anciens agrégés, 30 sous à chacun ; aux jeunes docteurs, 5 écus à se partager. — Doctorat : aux douze plus anciens agrégés, 1 écu : aux docteurs jeunes, à se partager, 9 écus ; aux six jeunes docteurs qui assistent à l'assignation des points et à la dation du bonnet, 10 sous à chacun ; aux argumentants, 30 sous.

2. Ces jetons, distribués neuf fois par an, étaient de 13 sous chacun. V. plus haut, p. 224.

3. Ces parts, d'abord peu variables, tendaient à s'élever vers la fin du XVIIIe siècle. Elles sont de 18 l. 15 s. et 21 l. 3 s. 9 d. en 1782-83 ; de 9 l. 7 s. 5 d. et de 30 l. 11 s., en 1788-89 ; enfin, en 1789-90, elles atteignent 32 l. 3 s. 5 d. et 34 l. 2 s. 10 d.

4. Le nombre des agrégations dans les autres facultés était si faible que les droits perçus par les agrégés de ces Facultés sur leurs nouveaux collègues méritent à peine d'être mentionnés.

comme toutes ces sources de revenus sont essentiellement variables, l'honoraire des docteurs n'a aucune fixité. Il peut se réduire à quelques livres dans les pires années; mais vers la fin du siècle, alors que les gradués affluent, que les agrégations se multiplient, que l'Université n'a pas à faire face à des dépenses exceptionnelles, il s'élève jusqu'à 60 ou à 80 écus, quelquefois plus. Ainsi en 1782-83, un agrégé simple touche, pour droits d'examens ou jetons de présence, plus de 101 livres; comme droit de « jeune », 39 livres, 18 sous, 9 deniers. Il a, en outre, sa part sur une agrégation abonnée, soit plus de 32 livres, sa part sur le boni constaté en fin d'exercice, soit 22 livres environ, en tout 194 livres; plusieurs autres docteurs, plus ou moins assidus aux examens ou aux cérémonies, touchent 120, 150 et même 200 livres. Et comme le chiffre des gradués augmente sans cesse, le salaire des docteurs croit aussi sans interruption; il est des agrégés qui, vers 1789 ou 1790, perçoivent sur les examens 150 ou 200 livres, auxquelles viennent s'ajouter encore les distributions annuelles, soit pour l'ensemble des quarante-cinq ou cinquante agrégés, 700 et parfois même près de 1.000 écus et pour chacun d'eux 40 à 60 livres en un an [1].

A ce casuel les professeurs et régents joignent un salaire fixe, mais non identique pour toutes les Facultés, ni même, dans chaque Faculté, pour toutes les chaires. Ici, comme dans le gouvernement du studium, les juristes, qui de tout temps ont constitué la force principale de l'Université, se sont fait la part du lion. Sur le produit des greffes concédés

---

1. A. V. D 196 et 197. Relevé des droits de présence perçus de 1782 à 1790 par un grand nombre de professeurs et agrégés de la Faculté de droit. Ces documents sont les seuls qui nous renseignent d'une façon rigoureusement exacte sur les droits perçus par les membres du Collège des docteurs en droit pour les examens, les parts de jeunes, etc. On se rappelle que le nombre des docteurs agrégés ne cessa de diminuer dans le cours du xviiie siècle et tomba à 45 ou 50 vers 1789.

au Collège des docteurs pour acquitter les honoraires des maîtres, les quatre régents ordinaires de droit canon et de droit civil perçoivent, chaque année, un « honoraire » de 137 livres 5 sous payable en trois échéances, à la rentrée des classes, la veille de Noël et la veille de l'Annonciation (24 mars). En outre, ce qui reste du revenu de ces greffes, après le paiement de quelques autres dépenses moins importantes, est partagé entre eux, ce qui leur vaut environ 105 livres par an à chacun, soit un salaire de 242 livres 5 sous [1].

Moins favorisé que ses collègues parce qu'il n'a pas pris pied que plus tard dans la maison, le titulaire de la chaire des Institutes ne reçoit que 30 livres sur le produit des greffes, mais on lui attribue 70 livres sur les ressources générales de l'Université, pour compléter son salaire à 100 livres [2].

Et de même le professeur de droit français, le dernier venu des régents, jouit, on l'a vu, d'un honoraire de 100 livres payé sur les fonds du Collège.

Pour les jetons de présence, pour les parts des jeunes, s'il y a lieu, pour les distributions ordinaires ou extraordinaires qu'occasionnent la collation des greffes, l'abonnement des agrégations ou la réalisation d'un boni à la fin de l'exercice financier, les professeurs sont traités comme leurs collègues, les agrégés simples; mais les règlements sur la collation des grades leur ont assuré un tarif de faveur. Pour le baccalauréat et la licence, chaque régent reçoit un écu; pour le doctorat, 7 livres. Seuls le régent institutaire et le régent de droit français ne reçoivent pour ce dernier grade, comme pour les deux autres qu'un écu [3].

1. Comptes des greffes déjà cités. A. V. D 187.
2. *Ibid.* Cf. A. V. D 33, f° 67. On mit au fonds de l'Université, en 1722, époque à laquelle la peste avait interrompu les cours, les honoraires non payés des régents, et la rente du capital ainsi constitué fut destinée à compléter le traitement du régent des Institutes.
3. A la fin du xviii° siècle, ces deux régents étaient traités, au doctorat, comme les autres professeurs, A. V. D 196 et 197.

L'examen sur les Institutes et l'examen sur le droit français donnent lieu, d'ailleurs, à une taxe spéciale d'une livre. En outre le promoteur ou cathédrant reçoit 3 écus pour le baccalauréat ou la licence, 4 écus pour le doctorat ; le présentateur reçoit, pour ce dernier grade, un écu. Enfin dans tous ces examens, chacun des deux argumentants reçoit 30 sous. Et il suffit de jeter un rapide coup d'œil sur les registres des gradués pour s'assurer que les régents étant toujours sur la brèche, recueillent la meilleure part des droits d'examens. Tel professeur retire, de ce chef, 701 livres en 1782-83, 581 livres en 1783-84, et successivement, pour les années suivantes, 939, 735, 848, 756 et 1266 livres 15 sols, jusqu'en 1789-90, année où le chiffre de ses droits monte jusqu'à 1.406 livres 7 sous [1]. Et les bénéfices du régent dont il s'agit ne sont nullement exceptionnels. D'autres professeurs touchent, en 1782-83, y compris les jetons de présence et les parts de jeunes, 698 et même 720 livres [2] ; l'année suivante, 396 et 456 livres [3] ; en 1784-85 ou 1785-86, 430, 624 et 775 livres et enfin, pendant les deux dernières années de leur régence, 647 et jusqu'à 937 livres [4]. Il est vrai, et on l'a déjà fait remarquer, que la période qui s'étend de 1780 à 1790 fut particulièrement féconde en gradués et si l'on voulait avoir une moyenne annuelle à peu près exacte des droits d'examens perçus avant cette époque par les régents, il faudrait réduire des trois quarts ou à peu près les chiffres de 1782 et des sept huitièmes ceux de 1789. On peut donc estimer à 150 ou 200 livres les droits d'examens attribués, année

---

1. M. Levieux de Laverne, professeur perpétuel de droit français.
2. M. Teste, professeur de droit civil ; M. Teyssier, professeur de droit civil.
3. MM. Philip et Spinardy, professeurs de droit civil.
4. MM. Philip et Spinardy. M. Teste-Venasque, professeur des Institutes, touche 904 l. 5 s. 9 d. en 1782-83 et successivement jusqu'en 1789-90, 630 l. 15 s. 8 d., 973 l. 3 s. 8 d. ; 752 l. 5 s. 10 d. ; 965 l. 1 s. 1 d. ; 737 l. 10 s. 2 d. ; 1167 l. 14 s. 5 d. ; 1278 l. 18 s. soit une moyenne de 929 livres pendant huit ans. A. V. D 196 et 197.

moyenne, aux régents pendant le xviii° siècle [1]. A cette somme viennent s'ajouter, dans les années prospères, des distributions extraordinaires qui ont une certaine importance à partir de 1770 et surtout après 1780 [2], de telle sorte que le salaire des professeurs, qui d'abord ne dépassait guère, y compris leur traitement fixe, 500 livres pour les quatre régents de droit canon et de droit civil, et 3 ou 400 livres pour les professeurs des Institutes et de droit français, monte ensuite respectivement à 900 ou 1000 livres pour les premiers, à 800 ou 900 livres pour les autres et atteint enfin, à la veille de la chute du studium, 1200 et 1500 livres.

Les régents des autres Facultés étaient beaucoup moins bien partagés. Le doyen et régent ordinaire de théologie ne touchait qu'un honoraire fixe de 30 livres à prélever sur le produit des greffes. Il recevait, en revanche, des gradués des droits beaucoup plus élevés que les autres docteurs, 2 écus des bacheliers, 4 écus des licenciés et docteurs. Dans les bonnes années, ce casuel pouvait s'élever à cent écus [3]; dans les années moyennes et notamment vers la fin du xviii° siècle, il était de 25 écus seulement. Les deux autres professeurs, le titulaire de la chaire de théologie scolastique fondée par l'archevêque de Marinis, celui de la chaire de théologie morale fondée

---

1. Nombre moyen annuel des gradués en droit, de 1651 à 1715 : 30 baccalauréats, 7 licences, 11 doctorats; de 1725 à 1761, 21 baccalauréats, 14 licences, 4 doctorats; de 1762 à 1790, 55 baccalauréats, 45 licences, 5 doctorats. En 1777-78 notamment, 42 baccalauréats, 22 licences, 5 doctorats; en 1785-86, 85 baccalauréats, 63 licences, 8 doctorats; en 1789-90, 152 baccalauréats, 157 licences, 7 doctorats. A. V. D 136 à 153.

2. Distributions extraordinaires. Une seule distribution avant 1770 pour droits d'abonnement d'une agrégation (1500 l. en 1753). De 1770 à 1790, le produit de 19 abonnements d'agrégations est distribué. Pour la même époque, distribution de la componende des greffes, environ 2000 l. Les distributions sur les reliquats sont peu importants jusqu'en 1780. Elles atteignent alors 2000 l., soit environ 40 livres pour chaque docteur. A. V. D 195.

3. Statuts de 1605.

par Étienne Millaret recevaient comme honoraire fixe le produit de ces fondations, 210 livres pour le premier [1], 200 livres pour le second [2]. Les statuts de 1605, promulgués longtemps avant la fondation de leurs chaires, n'avaient pu leur attribuer des droits spéciaux d'examens. Leur casuel était donc égal à celui des simples agrégés, mais comme ils prenaient une part très active à la collation des grades, les taxes afférentes aux examinateurs devaient souvent leur revenir. De ce chef, leurs appointements atteignaient sans doute la moitié de ceux du doyen, soit, au total, 350 ou 400 livres, puis vers 1760, 250 ou 300 livres seulement [3].

Le professeur de philosophie, seul régent de la Faculté des arts appointé sur les fonds universitaires, — car les professeurs des séminaires agrégés en 1782 ne dépendaient, à ce point de vue que de leurs supérieurs ecclésiastiques, — ce régent recevait le produit de la fondation de Marinis, soit à la fin du siècle, 105 livres de rente sur l'Hôtel de Ville [4]. Les tarifs promulgués en 1675 lui assuraient, en outre, un honoraire de

---

1. Cette fondation avait d'abord dû produire 300 livres, monnaie courante et se trouvait réduite, au xviiie siècle, à 210 livres, que le primicier recevait de l'Hôtel de Ville. V. les comptes des primiciers de 1730 à 1790. A. V. D 194 et 195.

2. Les comptes de l'Université ne font nulle mention de cette rente, qu sans doute ne passait pas par les mains des primiciers. Elle avait été constituée par un premier capital de 3.000 livres, qui devait produire une rente de 150 livres, puis par une augmentation de capital de 1.000 livres, dont le revenu (50 livres) devait être affecté à la chaire dont il s'agit, six ans seulement après le décès du fondateur. Jusqu'à l'expiration de ce délai, les héritiers de M. Millaret devaient jouir de ladite rente de 50 livres.

3. On a vu plus haut quel était, aux xviie et xviiie siècles, le chiffre moyen des gradués en théologie : 12 bacheliers par an de 1651 à 1715, 15 de 1724 à 1761, 1 ou 2 seulement de 1767 à 1790 ; pour les mêmes périodes 2, 9 et 5 ou 6 licenciés, 7, 9 et 5 ou 6 docteurs.

4. Cette fondation, faite dans les mêmes conditions que celle qui concernait la chaire de théologie scolastique, produisait seulement 105 livres, qui étaient aussi versées par les consuls au primicier. A. V D 194 et 195.

2 livres par bachelier et de 20 sous par maître ès arts. S'il était promoteur dans ce dernier examen, ce qui arrivait le plus souvent, il recevait, en outre, un écu. Comme argumentant, il lui était dû 15 sous. C'était, en mettant les choses au mieux, à peine une centaine de livres par an. Pour un professeur si occupé, — le régent de philosophie enseignait quatre heures par jour, tandis que ses collègues du droit et de la médecine enseignaient une heure, et les professeurs de théologie deux heures seulement, — le salaire était médiocre; mais les Dominicains, chargés de cette chaire, n'avaient-ils pas fait vœu de pauvreté [1]?

Quant aux médecins, la munificence de leurs clients les dédommageait sans doute de l'insuffisance de leurs traitements de professeurs. Seul, le premier professeur et régent ordinaire de médecine, à raison de l'ancienneté de sa chaire, recevait, comme le doyen de théologie, sur les revenus des greffes, un salaire dérisoire de 30 livres par an. Le régent d'anatomie, celui de botanique — que le Collège des docteurs affectait d'ignorer parce qu'il ne les nommait point, — étaient réduits au casuel. Encore ici, le premier professeur était-il singulièrement favorisé; les bacheliers lui devaient 2 livres, les licenciés et les docteurs, 15 livres 12 sous. Le régent anatomique ne recevait des premiers que 10 sous et des autres 4 livres 6 sols 8 deniers [2]. Le régent botanique avait un moment

---

[1]. Les comptes des primiciers mentionnent que les deux honoraires des chaires de théologie et de philosophie scolastiques, soit 315 livres, étaient versés par eux au syndic des Frères Prêcheurs. La question se pose donc de savoir s'ils constituaient réellement un honoraire personnel aux professeurs. *Ibid.*

[2]. Tarif de 1710. Il fut décidé, le 29 juillet 1715, que le régent d'anatomie toucherait ces honoraires, même s'il n'assistait pas aux examens et qu'il toucherait, en outre, 6 sous à chaque baccalauréat ou licence. Il avait part à tous les droits habituels perçus par les agrégés et pouvait être promoteur. V. Laval, *Hist. de la Faculté de médecine d'Avignon*, p. 252.

perçu comme traitement le produit de la location du terrain destiné à devenir le jardin botanique, mais il avait été bientôt réduit, pour tout honoraire, à 6 livres par examen de doctorat [1]. Comme argumentants, les professeurs pouvaient encore recevoir une livre de chaque gradué et quelques sous encore, s'ils assistaient à l'assignation des points : s'ils étaient parmi les « jeunes » agrégés, ils recevaient leur part des 8 livres versées par les docteurs ; s'ils étaient parmi les cinq « vieux », ils se divisaient les 39 livres dues par les candidats au même grade. Mais, même aux temps les plus prospères de la Faculté et quand celle-ci faisait jusqu'à huit ou dix docteurs par an, ces revenus étaient loin d'être rémunérateurs, car si le premier professeur pouvait toucher, au total, 400 livres environ, les autres régents n'arrivaient qu'à peine à cinquante écus. Au surplus, de 1773 à 1790, on ne compta en tout que trente-trois gradués et moins d'un docteur par an, en moyenne. Et l'on doit certes admirer le zèle des professeurs qui, malgré des traitements si réduits, consentaient à continuer leurs leçons, même quand l'honneur d'enseigner avait été imposé à leur science, plutôt que sollicité par leur vanité [2].

---

1. Ord. du vice-légat du 26 septembre 1718, prescrivant, sur la proposition du Collège des médecins approuvée par le primicier, que la somme de 80 livres provenant de la location du terrain de Champfleury, assigné par le pape à l'Université, sera destinée à servir d'honoraires au professeur de botanique. Ce terrain ayant été vendu et un autre acheté, en 1743, le produit de la location de ce nouveau terrain, soit 66 livres, dut servir d'honoraires au professeur de botanique. Mais cet arrangement, accepté seulement à titre provisoire, dura peu. Une délibération du 16 juin 1744 établit qu'à l'avenir le professeur de botanique toucherait, à titre d'honoraires, 6 livres à chaque doctorat en médecine ; et les droits afférents à ce grade furent, en conséquence, augmentés de pareille somme. V. Laval, *ouvr. cité*, p. 272 à 277.

2. Le 12 août 1747, la Faculté décidait que chaque docteur agrégé se chargerait à son tour de la régence d'anatomie. V. Laval, *ouvr. cité*, p. 252.

CHAPITRE III

LES RELATIONS EXTÉRIEURES

Isolement des anciennes Universités. — La situation géographique de l'Université d'Avignon est peu favorable à son développement.— Ses droits et privilèges sont constamment menacés; efforts qu'elle doit faire pour les maintenir. — Instances en Cour de Rome. — Luttes contre les Universités voisines. — Procès toujours renaissants avec l'Université d'Aix. — Acharnement particulier de l'Université d'Avignon contre celle d'Orange. — Rapports avec le roi de France. — Pourquoi l'Université d'Avignon tient essentiellement à être déclarée régnicole. — Lettres patentes et édits royaux de 1650, 1698, 1775, 1789. — L'Université pendant les réunions temporaires du Comtat à la France.

Malgré le particularisme étroit dans lequel elles se cantonnaient volontiers, les anciennes Universités, — surtout quand une grande distance ne les séparait point, — devaient fatalement entrer en rapport les unes avec les autres. Ces rapports étaient d'ailleurs plus souvent hostiles qu'amicaux. Car l'existence et la prospérité des corporations enseignantes tenaient surtout à deux choses : une clientèle nombreuse, un monopole rigoureux. L'ardeur des Universités à conquérir l'une, à maintenir l'autre, aboutissait souvent à des procès. Placée dans une situation particulièrement défavorable, à l'extrémité de cette étroite enclave du Comtat qui ne pouvait lui fournir beaucoup d'étudiants, l'Université d'Avignon cherchait tout naturellement à attirer à elle les Français de la Provence, du Languedoc et du Dauphiné. Mais les Universités établies dans ces provinces, Valence, Montpellier, Aix surtout, n'étaient pas d'humeur à se laisser frustrer de leurs clients. A l'encontre des docteurs avignonais, elles ne cessaient de formuler un double grief : leur scandaleuse indulgence dans les examens, leur qualité d'étrangers. Sur le premier point, l'Université se défendait faiblement ; mais elle soutint une lutte plusieurs fois séculaire pour se faire proclamer « régnicole » et obtenir des rois de France la confirmation de ce titre si précieux.

Jalousée d'ailleurs par les autorités municipales, parce qu'elle formait une sorte de corps dans le corps communal, par les cours de justice, parce que ses membres échappaient aux juridictions ordinaires, combattue même sur le terrain de l'enseignement par des congrégations nouvelles, par les Jésuites qui peu à peu absorbaient tout l'enseignement grammatical et philosophique — l'enseignement secondaire, dirions-nous aujourd'hui, — par les Pères de la Mission qui envahissaient ses collèges, par les Sulpiciens ou les prêtres de Sainte-Garde qui lui enlevaient la clientèle des théologiens, notre Université, aux XVIIe et XVIIIe siècles, perdait le meilleur de son activité et de son argent en des procès où elle n'était pas toujours victorieuse et maintenait qu'à grand'peine, en raison des complaisances du Saint-Siège pour ses adversaires, ses droits les plus essentiels. Ajoutons que le bon accord ne régnait pas toujours parmi ses membres et que même pour faire tête à ses ennemis du dehors, elle ne se trouva pas toujours unanime.

On a déjà indiqué, au cours de cette étude, les principales instances soutenues en Cour de Rome par l'Université d'Avignon ; il suffira de les rappeler ici brièvement [1]. On insistera davantage sur ses rapports avec les Universités françaises, avec les rois de France et avec le corps municipal avignonais.

---

1. V. ci-dessus, livre I, ch. I et V, etc.

Le pape, souverain d'Avignon, fondateur et protecteur de l'Université, est, à ce double titre, le juge suprême qu'elle puisse invoquer. L'Université a pleine confiance dans la bienveillance et dans la justice du Saint-Père, mais elle se défie des Congrégations, auxquelles il remet, trop souvent à son gré, le soin de régler les litiges qui l'intéressent. Ces Congrégations connaissent peu et respectent moins encore les hauts privilèges et la séculaire indépendance de l'Université; elles « brèchent » volontiers à ses droits. Aussi leurs décisions sont-elles rarement acceptées comme définitives ; les appels se multiplient et « les affaires de Rome » se prolongent sans mesure, car, si l'Université est tenace, les Congrégations n'ont jamais hâte d'en finir et le pape ajourne volontiers ses décisions.

C'est ainsi qu'on voit durer pendant près d'un siècle là question des collèges pontificaux soulevée dès 1621. Successivement la Propagande s'empare de l'administration de ces collèges [1], y réduit à néant le contrôle du primicier et celui du Collège des docteurs, ouvre leurs portes aux Missionnaires ou Pères de la Foi et, en dépit des dispositions formelles des actes de fondation, prétend réserver toutes les places de collégiats à des candidats au sacerdoce, proscrire l'étude du droit civil [2], enfin envoyer les collégiés étudier non à l'Université, mais chez les Jésuites [3]. En vain l'Université envoie

---

1. V. ci-dessus, livre II, ch. IV. Délib. du Collège des docteurs du 2 mars 1621. A. V. D 29, f° 72. Bulle d'Urbain VIII de juin 1639. M. C. 2445.

2. En 1645. Délibération du Collège des docteurs du 7 juillet. A. V. D 29, f° 236.

3. Une première tentative dans ce sens avait été faite en 1649, mais n'avait que partiellement abouti. Les écoliers du collège du Roure pouvaient aller à l'Université suivre les cours de droit ; ceux du grand collège (Saint-Nicolas) devaient suivre chez les Jésuites les cours de théologie et de philosophie, qu'on ne trouvait pas à l'Université. Délib. du Collège des docteurs du 27 mai 1649. A. V. D 30, f° 8. — Le rescrit du 5 nov. 1703 qui règle les études dans les deux

à Rome protestation sur protestation, ambassades sur ambassades, documents sur documents [1]. Peine perdue. Sans que jamais une décision formelle intervienne, les empiètements de la Propagande continuent; l'édit qui réunit les deux Collèges du Roure et de Saint-Nicolas porte le coup de grâce à l'autorité du Primicier, et c'est à peine si l'on refuse aux nouveaux recteurs de ces établissements la faculté qu'ils avaient l'audace de solliciter, de conférer les grades universitaires à leurs élèves et à ceux des Jésuites [2].

Les docteurs sont plus heureux quand ils combattent, en 1735, la prétention émise par le prévôt de la métropole, accidentellement revêtu de la dignité épiscopale, de siéger à l'Hôtel de Ville, avant le primicier [3], quand ils s'élèvent, en 1739, contre le projet caressé par les avocats de former une

---

collèges, prescrit aux écoliers de suivre les classes des Jésuites, propter vicinitatem. Les Dominicains protestent. Treize écoliers des collèges présentent, à leur tour, au primicier un mémorial, où ils exposent le tort que cette mesure doit leur porter, en les retranchant presque de l'Université. Ils ne pourront être gradués et par suite ne pourront prétendre aux bénéfices de France. Il leur sera impossible de suivre les cours du droit canon, qui s'enseigne à l'Université, aux mêmes heures que la philosophie et la théologie chez les Jésuites; une étude ne saurait d'ailleurs être profitable que si elle est librement embrassée par les écoliers, sous des maîtres de leur choix, qu'ils jugent les plus sages. Or, les doctrines de Saint-Thomas d'Aquin, qu'on enseigne à l'Université, attirent invinciblement les étudiants. Au surplus, comme le prouvent les programmes, on apprend plus de choses à l'Université que chez les Jésuites. Ce mémoire présenté par le primicier à la Congrégation est retourné par elle au vice-légat, qui le communique au Collège des docteurs. Celui-ci l'appuie de toutes ses forces. A. V. D 32, f⁰ⁱ 190 et 202 (délib. des 9 mars 1706 et 18 mars 1707).

1. L'affaire est encore pendante en 1708, époque à laquelle le Collège des docteurs nomme de nouveaux députés pour la suivre et emprunte pour couvrir les frais de l'instance (délib. des 20 fév., 9 juill. et 3 oct. 1708. A. V. D 32, f⁰ⁱ 235, 246, 251). Elle ne fut jamais définitivement résolue.

2. A. V. D 32, f⁰ 250 (sept. 1708).

3. V. plus haut, livre I, ch. III, p. 72, note 3. L'affaire dura trois ans (1735-1738.) Voir le récit de la séance solennelle du corps municipal, où le primicier fut solennellement réinstallé dans le fauteuil et à la place qui lui avaient été si longtemps et si âprement disputés. A. V. D 33, f⁰ⁱ 280, 310 et 334.

corporation particulière [1], quand ils revendiquent pour le primicier seul et sans assesseurs étrangers le contentieux des examens et des grades [2]. Ici la Congrégation des rites ou celle d'Avignon sont bien obligées de s'incliner devant le bon droit des docteurs. Mais que de démarches et que de frais n'a-t-il pas fallu faire pour triompher! Le prévôt a pu retarder trois ans sa défaite; il a suffi, il est vrai, de trois mois pour venir à bout des avocats et de moins de temps encore pour avoir raison des assesseurs insolites et importuns, qu'on avait prétendu imposer au primicier.

Quant à l'agrégation aux Facultés des arts et de théologie des classes supérieures du collège des Jésuites et plus tard des classes des Séminaires, c'était presque une affaire d'ordre intérieur, dont le Saint-Siège ne se fût enquis que pour donner une approbation de pure forme, si l'Université n'eût pas été, sur ce point, divisée contre elle-même. Déjà déboutés en 1596 et en 1648, les Jésuites avaient recommencé en 1759 leurs instances; ils étaient près de triompher, quand les Dominicains, maîtres à perpétuité des chaires universitaires de philosophie et de théologie protestèrent et en appelèrent au vice-légat, qui leur donna gain de cause. L'Université essaya en vain de faire annuler cet arrêt; deux fois condamnée, elle en appela au Pape, qui eût peut-être jugé en sa faveur; mais les Jésuites s'étaient ravisés et avaient renoncé à leurs projets; la Congrégation d'Avignon put donc sans léser beaucoup les parties, annuler l'agrégation précédemment prononcée [3].

1. L'affaire des avocats qui préoccupa très vivement l'Université en 1759 a déjà été racontée. V. livre I, ch. I, p. 26.
2. On a dit à quelle occasion cette affaire fut soulevée, livre I, ch. III, p. 68, A. V. D 31, f° 108.
3. 10 mai 1759. Requête des Pères Jésuites au Collège des docteurs pour obtenir l'agrégation des trois classes de logique, physique et mathématiques de leur collège à la Faculté des arts et nomination de députés pour examiner l'affaire. — 21 mai 1759. Le primicier expose les conditions dans lesquelles l'agré-

Mêmes difficultés pour l'agrégation du séminaire Saint-Charles acceptée en 1781. L'opposition des Dominicains fut tout aussi vive et fondée sur les mêmes motifs : en droit une telle agrégation était contraire aux statuts; en fait, elle ruinerait l'enseignement universitaire. Mêmes défenses, mais moins expresses du vice-légat, de passer outre à ces oppositions. Même obstination des Facultés et du Collège des docteurs à maintenir leurs décisions. Au bout d'un an, enfin, vient l'approbation pontificale, mais provisoire seulement; le bref de confirmation définitive se fait attendre jusqu'en 1786 [1]. Entre temps, on avait agrégé sans débat les classes supérieures d'un autre séminaire, celui de Notre-Dame de Sainte-Garde [2].

gation pourrait avoir lieu. Protestation du P. Ricard, dominicain, agrégé à la Faculté de théologie et régent de philosophie; il a obtenu du vice-légat des inhibitions et défenses aux primicier et Collège d'avoir à procéder à ladite agrégation. Le Collège passe outre et approuve l'agrégation. On députe en même temps au vice-légat. — 7 juin. Le vice-légat confirme son décret précédent. — 13 juin. Le Collège délibère d'en appeler au Pape. — Rescrit du 27 sept. 1760, qui annule l'agrégation prononcée. A. V. D 31, f°s 297, 301, 315, 365.

1. Assemblée de la Faculté de théologie du 10 août 1781. Les supérieur et directeurs du séminaire Saint-Charles de la Croix demandent l'agrégation à cette Faculté de leurs classes de théologie. Opposition des cinq Dominicains membres de la Faculté. La requête est acceptée par tous les autres agrégés. — Assemblée de la Faculté des arts. Demande semblable en ce qui concerne la classe de philosophie, qui serait agrégée à la Faculté des arts. Opposition des trois dominicains, maîtres ès arts agrégés. L'agrégation est votée par 11 voix contre 4. — 17 sept. 1781. Délib. du Collège des docteurs en droit confirmant ces agrégations et demandant l'approbation du Pape, du roi de France, de l'archevêque et de tous les autres seigneurs supérieurs (adopté par 17 voix contre une). — Assemblée de la Faculté de théologie du 19 avril 1782 pour l'agrégation de M. Roux, supérieur du séminaire de Saint-Charles. Protestation des Dominicains. La séance est renvoyée au lendemain. Le vice-légat interdit à la Faculté de passer outre à l'agrégation dont il s'agit. — Assemblée du 23 avril. M. Roux est agrégé par 19 voix contre 4. — 21 mai. La Faculté étant réunie pour élire un doyen, les Dominicains protestent contre la présence de M. Roux. Il est passé outre. — Lettre du cardinal Pallavicini à Vincent Giovio, archevêque d'Avignon, du 31 juillet 1782. — Bref du pape du 24 janv. 1786.

2. Délib. de la Faculté de théologie du 30 oct. 1782, de la Faculté des arts du 18 nov., du Collège des docteurs en droit du 30 nov. — Approbation pontificale du 2 avril 1782.

Mais ce n'étaient là que menues chicanes au regard d'un autre procès, celui de la juridiction du primicier, lequel dura près d'un siècle et peut montrer à lui seul avec quelle énergique persistance l'Université savait défendre ses droits, mais aussi à quel prix elle devait en acheter la consécration souvent incomplète.

On a précédemment indiqué [1] l'origine et la portée du litige et aussi son issue. Il n'était pas d'affaire plus importante, disait en 1683 le primicier; ne prétendait-on pas y « débattre l'établissement et existence mêmes de l'Université [2]? » Cette juridiction spéciale que les papes Jean XXIII et Léon X avaient accordée aux docteurs et qu'en fait le primicier exerçait seul, quelles en étaient la nature et les limites? Était-elle réservée aux seuls régents et officiers de l'Université ou s'étendait-elle à tous les agrégés, voire à tous les docteurs résidant à Avignon? Comprenait-elle les seules causes civiles ou aussi les crimes et délits (causæ criminales læviores) ou ces derniers seulement? Était-elle sans appel? S'appliquait-elle dans tous les cas, que l'intéressé fût demandeur ou défendeur ou seulement *in passivis*? Ces questions qu'il était plutôt imprudent de trancher et qu'en présence des modifications que le temps

---

1. V. livre I, ch. I, p. 35. On sait combien étaient nombreux les tribunaux d'Avignon et leurs attributions mal délimitées. Outre les consuls, dont la juridiction était réduite aux matières de police, les conservateurs des marchands et l'Officialité qui, avec les juges de Saint-Pierre, au nombre de deux, formaient un premier degré de juridictions spéciales, on trouvait dans cette ville, le tribunal du vice-gérent, juge des soumissions et juge ecclésiastique, qui connaissait par privilège des causes religieuses soustraites à la juridiction de l'archevêque et des évêques, celui de l'auditeur général, suppléant du vice-légat, qui était à la fois un juge de première instance et un juge d'appel; et le tribunal de la rote, cour d'appel pour tout le Comtat; enfin, le vice-légat était juge suprême en appel. C'est contre les intrigues du vice-gérent et de l'auditeur général que l'Université eut à défendre constamment ses privilèges judiciaires.

2. Assemblée du Collège des docteurs du 21 oct. 1683. A. V. D 31, f° 152.

avait apportées dans la constitution universitaire, on laissait volontiers sommeiller, un auditeur général ou un vice-gérent entreprenants les réveillèrent en 1679. Aussitôt grand émoi dans le Collège des docteurs. D'autant plus que, sans l'avoir même appelée à se défendre, la Congrégation du Concile de Trente, par un rescrit du 12 août, condamna l'Université, en retranchant de son sein les avocats. Des deux questions, en effet, qui lui étaient soumises : si les avocats gradués à Avignon et y plaidant étaient membres de l'Université; si les agrégés simples, c'est-à-dire non chargés de fonctions spéciales participaient régulièrement aux privilèges universitaires, elle avait tranché négativement la première et remis à une audience ultérieure la décision de la seconde.

Le Collège sent donc qu'il faut se hâter. Dès le 2 septembre, il commet la poursuite de l'affaire à un de ses membres, M. de Tulle, alors à Rome [1]; mais, trois mois après, il choisit un délégué spécial, M. de Villegarde qui, il est vrai, ne presse point son départ, malgré la générosité avec laquelle on pourvoit à ses dépenses [2]. C'est que l'affaire traîne en longueur. Le pape Innocent XI a suspendu l'effet du rescrit de la Congrégation et l'a chargée de délibérer de nouveau, l'Université entendue, sur la question qu'elle n'a point résolue et qu'il pose sous cette forme générale : quels sont les docteurs

---

1. Délib. du Collège des docteurs du 1ᵉʳ sept. 1679. On décide d'employer aux frais de cette mission l'argent qui revenait aux régents. A. V. D 31, fᵒ 31.
2. Délib. du 17 janvier 1680 députant M. de Villegarde. — Délib. du 11 mars, fixant à 20 pistoles par jour de voyage et à 10 pistoles par journée de séjour les honoraires qui lui sont attribués. Les autres frais feront l'objet d'un compte spécial. — Délib. du 3 juin. Il faut attendre l'arrivée de M. de Villegarde à Rome, d'autant plus que M. de Brancasio, secrétaire de la Congrégation du Concile, a promis de l'entendre. M. Tamisier, avocat, qu'on avait employé pour cette affaire, a agi avec beaucoup d'affection pour le Collège; il n'a pas encore eu d'argent, il faut le satisfaire. Le primicier reçoit les pouvoirs à ce nécessaires. M. de Villegarde a reçu 60 pistoles d'Espagne. A. V. D 31, fᵒˢ 99, 103, 110.

qui d'après les constitutions en vigueur doivent jouir des privilèges dont il s'agit (an et qui doctores vigore Indultorum gaudeant prætensis privilegiis [1]).

Villegarde, arrivé à Rome en juin ou juillet 1680, multiplie ses démarches ; mais malgré « les beaux écrits » qu'il répand, malgré les « grands droits » et les préjugés favorables à l'Université qu'il met en lumière, il n'obtient « que de belles paroles et promesses ». Le cardinal Cibo et la Congrégation du Concile admirent les « droits si beaux et les privilèges si étendus » des docteurs d'Avignon, qu'ils ignoraient complètement ; ils se montrent disposés à les maintenir, mais ils ne hâtent pas leur arrêt [2]. Sur ces entrefaites un « jeune étourdi » nommé Bonneau, docteur simple de l'Université d'Avignon, s'avise de revendiquer pour ses confrères et pour lui des droits égaux à ceux des agrégés et vient à Rome soutenir une cause si singulière. Comme il pousse vivement ses avantages, le Collège, à son tour, redouble d'activité [3]. Il s'assure le concours d'un avocat célèbre, Tamisier, puis il envoie à Rome M. de Tulle à la place de Villegarde, qui est revenu découragé [4]. Il en a déjà coûté plus de 3.000 écus à la caisse de l'Université et l'on n'a encore rien obtenu [5]. Enfin, grâce aux multiples démarches du primicier, M. de Barthélemy, la question si imprudemment soulevée par Bonneau est résolue. Le 9 septembre 1684, la Congrégation du Con-

---

1. Bref du 7 sept. 1680. — Délib. du Collège des docteurs du 7 nov. A. V. D 31, f° 114.
2. Assemblée du Collège des docteurs du 7 juin 1681. A. V. D 31, f° 125.
3. Assemblées du Collège des docteurs des 29 mars et 28 août 1683. M. Bonneau avait prétendu qu'il n'y avait pas d'agrégation à l'Université d'Avignon. Lettres du primicier Barthélemy au cardinal Cibo (20 mai 1684), à Mgr Abonniti, secrétaire de la Congrégation du Concile, et à M. Serène, secrétaire du cardinal légat (même jour). A. V. D 31, f° 143, 149, 175 et 176.
4. A. V. D 31, f° 152 et 155. Ass. du 21 oct. 1683.
5. A. V. D 31, f° 114.

cile, déclare l'Université constituée par les agrégés seuls, lesquels continueront à jouir des privilèges accoutumés. Un bref pontifical vient, le 23 du même mois, confirmer cette décision et tirer l'Université de cette « vexation » inattendue, fruit de l'inconscience d'un impertinent docteur, désavoué même par ses « pareils [1]. »

Mais la question générale, réservée en 1680, restait en suspens et ne devait être tranchée qu'un demi-siècle plus tard. Un moment, en 1705, on crut la voir renaître. Le prévôt de l'église métropolitaine, M. de Cabannes, avait écrit un violent factum contre la juridiction du primicier. L'affaire, d'ailleurs, s'assoupit [2]. C'est en 1737 seulement que l'auditeur général de la vice-légation s'avisa de solliciter l'exécution du rescrit de 1679. Aussitôt le Collège des docteurs de colliger ses titres ainsi que les mémoires rédigés à cette époque. Les professeurs, l'acteur, MM. Thomas et Dumas père et fils, docteurs agrégés en droit, sont préposés à cette recherche. On remet la poursuite de l'affaire à un docteur de l'Université d'Avignon, M. Castan, qui se trouve à Rome, et auquel on alloue trois écus romains par mois. Il s'adjoindra un avocat célèbre de Rome, le comte Guerra [3]. On essaie enfin d'intéresser à la cause commune les consuls d'Avignon et les conseillers de ville, lesquels font la sourde oreille [4] et les avocats qui, plus complaisants, décident de ne plus plaider devant l'auditeur général jusqu'à conclusion défini-

---

1. Décision de la Congrégation et bref d'Innocent XI du 23 septembre 1684. Laval, 67. — Délib. du Coll. des docteurs des 26 sept. et 17 oct. 1784. A. V. D 31, f°° 166 et 167.

2. Délib. du Collège des docteurs des 10 mars et 31 août 1704 et 9 mars 1705. A. V. D 32, f°° 181, 187, 190.

3. Délib. du Coll. des docteurs des 14 fév. et 3 déc. 1737. A. V. D 33, f°° 308 et 322.

4. Délib. du 27 juill. 1739. A. V. D 33, f° 366.

tive du litige, en témoignage de leur union avec les docteurs. Les avocats ne revinrent, un peu plus tard, sur cette résolution, qu'au vu d'une lettre impérative du cardinal Ferrao, secrétaire d'État pontifical, « par esprit d'obéissance et respect pour le premier tribunal de la ville et sous réserve de porter leurs représentations aux pieds du trône du Saint-Père »[1].

Cependant l'affaire languit. On n'ose la pousser vivement tant que celle du prévôt de la métropole, évêque d'Halicarnasse, n'est pas terminée[2]. En 1739, l'Université remporte un premier succès : l'auditeur qui voulait porter le litige non plus devant la Congrégation du Concile, mais devant l'auditeur de la Chambre pontificale est débouté de son instance[3]. Malgré tout, on n'avance pas : les intérêts de l'Université seraient-ils mal défendus[4]? Le primicier élu en 1739, M. de Garcin, les prend vivement en mains. Frontony est nommé agent à Rome en remplacement de M. Castan, qui est revenu malade à Avignon. On agit auprès de M. d'Argenvilliers, « le premier avocat de son siècle », qui a l'oreille du pape. On envoie à Rome l'abbé de Jonquerettes, docteur agrégé et doyen de Saint-Pierre. M. de Garcin, qui a cessé d'être primicier en mai 1740, est prié de continuer ses soins au Collège dans une occasion si importante. Tous réunissent leurs efforts pour faire « les plus belles écritures du monde ». On contracte emprunts sur emprunts pour s'assurer de précieux concours[5]. O déception! Le 11 mars 1741, la Congrégation juge

1. Délib. du 8 janv. 1738. A. V. D 33, f° 322.
2. Délib. du 18 nov. 1738. Le primicier dit que l'affaire de la juridiction n'est pour ainsi dire pas commencée. On a cessé les poursuites pour des raisons particulières, mais on va les reprendre. A. V. D 33, f° 351.
3. Assemblée du 11 mai 1739. A. V. D 32, f° 357.
4. Assemblée du 30 mai. Ib. f° 370.
5. Délib. des 28 et 30 mai, 29 oct. et 23 déc. 1740 et 17 mars 1741. A. V. D 33, f°° 371, 372, 382, 384 et 386.

contre l'Université : tous les docteurs d'Avignon qui ne sont pas agrégés au Collège, ceux des agrégés qui ne remplissent pas un office universitaire, les lecteurs eux-mêmes et les officiers de l'Université, leur temps d'exercice expiré, sont exclus de la juridiction du primicier; cette juridiction est réduite aux causes civiles et *in passivis* seulement; mais ces causes mêmes peuvent, du consentement des parties, être remises à d'autres juges. L'Université se défend encore [1], et obtient un sursis. Elle députe un de ses membres les plus estimés, M. Teste, qui arrive à Rome le 14 avril 1745, voit M. d'Argenvilliers et obtient quatre audiences du pape lui-même, qui lui réserve l'accueil le plus gracieux. Enfin, le 10 octobre, Benoît XIV publie sa décision : malgré les restrictions et les réserves qu'elle contient, l'Université peut s'en montrer satisfaite. Si la juridiction du primicier est réduite aux procès civils *in passivis*, elle s'étend à tous les docteurs : l'unité de la corporation n'est pas atteinte [2].

Il ne restait plus qu'à payer. Plusieurs fois encore on emprunta à cet effet : en dix années, l'Université dépensa, pour cet objet, plus de 14.000 livres [3]. Elle fit d'ailleurs bien les choses et ne se borna pas à acquitter les salaires convenus; au Pape, elle offrit deux manuscrits précieux, le *Décret de Gratien* et le *Corpus Juris Civilis*, legs vénérables du cardinal de Saluces à la bibliothèque universitaire, qu'elle fit relier richement [4], à ses avocats elle prodigua objets d'art

1. Délib. des 15 mai 1741. A. V. D 33 f° 389. Bref du 24 mars 1741. A. V. D 23 et 21.
2. Assembl. des 18 mai 1744 et 9 janvier 1746 (dans cette dernière assemblée, M. de Teste fait le récit de ses démarches à Rome). A. V. D 33, f° 436; D 34, f°° 7 à 9. — Bref de Benoît XIV du 10 oct. 1745. A. V. D 23.
3. Dépenses et emprunts pour frais de procès : 1735-36, 700 l.; 1736-37, 700 l.; 1737-38, 551 l. 7 s.; 1739-40, 4.980 l. 4 s. 10 d.; 1740-41, 1.750 l.; 1741-45, 3.021 l. 6 d.; 1745-46, 3.460 l. 2 s. A. V. D 194.
4. Délib. du 9 janv. 1746. A. V. D 34, f° 9. — Budget de 1745-46 : à M. Icard pour ornement des deux livres offerts au Pape : 26 l. 13 s. 2 d. A. V. D 194, f°

et tonneaux de vin [1]. A l'égard de M. d'Argenvilliers, qui avait tant fait pour son succès, sa reconnaissance s'affirma de façon particulièrement touchante : on mit son portrait dans la salle des Actes; en 1753, des fêtes, qui coûtèrent 1.400 livres, célébrèrent son élévation au cardinalat. A sa mort, en 1759, un service solennel eut lieu à Saint-Didier, pour le repos de son âme [2].

Le Collège ne dépensa ni moins d'argent ni moins d'énergie pour maintenir à ses gradués les droits attachés à leurs diplômes. Ici, c'étaient d'autres Universités qu'il avait à combattre : les unes, adversaires accidentels, comme Montpellier, ou Valence; les autres rivales séculaires et opiniâtres, Aix par exemple. A son tour, l'Université d'Avignon montra un particulier acharnement contre sa plus proche voisine, l'Université d'Orange, dont elle ne cessa de proclamer la constitution irrégulière et les grades de nulle valeur [3].

278. On sait que le Collège vota en outre l'érection d'un monument à Benoît XIV. Cf. livre III, ch, I, p. 203.

1. Délib. du 9 janv. 1746. Comptes de 1745-46. A. V. D 34, f° 9; D 104, f°° 258 et 278.

2. Délib. des 7 et 15 déc. 1753, 24 janv. 1754 et 10 janv. 1759. Comptes des primiciers portant une somme de 1681 l. pour les dépenses faites en 1754, lors des fêtes données en l'honneur de la promotion d'Argenvilliers au cardinalat et une dépense de 560 l. faite, en 1759, pour les funérailles du même personnage. A. V. D 34, f°° 201, 206, 288; D 194, f°° 450 et 560.

3. L'Université d'Avignon n'entre guère en rapports avec les Universités du royaume que lorsqu'elle a à défendre contre elles les droits de ses gradués. Il n'y a entre elle et ses voisines ni échange de vues, ni communauté d'action. A peine citerait-on deux ou trois circonstances où les docteurs avignonais sont sollicités de se joindre à d'autres corporations enseignantes pour des motifs d'intérêt général ; encore les voit-on alors se récuser, par exemple, en 1758, quand l'Université de Bordeaux les sollicite de faire cause commune avec elle dans ses différents avec les jurats (A. V. D 34, f° 280) ou quand la Faculté de théologie de Nantes leur demande de censurer avec elle des propositions hérétiques. (Délib. de la Faculté de théologie du 28 déc. 1752. A. V. D 34. f° 186.) En revanche, par délibération du 24 oct. 1678, l'Université d'Avignon déclare se joindre à toutes les Universités de France contre celle de Paris, qui prétendait exclure de l'exercice de la médecine tous les docteurs qu'elle n'avait

Quelques exemples montreront le caractère de ces luttes. En
1636, quelques docteurs de la Faculté de Montpellier établis
à Auxerre, prétendent empêcher un docteur d'Avignon,
M. Etienne de Laurens, résidant aussi à Auxerre, d'exercer
la médecine dans cette ville. Aussitôt, l'Université d'Avignon
de prendre fait et cause pour son docteur, qui triomphe
d'ailleurs devant le Parlement de Paris [1]. Un peu plus tard,
nouveau procès devant un autre parlement, celui de Toulouse ;
cette fois, c'étaient des docteurs de Montpellier établis à Narbonne, qui déniaient à un confrère gradué d'Avignon, tout droit
d'exercer la médecine en Languedoc. Malgré l'intervention
du syndic de l'Université de Montpellier, qui se porte partie
civile, Avignon remporte une nouvelle victoire, qui ne fut
pas la dernière [2]. Au surplus, malgré ces chicanes, la Faculté
de médecine d'Avignon professe un visible respect pour
une rivale, dont elle envie l'organisation et la renommée ;
elle accueille volontiers ses docteurs parmi ses agrégés et propose l'enseignement qu'elle donne comme modèle à ses
régents ; sur la seule question des grades, elle prétend à
l'égalité.

Il n'en est pas de même pour Valence. Ici nulle supériorité
évidente et nuls égards. D'ailleurs, c'est de Valence que vient,
à plusieurs reprises, l'attaque [3]. Les docteurs valentinois,

---

pas elle-même gradués. Mais on stipule que l'Université d'Avignon ne fera
aucun frais. (A. V. D 32, f° 81.) La correspondance des primiciers ne mentionne, outre ces cas tout à fait extraordinaires, que des envois réciproques
de programmes, des avis de vacances de chaires, etc., formalités qui font
ressortir plutôt qu'elles ne rompent l'isolement, où chacun de ces corps se
complait.

1. A. V. D 30, f° 87. (délib. du Collège des docteurs du 30 oct. 1656). Cf.
Laval. *La Faculté de médecine d'Avignon*, p. 179.

2. V. Laval, *La Faculté de méd.* p. 181. L'arrêt du parlement de Toulouse
est du 14 déc. 1660. A. V. D 30, f° 137.

3. A. V. D 27, f° 9. Délib. du 2 juillet 1517 : les docteurs envoient un représentant de l'Université au Parlement de Dauphiné pour y faire valoir leurs
privilèges. La rivalité datait donc de loin.

rédigeant un règlement nouveau, n'ont-ils point osé qualifier l'Université d'Avignon d'étrangère? On peut croire que l'épithète blesse et est vivement relevée. On finit cependant par s'entendre et par composer, mais pour arriver à un accord, il fallut toute une année et les efforts d'un négociateur habile, le Père Bancel, professeur de théologie à Avignon.

En vertu de cet accord, l'Université d'Avignon s'engage, conformément à la déclaration du roi de France du 30 décembre 1660, à ne plus délivrer de ces diplômes de bachelier « en forme de licence », qui permettaient de « postuler » comme avocat ou comme magistrat. De leur côté, les docteurs de Valence, par l'organe de leur chancelier, le belliqueux évêque de Cosnac, déclarent reconnaître à l'Université d'Avignon la qualité de régnicole qu'ils n'ont jamais, disent-ils, prétendu lui dénier [1]. Le litige est définitivement réglé par un édit royal du 29 janvier 1698, qui maintient aux docteurs d'Avignon tous les privilèges que les rois de France leur avaient précédemment accordés [2].

Il renaît un peu plus tard et c'est du fond du Poitou que

1. A. V. D 168. Procédures faites par l'Université d'Avignon contre celles de Valence et de Besançon qui l'avaient qualifiée d'étrangère. — Accord entre l'Université de Valence et celle d'Avignon sur le différend pendant devant le Conseil privé du roi. L'Université d'Avignon renonce à délivrer à l'avenir des lettres de bachelier en droit canonique en forme de licence, moyennant lesquelles les impétrants étaient reçus devant le Parlement de Dijon et autres parlements du royaume à la postulation et aux magistratures, contrairement à la déclaration du roi du 30 octobre 1660; l'Université de Valence déclare n'avoir point voulu méconnaître les privilèges de celle d'Avignon (13 oct. 1678). Cf. Délib. du Collège des docteurs du 2 oct. 1677; on décide de poursuivre l'Université de Valence qui n'a pas fourni d'explications suffisantes au sujet du litige; délib. du 24 oct. 1678, par laquelle est ratifiée la transaction négociée par le P. Bancel, au nom de l'Université d'Avignon. A. V. D 31, f°° 56 et 82.

2. Délib. du 14 fév. 1698. Remerciements au nonce du Pape à Paris et à l'abbé de Bérulle, qui se sont occupés de cette affaire. Gratification de 100 louis d'or à M. Valin qui a suivi ce procès pendant vingt ans et surtout depuis deux ans. A. V. D 32, f° 84. Texte de l'arrêt, Ibid., f° 100.

l'étincelle jaillit. Deux médecins de Fontenay-le-Comte, nommés Raison et Huel, s'avisent, en 1703, de quereller, au sujet de ses titres, un docteur d'Avignon, François Prache, gradué en 1669. L'Université d'Avignon est mise en cause et un arrêt du Conseil privé évoque le procès. Profitant des embarras où l'Université d'Avignon se débattait alors, Valence se joint au procès et attaque vivement sa rivale. Ses arguments sont graves, en vérité : Avignon ne se conforme pas aux règlements royaux ; elle prétend faire en deux ans des docteurs : ses grades sont donc nuls et de nul effet. Avignon ne nie pas qu'il se soit produit dans son sein quelques abus; mais ne s'en produit-il pas ailleurs ? Au surplus, le doctorat de Prache ne date-t-il pas de plus de trente ans ? — Arguments médiocres et qui ne touchent pas le conseil d'État. Prache est déclaré déchu de son titre. C'est un très fâcheux précédent dont le Collège des docteurs sent qu'il faudra parer les suites [1].

Avec l'Université d'Aix, à laquelle on ne pouvait disputer son titre de « fameuse » et les privilèges qui s'y rattachaient, la lutte fut plus pénible et plus longue. Cette lutte a eu déjà son historien [2], il suffira d'en marquer ici les incidents principaux.

Dès l'année 1620, les docteurs d'Aix, rédigeant un nouveau statut, prétendaient contraindre les gradués des autres Universités à venir lire pendant six mois à leur Faculté de droit, avant de pouvoir plaider en Provence [3]. Trois ans plus tard, ils imposaient une obligation analogue aux médecins et, comme en 1620, le parlement de Provence se hâtait de ratifier

---

1. A. V. D 32, f° 190 et D 33, f° 101. Cf. Laval, *La Faculté de médecine*, p. 333.
2. V. Belin, *Hist. de l'ancienne Université de Provence*, p. 385, 425, 418, 463, 560, 616, 680 et Laval, *La Fac. de médecine*, p. 175, 181, 339.
3. A. V. D 29, f° 72 (délib. du Collège des docteurs du 9 juill. 1620). — A. V. D 162. Règlement fait par l'Université d'Aix sur la réception des docteurs ès Facultés de théologie, de jurisprudence et de médecine.

ces dispositions par un arrêt solennel [1]. Même, un nouvel arrêt de cette cour, du 14 octobre 1627, rendu à la requête du syndic des docteurs et professeurs de l'Université et confirmé en 1631 par arrêt du Conseil du roi, fit défense à toutes personnes, de quelque qualité et condition qu'elles fussent, non graduées à Aix, d'exercer la médecine dans les villes, bourgades et bourgs de Provence, à peine de faux et de mille livres d'amende [2].

Plus encore que celle de Montpellier, la Faculté d'Avignon était visée par ces arrêts. Le Collège des docteurs ne s'y trompa point et dès les premières attaques, on le vit se préparer à la lutte; mais les circonstances ne lui étaient pas favorables et longtemps l'Université d'Aix put poursuivre ses avantages. Encore en 1648, cinq médecins gradués d'Avignon et établis à Toulon reçoivent du semestre du Parlement d'Aix inhibitions et défenses d'exercer la médecine en Provence, sans avoir pris lettres de licence et permission de ce faire de l'Université d'Aix, subi l'examen et prêté le serment requis, aux frais modérés à 18 livres. Les docteurs d'Avignon ne se font pas d'illusion : de telles procédures tendent à la ruine totale de l'Université et il faut y remédier promptement. Mais la prudence est nécessaire, car l'introduction du semestre à Aix a divisé le Parlement et l'on ne peut recourir à lui ; les vieux conseillers, à leur retour, casseront tous les arrêts du semestre : mieux vaut attendre ou plutôt s'adresser au roi. Et c'est, en effet ce qu'on décide [3]. Le cardinal Mazarin, qui n'a pas oublié son séjour à Avignon,

---

1. Arrêt du parlement d'Aix du 29 mai 1663. A. V. D 162.
2. V. Belin, ouvr. cité, p. 418 et 463. Pour exercer dans les villes de Provence, l'arrêt exigeait le doctorat ou la licence; dans les bourgs et bourgades le baccalauréat suffisait.
3. Délib. du Collège des docteurs du 13 juillet 1648. A. V. D 30, f° 4.

intervient auprès du chancelier [1] et les lettres patentes du mois de juillet 1650 confirment l'Université d'Avignon dans la possession de ses privilèges séculaires [2]. On s'empresse de faire vérifier ces lettres au Parlement d'Aix [3]. Mais la lutte n'est point terminée. Les docteurs d'Aix continuent leurs tracasseries. En 1662, c'est un médecin de Fréjus, Clerc Viany, ancien gradué d'Avignon, qui en est la victime. Cette fois, l'occasion paraissant favorable, le Collège des docteurs d'Avignon prend fait et cause pour Viany. Le 22 septembre 1663, un arrêt du Conseil privé défend à l'Université d'Aix de troubler celle d'Avignon dans l'exercice de ses privilèges. Le 12 février précédent, Viany avait personnellement obtenu gain de cause [4].

Mais l'Université d'Aix n'accepte pas sa défaite et continue ses intrigues à Paris. Le Collège des docteurs d'Avignon doit encore envoyer auprès du roi députés sur députés, constituer procureurs sur procureurs [5]. Bientôt il en vient à pen-

1. Lettre de Mazarin au chancelier de France, du 2 juin 1649. « Ayant appris que l'Université d'Avignon poursuit auprès de Mgr le chancelier des lettres particulières, par lesquelles ceux qui y prennent leurs degrés soient maintenus en la possession en laquelle ils ont toujours été de jouir des mêmes honneurs que les autres gradués des Universités de ce royaume, je n'ai pu refuser à l'ancienne affection que j'ai pour ce corps-là, que j'ai vu fort célèbre du temps que j'étais sur les lieux et qui ne l'est pas moins encore à présent, ce mot de recommandation, priant mondit sieur le chancelier de considérer favorablement ses raisons et l'assurant que je prendrai beaucoup de part à tout ce qu'il aura lieu de faire à son avantage. Le cardinal Mazarin. » A. V. D 30, f° 15.
2. Lettres patentes de juillet 1650. A. V. D 162.
3. Elles y furent enregistrées le 9 nov. 1650. A. V. D 30, f° 25.
4. Délib. du Collège des docteurs des 13 oct. 1662, 13 fév. et 5 déc. 1663. A. V. D 30, f°* 157, 160, 166. — Arrêt du Parlement de Provence défendant à tous médecins, chirurgiens et apothicaires de pratiquer publiquement, tant en la ville d'Aix qu'aux autres lieux de Provence, sans avoir satisfait aux statuts et règlements de l'Université (1663). — Arrêt du conseil privé du roi défendant à l'Université d'Aix de troubler celle d'Avignon dans l'exercice de ses privilèges. — A. V. D 163. Lettres patentes du roi du 13 fév. 1663, maintenant Viany dans le droit d'exercer de la médecine.
5. Furent successivement députés à Paris pour cette affaire M. de Laurens,

ser qu'il vaudrait mieux chercher un terrain d'entente et, comme le primicier d'Aix lui adresse des propositions dans ce sens, il envoie auprès de lui un de ses membres les plus estimés, M. de Tache, avec mission de négocier un accord définitif[1]. De là, la transaction du 18 octobre 1668, ratifiée, dès le 2 novembre, par l'Université d'Avignon, et, le 4 décembre, par celle d'Aix. En vertu de cet accord, les docteurs en théologie, en droit et en médecine, gradués à Avignon, n'avaient pour être admis à exercer librement en Provence qu'à faire enregistrer leurs diplômes dans l'Université d'Aix, en payant un droit de quinze livres; et de même les docteurs d'Aix, en accomplissant les mêmes formalités et en opérant un égal versement, pouvaient exercer à Avignon et dans le Comtat. On renonçait de part et d'autre à tous règlements et arrêts contraires au traité convenu, et pour l'observation des clauses de cette transaction, les deux rivales, enfin réconciliées, engageaient tous leurs biens, rentes et revenus présents et à venir[2].

Les docteurs d'Aix étaient-ils sincères en signant une convention qui était tout en faveur d'Avignon? En tous cas, leurs bonnes dispositions ne durèrent guère, car dès l'année 1673, on les voit renouveler leurs entreprises. A leur instiga-

MM. de Benoît et Garcin (25 sept. 1665), ce dernier bientôt remplacé par son neveu, puis M. Bernard, secrétaire, qui, étant tombé malade, fut à son tour remplacé par son fils (7 janv. et 17 juin 1669). A. V. D 30, f°s 166, 212, 217, 219.

1. Délib. du 28 sept. 1669, approuvant le projet de concordat avec l'Université d'Aix et donnant mission à M. François de Tache, ancien primicier, d'aller à Aix négocier un accord définitif. A. V. D 30, f° 222.

2. Voir le texte de ce concordat dans Belin, *ouvr. cité*, p. 680. Il est ratifié par l'Université d'Avignon le 2 nov. 1669. (A. V. D 30, f° 222.) M. Belin fait observer que ce concordat fut subi plutôt qu'accepté par l'Université d'Aix. Quelques docteurs seulement se trouvaient présents à l'Assemblée qui en délibéra et à laquelle n'assistait pas l'archevêque-chancelier (p. 560). La ratification de l'Université d'Aix est du 4 déc. 1669. Le parlement la confirma le 8 mars 1670. A. V. D 164.

tion, le parlement d'Aix, rappelant ses arrêts de 1620 et 1623, prétend rétablir l'obligation jadis imposée aux docteurs étrangers de lire, six mois à Aix, avant d'être admis à l'exercice, et bientôt l'Université elle-même entre en scène. Un médecin de Grasse, un avocat de Marseille, gradués d'Avignon, se voient contester la validité de leurs titres. Le Collège des docteurs d'Avignon essaie d'abord de transiger, mais son ambassadeur à Aix, M. de Villegarde, a peu de succès [1]. Il envoie alors à Paris M. Payen, qui « après avoir beaucoup travaillé à cette affaire, dans la poursuite de laquelle il a été fort inquiété et troublé », revient six mois après à Avignon, muni de deux arrêts du Conseil privé : l'un portant homologation de la transaction du 18 octobre et inhibant aux parties d'y contrevenir; l'autre enjoignant au procureur général d'Aix de faire observer cette transaction avec défense de troubler les docteurs de l'Université d'Avignon dans l'exercice de leurs droits [2]. M. Payen se hâte d'aller signifier au parlement d'Aix l'arrêt obtenu [3]. Les Provençaux, déboutés une fois de plus, essayèrent, mais en vain, d'intéresser Louis XIV lui-même à leur cause. Successivement trois arrêts vinrent confirmer les privilèges des Avignonais. Celui du 23 décembre 1675 décidait que les docteurs et gradués d'Avignon jouiraient de tous les droits accordés à ceux d'Aix, sans être tenus de faire aucune lecture, rapporter aucun certificat, prendre aucunes lettres de licence, ni subir aucun examen, ni enfin payer aucun droit de réception comme avocats au parlement ou médecins, sauf la

1. A. V. D 30, f° 269.
2. Délib. du 23 mars 1673 députant M. de Payen à Paris pour l'affaire d'Aix et fixant son salaire à 15 écus par mois, à retenir sur les appointements des régents. — Délib. des 26 janv., 24 sept. et 23 nov. 1673 maintenant M. de Payen et pourvoyant à ses frais de séjour. — Ass. du 7 mai 1674, où il est rendu compte de cette mission. — Vote d'un emprunt de 300 écus pour les frais. A. V. D 30, f°ˢ 269 et 284; D 31, f° 1.
3. Délib. du 30 août 1674. A. V. D 31, f° 8.

somme de quinze livres contenue en la transaction du 18 octobre 1669[1]. L'année suivante, le roi homologuait cette transaction[2] et un peu plus tard enfin, le 20 mai 1678, il condamnait les docteurs d'Aix aux dépens s'élevant à 1.780 livres 18 sols, somme pour laquelle, à défaut de paiement immédiat, ses dix plus anciens agrégés furent déclarés solidairement responsables[3]. Plus désintéressée que sa rivale, l'Université d'Avignon déclara se contenter de 1.500 livres, ce qui était loin de représenter tous les frais qu'elle avait dû exposer dans cette longue instance[4].

1. Arrêt du 23 déc. 1675. A. V. D 165 ; Laval, 65.
2. Arrêt du conseil d'État du 18 nov. 1676. A. V. D 166.
3. Arrêt du conseil privé du roi ordonnant le paiement par l'Université d'Aix à celle d'Avignon de la somme de 1.780 livres à elle due (16 nov. 1677). — Autre arrêt du Conseil privé du roi ordonnant qu'à défaut du paiement de cette dette par l'Université d'Aix, ses dix plus anciens docteurs y seront solidairement contraints (20 mai 1678). A. V. D 167. Cf. délib. du Collège des docteurs du 17 déc. 1675, approuvant les dépenses pour l'affaire d'Aix, lesquelles s'élèvent à 310 écus au soleil ; délib. du 1ᵉʳ juillet 1676 et du 2 oct. 1677 chargeant M. Guyon, député à Paris, de poursuivre l'affaire ; délib. du 8 déc. 1677, députant à Aix M. Bernard, fils du secrétaire, pour faire exécuter l'arrêt du 16 nov. A. V. D 31, fᵒˢ 38, 45, 55, 58.
4. Délib. du 21 juill. 1678. On décide de faire accord avec l'Université d'Aix. Sur la somme de 1.788 livres, 18 sols, 6 deniers montant de la créance, les consuls avaient payé leur part soit 181 l. 7 s. 8 d., somme à laquelle ils avaient été condamnés, pour en avoir appelé au Conseil du roi. L'Université d'Aix avait envoyé porter des propositions à celle d'Avignon par M. André Mathieu, sieur de Fuveau, avocat au parlement de Provence, « un des plus anciens docteurs de l'Université, d'un mérite extraordinaire, qui s'était toujours opposé au procès, dont il avait prévu les fâcheuses conséquences. » Celui-ci déclara « que l'Université d'Aix voulait désormais vivre en paix et amitié avec celle d'Avignon, s'unir fortement et étroitement avec elle et serrer de nouveau ce nœud d'affection, qui avait été relâché pendant quelques années. » Le primicier répondit au nom du Collège des docteurs qu'il acceptait au nom de l'Université d'Avignon cette offre d'amitié et s'emploierait à la cimenter. On prépara alors, sous la médiation du vice-légat, de l'archevêque d'Avignon et de l'archevêque d'Aix, chancelier de l'Université, un projet d'accord, dont lecture fut donnée et en vertu duquel les docteurs de chacune des deux Universités pouvaient exercer dans le ressort de l'autre, moyennant homologation de leurs lettres de doctorat, sans examen ou autre formalité que le paiement de 15 livres. On réduisit les dépens à 1500 livres payables, savoir 1.200 livres dans les

Cette fois, le litige semblait terminé. Il eut pourtant un épilogue. Dès 1706, l'Université d'Aix augmentait du double et même du triple les droits exigés des docteurs d'Avignon pour l'enregistrement de leurs lettres [1]. Interprétant ensuite et de façon très habile les prescriptions récemment édictées par le roi de France au sujet des études de médecine, elle prétendait obliger les docteurs d'Avignon à aller à Aix subir l'examen pratique désormais exigé. Il fallut encore plaider pendant trois ans sur ce point particulier. Enfin, malgré l'avis du conseiller d'Armenonville, rapporteur de l'affaire, un arrêt du Conseil d'État consacra une fois de plus, les privilèges de l'Université d'Avignon [2]. Désormais la querelle était bien éteinte; mais sans doute on continua entre Aixois et Avignonais, à s'observer avec quelque jalousie. Au surplus, on avait de moins en moins des raisons de s'en vouloir, car si l'Université d'Avignon continua, jusqu'à la fin du XVIIIe siècle, de fournir aux barreaux de France d'innombrables licenciés, le nombre de ses médecins s'abaissa sans cesse ; vers 1770 ou 1780, il était devenu insignifiant.

Faut-il, comme pendant à ce tableau des tribulations de

huit jours et 300, dans le courant de l'année, sans intérêts. Ce projet ayant été unanimement approuvé, le Collège nomma des délégués qui, de concert avec le primicier et M. de Gay, acteur, devaient dresser l'acte public avec MM. Dize et Roux, délégués d'Aix. A. V. D 31, f° 74.

1. Délib. du Collège des docteurs des 9 mars et 17 mai 1706 et du 29 février 1708 : information contre l'Université d'Aix touchant les sommes excessives, qu'elle prétend exiger de nos gradués, pour l'enregistrement de leurs lettres, savoir 60 livres pour le doctorat, 50 pour la licence, 30 pour le baccalauréat en théologie, en droit civil et canon ou en médecine, contrairement à la transaction du 18 octobre 1669, qui fixe ce droit à 15 livres. A. V. D 32, f° 232.

2. Délib. du 11 mai 1709. L'Université d'Aix veut obliger les médecins d'Arles, Tarascon, Manosque, Grasse, Martigues, Sault, etc. gradués à Avignon, d'aller subir à Aix l'examen de médecine pratique prescrit par le roi. — Délib. du 27 juillet 1709. — Arrêt du conseil d'État donnant raison à l'Université d'Avignon contre celle d'Aix. Emprunt de 1.000 livres pour les dépenses du procès. A. V. D 32, f° 256, 262 et 263.

l'Université d'Avignon, rappeler celles qu'elle-même fit subir à l'Université d'Orange? En vérité, l'acharnement de nos docteurs contre leurs voisins orangeais n'était pas tout à fait sans excuse. Était-ce une université véritable que celle qu'ils combattaient? Dès 1475, le pape Sixte IV déclarait qu'il n'existait pas, à Orange, de *studium generale* [1]; et ce studium d'ordre inférieur, les guerres du xvie siècle lui portèrent bientôt un coup, dont il faillit ne se point relever; il n'eut pendant cent ans qu'une existence intermittente et c'est en 1718 seulement qu'on entreprit de le réformer [2]. Au xviie siècle, l'Université d'Orange n'avait pas de cours réguliers, ses grades étaient avilis; — les docteurs « à la fleur d'Orange » étaient légendaires, — enfin, elle était soupçonnée d'hérésie. Cependant le roi Louis XIII, par un édit de 1634 [3], avait ordonné que tous les docteurs et gradués d'Orange seraient reçus avocats postulants en tous ses parlements, comme ceux des Universités françaises, et grâce à cette tolérance, que Louis XIV devait d'ailleurs révoquer en 1708, l'Université d'Orange était devenue l'égale de celle d'Avignon. Bien plus, des docteurs orangeais prétendaient être immatriculés à Avignon ; on voyait des étudiants avignonais, des religieux même, aller se faire graduer dans cette Université « monstrueuse [4] » et des théologiens,

---

1. Bulle de Sixte IV du 5 juin 1475. A. V. D 25; Laval, 28; Fournier, 1367. L'Université d'Orange avait été fondée en 1365.

2. V. P. Achard, *l'Université d'Orange*. Fermée en 1562, cette Université rouvrit ses portes en 1583 ; mais bientôt elle suspendit de nouveau ses cours pour ne les reprendre qu'en 1607.

3. Lettres patentes données à Chantilly, le 5 août 1634.—Louis XIV, qui s'était emparé de la principauté d'Orange, défend par un arrêt donné à Fontainebleau le 23 août 1708, de recevoir parmi les avocats de ses cours, les gradués d'une Université, qui ne s'était pas encore conformée aux règlements de celles du royaume et où l'on conférait les degrés de droit civil et canonique sans assujétir les étudiants à aucun temps d'études, sans exiger qu'ils soutinssent aucun acte public, enfin, sans les obliger à autre chose qu'à subir un léger examen.

4. Le mot est du cardinal Grimaldi écrivant au R. P. Icard, inquisiteur général à Avignon, au sujet des docteurs de l'Université d'Orange. « C'est un scandale

agrégés d'Avignon, se rendre à Orange pour participer à ses examens [1].

En vue d'arrêter pareils scandales, l'Université d'Avignon juge tous les moyens légitimes. Déjà, sur sa demande, le pape Alexandre VII a déclaré que ses sujets d'Avignon et du Comtat gradués de la « prétendue université d'Orange » ne jouiraient pas dans la province des privilèges attachés à leurs titres [2]. Un peu plus tard, en 1671, elle va jusqu'à solliciter contre sa rivale un arrêt du parlement d'Aix, car, dit-elle, à Orange, non seulement il n'y a point d'étude générale, mais ladite Université prétendue est composée en grande partie d'huguenots et même a été réprouvée par lettres patentes du

que des religieux aient la témérité de prendre le degré de docteur dans une université monstrueuse comme celle d'Orange » (5 déc. 1671) A. V. D 25.

[1]. Un accord conclu entre l'Université d'Avignon et celle d'Orange, le 23 mai 1667, portait que cette dernière Université ne délivrerait plus de grades « à ceux d'Avignon ni du Comtat et que ceux déjà docteurs viendraient se présenter au primicier et aux quatre régents et seraient examinés par eux *in privatis* ». Cette transaction ne paraît pas avoir été exécutée. Le 1er juillet 1671, le Collège délibère de rayer de la matricule un docteur in utroque jure d'Orange qui s'était fait immatriculer par surprise. Le même jour, il fait inhibitions de se dire docteurs en théologie à deux religieux Augustins d'Avignon, Jérôme Crozet et Joseph de Parette, qui, ayant été refusés au doctorat à Avignon, sont allés à Orange et y ont pris le grade de docteur en théologie des mains du R. P. André Puy, prieur de leur couvent. Sur la plainte de l'Université, adressée au prieur général, celui-ci commet l'affaire au Prieur provincial qui, le 2 octobre 1671, annule les deux doctorats. Quant au P. Puy, menacé des censures, il demande son absolution au vice-légat et l'obtient ; mais le Collège le prive de voix active et passive et de tous ses droits comme agrégé en théologie, pendant un an. Une enquête est ordonnée sur les docteurs d'Orange ; ceux qui auront été matriculés avant le bref et l'accord, seront reçus conformément à la délibération du 23 mai 1667 ; aux autres l'exercice de leur profession sera interdit. Délib. du 4 nov. 1671. A. V. D 30, f° 246.

[2]. Délib. du Collège des docteurs du 10 fév. 1667. Le primicier dit qu'il a présenté un mémoire au Saint-Père pour empêcher que des personnes du Comtat aillent passer docteurs à Orange. — Délib. du 27 avril. On a obtenu un bref d'Alexandre VII disant que les docteurs de l'Université d'Orange ne pourront être censés docteurs, ni en avoir les prérogatives dans le Comtat. Ce bref a coûté 25 écus. A. V. D 30, f°s 194 et 195. Le bref est du 26 mars 1667.

roi Charles VIII, en 1485 [1]. Ensuite, pour purger le Comtat des docteurs d'Orange qui pourraient le souiller, elle ordonne une enquête, après laquelle quelques doctorats sont annulés. Enfin, elle obtient de Louis XIV la révocation de l'édit de 1634.

Ces mesures rigoureuses frappent à mort l'Université d'Orange. En vain essaie-t-on, en 1718, de la galvaniser par d'opportunes réformes et, en 1725, de la réhabiliter aux yeux du Saint-Père, en proscrivant de son sein les hérétiques. Elle décline de plus en plus. D'autant plus vite que tout le monde s'acharne contre elle. Comme Avignon, Valence dénonce ses abus. Le Parlement de Toulouse interdit, en 1741, à ses gradués l'accès des cours royales. En 1765, le parlement de Grenoble demande sa suppression [2]; depuis longtemps le roi la traitait en étrangère. Avignon pouvait s'applaudir de ses efforts : son triomphe était complet.

1. Délib. du 4 nov. 1671. A. V. D 30, f° 246.
2. Délib. de l'Université d'Orange du 1ᵉʳ juin 1718 adoptant de nouveaux statuts en 47 articles. — Délib. du 25 août 1734 ordonnant que, conformément à la déclaration royale du 24 mars de la même année, l'Université exclueraît désormais de son sein les non-catholiques et ne leur délivrerait aucun grade. On imposa même aux gradués un serment de condamnation des doctrines jansénistes. — Arrêt du Parlement de Toulouse du 22 juin 1741 interdisant d'admettre au serment d'avocat les licenciés d'Orange. — Mémoire du Parlement de Grenoble au roi pour lui demander l'établissement d'une Université à Grenoble et la suppression des universités d'Orange et de Valence. — Délib. du Collège des docteurs d'Avignon enregistrant une lettre de M. de Pontchartrain, chancelier, à M. de Baville, intendant du Languedoc, au sujet des gradués d'Orange, laquelle déclare que ces gradués devaient être considérés comme venant d'une Université étrangère et qu'il faut prendre toutes sortes de précautions pour arrêter un aussi grand abus que celui de recevoir avocats dans les Parlements et autres sièges du royaume des gradués d'une Université comme celle d'Orange, où il n'y a ni étude, ni leçon publique (13 oct. 1702). A. V. D 32, f° 175. — Lettre du recteur de l'Université de Valence au sujet de celle d'Orange disant que les abus que l'on commet dans cette dernière Université sont à la dernière période. Les professeurs n'y font aucune leçon, ni autres exercices académiques; les légistes n'y paraissent qu'une seule fois pour prendre les huit inscriptions requises pour le baccalauréat et ensuite s en font de même pour la licence (5 mai 1736). A. V. D 159.

Les démêlés, dont on vient de lire le récit abrégé, ont montré l'Université d'Avignon recourant volontiers au roi de France comme à son juge et à son protecteur naturels. Cette attitude, les chefs du studium la gardèrent pendant près de deux cents ans. Leur fut-elle dictée par l'intérêt ou par le sentiment? Par l'un et par l'autre sans doute, mais surtout, je pense, par l'intérêt. Car si les habitants d'Avignon et du Comtat, tout en restant fidèles au pape, leur souverain légitime, s'estimaient à demi français, l'Université, où les idées ultramontaines étaient si fort en honneur, ne songeait guère, en recherchant la faveur du roi de France qu'à assurer à ses gradués l'accès des bénéfices et des fonctions, dont ce monarque disposait.

C'est donc l'assimilation entre ses bacheliers, licenciés et docteurs et ceux des Universités du royaume qu'elle poursuit sans cesse à travers les obstacles que lui suscite et les pièges que lui tend la jalousie des Facultés rivales, d'Aix, de Montpellier ou d'ailleurs. Pour atteindre son but, il n'est aucun sacrifice qu'elle ne consente. Elle accepte sans hésiter et d'avance tous les règlements français sur les études juridiques ou médicales [1]; elle déclare ne vouloir rien faire que sous l'autorité du roi pour ce qui regarde les grades, « qu'elle donne tous les jours à beaucoup de Français [2] ». C'est à peine si elle réserve les matières où sont intéressées la foi catho-

1. Délib. du 3 août 1669. Le roi fait connaître qu'il donnera un règlement général pour les Universités et pour ôter les abus qui s'y font et il a prié le vice-légat d'en faire un pareil pour l'Université d'Avignon. Le vice-légat prend là-dessus l'avis du Collège. On accepte d'avance ce règlement, afin de jouir des privilèges accordés aux Universités françaises. Une attestation en forme sera envoyée au vice-légat, qui la remettra au nonce apostolique à Paris. A. V. D 30, f° 220.

2. Mémoire remis au nom de l'Université d'Avignon aux commissaires chargés d'examiner un projet de lettres patentes pour cette Université, en 1685. A. V. D 31, f° 177.

lique et l'obéissance au Saint-Siège [1]. Et, malgré quelques éclipses, la faveur des rois de France lui reste fidèle jusqu'au dernier jour. Des arrêts nombreux et solennels, plusieurs fois confirmés et qu'elle étale avec orgueil, témoignent qu'elle jouit légitimement des privilèges des Universités régnicoles.

D'ailleurs, cette qualité de régnicoles, toujours revendiquée par Avignon et le Comtat, datait de loin ; et même avant que François Ier, par un acte exprès, la leur eût solennellement reconnue, les sujets citramontains du pape en jouissaient implicitement. Héritiers des comtes de Sicile et notamment de ce Charles II, qui avait donné à l'Université naissante ses premiers privilèges temporels, les rois de France avaient toujours considéré les états français du pape comme une partie intégrante de leur royaume, que les hasards de la politique en avaient un moment détachée, mais sur laquelle ils n'avaient pas perdu leurs droits éminents et qu'à toute occasion, ils pouvaient reprendre sans scrupule. Louis XI n'avait-il pas même avant d'hériter de Charles III, confisqué Avignon et le Comtat lui-même, à la suite de ses démêlés avec Sixte IV [2] ? Quant à François Ier, pendant ses guerres avec l'empereur Charles-Quint, en 1536, en 1541, en 1542, en 1544, il avait traité Avignonais et Comtadins en véritables sujets, exigeant d'eux des contributions fort élevées et des « cadeaux » énormes, mais leur épargnant d'ailleurs toute « foulle » et mise à sac [3]. Au surplus, ce prince n'avait-il pas payé d'avance les sacrifices plus ou moins volontaires consentis en sa faveur par les Comtadins, à cette époque troublée, en signant l'acte fameux de février 1535, qui les déclarait régnicoles et leur permettait

1. A. V. D 31, f° 178.
2. En 1746. On sait que le testament du dernier comte de Provence, Charles III, est du 20 décembre 1481.
3. V., à ce sujet, Rey, *François Ier et la ville d'Avignon* (dans les Mémoires de l'Académie de Vaucluse, 1895, p. 8, 13, 17, etc.)

« d'acquérir et de posséder dans toute l'étendue du royaume, comté de Provence et pays du Dauphiné, tous bénéfices dont ils pourraient être pourvus et d'iceux bénéfices jouir, user, prendre, cueillir et percevoir les fonds, profits, revenus et émoluments par la forme et manière que tous les vrais natifs et originaires de nosdits royaume et pays, ayant été les habitants d'Avignon et du Comtat, ajoutait l'édit, continuellement tenus, estimés et réputés serviteurs de notre couronne, non moindres que nos propres et loyaux sujets et de même volonté, comme étant enclavés de toutes parties ès pays de notre obéissance [1] ? »

Les lettres patentes de Lyon, fort importantes au point de vue des relations civiles et commerciales du Comtat avec les provinces voisines, avaient été confirmées par tous les rois de France depuis Henri II jusqu'à Louis XIII ; mais s'appliquaient-elles vraiment aux gradués de l'Université d'Avignon, sujets du pape ou du roi ? Il n'était point téméraire de le prétendre ; mais on pouvait aussi le contester [2]. En tous cas, les guerres civiles et religieuses, qui, pendant plus d'un demi-siècle, désolèrent la Provence, le Dauphiné et les pays avoisinants, laissèrent la question en suspens ; elle n'était pas encore tranchée, quand Louis XIV monta sur le trône ; mais, à cette époque, on se préoccupait de la résoudre, sans nulle hâte, d'ailleurs. Trois ou quatre fois présentée au Conseil du roi, la requête de l'Université fut toujours abandonnée devant le mauvais vouloir des conseillers. Enfin, vers 1649, un docteur

---

1. V. Rey, ouvr. cité, p. 24.
2. En 1565, le roi Charles IX étant à Avignon, il lui fut adressé requête, au nom des docteurs agrégés, pour obtenir des nominations en cette Université, « attendu que tous ceux qui y viennent sont régnicoles tant de Dauphiné que de Provence ». En juin 1571, les docteurs agrégés envoient des lettres au légat de Bourbon à la cour de France pour obtenir des nominations aux bénéfices. A. V. D 36, f⁰ˢ 81 et 90.

distingué et surtout énergique, M. de Blauvac, prend en main l'affaire, se rend à Paris et appuyé d'ailleurs par le primicier, par nombre d'amis et par son frère, membre du conseil d'État, obtient qu'elle sera de nouveau examinée [1]. Mais le chancelier Séguier, très formaliste, soulève « mille difficultés. » Le roi était mineur et la demande des Avignonais ayant été plusieurs fois rejetée, il était délicat de la faire trancher par la régente. D'ailleurs, quels étaient exactement les privilèges généraux sur lesquels on se fondait? Pouvait-on du moins représenter les lettres du comte de Provence et roi de Sicile, Charles II, celles des rois de France depuis François Ier? Y avait-il à Avignon des lectures publiques et gratuites, comme dans les Universités régnicoles? Y était-on en possession régulière du droit de « doctorer »? Enfin beaucoup d'étudiants étrangers suivaient les cours de l'Université pontificale et y prenaient leurs grades ; n'allait-on pas en « naturalisant » cette Université, « ruiner le droit d'aubaine et celui de naturalité requis pour l'obtention des bénéfices de France? » — M. de Blauvac a réponse à tout et ses répliques sont péremptoires. On argue de la minorité du roi? mais ce n'est pas une « nouveauté » qu'on réclame. Outre que la requête des Avignonais n'a jamais été formellement rejetée, il s'agit seulement de reconnaître et continuer un état de choses qui dure depuis plusieurs siècles. Voici les lettres de Charles II, fondateur des privilèges universitaires (on se garde de partir de Boniface VIII, vrai créateur de l'Université, en raison de ses démêlés avec Philippe le Bel, dont le souvenir est encore vivant). Les rois n'ont-ils pas hérité de ce prince? Veut-on des listes de docteurs? Toute l'Europe chrétienne peut en dresser; — des témoignages sur la régularité des lectures ? Un acte public

---

[1]. Délib. du Collège des docteurs des 6 et 21 nov. 1650, relatives à la mission de M. de Blauvac à Paris et aux dépenses qu'elle entraîna. A. V. D 30, f° 27.

de notoriété prouve qu'Avignon possède des « professeurs publics en toutes sciences »; de plus, sept collèges, dans lesquels « les sujets de Sa Majesté possèdent un très grand nombre de places », alimentent ses auditoires. L'argument des étudiants étrangers est spécieux; mais l'Université ne réclame rien pour eux; seuls obtiendront la « naturalité » les Français sujets du roi et les citoyens d'Avignon et du Comtat; aux autres on appliquera le droit commun. Ce « tempérament est trouvé bon » et le chancelier se déclare convaincu[1]. Les lettres sont expédiées en juillet 1650 et enregistrées à Paris le 13 août, à Aix le 9 novembre, puis successivement à Dijon, Grenoble et Toulouse.

Elles prenaient soin de rappeler les précédents, lettres patentes de Charles II, arrêts de confirmation de Henri III, de Louis XIII et de Louis XIV lui-même; elles déduisaient des privilèges généraux accordés aux Comtadins les droits accordés au corps universitaire, lequel formait « une notable et la plus saine partie de la ville d'Avignon », comme avait dit M. de Blauvac; et c'est en tant que régnicoles que les gradués d'Avignon, français ou habitants du Comtat, devaient être reçus et admis en toutes villes, cours et Universités du royaume et jouir de tous les privilèges, honneurs et prérogatives, prééminences et libertés, tant entre séculiers que réguliers, attribués aux docteurs, gradués, suppôts et écoliers des plus fameuses Universités du royaume, tout ainsi que s'ils eussent pris leurs degrés dans lesdites Universités, sans être tenus de subir aucun examen que ceux passés en l'Université d'Avignon, pourvu toutefois qu'ils fussent naturels français ou natifs de la ville d'Avignon et du Comtat et que lesdits pri-

---

1. Assemblée du Collège des docteurs du 6 oct. 1650. A. V. D 30, f⁰⁸ 22 et suivants.

vilèges n'eussent pas été révoqués par lettres patentes, arrêts ou règlements [1].

Dès le 6 octobre 1650, M. de Blauvac, dans une assemblée du Collège des docteurs, rendait compte de sa mission et recevait les remerciements réitérés de ses confrères. Après quoi, lecture des lettres était faite par le bedeau, « tous les docteurs s'étant levés et ayant ôté leur chapeau. » Et la lecture étant finie, tous criaient : Vive le Pape et le Roi ! et décidaient que les Français qui viendraient prendre leurs degrés à Avignon devraient jurer fidélité au roi de France, entre les mains du primicier. Tous les ans, le lendemain des Rois et aux autres grandes fêtes, on ferait prier Dieu pour Sa Majesté. Enfin, à la prochaine rentrée des classes, en présence de toutes les Facultés et de l'archevêque à ce spécialement invité, M. Crozet, docteur agrégé et fils d'un régent ordinaire, prononcerait « le panégyrique et remerciement public » du roi, en mémoire de la protection éclatante dont il venait de couvrir l'Université avignonaise [2].

Les Universités rivales d'Avignon ne se résignèrent pas à cette victoire qui, à plus d'un point de vue, était leur propre défaite. A peine quelques années se sont écoulées et déjà commence cette longue série de chicanes, où l'Université d'Aix se distingua, — comme on l'a vu, — par une âpreté et un acharnement particuliers. Avignon triompha enfin au bout de vingt ans, mais à travers quelles péripéties et grâce à combien d'ordonnances, de lettres patentes et d'arrêts ! Entre temps, le Comtat avait été envahi par les troupes françaises [3],

---

1. Lettres patentes de juillet 1650. L'enregistrement par les autres parlements eut lieu savoir, à Dijon, le 31 juillet 1652, à Grenoble, le 13 août de la même année, à Toulouse, le 2 mai 1654. Laval, 59.
2. Assemblée du Collège des docteurs du 6 oct. 1650. A. V. D 30, f° 22.
3. Du mois de juillet 1663 au mois d'août 1664.

mais cette occupation de courte durée n'avait pas eu d'influence appréciable sur les destinées de l'Université d'Avignon. Le roi, sur la demande du primicier, Gabriel Vedeau, avait confirmé les privilèges civils et judiciaires dont jouissaient les docteurs, la juridiction du primicier et celle des conservateurs, la réunion à l'Université des greffes dont elle percevait les revenus. Même, il avait rendu aux collégiés de Saint-Nicolas et du Roure, membres de l'Université, les revenus dont une bulle d'Urbain VIII les avait en partie dépouillés au profit de la Propagation de la Foi. Est-il nécessaire d'ajouter que lorsqu'au bout de quelques mois, les soldats de Louis XIV se retirèrent, le statu quo fut rétabli et que les chefs de l'Université ne gardèrent plus sur les collèges le haut contrôle que le roi avait voulu les voir exercer?

Depuis quelques années l'Université d'Avignon jouissait paisiblement des droits et privilèges dont elle avait si obstinément poursuivi et si difficilement obtenu la confirmation et malgré les violents démêlés qui avaient éclaté entre Louis XIV et le Saint-Siège, sa prospérité allait croissant. Tout à coup on apprit qu'un édit du roi de France venait de la déclarer « étrangère »[1]. Aussitôt, vif émoi chez les docteurs. Était-ce donc que les états pontificaux de France dussent pâtir toujours des querelles du Pape et du roi de France, ou bien Louis XIV, donnant aux Facultés de droit du royaume de nouveaux statuts[2], doutait-il que l'Université d'Avignon consentît à s'y soumettre et à les appliquer rigoureusement? Quoi qu'il en soit, le coup était rude et il fallait le parer, sous peine de périr, car déjà, sur le bruit des dispositions hostiles

1. Lettres patentes du 9 fév. 1683 en faveur de l'Université de Valence portant qu'aucun sujet du roi ne pourrait exercer en France sur les degrés obtenus dans les Universités d'Orange, d'Avignon et autres universités étrangères. V. Laval, ouvr. cité, p. 195.
2. Édit du roi, de 1679, pour l'enseignement du droit, déjà cité.

du roi de France, les candidats aux grades désertaient Avignon et « il ne se passait presque plus de docteurs dans les diverses Facultés [1] ». Le Collège avise donc et, dès le 17 octobre 1684, M. Valin, avocat à Paris, est désigné pour suivre l'affaire et la « mener vivement [2] ». Comme il tarde à répondre, les trois Facultés s'impatientent et sur leur demande, le Collège députe à Paris un de ses membres, l'abbé de Guyon [3]. Sans perdre un temps précieux, M. de Guyon s'entend avec un autre avocat de l'Université, M. Payelle, pour rédiger un copieux mémoire à présenter au conseil d'État. Il y rappelle complaisamment — matière ordinaire des documents de cette sorte, — les titres séculaires de l'Université, l'éclat extraordinaire qu'elle jeta autrefois, les professeurs illustres qui, au XVe et au XVIe siècles, daignèrent y enseigner, les privilèges que les rois de France lui accordèrent, la justice enfin qui lui fut rendue contre les Universités d'Aix et de Valence. Il n'a garde d'oublier les sept collèges universitaires « pour rendre la chose plus remarquable et bien que les emplois de ces établissements fussent distincts de ceux de l'Université ». Il assure enfin que les études se poursuivent régulièrement à Avignon et que les examens y sont sérieux ; l'Université est prête d'ailleurs à accepter tous les règlements, que le roi a faits ou fera pour les Facultés de son royaume [4]. Au surplus, le député d'Avignon sait que les causes les plus justes ne

---

1. A. V. D 31, f° 172 (délib. du Collège des docteurs du 4 avril 1685).
2. Délib. du Collège des docteurs du 17 oct. 1784. On prie M. de Tache d'écrire à M. Valin, à Paris, pour reprendre l'affaire, la mener vivement et obtenir révocation de l'arrêt. A. V. D 31, f° 167.
3. Délib. du 4 avril 1686. On accorde à M. de Guyon 10 pistoles pour l'aller, 10 pour le retour et 10 par mois de séjour. On emprunte à M. de Vedeau, 50 pistoles pour le procès. A. V. D 31, f° 172.
4. Lettre de l'abbé de Guyon, député de l'Université à Paris, à M. de Barthélemy, primicier (25 mai 1685). Mémoire remis à MM. Bignon et Le Pelletier. A. V. D 31, f°° 176 et 177.

triomphent pas sans l'intervention de quelques puissants défenseurs. Il intéresse donc au succès de sa mission les ministres du roi, les cardinaux, le nonce même, qui se prête de bonne grâce aux démarches qu'on lui demande de faire et mérite de la reconnaissance des docteurs un témoignage éclatant [1].

Malgré tout ce zèle, l'affaire traîne en longueur. MM. Le Peletier et Bignon, conseillers d'État, étaient chargés de l'examiner. Mais le premier est malade et va à la campagne « prendre le petit lait » [2]. Son collègue l'attend pour donner ses conclusions. Bientôt même surgit une difficulté imprévue. Ne voudra-t-on pas imposer aux gradués d'Avignon le serment exigé en France sur les propositions de 1682 ? Le nonce heureusement, dissipe ces appréhensions et admire la « bêtise » de ces nouvellistes, qui entrent si mal dans la pensée du Conseil du roi. Non, dit-il, si le chancelier voulait refuser à l'Université pontificale la confirmation de ses statuts, il chercherait quelque prétexte spécieux et ne prétendrait pas obliger les sujets du pape à se soulever contre leur souverain. Un ministre aussi prudent et aussi éclairé connaît trop bien les devoirs des sujets envers leur prince. D'ailleurs pourquoi n'imposerait-on pas le serment dont il s'agit aux gradués d'Avignon, à l'époque seulement où ils entreraient dans les barreaux ou les cours de France? Mais il n'est même pas sûr qu'on adopte cet expédient, car il y a actuellement beaucoup moins de chaleur qu'au début au sujet de ces propositions. La cour est d'ailleurs bien disposée; on ne tardera pas à s'en apercevoir [3].

1. Lettre de M. Guyon à M. de Barthélemy (8 juin 1685). A. V. D 31, f° 178. — Lettres du duc de Chaulnes, ambassadeur de France à Rome, au chancelier. A. V. D 31, f° 226.
2. Lettre précitée de M. de Guyon du 25 mai 1685.
3. Lettre précitée de M. de Guyon du 8 juin 1685.

Ces prévisions optimistes mirent douze ans à se réaliser. Dès le mois de janvier 1686, Guyon découragé demandait à quitter Paris. Sur les instances du Collège des docteurs, il y restait encore deux mois, mais sans obtenir de résultat positif. Le Peletier et Bignon n'avaient pas encore déposé leur rapport, malgré ses prières. Le chancelier, qu'il avait vu à Versailles, ne donnait que de bonnes paroles. Sans doute, il trouvait le mémoire des Avignonais fort bien établi; mais il voulait faire un règlement général, où l'Université d'Avignon serait comprise [1]. Ce règlement parut, en effet, en 1690, mais il n'y était pas question d'Avignon. Bien que le Collège des docteurs se fût hâté d'en adopter pour son compte les dispositions relatives aux études, justice ne lui était pas rendue encore. Serait-ce que les agents du Collège à Paris ont manqué d'habileté ou de zèle? Leurs efforts, du moins, ont paru s'enchevêtrer et se contrarier; il faut les accorder et pour ce faire, on députe un homme de confiance, M. Bernard, prévôt de Saint-Symphorien et frère du bedeau [2], puis M. de Tache, ancien primicier [3]. La solution définitive se fait attendre encore trois ans, mais la victoire est éclatante. Successivement, Avignon voit débouter toutes ses rivales, et notamment les plus ardentes, Valence et Besançon, et le 5 mai 1698, de nouvelles lettres patentes viennent confirmer le droit de ses gradués à postuler ou exercer dans tout le royaume, sauf à se conformer aux édits du roi et aux règlements de 1679 et 1690 [4].

Cette fois la période des grandes luttes était bien close pour

---

1. Délib. des 11 janvier et 1er mars 1686. A. V. D 31, f°s 182 et 189.
2. Délib. des 9 mai 1690 et 6 mars 1691. — Délib. du 9 nov. 1694 députant Marc-Antoine Bernard, qui recevra « cent livres pour aller à Paris et autant pour revenir ». A. V. D 31, f°s 217 et 233; D 32, f° 23.
3. Délib. du 8 juin 1695. A. V. D 32, f° 34.
4. Laval, 68.

toujours; pendant près d'un siècle, de 1698 à 1790, l'Université put jouir paisiblement de ses privilèges, qui ne furent plus sérieusement contestés. Aussi bien, les docteurs avignonais désarmaient-ils toute critique par leur exacte obéissance aux ordonnances royales et le soin qu'ils prenaient de modeler leur enseignement sur celui des Universités françaises. Même ils proscrivaient de leurs cours et déclaraient indignes de leurs suffrages les étudiants hérétiques, conformément aux dispositions des articles 12, 13 et 14 de l'édit du 13 décembre 1698 [1]. Une Université si essentiellement catholique pouvait-elle d'ailleurs se montrer moins rigoureuse, à cet endroit, que les Universités françaises? Quant aux étrangers qui pouvaient, semble-t-il, échapper aux prescriptions royales, elle hésitait à les dispenser de la scolarité, de peur de « brécher » à ses privilèges [2]. Enfin, comme il convenait à une corporation régnicole et loyaliste, elle prenait une part éclatante aux joies et aux triomphes de la monarchie française, en l'honneur de laquelle elle savait multiplier, au bon moment, les actions de grâces et les *Te Deum*[3].

Cette heureuse et féconde harmonie fut cependant troublée un moment. On sait qu'à la suite de ses démêlés avec Clément XIII au sujet de l'expulsion des Jésuites, Louis XV fit envahir Avignon et le Comtat. Cette nouvelle « réunion » fut

1. La déclaration du roi du 13 décembre 1698 ordonnant l'exécution de l'édit de révocation de l'édit de Nantes, portait dans ses art. 12, 13 et 14, que les médecins, chirurgiens et apothicaires appelés auprès des malades devaient en aviser les curés des paroisses et, en cas de négligence, devaient être condamnés à l'amende ou même être interdits. Personne ne devait être reçu dans une charge de judicature, sans une attestation du curé témoignant de leurs bonne vie et mœurs et qu'ils professaient la religion catholique romaine. Les licences ne pouvaient être accordées aux étudiants des Universités que sous des attestations semblables. Délib. du Collège des docteurs du 6 juin 1699. A. V. D 32, f° 132.
2. Délib. du 4 fév. 1700. A. V. D 32, f° 140.
3. A. V. D 33, f° 451. Fêtes pour le rétablissement de la santé du roi Louis XV, en 1744.

plus durable que celles de 1663 et de 1668 et entraîna dans l'organisation administrative et judiciaire de la province des changements plus sérieux. Les tribunaux pontificaux, notamment, disparurent [1]. L'Université y perdit ce qui faisait à la fois sa force, sa richesse et son orgueil : sa juridiction particulière, les revenus des greffes qu'elle possédait depuis si longtemps, la noblesse dont son primicier avait toujours joui [2]. Aussi ses plaintes, quoique respectueuses, furent-elles amères. On les entendit éclater en mainte assemblée et elles trouvèrent leur expression la plus significative dans ce fait qu'il n'y eut pas, en 1770, de candidat aux fonctions de primicier [3].

La restauration du pouvoir pontifical lui parut donc une véritable délivrance et dès qu'elle fut accomplie, elle revint à toutes les pratiques de l'ancien régime. Elle recouvra son ancienne indépendance et son statut particulier. Au surplus, le successeur de Louis XV se montrait plein de bonne grâce pour les Avignonais et de respect pour leurs privilèges. Dès le mois de mars 1775, des lettres patentes venaient confirmer les édits de 1650 et 1698 [4]. On a déjà vu qu'au moment même où l'Uni-

---

1. La réunion dura de 1768 à 1774. V. Charpenne, *Histoire des réunions temporaires d'Avignon et du Comtat Venaissin à la France*, t. II, p. 182, 287, etc. La réunion opérée en 1688 n'avait pas eu d'influence sensible sur le sort de l'Université.

2. Les édits de mars 1769 avaient complètement transformé le régime judiciaire d'Avignon et du Comtat, supprimé les anciens tribunaux, organisé deux sénéchaussées, soumis l'Université au droit commun. Quant au revenu des greffes supprimés, il était remplacé, on l'a vu, par une rente de 1081 livres que le roi devait servir à l'Université; mais les primiciers se plaignirent longtemps de ne pouvoir recouvrer les annuités qui étaient en retard. Aucune fonction ne conféra plus la noblesse, mesure qui atteignait directement le primicier et n'atteignait guère que lui. Le chef de l'Université perdait, en outre, son rang à l'Hôtel de Ville, par suite de l'élection d'un quatrième consul.

3. Délib. du Collège des docteurs des 20 juin 1769, 17 juillet 1770, 20 mars et 16 mai 1774. A. V. D 35, f°° 35, 40, 44, 76, 77.

4. Lettres patentes de Louis XVI du mois de mars 1775. Laval, 74. Cf. Délib. du Collège des docteurs du 16 mai 1775. A. V. D 35, f° 85.

versité allait disparaître, la question de la noblesse du primicier, longtemps débattue, était enfin tranchée, grâce au bon vouloir du souverain : deux élections au primicériat allaient valoir désormais, même en France, la noblesse héréditaire à celui qui en aurait été l'objet. Cette mesure gracieuse est la dernière où l'Université ait pu mesurer la bienveillance des rois de France, monarques trop puissants pour n'être pas parfois devenus, à l'égard de l'état pontifical, de dangereux et redoutables voisins [1].

1. Lettres patentes de Louis XVI du 22 janvier 1789.

CHAPITRE IV

L'UNIVERSITÉ ET LA VILLE D'AVIGNON

Caractère municipal des anciennes Universités à leurs débuts. — Largesses de la ville d'Avignon envers son Université jusqu'au xvie siècle. — Les faveurs de la Municipalité vont ensuite au collège des Jésuites. — Suppression des privilèges financiers des docteurs. — En retour, l'Université obtient le droit d'envoyer des députés à l'Hôtel-de-Ville. — Rôle de ces députés et du primicier dans l'administration communale. — Règlements de 1605, de 1697 et de 1706. — Prestige dont jouissent, à Avignon, les membres de l'Université investis, pour la plupart, d'offices ecclésiastiques, administratifs ou judiciaires.

Quoique fondées, en général, par un acte de la puissance pontificale ou royale, les anciennes Universités étaient cependant, à plus d'un point de vue, des institutions municipales. Du moins, les conseils des villes où elles avaient été établies, s'intéressaient-ils très vivement à leur prospérité. Pour attirer et retenir dans leur *studium* des docteurs renommés et, par suite, la foule des étudiants qui suivait ces docteurs, les autorités communales multipliaient les sacrifices. Aux professeurs elles offraient des émoluments parfois fort élevés, avec, par surcroît, des honneurs et des privilèges exceptionnels; aux étudiants elles assuraient, dans la cité, un traitement de faveur et aussi une indulgence presque sans bornes, pour le cas où leur turbulence bien connue les induirait en rixes ou rébellions. Auprès des municipes renaissants, la science avait retrouvé tout son prestige et tout son crédit : une Université était pour eux à la fois une force, une parure et un sujet d'orgueil.

Depuis longtemps en possession d'écoles presque célèbres, la ville d'Avignon s'intéressa d'abord très vivement à la prospérité de son Université. Toutefois, jusque vers 1475, les documents sont rares, qui nous montrent son action sur les études : à peine trouve-t-on quelques traces de ses largesses à l'égard des professeurs [1]. Les documents de ce genre abondent, au contraire, pour la fin du xv° siècle et la première moitié du xvi°. A cette époque, en même temps qu'elle s'occupe de fonder des écoles élémentaires [2], la municipalité appelle dans son Université des maîtres de grammaire, de rhétorique, de poésie, de logique et de philosophie, Achates Long par exemple, en 1491, et Gilles Bernardin, en 1497, rémunérés à raison de 100 ou 150 florins, sans parler du médecin Imberti venu, en 1480, à Avignon, pour y enseigner à la fois la philosophie et la physique [3]. Comme la Faculté de médecine avait

1. Le 30 janvier 1377, le Conseil de ville décide de donner à chacun des cinq professeurs de l'Université 50 florins à provenir de l'argent des gabelles (Arch. munic. d'Avignon, Reg. des délibér. t. I, p. 95.)

2. Voir notamment les délib. du Conseil de ville des 30 avril 1470, 14 oct. 1478, 16 oct. 1490, etc., relatives à la fondation d'écoles générales, pour l'entretien desquelles la ville traite avec M. Yves Lefrête, puis avec M. Jean de Saluces, puis avec d'autres régents. Ces écoles paraissent avoir été absolument distinctes de l'Université (Arch. mun. Reg. des délibérations, t. III, f° 247; t. IV, f° 172; t. V, f° 227.)

3. Délib. du 17 sept. 1484. Article concernant les maîtres d'écoles de grammaire, logique et philosophie, qui ont offert de venir enseigner dans cette ville. Le Conseil nomme des députés, avec pouvoir de traiter de leurs appointements et de leur logement, en leur promettant aussi la franchise de droits de gabelle pour les denrées dont ils auraient besoin, pour eux et leurs familles. — Délib. du 14 mars 1491. Sur le rapport fait au Conseil que M. Achates Long, fameux rhétoricien, avait offert à la ville d'y fixer son séjour, si elle voulait lui faire un honnête avantage, et d'y enseigner la rhétorique, la grammaire et la poésie, ce qui pourrait y faire fleurir la littérature, il a été délibéré que MM. les consuls le feront examiner et que s'il est jugé aussi savant qu'on le suppose, on le retiendra ici, en lui établissant un honoraire de 60 florins par année. Le 8 août 1491, ces appointements sont portés à 100 florins par an. — Délib. du 14 mars 1497. Il a été décidé de donner un honoraire de 150 florins, pour cette année, au sieur Gilles Bernardin, qui enseigne la poésie dans cette ville et qui est très habile dans cet art. — Délib. du 8 mai 1480. Un traité est signé avec Guil-

presque disparu, on s'occupe de la restaurer : la Faculté de Montpellier était alors en pleine décadence et on espérait la supplanter. Ces hautes ambitions ne se réalisèrent pas; néanmoins, vers la fin du XVe siècle, un enseignement médical régulier parait avoir existé à Avignon [1].

Mais c'est surtout à la Faculté de droit que la municipalité prodigua ses faveurs. Si elle refusa de contribuer à l'honoraire fixe que les Papes voulaient attribuer à ses régents, elle fit venir, comme on l'a vu, d'Italie et d'ailleurs les jurisconsultes les plus célèbres, dont l'enseignement jeta sur l'Université d'Avignon un éclat incomparable. Ces traités qu'elle signe à grands frais avec les Delza, les Castelhion, les Ferreti et tant d'autres maîtres illustres, on les voit, pendant plus d'un demi-siècle, se renouveler presque d'année en année et les guerres de religion seules en interrompent la tradition. Encore y revient-on un instant, vers 1608 [2]. Mais, à cette époque, les cadres de l'Université sont arrêtés; le salaire des régents ordinaires est fixé; leur mode de nomination réglé; la ville, dont les ressources sont d'ailleurs épuisées n'interviendra plus pour « louer » les professeurs, ni pour les rémunérer. Son rôle, à ce point de vue, est fini; elle va se désintéresser de plus en plus et des études et du sort des régents, et c'est à peine si, sur la demande du Collège des docteurs, on la verra s'associer par intermittences à la défense des privilèges universitaires [3] ou sanctionner d'un

---

laume Imberti, qui sera agrégé au corps des médecins. (Arch. mun. d'Avignon. Reg. des délib., t. V, f°s 65 et 238; t. VI, f°s 6 et 119.)

1. Délib. du Conseil de ville du 19 mai 1536. Le Conseil élit des députés pour traiter conjointement avec les consuls de l'établissement d'une Faculté de médecine « attendu que celle de Montpellier est entièrement tombée ». (Arch. mun. d'Avignon. Reg. des délib., t. VIII, f° 80).

2. V. plus haut, livre II, ch. I, p. 110 et suiv.

3. Le 5 août 1739, le Conseil de ville donne son adhésion à l'Université dans le procès qu'elle a, à Rome, avec l'auditeur général, au sujet de la juridiction du primicier. La décision est prise à l'unanimité, le primicier et les députés de

vote indifférent les accroissements que l'Université désire, un moment, obtenir par l'agrégation des classes supérieures du collège des Jésuites ou des séminaires, ses rivaux séculaires, maintenant réconciliés avec elle [1].

C'est qu'en effet, depuis 1564, les faveurs municipales vont ailleurs. Avignon a vu s'établir, à cette époque, dans ses murs, l'Ordre savant et puissant, dont les établissements vont conquérir une clientèle de plus en plus nombreuse, sans jamais se résoudre dans les cadres universitaires. Depuis la fondation du collège des Jésuites, l'Université ne représente plus cet ensemble des forces enseignantes qu'elle synthétisait autrefois. Elle garde le monopole des grades, donne seule l'enseignement du droit et de la médecine et même, jusqu'en 1595, celui de la théologie; mais la clientèle de ce qu'on appelle aujourd'hui l'enseignement secondaire lui échappe. Tandis que les étudiants de ses Facultés se font de plus en plus rares et que, seule, la perspective prochaine d'un examen les réunit autour des chaires de ses professeurs, les Jésuites voient le chiffre de leurs écoliers monter jusqu'à huit cents, mille, deux mille même. Étonnée, puis charmée et énorgueillie d'un tel succès, la municipalité d'abord hésitante prodigue maintenant aux nouveaux venus toutes ses faveurs : subventions, annuelles ou extraordinaires, crédits pour construction ou agrandissement des locaux, subsides spéciaux pour la création de tel ou tel cours. L'Université, au contraire, doit, avec ses seules ressources, pourvoir à son installation et rétribuer ses professeurs. Ajoutons qu'en imposant aux Jésuites, en

---

l'Université s'étant retirés, pour ne pas gêner les votes des conseillers. Cf. délib. du 7 déc. 1745. (Arch. mun. d'Avignon Reg. des délib., t. XII, fᵒˢ 90 et 161).

1. Délib. du 23 mai 1759. Les consuls réservent leurs droits et autorité sur les classes des Jésuites et stipulent que l'Université n'aura droit d'inspection que sur les études. (Arch. mun. d'Avignon. Reg. des délib., t. XLIV, fᵒ 248.)

retour de ses subsides, la gratuité de leurs leçons, le Conseil de ville servait incontestablement les intérêts du plus grand nombre de ses commettants et pourvoyait à des besoins que l'Université ne pouvait plus satisfaire [1].

Tout concourait d'ailleurs à rompre ou tout au moins à relâcher les liens qui avaient autrefois uni l'Université à la cité. Les consuls, par exemple, partageaient, à l'origine, avec le primicier la surveillance des collèges fondés pour les écoliers pauvres des Facultés. On a vu déjà les empiètements de la Propagande sur les attributions que les statuts de ces établissements réservaient au chef de l'Université. Comme celle du primicier, l'autorité des consuls fut de plus en plus méconnue. Les réclamations du Conseil de Ville, pour si vives qu'elles aient pu être, restèrent sans réponse et sans sanction. Les Congrégations continuèrent leurs manœuvres et une commune disgrâce chassa consuls et primicier d'un terrain, où ils auraient pu encore se rencontrer et s'unir [2].

En revanche, des questions d'intérêt particulier, les impôts auxquels les docteurs étaient assujettis, la place que l'Université pouvait revendiquer à l'Hôtel-de-Ville et le rôle que ses délégués prétendaient y remplir, ces questions font naître aux XVIIe et XVIIIe siècles, plus souvent qu'à l'époque précédente, entre l'Université et le pouvoir municipal, des occasions de contact et de conflit.

C'est à partir de 1605 seulement que l'Université, comme

---

1. Ces délibérations du Conseil de ville sont particulièrement nombreuses pour la période qui s'étend entre les années 1564 et 1617, c'est-à-dire pour l'époque où les Jésuites s'installent à Avignon et développent leur établissement. (Arch. mun. d'Avignon. Reg. des délib. du Conseil de ville, t. XIII à XXIV.) Cf. Chossat, *les Jésuites à Avignon*, passim, et J. Marchand, *La Faculté des arts*, p. 6.
2. V. notamment la délib. du Conseil de ville du 10 juin 1706, relative au Collège de Sénanque. (Arch. mun. d'Avignon. Reg. des délib. t. XXXVI, f° 48.)

le Clergé, fut admise à envoyer des délégués aux Conseils ordinaire et extraordinaire, qui gouvernaient la cité et ce droit, comme bien d'autres, est d'origine fiscale.

En vertu de privilèges anciens, souvent renouvelés et toujours respectés, pendant plus de deux cent cinquante ans, les membres de l'Université étaient restés exempts d'impôts[1]. Mais, vers le milieu du xvie siècle, les guerres religieuses avaient causé à la ville d'Avignon des dépenses extraordinaires, qu'elle ne pouvait solder sans le concours de tous ses habitants. Elle demanda au pape l'autorisation d'imposer les docteurs qui, malgré de vives résistances, furent condamnés à payer. Une transaction intervint d'ailleurs par laquelle Clergé et Université se soumettaient, pendant quatre ans, à l'impôt des gabelles, mais demandaient, en retour, à contrôler l'emploi des fonds à provenir de cet impôt. En 1586, nouvelles dépenses extraordinaires, nouvelle pénurie du trésor municipal, nouveaux débats et enfin, nouvelle transaction, signée en 1587. Le Clergé et l'Université paieront pendant douze ans les gabelles; ils contribueront aux dépenses d'intérêt public : entretien des murailles de la ville, des fossés, ponts, chemins, digues, etc. ainsi qu'aux frais occasionnés par la peste, la famine ou la guerre; en retour, deux députés de l'Université et deux députés du Clergé devront viser tous les mandats délivrés par les consuls. Un peu plus tard, les deux corps privilégiés consentaient encore à contribuer aux frais des emprunts municipaux. Ils avaient réclamé, mais en vain, pour leurs délégués le droit d'assister aux séances des conseils de la Ville. Les conseils, pour combattre de telles prétentions, s'étaient retran-

---

1. On sait que le viguier d'Avignon, en entrant en charge, devait jurer de garder et défendre les privilèges de l'Université. En 1470, on constate que ce serment n'a pas été prêté depuis longtemps et le primicier requiert Louis du Puget, viguier en exercice, de jurer entre ses mains. A. V. D 135, f° 28.

chés derrière l'absence d'ordres venus de la curie romaine [1].

Mais le conflit continuait. L'Université n'exécutait que de fort mauvaise grâce les transactions consenties. Elle refusait de contribuer aux frais d'ambassades ou de procès, à ceux de l'aumône générale, aux emprunts négociés pour achats de blé, en temps de disette. Le vice-légat, sollicité d'en finir, décida que le Clergé et l'Université, moyennant une somme à eux payable, chaque année, comme souvenir et marque de leur ancienne exemption, contribueraient à toutes les charges et dépenses de la ville; mais qu'en revanche, chacun de ces deux corps « nommerait deux députés, pour assister aux conseils tant ordinaires qu'extrordinaires, qui se feraient par ci après, à la maison commune »[2]. Le nombre de ces députés fut ensuite porté à quatre pour chaque corps, sans compter le primicier qui avait entrée à tous les conseils et qui même y siégeait au premier rang, après les consuls.

Ce règlement rétablit pour un siècle la paix entre l'Université et la ville; mais le mode d'élection des députés devint matière

1. Voir notamment les délibérations du Conseil de ville des 27 avril 1570, 27 mai 1583, 10 mai et 26 août 1586 et les mémoires produits par l'Université à l'appui de la prétention qu'elle émettait, de ne contribuer en aucune façon aux charges municipales « attendu ses privilèges. » D'abord condamnés par le vice-légat, les docteurs sont définitivement déclarés « contribuables aux frais de la guerre » par bref du pape du 1ᵉʳ août 1570. Ils prétendent alors avoir une des clés du coffre où se mettait l'argent des gabelles, ce qui leur est accordé (27 mai 1583), puis envoyer des délégués aux conseils, ce qui n'est pas admis (10 mai 1586). En août de la même année, ils s'engagent à contribuer aux dépenses des services publics.

2. Registres des délib. du Conseil de ville de 1587 à 1597. — Cf. le règlement du vice-légat Gualteri du 23 mai 1697. Ce règlement confirmant celui de 1605 maintient le Clergé et l'Université dans leur droit d'intervenir dans toutes les délibérations concernant l'emploi des rentes publiques, ou les dépenses, tant ordinaires qu'extraordinaires et de viser tous les mandats donnés aux trésoriers pour le paiement des dépenses de la ville. La somme payée par la ville à l'Université pour la « marque de son exemption » fut de 70 écus ou 210 livres par an; on voit figurer cette somme dans tous les budgets du xviiiᵉ siècle. V. ci-dessus, ch. II, p. 216.

à longues contestations, au sein du Collège des docteurs agrégés en droit qui, formant la représentation légale de l'Université, était chargé de les choisir. Ils furent d'abord nommés à vie; mais ce système, trop peu favorable aux ambitions qui, tumultueusement, s'étaient fait jour au sein du Collège, ne resta pas longtemps en vigueur. Dès 1610, un des députés étant venu à mourir, son successeur ne fut élu que pour trois ans [1]; deux ans plus tard on adopta le système de la biennalité, étant stipulé que, chaque année, on élirait deux députés, lesquels avec les deux députés restant en charge et le primicier, formeraient la députation universitaire [2]. Pendant un demi-siècle, de 1651 à 1701, les députés furent choisis, l'un, parmi les plus « vieux » docteurs, l'autre, parmi les « jeunes », afin que l'expérience du premier député profitât au second [3]. Mais en 1701, comme la ville était criblée de dettes et qu'il fallait en faire surveiller les intérêts « par des personnes intelligentes des affaires, vigilantes et assidues », — les « vieux » docteurs négligeaient-ils donc leur mandat? — on en revint à l'ancien système et les députés purent être choisis indifféremment dans l'une ou l'autre « colonne [4] ».

L'Université eut d'ailleurs grand souci d'envoyer à l'Hôtel-de-Ville des représentants capables, expérimentés et exacts. Elle pensait, non sans raison, que du contrôle exercé par ses députés et par ceux du Clergé dépendait la bonne gestion des affaires municipales; elle avait à cœur aussi de conserver sur ces affaires « l'autorité et créance », que les règlements lui

1. Délib. du Coll. des docteurs des 14 oct. et 11 déc. 1610. Le primicier et chacun des docteurs dressaient une liste de six candidats et les « plus hauts en suffrages » étaient élus. A. V. D 29, f°° 26 et 27.
2. Délib. du Collège des docteurs des 14 févr. et 20 mai 1612. A. V. D 29, f° 41. Cf. délib. du 5 juin 1614 et du 26 juin 1628. Ibid, f°° 51 et 110.
3. Délib. du Collège des docteurs du 13 juin 1651. — Cf. délib. du 27 juin 1654 et du 15 août 1665. A. V. D 30, f°° 34, 62 et 175.
4. Délib. du Collège des docteurs du 16 avril 1701. A. V. D 32, f° 153.

avaient enfin dévolues [1]. Donc, en dépit des brigues et des cabales que les élections annuelles pouvaient amener, elle s'efforça toujours de choisir les candidats les plus recommandables et les plus dignes, ayant soin de maintenir sa députation au complet par la nomination de suppléants, si quelqu'un de ses délégués venait à s'absenter pour motifs graves et légitimes [2]. Pour que ses députés connussent exactement la nature et l'étendue de leur mandat, elle fit faire, à leur intention, un abrégé des délibérations du Collège relatives à cette députation [3]. Plus tard même, elle fit imprimer et distribuer à ses frais les règlements municipaux édictés par le vice-légat. Du reste, le Collège entendait circonscrire rigoureusement les pouvoirs de ses mandataires. En cas de propositions particulièrement graves, s'il s'agissait d'impôts nouveaux ou d'emprunts, par exemple, les députés devaient en référer à leur corps, afin qu'il en délibérât [4]. Ses décisions devaient dicter leur conduite. C'était presque le mandat impératif avec un embryon de referendum.

Pénétrés de l'importance de leur rôle, les députés de l'Université, comme ceux du Clergé, avec lesquels ils marchent généralement d'accord, revendiquent à l'Hôtel-de-Ville une place tout à fait à part. Sans parler des querelles de préséance qu'ils soutinrent énergiquement et dont l'acuité fut parfois extrême, les docteurs prétendent se distinguer nettement de

---

1. Délib. du 13 juin 1651. A. V. D 30, f° 34.
2. Délib. du 29 sept. 1735. A. V. D 33, f° 286.
3. Délib. des 26 juin 1658 et 19 mai 1749. A. V. D 30, f° 107 et D 34, f° 77. Les règlements devaient être imprimés en français et en italien « pour les rendre plus intelligibles ».
4. Délib. du 6 mars 1691. Un des députés de l'Université à l'Hôtel de Ville est blâmé pour avoir assisté à la visite des rivières et signé un acte d'emprunt, sans en avoir référé au Collège. On décide, en outre, qu'à l'avenir, aucun député ne pourra signer un mandat, ni acte d'emprunt, avant que le primicier ne l'ait visé. A. V. D 31, f° 223.

leurs quarante-huit, ou suivant le cas, de leurs quatre-vingt-seize collègues, avec les suffrages desquels ils n'ont garde de confondre leurs propres suffrages. Ils forment, pensent-ils, un ordre spécial et veulent traiter avec le Conseil « de corps à corps ». Ils peuvent refuser de voter et s'ils s'opposent à quelque motion, ils dénient au Conseil le droit de passer outre, avant que leur opposition ait été jugée par l'autorité supérieure; ils exercent ainsi dans les affaires communales une sorte de veto suspensif [1].

Faut-il s'étonner si, dans ces conditions, les conflits sont fréquents et parfois très aigus? L'Université a horreur des « nouveautés », des irrégularités, des dépenses excessives ou de luxe, par-dessus tout, des impôts supplémentaires et des emprunts, conséquences naturelles des prodigalités municipales. Les députés, primicier en tête, épluchent donc soigneusement les comptes des trésoriers, refusent leur visa aux mandats irréguliers et, dans un autre ordre d'idées, combattent sans cesse les députations trop fréquemment envoyées à Paris ou à Rome et qui, coûtent très cher, ne produisent, en général, que peu d'effets [2]. En 1672, ils s'opposent, au nom des intérêts du trésor, au bizarre projet un moment caressé à l'Hôtel-de-Ville, de doubler le nombre des consuls [3]. Mais

---

1. Délib. du 20 mai 1697. Différend entre l'Université et les consuls, à propos des comptes de la ville. Le viguier voulut, dans une assemblée du Conseil, obliger le Clergé et l'Université à voter, se basant sur ce que le « président d'une assemblée peut en obliger les membres à donner leur suffrage ». À quoi on répond que cela n'a pas lieu de corps à corps et que le Clergé et l'Université sont un corps en face du corps municipal. Le viguier inflige aux députés récalcitrants une amende de cent écus. On en appelle au vice-légat et à l'archevêque, qui se montrent favorables à l'Université et finalement la délibération du Conseil de ville est cassée. A. V. D 32, f° 77. Cf. la délib. du 3 févr. 1659 (A. V. D 30, f° 111) et celle du 1er sept. 1665. (A. V. D 30, f° 180.)

2. V. délib. du Collège des docteurs des 28 févr. 1640, 27 avril 1647, 14 mars 1650, 3 mai 1666, etc. A. V. D 29, f°° 201 et 244; D 30, f°° 17, 111 et 189.

3. Délib. du Collège des docteurs des 20 mai 1697, 30 avril 1703, 10 mars et 20 mai 1705. — A. V. D 32, f°° 77, 171, 181, 185.

c'est surtout contre les impôts nouveaux et contre les emprunts qu'ils dirigent leurs traits les plus acérés et c'est à cette occasion que s'élève, en 1697, un conflit particulièrement grave, qui aboutit à une réglementation nouvelle de l'administration municipale et des rapports que l'Université allait désormais entretenir avec elle.

A cette époque, les charges communales, qui depuis un siècle n'avaient pas cessé de s'accroître, étaient telles qu'on n'y pouvait suffire avec les ressources habituelles. Des emprunts considérables avaient été contractés et n'étaient pas remboursés; même les dépenses ordinaires dépassaient les revenus. Le Conseil de ville songea donc à augmenter les anciennes gabelles et à en créer de nouvelles. Aussitôt, vive opposition du Clergé et de l'Université, qui, ayant perdu leurs anciennes exemptions, allaient être obligés de payer, comme les autres corps ou habitants de la cité. Tout au moins, s'il leur fallait consentir à quelques sacrifices, espéraient-ils profiter des circonstances fâcheuses où le Conseil de ville se trouvait, pour y accroître leur influence et leur autorité. Un règlement du vice-légat Gualteri, du 23 mai 1697, ne termina pas la querelle, qui dura encore sept ou huit années. Le Clergé et l'Université, manifestement soutenus par le vice-légat, le Conseil de ville, jaloux de maintenir même contre le représentant du Saint-Siège son antique indépendance, avaient, chacun de leur côté, demandé l'intervention du Souverain Pontife. La Congrégation d'Avignon, saisie de l'affaire, la renvoya au vice-légat Banchiéri qui, au prix de difficiles négociations et après maintes assemblées des députés des différents corps intéressés, parvint enfin à ménager un accord. Il fut sanctionné par les deux ordonnances des 11 mai et 11 juin 1706, qui terminèrent le débat [1].

1. A. V. D 32, f°' 205 à 213.

Le premier de ces actes a un caractère spécialement financier. Pour des raisons longuement déduites et qui peuvent se résumer dans la nécessité de faire de sérieuses économies, le vice-légat réduit dans une notable mesure les dépenses municipales. Il rogne notamment les honoraires des officiers et agents municipaux, y compris les consuls, et supprime impitoyablement les repas, festins, collations, présents, gratifications et « régales », dont l'élection des consuls ou les fêtes publiques — si nombreuses à Avignon, — étaient l'occasion ou le prétexte. Même, les magistrats communaux ne recevront plus les torches et les flambeaux, qu'on leur distribuait d'habitude, la veille de Noël et de l'Épiphanie, et les bouquets qu'ils porteront aux processions solennelles ne seront plus ornés de rubans. On battra monnaie avec les offices des fonctionnaires et agents municipaux. Au décès des titulaires actuels, ces offices seront « vendus et délivrés au plus offrant et dernier enchérisseur et à qui fera la condition meilleure ». Le prix en sera employé à éteindre les dettes et emprunts. En attendant, toute coadjutorerie, résignation, démission, prorogation à temps ou à toujours, concernant lesdits offices, était formellement interdite et prohibée.

Le Clergé et l'Université avaient inspiré ces prescriptions rigoureuses. Le règlement du 11 juin leur ménagea d'autres satisfactions. En précisant les formes de l'administration municipale, il sanctionna les prétentions qu'ils avaient dès longtemps émises et accrut encore leur rôle dans les Conseils. Non seulement les députés des deux corps étaient maintenus dans leur droit d'assister à toutes les assemblées de l'Hôtel-de-Ville, mais nulle affaire importante ne devait être tranchée qu'après avis d'une commission spéciale, où ils étaient appelés[1]. Nulle délibération n'était réputée authentique, qui ne

. Règlement du 11 juin 1706. Art. 1.

portât la signature « du plus digne » d'entre eux [1]. Nul mandat n'était réputé régulier, ni payable, qui ne fût revêtu de leur visa, et chaque semaine, une séance spéciale du Conseil était consacrée à l'examen des mandats [2]. Les députés assisteraient désormais à l'élection annuelle du trésorier de la ville et y prendraient part; cet agent devrait rendre ses comptes à toute réquisition présentée par eux [3]. Aucun procès ne pourrait être entrepris sans l'avis des députés, auxquels les consuls devraient communiquer toutes les pièces propres à les éclairer [4]. Un inventaire des actes et documents conservés aux archives municipales devait être dressé et un exemplaire de ce travail mis à la disposition du Clergé et de l'Université, pour les instruire de tout ce qui concernait l'administration des deniers publics [5]. Et chaque année, quinze jours après leur sortie de charge, les consuls, en présence de leurs successeurs et des députés de l'Université et du Clergé, rendraient un compte exact de tous les papiers qu'ils auraient reçus, pendant leur consulat, concernant les affaires publiques et les remettraient ensuite aux Archives [6]. Enfin, le Clergé et l'Université pourraient, au moyen d'un délégué spécial, choisi par eux, mais payé sur les fonds municipaux, contrôler les recettes produites par l'impôt établi sur le vin [7], à son entrée dans la ville. Quant à l' « exemption et immunité » que les docteurs prétendaient avoir en cas de quelque nouvelle imposition, à laquelle ils seraient ultérieurement tenus d' « entrer », le vice-légat se réservait d'y pourvoir.

1. Art. 5 du même règlement.
2. Art. 6.
3. Art. 3.
4. Art. 7.
5. Art. 2.
6. Art. 16.
7. Art. 17.

En résumé, l'Université était mise à même, conjointement avec le Clergé, de contrôler les finances municipales et par elles l'administration entière de la ville. Emprunts et impôts, dépenses, travaux publics, adjudications et traités, nomination des officiers, rien de ce qui constitue la vie municipale n'échappait à ses députés. Seules les affaires relatives aux corps de métiers — qui ne l'intéressaient pas directement, — étaient traitées sans leur concours. Il est peu d'exemples, croyons-nous, sous l'ancien régime, de municipalités aussi limitées dans leur action et « blessées », comme on disait, dans leur indépendance par les prérogatives d'un corps, somme toute, aussi peu nombreux que celui des docteurs d'Avignon et représentant des intérêts si particuliers.

Quoi qu'il en soit, les règlements de 1706 rétablirent, ou à peu près, le bon accord entre l'Université et le Conseil de Ville. Les docteurs choisirent soigneusement, chaque année, parmi les membres « les plus irréprochables » de la bourgeoisie, voire de la noblesse de robe, leur « député à l'entrée du vin [1] ». Leur vigilance en matière d'administration municipale fut rarement prise en défaut ; mais ils éprouvèrent encore quelques déboires. En 1750, par exemple, une ordonnance du vice-légat décida, contrairement à la coutume, que les consuls, au lieu d'être élus par le Conseil entier, le seraient chacun par la « main » ou ordre, auquel il devait appartenir. Les docteurs « qui ne pouvaient aspirer à la première main » dédaignèrent de voter avec la seconde et désormais ne donnèrent plus leur suffrage pour l'élection dont il s'agit [2]. Puis,

---

1. Délib. du Collège des docteurs des 3 oct. 1708, 9 oct. 1710, 7 oct. 1718, 14 oct. 1710, 9 oct. 1724. A. V. D 32, f°° 250, 280 ; D 33, f°° 6, 25 ; D 33, f° 98. — En 1723, à la suite de la peste, l'impôt sur les gabelles fut augmenté de moitié ; celui que payait le vin, d'un quart (délib. du 19 fév. 1723). A. V. D 33, f° 72.

2. Délib. du 21 juin 1750. A. V. D 34, f° 133. — On sait quelle était la constitu-

ce furent de nouvelles tentatives des consuls pour échapper au contrôle des corps privilégiés. En 1759, ne les vit-on pas adjuger à un prix excessif — sans vouloir accepter des offres plus avantageuses et cela en dehors de la présence des députés de l'Université et du Clergé, — la construction d'une digue sur le Rhône? L'Université, qui avait déjà « dissimulé bien des attentats momentanés et qui n'engageaient pas l'avenir », s'émeut de celui-ci, qu'elle juge « très important et déclare faire opposition ». Déboutée par le vice-légat, elle en appelle d'un arrêt, « sans doute obtenu par surprise ». Et quelques mois après, intervient un accord qui réserve tous ses droits[1]. Plus d'une fois, au cours du xviiie siècle, de pareils différends se reproduisirent, suivis d'un semblable dénouement. Les droits de l'Université furent, en fait, plus d'une fois méconnus; mais, en revanche, à toute occasion, on les proclama solennellement.

Ce rôle important qu'elle jouait dans les conseils de la ville,

---

tion municipale d'Avignon. Elle comprenait deux Conseils; le Conseil ordinaire composé de 48 membres, 16 de chaque main (1° nobles; 2° bourgeois; 3° négociants, marchands et petits rentiers) et le Conseil extraordinaire composé des membres précédents et de 48 autres membres choisis par les premiers, 16 dans chaque main. Les deux Conseils étaient renouvelables par moitié chaque année. Le prévôt de la métropole et quatre députés du Clergé, le primicier et quatre députés de l'Université étaient adjoints à ces Conseils avec voix délibérative. Il y avait encore « l'Assemblée des trois corps », sorte de commission exécutive où entraient, avec les délégués du Clergé et de l'Université, les trois consuls, l'assesseur et six députés du Conseil. Les consuls étaient élus par le Conseil extraordinaire, un par chaque main (depuis 1750); l'assesseur était élu par le Conseil tout entier. Depuis 1750, les docteurs ne votèrent que pour la nomination de l'assesseur. A moins d'avoir la noblesse personnelle, ils ne pouvaient figurer que dans la deuxième main, mais c'était pour eux une question d'amour-propre de n'y accepter aucune fonction. On avait même exclu du primiciériat les docteurs qui dérogeaient à cette tradition. Le primicier votait immédiatement après les consuls et l'assesseur. Le viguier, qui présidait l'assemblée, ne votait pas.

1. Délib. du 16 mars 1759. A. V. D 84, f° 289.

l'antiquité de ses origines, l'éclat qu'elle avait autrefois jeté, enfin la considération qui s'est toujours attachée aux corps investis du monopole de la collation des grades et paraissant, à ce titre, personnifier la science, tout cela pouvait déjà justifier le prestige dont l'Université était entourée à Avignon. D'autres raisons, la fortune, parfois considérable, de ses membres, leur savoir et leur mérite professionnel, enfin les fonctions extra-universitaires dont tant de docteurs étaient investis, venaient encore accroître son crédit et son autorité.

Sans doute les théologiens et leurs auxiliaires, les régents de philosophie, — ceux du moins qui appartenaient aux ordres religieux, — se confinaient volontiers dans leurs couvents et, consacrant à la prière ou à un obscur labeur le temps que les classes ne leur prenaient pas, restaient généralement étrangers au monde, qui pouvait méconnaître leur mérite et ne point les estimer à leur prix. Mais les docteurs en droit ou en médecine, moins modestes, par goût et par état, occupaient dans la ville un rang fort distingué.

Parmi les médecins, quelques-uns, les Parrely, les Gastaldy, les de Lafont, les Voullonne, — sans parler du célèbre Esprit Calvet qui, comme on sait, fut correspondant de l'Académie des Inscriptions, — brillèrent à la fois par leur science et par leur habileté professionnelle. On avait vu des souverains, des prétendants tout au moins, faire appel à leurs lumières et solliciter leurs conseils ; ils avaient essayé de mettre leur enseignement au niveau des progrès de la science. Leur clientèle avignonaise leur accordait une confiance qui ne procédait pas seulement de la peur de la mort ou de la volonté de guérir. Au surplus, le dévouement que le corps médical avait montré lors des grandes épidémies, en 1721 notamment, quand la peste fit périr six de ses membres, lui avait valu une popularité de bon aloi. Il pouvait certes marcher de pair avec la noblesse locale, bien qu'une tradition ancienne, réservant aux juristes les titres de *nobiles* et d'*illustres*, ne donnât aux régents de médecine que celui d'*egregii*.

Quant aux docteurs en droit, tous, suivant l'usage, agrégés *in utroque*, mais les uns prêtres, comme les docteurs en théologie, les autres laïques, comme les médecins, et capables par conséquent des fonctions les plus diverses, on les voit briguer et obtenir en grand nombre les emplois de justice ou d'église. Ils sont chanoines, prévôts, pénitenciers des paroisses ou de la métropole, officiaux ou vicaires généraux de l'archevêque, en attendant de recevoir eux-mêmes la crosse et la mitre ; sous le nom d'avocats, d'auditeurs, de procureurs, de conseillers, de secrétaires, de correcteurs, taxateurs ou régistrateurs des bulles pontificales ou de la Légation, ils entourent le vice-légat et dirigent son administration[1]. Ils sont juges du Tribunal de Saint-Pierre, voire même vice-gérents. Le tribunal de la rote, juridiction supérieure du Comtat, n'est guère composé que d'agrégés en droit[2]. Les docteurs les plus modestes ou les plus jeunes sont avocats postulants, en attendant de devenir magistrats à leur tour[3]. De 1670 à 1686, sur trente-six doc-

---

1. Le vice-légat consulte, en outre, très souvent soit le primicier, soit le Collège des docteurs, dans les affaires qui concernent l'administration civile ou financière de la ville.

2. On sait que ce tribunal, Cour d'appel pour tout l'état pontifical de France, se composait de six membres, dont trois ecclésiastiques et trois laïques. Les listes des docteurs agrégés comprennent, en général, les six auditeurs de rote ; la présidence, d'abord confiée à l'un des auditeurs, fut ensuite dévolue au vice-légat, à l'auditeur général ou même au primicier de l'Université. L'auditeur général était le suppléant du vice-légat.

3. Est-il nécessaire d'ajouter que les docteurs simples, que le Collège voulait d'ailleurs, traiter « en enfants de l'Université » (délib. du 5 janv. 1662), remplissaient presque tous les offices de justice, que des agrégés n'occupaient pas et que nombreux étaient les avocats docteurs de l'Université d'Avignon? En énumérant les emplois occupés par des membres de l'Université, on s'en est tenu aux agrégés, mais l'influence de ce corps s'étendait, en réalité, directement ou indirectement sur toutes les cours de justice. — On avait songé un

teurs que l'Université s'agrège, seize sont pourvus de fonctions ecclésiastiques ou judiciaires. Et la proportion se maintient pendant tout le cours du xviiie siècle. Encore en 1789, à la veille de la disparition du Collège, dix-sept de ses membres sur quarante-sept occupent des fonctions étrangères à l'enseignement[1]. On sait d'ailleurs que l'assesseur de ville, qui était obligatoirement un légiste, fut souvent un agrégé[2]. En 1768, quand le roi de France, occupant Avignon et le Comtat, y établit des sénéchaussées, ce fut un agrégé, professeur perpétuel de droit français, M. de Guilhermis, qui devint lieutenant civil et criminel[3], et c'est encore un professeur de droit français, le célèbre Levieux de Laverne qui, en 1791, fut le premier maire de la Révolution triomphante[4]. Sous l'un ou l'autre régime, pontifical ou royal, c'est dans la corporation universitaire qu'Avignon aimait à voir prendre ses dignitaires et ses chefs.

moment à réserver aux agrégés seuls les postes d'assesseurs dans les tribunaux. Le Collège des docteurs agrégés lui-même demanda que ce monopole ne lui fût pas attribué.

1. Voir les listes des docteurs agrégés insérées, chaque année, dans les registres des gradués. A. V. D 136 à 154.
2. Ce n'est pas ici le lieu d'insister sur les attributions si importantes de l'assesseur qui, en fait, à Avignon comme dans bien d'autres villes, dirigeait l'administration municipale.
3. V. Teule, *Chronologie des docteurs en droit civil de l'Université d'Avignon*, p. 102.
4. *Ibid.*, p. 111. Levieux de Laverne avait été primicier en 1782 et assesseur de la ville. Il fut élu maire d'Avignon le 26 décembre 1791. Le Consulat avait été aboli le 27 février 1790, et la commune installée le 18 avril suivant, avec M. d'Armand, docteur agrégé en droit, comme maire (M. d'Armand fut remplacé, le 12 juin, par M. Richard). On sait d'ailleurs que la réunion du Comtat ne fut ratifiée par la Constituante qu'en septembre 1791. (Le vice-légat avait été chassé dès le 12 juin 1790 et s'était réfugié à Carpentras, d'où il partit au mois de décembre suivant.)

CONCLUSION

L'Université pendant la Révolution. — Ses dernières années ; sa chute. — Retour sur son histoire. — Son organisation primitive. — Sa prospérité au début du xvie siècle. — Coups que lui portent les guerres religieuses. — Sa renaissance et ses transformations. — Elle se rapproche de plus en plus du type des Universités françaises. — Abus croissants et velléités de réforme. — Impuissance des anciennes corporations enseignantes à se réformer elles-mêmes.

C'est le 15 septembre 1793 seulement, que les Universités, provisoirement maintenues par la loi du 26 septembre 1791, furent légalement supprimées par décret de la Convention. Encore cette mesure fut-elle suspendue le lendemain et les anciennes corporations enseignantes subsistèrent-elles en droit jusqu'à la loi du 7 ventôse an III (25 février 1795). Mais atteintes dans leurs privilèges par la suppression des droits féodaux et celle des juridictions particulières, dans leur fortune par la vente des biens ecclésiastiques, enfin, dans la personne même de leurs membres par la promulgation de la Constitution civile du clergé et les persécutions qui en résultèrent, leur existence, depuis le triomphe définitif de la Révolution, ne pouvait être et ne fut, en effet, qu'une longue agonie.

A partir du 14 septembre 1791, jour où la réunion d'Avignon et du Comtat-Venaissin à la France fut définitivement résolue par l'Assemblée Constituante, les destinées de l'Université d'Avignon s'étaient trouvées confondues avec celles des Universités françaises. Mais on sait que les événements révolutionnaires avaient eu dès longtemps leur contre-coup à Avignon. Le parti français, si nombreux dans cette ville et qui, bientôt, y domina, n'avait pas manqué de s'autoriser de l'exemple des municipalités du royaume, pour frapper sur l'Université des coups redoublés.

Dès le 8 décembre 1790, le conseil de la Commune étant assemblé, Claude Vinay, docteur en droit et substitut du procureur de la Commune, représentait audit conseil que le peuple avignonais, avant de voter sa réunion à l'empire français, avait déjà délibéré l'adoption de la Constitution française et l'exécution des décrets émanés de l'Assemblée nationale. Visant, en particulier, le décret de cette assemblée en date du 19 juin 1790 relatif à la suppression des titres de noblesse et des armoiries, le substitut rappelait que l'Université, dans les thèses que soutenaient ses candidats, n'observait pas ce décret, imprimait et faisait « imprimer dans ses programmes des titres vains » qu'elle prodiguait à ses membres et que ceux-ci « se renvoyaient mutuellement par un abus aussi pitoyable que ridicule. » — Sur quoi, l'Assemblée de délibérer aussitôt que sauf les arrangements à prendre pour le régime nouveau de l'Université, les primicier, professeurs et autres docteurs agrégés seront tenus de se présenter dans la huitaine à la maison commune par devant le maire et les officiers municipaux pour y prêter le serment civique décrété par l'Assemblée nationale, et que jusque-là ils ne pourront exercer leurs fonctions respectives, sous peine d'être poursuivis extraordinairement. Après ce délai, faute d'avoir prêté ledit serment, ils ne pourraient exercer leurs fonctions, sous peine de poursuites. Il était également défendu aux primicier, professeurs et docteurs de faire imprimer ou soutenir aucune thèse en droit canonique qui pût « contrarier » les décrets de l'Assemblée nationale ou de donner aucun titre de noblesse à des membres quelconques de l'Université. Enfin, le primicier ne pourrait à l'avenir prendre le titre de juge conservateur des privilèges de l'Université ou en remplir les fonctions, attendu la suppression prononcée par les directoire et district d'Avignon de toutes les juridictions qui y existaient le 12 juin, à peine de poursuites extraordinaires. Défense était faite à l'imprimeur de l'Université d'imprimer aucun document portant les qualifications interdites.

Quelques semaines après, ordre était donné par la municipalité à M. Teste, primicier, de faire enlever de sa maison les armoiries universitaires. Il lui était également interdit de disposer des sommes provenant de la collation des grades. Bien plus, le conseil de la Commune décidait que les attestations d'études ne seraient plus signées par l'archevêque-chancelier, mais par le chanoine Malière, agréé comme grand-vicaire par la municipalité.

Quant à ses revenus propres, l'Université en avait été déjà dépouillée. Plus tard, les bâtiments, confisqués en vertu des lois sur la vente des biens ecclésiastiques, que la loi du 25 mars 1792 rendit applicables dans le Comtat, furent successivement aliénés. La salle de médecine fut vendue la première le 7 juin 1792. Puis ce fut le tour de la salle de droit, aliénée en 1795, du jardin botanique et de ses dépendances, de la salle des Actes et de celle de philosophie, enfin de la classe de théologie, vendus en 1796 et 1797[1]. Dès le 28 août 1792, le secrétaire de l'Université avait dû remettre aux commissaires pour la séquestra-

---

1. Cf. Laval, *Cartulaire*, p. 448-450. La vente commença le 7 juin 1792. Ce jour-là fut vendue la salle des études de médecine (entre la place des Études et la rue Pétramale), au prix de 1500 livres (pour 47 cannes carrées). Le 17 février 1795, on vendit la salle des études de droit (rue et place des Études) pour 8.000 livres; le 26 sept. 1796, la salle des Actes et l'ancienne classe de philosophie, pour 3.600 livres; le 4 avril 1797, la salle de théologie pour 1.440 livres. Le jardin botanique et ses dépendances avaient été vendus, le 7 août 1796, au prix de 2.700 livres.

tion, des biens nationaux, moyennant décharge régulière, la masse d'argent, insigne vénérable et précieux de la dignité de ce grand corps[1].

En réalité, depuis les vacances annuelles de 1791, l'Université avait cessé d'exister. Le Collège des docteurs en droit comptait encore un nombre respectable de membres[2], mais il ne se recrutait plus. Son dernier agrégé date du 3 août 1789[3]. Le 11 juin 1791, le Collège se réunit pour la dernière fois et ce fut, en quelque sorte, pour abdiquer. Onze membres seulement étaient présents; ils résolurent, « vu les circonstances », de ne se point donner un nouveau chef. M. Teste, qui exerçait si dignement le primicériat, fut prié de conserver ses fonctions jusqu'à une décision ultérieure, qui ne vint jamais[4].

Les cours réguliers cessèrent à la même époque. Le dernier programme annuel qui nous reste est celui d'octobre 1790; l'année suivante, il n'en fut sans doute pas publié. Au reste, les classes et l'amphithéâtre étaient déjà désertés[5].

Un an encore, les Facultés se survécurent à elles-mêmes, en tant que commissions d'examens; on fit quelques gradués en 1792. La Faculté de droit admit son dernier licencié, le

---

1. A. V. D 131. — « Nous, commissaires pour la séquestration des biens nationaux, prions et requerons M. Chambaud, massier de l'Université, de remettre au porteur du présent ou de la faire parvenir à leur Bureau, au cy-devant couvent de Saint-Laurent, la masse d'argent de l'Université. Avignon le 28 août 1792, l'an 4ᵉ de la liberté. Signé : Rassis, commissaire; Palun, officier municipal, commissaire, Prat, Allies, Imbert et Despat, commissaires. » — « Nous commissaires pour la séquestration des biens nationaux, avons reçu de M. Chambaud, secrétaire de l'Université, une masse d'argent, à l'usage de ce corps, dont nous le déchargeons. Avignon le 29 août 1792, l'an 4ᵉ de la liberté (mêmes signatures). — Cette masse pesant 9 marcs fut expédiée d'Avignon à la Monnaie de Marseille, où elle fut fondue avec d'autres objets enlevés aux églises et aux couvents. (Cf. Duhamel, les Masses des Universités, p. 7.)
2. 47 en 1790.
3. A. V. D 35, fº 312.
4. A. V. D 35, fº 363.
5. A. V. D 73.

30 juin de cette année [1]; le 20 février, la Faculté des arts avait conféré, pour la dernière fois, la maîtrise [2]; le 14 janvier, celle de médecine avait fait subir son dernier examen [3]. Depuis deux ans, on ne délivrait plus de grades en théologie [4].

Ainsi la vie abandonnait peu à peu ce corps, dont le nom imposait encore, mais sur lequel s'acharnait sans merci le zèle des destructeurs. Devenue pareille — ou peu s'en faut, — à ses voisines du royaume de France, l'Université d'Avignon allait partager leur destin. Moins heureuse que plusieurs d'entre elles, en dépit des souvenirs les plus glorieux, elle ne devait jamais renaître, après cette ruine.

A travers des vicissitudes diverses, elle avait duré près de cinq cents ans. Constituée, au moins comme Université de jurisprudence, au début du xive siècle, elle pouvait revendiquer sur la plupart des Universités françaises le bénéfice de l'ancienneté. Si elle restait la cadette des Universités de Paris, de Toulouse, d'Angers, de Montpellier, elle était l'aînée de presque toutes les autres : Aix, Valence, Orange, Orléans même. Aux premiers siècles de son existence, elle ne le céda ni aux unes ni aux autres, quant à l'illustration de ses maîtres, à l'éclat de son enseignement, au nombre de ses élèves. Les papes, que la « captivité de Babylone » ne tarda pas à rapprocher d'elle, la comblèrent de leurs faveurs et les pouvoirs civils, non moins généreux, y ajoutèrent les plus rares privilèges. Encore, vers le milieu du xvie siècle, huit cents étu-

---

1. M. Bachelard, bachelier *beneficio ætatis*, le 4 juin, admis à l'éxamen de droit français, le 28 juin, est reçu licencié, le 30 juin. A. V. D 154.
2. A. V. D 154.
3. A. V. D 154. Examen de licence.
4. Le 23 mai 1790, Jean Delact, chanoine d'Apt, est fait licencié, docteur et maître en théologie sous M. Payen, professeur de théologie morale, promoteur. — A. V. D 153, f° 739. Cette promotion et celles qui précèdent sont, pour chaque Faculté, les dernières dont les registres des gradués aient conservé la trace.

diants suivaient ses cours et elle appelait à elle les juristes les plus célèbres de France ou d'Italie : Jean-François Rippa, Alciat, Jacques de Novarinis et plus tard les deux Belle, Louis et Hector, et surtout l'illustre Cujas.

Vinrent les guerres religieuses. Elles désolèrent les provinces voisines, le Dauphiné, le Languedoc, la Provence, et n'épargnèrent pas le petit état pontifical. Avignon en connut les horreurs. Alors maîtres et étudiants se dispersèrent. L'hérésie s'était d'ailleurs glissée parmi eux. Trois ans durant, les portes de l'Université restèrent fermées ; quand elles se rouvrirent, ce ne fut que pour un petit nombre d'élèves. Avignon possédait encore des maîtres célèbres, mais les étudiants en avaient désappris le chemin.

L'Université se releva cependant peu à peu de ces désastres. Mais ce fut pour vivre désormais d'une vie calme et assagie, qui ne rappelait que fort peu les joutes brillantes et les bruyants triomphes d'autrefois. La paix rétablie, les études, comme les esprits et les cœurs, étaient à leur tour pacifiées et la jeunesse, non plus studieuse peut-être, mais à coup sûr moins ardente, se répandait moins au dehors. Les Universités restaient encore la parure et l'orgueil d'une ville ; elles n'en faisaient plus la prospérité.

Pendant cette longue période de près de deux siècles qui devait marquer le dernier terme de son existence, l'Université d'Avignon se réorganisa, se compléta, s'adapta de son mieux aux besoins nouveaux, qu'elle avait à satisfaire. Elle se rapprocha de plus en plus de ses voisines, s'efforça de leur ressembler, leur emprunta leurs programmes, leurs méthodes et jusqu'à leurs plus fâcheux errements. Ainsi entraînée hors de sa voie propre et particulière, elle allait perdre chaque jour un peu de son ancienne indépendance et de son originalité.

Elle conserva du moins, avec une autonomie administrative

à peu près entière, ce gouvernement fortement centralisé qui avait tant contribué à sa grandeur. Le Collège des docteurs agrégés en droit, avec son chef élu, le primicier, garda toujours l'administration entière du *studium*. Non seulement il continua de régir, comme il convenait, la Faculté juridique et eut seul la garde des intérêts généraux de l'Université; il maintint encore sur les autres Facultés une étroite et ombrageuse tutelle, nommant ou agréant leurs professeurs, contrôlant leurs décisions et, dans une certaine mesure, disposant de leurs revenus. On a vu que, dans ce Collège, les théologiens n'étaient pas équitablement représentés et que les médecins ne le furent qu'au moment même où l'Université allait disparaître.

Mais en ce qui concernait les études, les circonstances qui peu à peu transformaient les anciennes corporations enseignantes, allaient modifier de façon décisive le vieil établissement pontifical. Tout d'abord, la création d'un véritable enseignement secondaire enlevait aux Universités une partie de leurs anciens tributaires. Le collège des Jésuites fondé, en 1564, à Avignon, ravit à l'Université ses « artistes », et c'est à peine si celle-ci put maintenir en face de ses redoutables rivaux l'ombre d'une Faculté des arts. La Faculté de théologie ne fut pas moins gravement atteinte par l'ouverture, chez les Jésuites, de plusieurs cours de théologie et surtout par la création de séminaires destinés à l'éducation professionnelle des futurs membres du clergé.

Jalouse d'assurer le succès de ces fondations nouvelles, l'Église abandonnait maintenant à elles-mêmes les anciennes Universités autrefois comblées de ses faveurs. Et par suite, à une époque où les libres recherches et le culte désintéressé de la science n'étaient guère le fait des corporations enseignantes, celles-ci, pauvres d'ailleurs, devaient, pour vivre, se transformer peu à peu en écoles spéciales destinées à former des praticiens.

Dès lors, la première place était assurée, dans les Universités, aux Facultés qui conduisaient aux deux professions libérales par excellence : la médecine et le droit.

Encore dans la Faculté de jurisprudence une révolution s'était-elle produite. L'étude du droit canon n'ouvrait plus, comme autrefois, l'accès des hautes dignités ecclésiastiques; depuis le concile de Trente, la théologie avait supplanté le droit. Bien que les chaires de droit canonique eussent été maintenues et qu'une certaine connaissance de ce droit fût exigée de tous les étudiants, la clientèle des Facultés de droit se recrutait surtout parmi les candidats aux fonctions civiles : magistrature, barreau, offices de justice de toutes sortes.

L'Université d'Avignon attirait à elle non seulement les étudiants du Comtat, mais, on l'a vu, ceux des provinces françaises voisines. Mais le roi de France s'était résolu, à la fin du XVIIe siècle et au commencement du XVIIIe, à réglementer les études médicales et juridiques, à déterminer la durée des cours, la forme des examens, l'âge des candidats et les conditions auxquelles les grades pourraient être délivrés. Tout en maintenant les privilèges jadis accordés aux Comtadins, il exigeait de ceux-ci, s'ils voulaient aller exercer des fonctions publiques dans le royaume, qu'ils eussent suivi les cours règlementaires et subi des épreuves pareilles à celles qu'on imposait aux gradués dans les Universités du royaume. Mêmes obligations aux Français étudiant à Avignon, qui briguaient des charges semblables. L'Université d'Avignon dut, en conséquence, se conformer aux règlements de 1690, de 1700, de 1707. Elle les accepta de bonne grâce, même avec un vif empressement; mais elle n'eut garde d'en assurer l'exécution rigoureuse; les Facultés françaises elles-mêmes ne donnaient-elles pas, d'ailleurs, à ce sujet, l'exemple d'un étrange laisser-aller?

Quoi qu'il en soit, dès le début du xviii° siècle, l'Université d'Avignon, ou plutôt ses Facultés de droit et de médecine diffèrent peu, dans leur organisation pédagogique, des Facultés du royaume. La création d'une chaire de droit français à la Faculté de droit, celle de deux chaires d'anatomie et de botanique à la Faculté de médecine, marquent le dernier terme de cette assimilation. D'ailleurs, au milieu des Universités françaises, l'Université d'Avignon, ainsi accrue et complétée, ne fait pas si mauvaise figure. Le nombre de ses maîtres, leur science, le chiffre de ses étudiants, surtout celui des diplômes qu'elle confère, lui assignent parmi ses rivales un rang envié et qu'avec plus d'acharnement que de loyauté, on essaya maintes fois de lui ravir.

Sa Faculté de médecine, par exemple, avec ses dynasties de professeurs, les Gastaldy, les Sarrepuy, les Parrely, les Gautier, avec le célèbre Calvet surtout, jette un vif éclat pendant plus de cent ans. Sauf à Montpellier, on ne trouve nulle part une organisation plus complète, des maîtres plus savants, un auditoire plus nombreux. D'autres Facultés du même ordre sont plus riches, plus indépendantes, dotées d'une plus confortable installation matérielle ; rares sont celles qui fournissent une plus grande somme de labeur, contribuent davantage aux progrès de la science, forment un plus grand nombre de licenciés et de docteurs.

Plus ancienne et prisonnière, si je puis dire, de traditions d'ailleurs glorieuses, la Faculté de droit n'est point aussi prompte aux innovations, mais elle égale sans peine ses rivales. Tandis que la plupart des Universités françaises comptent à peine cinq cours, elle en possède six, comme Orléans et Toulouse, et n'est pas bien loin d'égaler Paris, qui en a sept. Si l'on en croit ses registres, deux cents étudiants, un moment, la fréquentèrent. Elle en comptait encore trente ou quarante dans ses dernières années; et quant au chiffre de ses gradués, — lequel dépasse parfois la centaine, — loin de le trouver modeste, on est tenté plutôt de croire qu'il fut toujours excessif.

Que cette vitalité relative ne nous fasse d'ailleurs pas illusion. Pareille, quant à son organisation et à ses cadres, aux Universités du royaume, l'Université d'Avignon offrait les mêmes lacunes et souffrait des mêmes vices. Restée tout « ultramontaine », aurait-elle trouvé dans un plus étroit attachement au Saint-Siège, — qui l'abandonnait de plus en plus à elle-même, — un principe de force et de régénération? Question oiseuse apparemment et qui sort du cadre de cette étude. En tous cas, en se modelant sur les Universités françaises, l'Université d'Avignon obéissait à une tendance irrésistible et à la logique de l'histoire. Le discrédit où tomba, au xviiie siècle, le gouvernement pontifical, ne pouvait que hâter cette évolution.

On a dépeint[1], en un brillant tableau, la misère devenue irrémédiable, à cette époque, des vieilles corporations enseignantes, leur lamentable installation matérielle, leurs budgets si difficilement équilibrés, — à moins qu'une extraordinaire distribution de diplômes ne vint combler le déficit, — le médiocre recrutement des professeurs, par-dessus tout le divorce de plus en plus accusé qui séparait la science de l'enseignement. Tous les traits de cette peinture s'appliquent à l'Université d'Avignon. La philosophie scolastique, pieusement enseignée par les fils de saint Dominique, ignorait tout le mouvement scientifique du siècle, même Leibnitz et Newton. A la Faculté de médecine, on pratiquait depuis longtemps l'usage des cliniques, mais combien rares et insuffisantes! A la Faculté de droit, on n'enseignait, outre la jurisprudence française, que le

---

1. V. Liard, *L'Enseignement supérieur en France*, t. I, ch. I et II.

Code, le Digeste et les Décrétales, sans paraître soupçonner les progrès des sciences sociales, le droit des gens, le droit public, même le droit criminel ou la procédure, pour ne point parler des questions depuis si longtemps débattues de souveraineté, de propriété, de liberté individuelle ou politique. Ajoutons l'isolement où, en dépit du Collège des docteurs qui les gouvernait toutes, les diverses Facultés s'étaient maintenues, les unes par rapport aux autres, l'absence de tout lien intellectuel qui les unit, les cours peu fréquentés, la scandaleuse facilité des examens et, par suite, la dépréciation croissante des diplômes... Un tel état de choses était-il compatible avec le réveil de l'esprit public que tant de symptômes annonçaient?

Sans soupçonner toute l'étendue du mal, ni prévoir d'où viendrait un jour le remède, quelques docteurs avignonais s'étaient émus de tant d'abus commis journellement sous leurs yeux. Non certes qu'ils aient jamais reconnu l'insuffisance scientifique d'un corps auquel ils étaient très fiers d'appartenir : l'idée d'une rénovation des études était bien loin de leur pensée; mais, sans changer le cadre étroit où ils se mouvaient, ils souhaitaient de le voir mieux rempli et appelaient de leurs vœux une administration plus équitable, un enseignement plus complet et mieux suivi, des examens plus rigoureux, une discipline plus forte et mieux obéie, chez les maîtres comme chez les étudiants. Telles sont, par exemple, les vues qu'en 1763, un ancien primicier, dont la rancune peut-être aiguisait la clairvoyance, développait en maintes lettres adressées au cardinal secrétaire d'État à Rome. Le népotisme qui s'étalait impudemment dans le Collège des docteurs et viciait ses décisions, ses choix et jusqu'à l'élection même des régents et du primicier, les absences trop fréquentes des professeurs — pour quelques-uns c'était, disait-on, « une éclipse totale », — les attestations d'études de complaisance, les inscriptions antidatées, la scandaleuse indulgence qui présidait aux examens, tels candidats devenus coup sur coup bacheliers, licenciés et docteurs sans subir qu'une unique épreuve, d'autres gratifiés du bonnet sans savoir un mot de latin, l'amère satire de notre docteur dévoile sans pitié toutes ces plaies. Mais elle n'indique pas le remède ou ne veut voir que la faute des hommes là où était surtout le vice des institutions. Aussi le primicier a-t-il beau jeu de répondre par une apologie du Collège et un appel à de glorieuses traditions. Les lois romaines, dit-il, n'autorisent-elles pas, dans l'assemblée des agrégés, « la pluralité des suffrages »? Le primicier, les professeurs ne sont-ils pas choisis avec le plus exact discernement? Le plaignant lui-même n'a-t-il pas été deux fois élu primicier, plusieurs fois régent, à diverses reprises député à l'Hôtel de Ville? Les ordonnances du roi de France sur les lectures, les matricules et les examens ne sont-elles pas appliquées à la lettre, tout aussi bien, du moins, que dans les Universités du royaume? Si quelques abus persistent, ne peut-on pas les corriger sans peine et sans éclat. Les étaler en public, n'est-ce pas discréditer l'Université, lui ôter l'estime publique, faire le jeu de ses rivales, se conduire en fils ingrat qui ne sait point faire taire ses rancunes[1]?

1. A. V. D 160. L'origine de la querelle paraît avoir été la distribution faite aux docteurs d'une componende de 800 livres sur les greffes, et qu'un membre du Collège, M. de Saint-Laurent, jugea irrégulière. Il se plaignit au cardinal Torregiani, secrétaire d'État, et celui-ci l'ayant encouragé, M. de Saint-Laurent lui adressa, de mars à mai 1763, un grand nombre de lettres, dans lesquelles il insiste surtout sur l'affaire des 800 livres et sur la composition du Collège des docteurs, où figurent un grand nombre de membres des mêmes familles, ce qui entraîne une foule de cabales pour l'attribution des offices et des régences universitaires. Il voudrait que chaque famille ne disposât que d'un seul vote. Il voudrait également que les primiciers ne pussent être élus, avant d'avoir accompli leur quarantième année. Pour les autres abus qu'il signale, il n'indique pas de remède, sauf une application plus stricte des règlements. Le primicier, M. de Guilhermis, réfute point par point les ardentes philippiques de son collègue et insiste sur le danger de toute innovation. Il représente M. de Saint-Laurent comme fort irrité, parce qu'il n'a pas été élu député à l'Hôtel-de-Ville.

Ce langage, si naïf dans sa prétendue habileté, si imprudent dans son apparente sagesse, fut toujours celui des corps privilégiés et fermés ; il avait bien des chances d'être entendu. Le Saint-Siège l'approuva, en somme ; les docteurs le goûtèrent fort et jugèrent, en cette affaire, leur collègue plutôt fâcheux. Pourtant quelques années plus tard, quand l'Université, menacée dans ses privilèges, sentait le besoin de les défendre, ou plus tard encore, quand, les ayant reconquis, elle tâchait à les justifier, ses chefs parlèrent deux fois d'autre sorte, à la fois plus sages et plus courageux. S'adressant au primicier qui venait d'être installé, un des doyens du Collège, M. de Poulle, l'incitait à une énergique défense des droits universitaires, mais aussi à une rigoureuse surveillance et à un étroit contrôle sur tous les membres du corps. Il insistait en particulier sur les devoirs des régents, trop souvent oubliés. « Représentez aux professeurs, s'écriait-il en finissant, combien il importe qu'ils raniment leur ardeur ; ils doivent leur talent, leur science, leur exactitude au plus petit nombre comme au plus grand. Rien ne doit les dégoûter ; ils doivent se présenter aux classes, quand ils devraient y être seuls..... Que les promoteurs soient attentifs à ne présenter pour les grades que des sujets instruits dont l'ignorance ne fasse point rougir celui qui les présente ou ceux qui les écoutent. Repoussez avec fermeté et sans ménagement ceux qui ne sont pas sans reproche du côté de la vie et des mœurs ou qui n'ont point souci de leur bonne renommée..... Soyons sans blâme, car on rend les corps responsables des fautes des particuliers [1]..... »

Il reconnaît d'ailleurs que de regrettables cabales se forment dans le sein du Collège en vue de l'élection du primicier ; mais il ne propose aucune mesure pour les empêcher. — « Le corps est assez gangrené, avait dit M. de Saint-Laurent, pour ne devoir espérer son salut de lui-même. »

1. A. V. D 35, f° 44. Assemblée du Collège des docteurs du 17 juillet 1770. Discours de M. de Poulle, qui fait fonction de proprimicier. M. Teste, élu primicier le 4 juin, venait d'arriver de Paris et prenait possession de sa charge.

[1] Et quatre ans plus tard, un autre primicier faisait entendre les mêmes accents. Durant l'occupation française, les classes avaient langui; le zèle des professeurs s'était relâché; ils délivraient maintes attestations d'études mensongères. Fallait-il donc donner au gouverneur, qui allait arriver dans la province, le spectacle d'un corps sans âme et sans ressort? Avait-on oublié les glorieux exemples que, pendant plusieurs siècles, tant de professeurs illustres avaient donnés? Et la renommée qu'ils avaient laissée allait-elle faire la honte de leurs indignes successeurs[1]?

De pareilles exhortations, pathétiques et sincères, mais stériles et vite oubliées, voilà tout ce que l'Université avigno-

---

1. A. V. D 35, f° 75. Assemblée des docteurs du 10 mars 1774. Disc. de M. Joseph de Poulle, primicier. — L'occupation d'Avignon et du Comtat par les troupes du roi Louis XV, à partir du 11 juin 1768, eut pour conséquence la suppression de l'ordre des Jésuites dans tout l'ancien état pontifical de France. L'expulsion des Pères eut lieu en 1768, et leurs biens furent vendus, l'année suivante. Dès le 23 juillet 1768, le collège d'Avignon était fermé. Le 31 août suivant, le Conseil de Ville s'occupait de remplacer les professeurs jésuites et recevait les propositions des Pères de la Doctrine Chrétienne, des Minimes (qui, un moment, au commencement du xviie siècle, avaient semblé devoir remplacer les Jésuites, en lutte avec la Municipalité d'Avignon, à propos de l'établissement d'un collège à Carpentras) et des Bénédictins du collège de Saint-Martial de Cluny. Par 45 voix contre 9, il choisit les Bénédictins. Mais le bon accord ne régna pas longtemps entre la Municipalité et les nouveaux directeurs du collège, dont on incriminait d'ailleurs les pratiques et qui virent le chiffre de leurs élèves tomber à 69, en 1781 (le collège des Jésuites comptait 800 à 900 élèves, quand il fut fermé). Les Bénédictins abandonnèrent la direction du collège municipal, au moment où on allait probablement la leur enlever et furent remplacés par les Pères de la Doctrine chrétienne ou Doctrinaires, qui réunirent un moment 250 ou 300 élèves et ne disparurent que pendant la Révolution (Arch. municipales d'Avignon. Reg. des délibérat. du Conseil de Ville, t. LI, f° 99, et t. LVI, f°° 163, 211, 242). L'Université ne profita pas de cette décadence du collège municipal. Les étudiants en philosophie et en théologie fréquentèrent de plus en plus les Séminaires, dont la prospérité ne cessa de croître et qui étaient, au xviiie siècle, au nombre de trois, ainsi qu'il a été dit (Séminaire de Notre-Dame de Sainte-Garde, séminaire de Saint-Charles de la Croix, dirigé par les prêtres de Saint-Sulpice, collèges du Roure et de Saint-Nicolas, réunis en 1709 et devenus un véritable séminaire, sous la direction des Pères de la Mission).

naise pouvait attendre de ses chefs. On sait qu'au début de l'année 1789, au moment où l'ouverture prochaine des États généraux suscitait tant d'espérances et faisait éclore tant de projets hardis ou aventureux, quelques Universités françaises tentèrent de se réformer à leur tour. Reims et Poitiers, par exemple, songèrent à un congrès de docteurs, députés par leurs Universités respectives, qui rédigeraient un nouveau « plan d'éducation nationale ». Les vingt-une Universités royales furent conviées à ce congrès. En sa qualité de régnicole, l'Université d'Avignon reçut les circulaires et les examina avec déférence. Mais sa réponse fut un véritable aveu d'impuissance et comme un abandon de soi-même et de sa personnalité. Le Collège des agrégés entreprendrait volontiers, disait-il, une étude de cette grave question, mais il lui fallait un programme et un guide. Au reste, les États généraux, prochainement réunis, ne voudraient-ils pas pourvoir à cet objet? Sans doute, une commission prise dans leur sein statuerait sur cette réforme et sur l'amélioration de la discipline scolaire. En tous cas, l'Université d'Avignon se mettrait à l'unisson des Universités françaises, étant elle-même régnicole[1].

Ce fut, si l'on peut dire, son dernier mot. Il marque la tendance à laquelle notre Université obéissait depuis deux siècles et résume son histoire. Sans oublier des traditions glorieuses et une origine illustre entre toutes, c'est d'une union de plus en plus intime avec la France qu'elle attendait sa régénération et son salut. Mais souffrant des mêmes vices et malgré de tardives velléités de réforme, réfractaires, comme celle d'Avi-

---

1. A. V. D 161. Lettre du recteur de l'Université de Poitiers aux primicier et docteurs de l'Université d'Avignon, 24 février 1789. — Réponse du primicier à la date du 4 avril. — Les registres des délibérations sont muets au sujet de la communication que le primicier dit avoir faite au Collège ; le chef de l'Université ne consulta probablement qu'une de ces assemblées particulières dont l'usage, on l'a vu, était fréquent.

gnon, à tout progrès sérieux, les Universités françaises ne pouvaient plus répandre autour d'elles la vie qui les abandonnait. Restées longtemps immobiles quand tout marchait et devenues presque étrangères à leur siècle, elles étaient le legs d'un âge qui allait disparaître à jamais et les entraîner avec lui. Celles-là seules, parmi les institutions humaines, peuvent survivre aux circonstances d'où elles sont nées, qui, assez vivaces pour résister aux germes de destruction qu'elles renferment, assez souples pour suivre l'évolution qui s'accomplit autour d'elles, trouvent dans leurs transformations successives le principe d'une existence toujours nouvelle dans son apparente continuité.

INDEX ALPHABÉTIQUE
DES NOMS PROPRES

Abbé des Étudiants (L'), 98, 177, 178, 189, 193, 195.
Abbé de Saint-André (L'), 35, 68, 91.
Achard (Paul). *Les chefs des plaisirs*, 192.
— *L'Université d'Orange*, 262.
Achards de la Beaume (des), prévôt de la métropole, 7.
Aode, 188.
Aix. V. Parlements et Universités.
Aldi, 187, 188.
Alciat (André), célèbre jurisconsulte, professeur à Avignon, 301.
Alexandre VI, pape, 101, 108, 109, 113, 241.
Alexandre VII, pape, 263.
Alsati (André), régent de droit à Avignon, 110.
Amaseo (Celio), régent de droit à Avignon, 110.
Angers. V. Universités.
Annonciation (Confrérie de l'), 40.
Apothicaires, 27, 28, 29, 99.
Apt, 187, 188.
Argenvilliers (Cardinal d'), 89, 90, 250, 251, 252.
Aristote, 147, 162.
Arles, 181, 187, 188, 261.
Armagnac (Cardinal d'), archevêque d'Avignon, co-légat du cardinal de Bourbon, 53.
Armand (Jean-Baptiste Pierre d'), docteur agrégé en droit, primicier, maire d'Avignon en 1790, 61, 76, 77, 293.
Armenonville (d'), conseiller d'État, 261.
Arnould, orfèvre d'Avignon, 209.

Aubert (Charles-Marie), docteur agrégé en droit, primicier, assesseur de la ville, 77.
Auditeur général de la Vice-légation (L'), 36, 67, 68, 71, 72, 99, 246, 249, 250, 280.
Augustin (Saint), 147.
Augustins (Ordre des), 16, 53, 53, 56, 221.
Auxerre, 253.
Avocats (Corporation des), 36, 37, 98, 214, 249.
Aymini (Bertrand), évêque d'Avignon, 52.
Baldeschi (François), régent de droit à Avignon, 111.
Bancel (R. P.), docteur agrégé et professeur de théologie, 254.
Banchieri (Antoine), conseiller du Saint-Office, vice-légat, 288.
Barbat (R. P.), docteur agrégé en théologie, professeur de philosophie, 67, 172.
Bardinet. *Universitatis Avenionensis historica adumbratio*, XII.
Barthélemy (François), docteur agrégé en droit, primicier, 248, 273.
Basoche (Confrérie de la), 192.
Baville (Lamoignon de), intendant du Languedoc, 264.
Beaucaire, 30.
Belin. *Histoire de l'université d'Aix*, 255, 256, 258.
Belle (Louis), auditeur de rote, vicaire général, professeur de droit canon à Avignon, 301.
Belle (Hector), seigneur de Roaix, professeur de droit à Avignon, 301.

BÉNÉDICTINS (Ordre des), 180, 183, 206, 309.
BENOIT XIII, pape, 32, 73, 102.
BENOIT XIV, pape, 39, 69, 73, 203, 204, 206, 251.
BENOIT (Gilles de), docteur agrégé en droit, régent des Institutes, avocat, juge de Saint-Pierre, procureur général de la Légation, comte aux lois, 32, 116, 138, 150, 258.
BENOIT (Louis-Gabriel de), docteur agrégé en droit, avocat, régent des Institutes, 116.
BERNARD (Jean), bedeau, 84, 86, 258.
BERNARD (Marc-Antoine), bedeau, 84, 86, 258.
BERNARD (Bernard), bedeau, 86.
BERNARD (Pierre-Joseph), bedeau, 86, 260.
BERNARD, chanoine, prévôt de l'église Saint-Symphorien, 108, 274.
BERNARDIN (Gilles), régent à l'Université d'Avignon, 110.
BESANÇON. V. Parlements et Universités.
BIGNON, conseiller d'État, 272, 273, 274.
BLAUVAC (de), docteur agrégé en droit, 89, 268, 270.
BOLLÈNE (prieuré de), 182.
BOLOGNE. V. Universités.
BONHOMME (Jacques), démonstrateur anatomique, 30.
BONIFACE VIII, pape, VII, 2, 101, 268.
BONNEAU, docteur en droit de l'Université d'Avignon, 248.
BONNEAU (Jean-Louis de), docteur agrégé en droit, primicier, prévôt de la métropole, 59.
BONNIEUX, 188.
BORDEAUX. V. Universités.
BORDINI (Jean-François), archevêque d'Avignon, 36.
BORGHÈSE (Cardinal), 111.
BOTTIN, docteur agrégé en droit, 45, 67.
BOUCHU, intendant du Dauphiné, 32, 53.
BOURNISSAC, 217.
BOUZON, bedeau de l'Université, 86.
BRAMEREAU (Jacques et Georges), imprimeurs de l'Université, 88.

BRANCASIO, secrétaire de la Congrégation du Concile, 247.
BROGNY (Jean Alarmet de), cardinal, vice-chancelier de l'Église romaine, 180.
CABANNES, prévôt de la métropole, 249.
CALVET (Esprit), docteur agrégé et professeur de médecine, correspondant de l'Académie des Inscriptions, 12, 118, 144, 243, 304.
CALVET (François-Sébastien), docteur agrégé en droit, primicier, 72.
CARMÉLITES (Ordre des), 19, 56.
CARPENTRAS, 13, 69, 71, 99, 108, 187, 214, 218, 309.
CASALÉTY (Jean), abbé de Sénanque, docteur en droit, primicier, 181.
CASTELHION, régent de droit à Avignon, 110, 280.
CAVAILLON, 71, 108, 187, 214, 215, 216, 219.
CHAMBAUD aîné, bedeau-secrétaire de l'Université, 86, 88.
CHAMBAUD (Pierre-Xavier), bedeau-secrétaire de l'Université et imprimeur, 86, 88, 208, 289.
CHAMPFLEURY (Jardin de), 120, 121, 202, 220, 239.
CHANCELLERIE (Chambre de la), 57.
CHARITÉ (Hospice de la), 220.
CHARLES VIII, roi de France, 264.
CHARLES IX, roi de France, 267.
CHARLES II, roi de Sicile, comte de Provence, 2, 31, 179, 266, 269.
CHARLES III, comte de Provence, 266.
CHARPENNE. *Histoire des réunions temporaires d'Avignon et du Comtat-Venaissin à la France*, 276.
CHATEAURENARD, 13.
CHAULNES (Duc de), ambassadeur de France à Rome, 273.
CHIRURGIENS (Corporation des), 27, 29.
CHOSSAT. *Les Jésuites et leurs œuvres à Avignon*, 123, 282.
CHRÉTIEN (Denis), docteur agrégé et professeur de médecine, 12, 117.
CHRÉTIEN (Paul-Antoine), docteur agrégé et professeur de médecine, 117.
CIBO (Aldéran), cardinal de Sainte-Praxède, légat, 248.

INDEX ALPHABÉTIQUE DES NOMS PROPRES 315

Clément V, pape, 31.
Clément VII, pape, 178.
Clément XIII, pape, 275.
Clémentines (Recueil des), 134.
Cluny (Ordre de), 180, 309.
Code (de Justinien), 134, 135, 138, 139, 306.
Collèges de la Croix, 180, 181, 184.
— de Dijon, 180, 183.
— de Notre-Dame de la Pitié, 181.
— du Roure, 99, 180, 181, 184, 207, 240, 242, 243, 309.
— de Saint-Martial, 180, 183, 206, 225, 309.
— de Saint-Michel, 180, 184, 207.
— de Saint-Nicolas d'Annecy, 99, 180, 182, 182, 184, 207, 240, 242, 243, 309.
— de Sénanque, 180, 181, 183, 207, 282.
Comtat-Venaissin, 24, 27, 28, 31, 65, 69, 84, 102, 108, 132, 187, 188, 213, 214, 215, 218, 220, 240, 258, 263, 266, 267, 269, 270, 275, 276, 294, 296, 298, 303, 309.
— États du Comtat, 121.
Comtes aux lois, 32, 150.
Concile de Trente, 94, 140, 181, 303.
Congrégations d'Avignon, 67, 72, 102, 244, 288.
— du Concile de Trente, 24, 37, 43, 103, 228, 247, 248, 249, 250, 282.
— de la Propagande, 102, 184, 207, 242, 243, 271.
— des Rites, 244.
Conseil de ville d'Avignon, 71, 99, 110, 111, 214, 270, 280, 282, 288, 290, 291, 292, 309.
Conservatoire (Juridiction de la), 35, 38.
Constantinople, 137.
Cordeliers (Ordre des), 19, 40, 41, 56.
Cosnac (de), évêque de Valence, 254.
Coton (le R. P.), professeur au collège des Jésuites d'Avignon, plus tard confesseur du roi Henri IV, 7, 123.
Crivelli de Villegarde (Jérôme), docteur agrégé en droit, primicier, 53, 246, 247.
Crivelli (Joseph-Ignace de), docteur agrégé en droit, primicier, 76.

Crivelli, coadjuteur du bedeau, puis bedeau, 85, 86.
Crochans (Joseph de Guyon de) archevêque d'Avignon, 33.
Crozet (Louis), docteur agrégé en droit, régent, comte aux lois, 32, 114, 115, 150.
Crozet (Gabriel-Marie), docteur agrégé en droit, professeur, primicier, 32, 114, 115, 150.
Crozet (Jérôme), religieux augustin, docteur en théologie de l'Université d'Orange, 263.
Cujas (Jacques), célèbre jurisconsulte, professeur à l'Université d'Avignon, 301.
Dauphiné, 240, 267, 304.
Déchet de Gratien (Le), 141, 142, 206, 251.
Décrétales de Grégoire IX (Les), 134, 141, 142, 306.
Delafont (ou de Lafont) (Charles), docteur agrégé, professeur de médecine et d'anatomie, 118, 119, 293.
Delza (André), professeur de droit à Avignon, 110, 180.
Denifle (Le P.). Les Universités au moyen âge, 2.
Descartes, 147.
Digeste (le), 24, 135, 138, 139, 306.
Digne, 185.
Dijon. V. Collèges et Parlements.
Doctrinaires (Pères de la Doctrine Chrétienne ou), 309.
Dominicains (Ordre des), 19, 59, 98, 123, 172, 186, 193, 200, 201, 223, 238, 243.
— Couvent des Dominicains de Toulouse, 21, 23, 124, 126.
Duhamel. Inventaire analytique des Archives départementales de Vaucluse, VIII.
— Origines de l'Université d'Avignon, XII, 2.
— Les Masses des Universités d'Avignon et d'Orange, XII, 208, 209.
— Les Primiciers de l'Université d'Avignon, XII.
Dumas (Esprit-Joseph), docteur agrégé en droit, avocat, juge de Saint-Pierre, 249.
Dumas (Pierre-Louis), docteur agrégé en droit, 249.

Duns Scot, 147.
Embrun, 187, 188.
Entraigues, 216.
Eutrope (Église de Saint-), 226.
Félix (de), docteur agrégé en droit, professeur des Institutes, 138.
Ferrao (Cardinal), 250.
Ferreti (Emilio), professeur de droit à Avignon, 110.
Flandre, 13.
Foix (Pierre de), cardinal-évêque d'Albano, vice-légat, 97.
Folard (Jérôme de), docteur agrégé en droit, professeur de droit civil et de droit français, assesseur de la Ville, 113, 117.
Forbesio, professeur de droit à Avignon, 111.
Fournier (Marcel). *Statuts et privilèges des Universités françaises au moyen âge*, VIII, XI.
— *Histoire de la science du droit en France*, 1.
— *Une corporation d'étudiants en droit en 1441*, 189.
Franciscains (Ordre des), 226.
François Ier, roi de France, 266.
Fréjus, 187, 257.
Frontony, avocat d'Avignon, 250.
Fuveau (André-Mathieu, sieur de), docteur de l'Université d'Aix, 260.
Galéot du Roure ou de la Rovère, évêque de Savone, lieutenant de son oncle, le cardinal Julien de la Rovère, dans la légation d'Avignon, 52, 53.
Gap, 189.
Garcin (François), docteur agrégé en droit, régent, comte aux lois, 32, 98, 150, 258.
Garcin (Joseph-Melchior de), docteur agrégé, avocat, régent de droit canon et de droit civil, 112.
Garcin (Jean-Dominique de), docteur agrégé en droit, primicier, 250.
Gastaldy (Jean-Baptiste, père), docteur agrégé et professeur de médecine, 12, 130, 293, 304.
Gastaldy (Jean-Baptiste, fils), docteur agrégé et professeur de médecine, 12, 293, 304.
Gautier (Pierre-Celse), docteur agrégé et professeur de médecine, 12, 304.
Gay (Antoine de), docteur en droit, agrégé, primicier, 75, 207.
Gay (Jean de), docteur en droit, agrégé, acteur de l'Université, 78, 261.
Gay (Jean-François), docteur agrégé en droit, acteur de l'Université, 78, 79.
Genet (François), docteur en droit et en théologie, professeur des Institutes, puis de philosophie, évêque de Vaison, 89, 126.
Genève, 180.
Gilles de Bellemère, évêque d'Avignon, 52.
Giovio (Jean-Charles-Vincent), archevêque d'Avignon, 245.
Girard (Firmin), prieur des Augustins, doyen de la Faculté de théologie, 53.
Gonteri (François-Maurice), archevêque d'Avignon, 33.
Gouze, docteur d'Avignon, 69.
Grégoire IX, pape, 142.
Grégoire XI, pape, 101.
Grenoble, 187, 188. — V. Parlements.
Grignan (Comte de), lieutenant du roi en Provence, 31.
Grimaldi (Cardinal), 262.
Gualteri (Philippe-Antoine), vice-légat, 281, 288.
Guerra (le comte), avocat, 249.
Guilhermis (Esprit-Joachim de), docteur agrégé, professeur de droit français, primicier, auditeur de rote, lieutenant général de la sénéchaussée d'Avignon en 1768, comte aux lois, 117, 307.
Guillaume, cardinal de Saint-Etienne, 178.
Guyon (Jean-François), docteur agrégé en droit, doyen de Saint-Agricol, 89, 96, 260, 272, 273, 274.
Henri II, roi de France, 267.
Henri III, roi de France, 269.
Henri IV, roi de France, 123.
Huel, docteur en médecine de l'Université d'Avignon, 235.
Huguenots, 205.
Icard (le R. P.), inquisiteur général, 262.

IGNACE DE LOYOLA, 123.
IMBERTI (Guillaume), régent de médecine à l'Université d'Avignon, 280.
INFORTIAT (L'), 134.
INNOCENT VIII, pape, 35, 108.
INNOCENT XI, pape, 24, 37, 240.
INNOCENT XII, pape, 102.
INSTITUTES IMPÉRIALES (Les), 109, 128, 132, 135, 136, 138, 141, 142, 165.
ISAMBERT. *Anciennes lois françaises*, 119.
ISLE (L'), 108, 214, 215, 218, 219.
ISNARD (Jean), docteur en droit, primicier, 480.
JANSÉNIUS, 147.
JEAN XXIII, pape, 16, 30, 31, 34, 35 54, 68, 91, 101, 122, 179, 247.
JEAN (Cardinal), évêque de Tusculum, 178.
JÉSUITES, 88, 98, 102, 122, 123, 126, 132, 148, 151, 172, 184, 186, 200, 228, 242, 243, 244, 281, 302, 309.
JONQUERETTES (Abbé de), 250.
JUIFS, 27, 178.
JULES II (Le cardinal Julien de la Rovère, archevêque d'Avignon, légat du pape, plus tard pape sous le nom de), 2, 71, 181, 191.
JUSTINIEN, 137, 139, 142.
LABANDE. *Catalogue général des manuscrits des Bibliothèques de France*, 207.
LAFONT (De). V. Delafont.
LANCELOT, célèbre canoniste, 128, 141.
LANGUEDOC, 59, 240, 253, 301.
LAURENS (Etienne de), docteur en médecine de l'Université d'Avignon, 253.
LAURENS (Henri de), docteur agrégé en droit, primicier, auditeur de rote, lieutenant général et auditeur de la Légation en 1664 et 1665, 89, 237.
LAVAL. *Cartulaire de l'Université d'Avignon*, VIII, X.
— *Histoire de la Faculté de médecine d'Avignon*, XI, 27, 53, 93, 95, 112, 119, 121, 159, 167, 170, 178, 186, 202, 238, 239, 253, 255.
— *Les Bâtiments de l'Université d'Avignon*, XII, 16, 198, 201.
LEBANSAIS DE VIÉVAL, docteur agrégé en théologie, vicaire général, 19.

LEIBNITZ, 305.
LEMOLT (Laurent), imprimeur de l'Université, 88.
LÉON X, pape, 35, 36, 68, 69, 101, 109, 113, 214, 246.
LE PELLETIER, conseiller d'Etat, 272, 273, 274.
LEVIEUX DE LAVERNE (Jean-Baptiste), docteur agrégé, professeur de droit français, primicier, 117.
LEVIEUX DE LAVERNE (Joachim), docteur agrégé, professeur de droit français, primicier, 117.
LEVIEUX DE LAVERNE (Esprit-Benoît), docteur agrégé, professeur de droit français, primicier, assesseur de la ville, maire d'Avignon en 1791, comte aux lois, 32, 117, 142, 150, 235, 295.
LIARD. *L'Enseignement supérieur en France*, 121, 305.
LIBELLI (Hyacinthe), archevêque d'Avignon, 54, 158.
LOBEAU (Henri de), docteur agrégé en droit, primicier, 59.
LOISEL (Antoine), jurisconsulte et érudit, 142.
LOMBARD (Pierre), 161.
LOXO (Achates), célèbre professeur d'Avignon, 110, 279.
LOUIS XI, roi de France, 266.
LOUIS XIII, roi de France, 74, 212, 267, 269.
LOUIS XIV, roi de France, 81, 94, 98, 119, 158, 226, 259, 262, 269, 271.
LOUIS XV, roi de France, 73, 215, 275, 276, 309.
LOUIS XVI, roi de France, 74, 276, 277.
LUSSIN, chirurgien barbier à Avignon, 29.
LYON, 13, 123, 187, 267.
LEFRÊTE (Yves), régent des écoles d'Avignon, 279.
MALAUCÈNE, 108, 214, 215, 218, 219.
MALIÈRE (Benoît-Jean-François), docteur agrégé en droit, chanoine de la métropole, vicaire et official général, 7.
MANNE, docteur en médecine de l'Université d'Avignon, 67.
MANOSQUE, 261.
MARCHAND (J.). *La Faculté des arts de*

l'*Université d'Avignon*, XII, 22, 127, 148, 171, 282.
MARGIER, orfèvre d'Avignon, 209.
MARINIS (François-Dominique de), archevêque d'Avignon, 19, 21, 23, 33, 72, 123, 124, 125, 133, 199, 200, 216, 217, 223, 236, 237.
MARSEILLE, 188, 200, 259.
MARTIAL (monastère de Saint-), 197, 226, 309. (V. Collèges.)
MARTIGUES, 261.
MAZARIN (le cardinal), 256, 257.
MILLARET (Etienne), curé de Valréas, 19, 21, 124, 125, 133, 237.
MINIMES (Ordre des), 309.
MISSIONNAIRES, ou Pères de la Mission, 184, 241, 242, 309.
MOLIÈRE, 144.
MONTECATINO (Alexandre de), archevêque d'Avignon, 94.
MONTEUX, 108, 214, 215, 218, 219, 222.
MONTPELLIER. V. Universités.
NANTES (édit de), 275.
NARBONNE, 253.
NEWTON, 305.
NICOLAS V, pape, 31, 179.
NIMES, 187, 188.
NOVARINIS (Jacques de), célèbre jurisconsulte, 301.
NOVES, 217.
OFFICIALITÉ (Tribunal de l'), 246.
OLIVIER (Jean-Michel), docteur en droit agrégé, assesseur de la ville, 78.
ORANGE, 188. — V. Universités.
ORPHELINAT (Recteurs de l'), 221.
PALLAVICINI, cardinal, 245.
PAMARD, chirurgien d'Avignon, 120.
PANCIN, médecin, 12.
PARETTE (Joseph de), docteur en théologie de l'Université d'Orange, 263.
PARIS, 13, 106, 228, 287. — V. Parlements et Universités.
PARLEMENTS d'Aix, 255, 256, 257, 259, 263, 269.
— de Besançon, 84.
— de Dijon, 84, 254, 269, 270.
— de Grenoble, 85, 187, 253, 264, 269, 270.
— de Paris, 253, 269.
— de Toulouse, 253, 264, 269, 270.

PARPAILHE (Perrinet), docteur en droit, primicier, 110.
PARRELY (Esprit-Joseph), docteur agrégé et professeur de botanique et d'anatomie, 293, 304.
PARRELY (Arnaud-Gabriel-Michel), docteur agrégé à la Faculté de médecine, professeur d'anatomie, 293, 304.
PATIN (le R. P.), professeur agrégé à la Faculté de théologie, 147, 200.
PAUL IV, pape, 141.
PAYEN (Pierre), docteur agrégé en droit, primicier, 59, 75.
PAYEN (Pierre), docteur agrégé en droit, professeur, 76.
PAYEN (Antoine-François), docteur agrégé en droit, professeur de droit civil, comte aux lois, juge de Saint-Pierre, 78, 89, 115, 259.
PAYEN (R. P.), docteur agrégé et professeur de théologie morale, 300.
PÉLASGE, 147.
PERNES, 71, 108, 187, 214, 215.
PERPIGNAN. V. Universités.
PEZENAS (De), docteur agrégé en droit, 219.
PHARMACIENS. V. Apothicaires.
PHILIP (Emmanuel-François), docteur agrégé, professeur de droit civil, 233.
PHILIPPE IV le BEL, roi de France, 268.
PIE II, 2, 31, 33, 35, 55, 71, 92, 101, 107, 122, 179.
PIE VI, pape, 15, 20, 74, 102.
PINARD (Pierre), docteur agrégé et professeur de médecine, 118.
PIOLENC (Prieuré de), 182.
POITIERS. V. Universités.
PONTCHARTRAIN (Louis-Phélipeaux, comte de), chancelier, 264.
PONT-DE-SORGUES, 216.
PONT-SAINT-ESPRIT, 187.
POULLE (Louis de), docteur agrégé en droit, primicier prédicateur du roi Louis XV, 59.
POULLE (Joseph de), docteur agrégé en droit, primicier, auditeur de rote, doyen des Consulteurs du Saint-Office, auditeur général, 151, 259.
PRACHE, docteur en médecine de l'Université d'Avignon, 255.

PRÊCHEURS. V. Dominicains.
PRÉVOT DE L'ÉGLISE MÉTROPOLITAINE (Le), 35, 68, 71, 72, 94, 95, 96, 250, 292.
PROVENCE, 13, 240, 253, 256, 258, 267, 301.
PUGET (Louis du), viguier d'Avignon, 383.
PUY (R. P.), prieur des Augustins, docteur agrégé en théologie, 263.
QUESNEL, 147.
RAISON, docteur en médecine de l'Université d'Avignon, 255.
REIMS. V. Universités.
REY. *François I*er* *et la ville d'Avignon*, 266, 267.
RHÔNE, 57, 292.
RICARD (R. P.), docteur agrégé et professeur de théologie, 245.
RICCI (Guillaume de), seigneur de Lagnes, docteur en droit, primicier, 181.
RICHARD, maire d'Avignon, 295.
RIPPA (Jean-François de), célèbre jurisconsulte, professeur à Avignon, 301.
RIQUETIS (Barthélemy de), professeur de théologie, 181.
ROCHECHOUART (Jean-Roger, marquis de), lieutenant et commandant pour le roi en Provence et dans le Comtat, 192.
RODEZ, 187, 188.
ROMAN, cardinal-légat, 121.
ROME, 25, 106, 112, 137, 228, 241, 243, 287.
RONDACHE, docteur en droit de l'Université d'Avignon, 25.
ROTE (Tribunal de la), 67, 294.
ROUX, docteur agrégé en théologie, supérieur du séminaire Saint-Charles, 19, 245.
ROUX, docteur en droit de l'Université d'Aix, 261.
RUFFI (Balthazar-Frédéric), docteur agrégé en droit, régent, comte aux lois, 32.
SAINT-DIDIER (église de), 57, 197, 210, 252. Chapitre de —, 210, 224. Doyen de —, 35.
SAINT-LAURENT (de), docteur agrégé en droit, 307, 308.
SAINT-PAUL-TROIS-CHATEAUX, 188.

SAINT-PIERRE (doyen de l'église de), 35, 68, 91.
SAINT-PIERRE (Tribunal des juges de), 246, 294.
SAINT-SYMPHORIEN (église de), 155.
SAINT-REMY, 217.
SALIERES (Loup), docteur agrégé en droit, primicier, 76.
SALIERES DE FOSSERAN (Louis-Paul de), docteur agrégé en droit, primicier, chanoine de la métropole, évêque de Vaison, 96.
SALUCES (Amédée de), bachelier en droit de l'Université d'Avignon, plus tard cardinal, 206, 251.
SALUCES (Jean de), régent des écoles d'Avignon, 279.
SALVADOR (Jean-François), docteur agrégé en droit, auditeur de rote, primicier, 75.
SALVIATI (Grégoire-Antoine-Marie), grand inquisiteur, vice-légat, 89, 90.
SARPILLON du Roure (Denis de), docteur agrégé en droit, primicier, auditeur de rote, assesseur de la ville, 75.
SARPILLON (François-Charles), docteur agrégé et professeur de théologie, 147.
SARREPUY (Alexandre-Joseph), docteur agrégé et professeur de médecine, 12.
SAULT, 261.
SAVOIR, 180.
SÉBASTIEN (Confrérie de Saint), 177, 187.
SEGUIER (Pierre), chancelier, 268.
SÉMINAIRES de Notre-Dame de Sainte-Garde, 17, 19, 20, 127, 186, 245, 309. — de Saint-Charles de la Croix, 16, 19, 20, 127, 186, 245, 309.
SENÉS, 187.
SEXTE (Le), 134.
SFORZA (Frédéric), vice-légat, 205.
SISTERON, 187.
SIXTE IV, pape, 35, 65, 101, 107, 108, 214, 262.
SIXTE-QUINT, pape, 101.
SPINARDY (Joachim-André-François), docteur agrégé en droit, professeur de droit civil, lieutenant particulier de la sénéchaussée en 1768, assesseur de la ville. Décapité le 7 juillet 1794, 235.

SUARES, famille originaire d'Espagne, qui fournit à l'Université d'Avignon un grand nombre de docteurs. Les principaux membres en furent : SUARES (Alphonse), docteur du diocèse de Tolède; SUARES (Jean), docteur de Valence, agrégé; SUARES (François), docteur agrégé en droit, prévôt de Notre-Dame des Doms, primicier; SUARES (Joseph-Marie), docteur en droit, évêque de Vaison; SUARES (François), docteur agrégé, auditeur de rote; SUARES (Louis-Marie), docteur agrégé en droit, protonotaire apostolique, prévôt de Notre-Dame des Doms, grand vicaire; SUARES (Claude-Joseph), docteur agrégé en droit, primicier, évêque de Vaison; SUARES (Louis-Alphonse), docteur agrégé en droit, évêque de Vaison, 12.

SULPICE (prêtres de Saint), 224, 241, 309.

TACHE (François de), docteur agrégé en droit, primicier, registrateur des bulles, comte palatin, 258, 274.

TARASCON, 261.

TELLUS (Antoine-Louis), docteur agrégé en droit, avocat, 10, 67, 98.

TERRIS (J.-B.), docteur en médecine d'Avignon, 93.

TESTE (Gabriel-Guillaume), docteur agrégé en droit, professeur de droit civil, de droit français et des Institutes, comte aux lois, 32, 116.

TESTE (Joseph), coseigneur de Venasque et Saint-Didier, docteur agrégé en droit, professeur des Institutes, registrateur des bulles pontificales, avocat, 116.

TESTE-VENASQUE (Joseph-Gabriel), docteur agrégé en droit, professeur des Institutes, primicier, 116.

TESTE (Claude), docteur agrégé en droit, primicier, assesseur de la ville, 70, 79.

TESTE (François), docteur agrégé en droit, registrateur des bulles pontificales, primicier, 308.

TESTE (Antoine-Joseph-Augustin), docteur agrégé en droit, régent du droit civil, primicier, 60, 235.

TEULE. *Chronologie des docteurs en droit de l'Université d'Avignon*, XII, 295.

TEYSSIER (Thomas de), docteur agrégé, régent de droit civil, primicier, assesseur de la ville, 77, 235.

THÉODOSE, 137.

THOMAS D'AQUIN (Saint), 123, 124, 125, 128, 145, 146, 200, 243.

TONDUTY (Jean-Baptiste), docteur en droit agrégé, primicier, acteur de l'Université, 77, 78.

TORREGIANI (cardinal), 307.

TOULON, 256.

TOULOUSE. V. Dominicains, Parlements et Universités.

TULLE (Pierre de), docteur agrégé en droit, primicier, 76.

TULLE (Philippe de), docteur agrégé en droit, comte palatin, primicier, 76.

URBAIN V, pape, 30, 31, 101, 179.

URBAIN VIII, pape, 184, 271.

UNIVERSITÉS d'Aix, 2, 25, 50, 84, 121, 227, 240, 252, 256, 260, 261, 265, 272, 300.
— d'Angers, 300.
— de Besançon, 254, 274.
— de Bologne, 2.
— de Bordeaux, 252.
— de Montpellier, 2, 25, 121, 187, 240, 252, 253, 256, 265, 280, 300, 304.
— d'Orange, 252, 262, 263, 264, 271, 300.
— d'Orléans, 25, 300, 304.
— de Paris, 2, 149, 300, 304.
— de Perpignan, 121.
— de Poitiers, 310.
— de Reims, 310.
— de Toulouse, 121, 300, 304.
— de Valence, 25, 240, 252, 253, 254, 255, 264, 271, 272, 274, 300.

UZÈS, 188.

VAISON, 188.

VALENCE. V. Universités.

VALIN, avocat, 254, 272.

VALRÉAS, 108, 124, 214, 215.

VEDEAU (Gabriel de), docteur agrégé, en droit, primicier, 75, 271, 272.

VELLERON, 216.

VERNÉTY (Ignace), docteur agrégé, régent de droit civil, comte aux lois, 32, 50.

INDEX ALPHABÉTIQUE DES NOMS PROPRES

Versailles, 105.
Viany (Clerc), docteur en médecine de l'Université d'Avignon, 257.
Vicary (Isidore-Dominique), docteur agrégé et professeur de médecine, 12, 143.
Vice-gérent (Tribunal du), 36, 68, 71, 72, 246, 294.
Vienne, 180.
Viguier d'Avignon (le), 71, 72, 286.

Villegarde (de). V. Crivelli.
Villeneuve-lès-Avignon (Couvent des Chartreux de), 217.
Vinay (Claude), docteur agrégé en droit, substitut du procureur de la Commune en 1790, 297.
Viviers, 188.
Voullonne (Ignace-Vincent), docteur agrégé et professeur de médecine, 143, 293.

TABLE DES MATIÈRES

Préface... 1

LIVRE I
LA CORPORATION UNIVERSITAIRE ET SON GOUVERNEMENT

Chapitre I. — Constitution de la corporation universitaire......... 1
Caractère particulier de l'Université d'Avignon. — Prédominance de la Faculté de droit. — L'agrégation in *Utroque jure*. — Agrégés et non agrégés. — Le Collège des médecins; son monopole. — Les théologiens : réguliers et séculiers. — Les maîtres ès arts. — Les privilèges universitaires : exemption d'impôts; juridictions spéciales; noblesse; les « comtes aux lois ». — La confrérie des docteurs.

Chapitre II. — Le Collège des docteurs en droit................. 43
Le gouvernement de la corporation universitaire. — Les assemblées du Collège des docteurs en droit agrégés. — Périodicité des séances; leur physionomie. — Commissions. — Assemblées particulières. — Compétence du Collège en ce qui concerne l'Université en général, la Faculté de droit en particulier. — Tutelle qu'il exerce sur les autres Facultés. — Le pouvoir de statuer.

Chapitre III. — Le Primicier.... 55
Origine et caractère du primicériat. — Mode d'élection du primicier : formalités et serments. — Attributions administratives, financières et judiciaires du primicier. — Honneurs qui lui sont dévolus. — Conflits d'attributions et querelles de préséance. — L'affaire de la noblesse héréditaire.

Chapitre IV. — Autres officiers et agents de l'Université.......... 75
Les lieutenants du primicier ou proprimiciers : proprimiciers laïques et proprimiciers ecclésiastiques. — Le doyen du Collège. — L'actorie; comment se recrutent les acteurs. — Le bedeau général ou secrétaire. — Mode de nomination du bedeau; importance croissante et variété de ses attributions. — L'imprimeur de l'Université. — Avocats et députés de la corporation ; ses protecteurs en Cour de Rome.

CHAPITRE V. — Les autorités étrangères à l'Université............ 91

L'évêque-chancelier. — Ses attributions : promulgation des statuts, assistance aux examens, délivrance des diplômes. — Déclin de son autorité. — Le pro-chancelier ou vice-chancelier. — Le vice-légat; étendue et limites de ses pouvoirs; son action administrative. — Intervention directe ou indirecte du Souverain-Pontife dans le gouvernement de l'Université. — Les Congrégations et le studium avignonais.

LIVRE II

ÉTUDES ET ÉTUDIANTS

CHAPITRE I. — Les Facultés................................... 105

Organisation primitive des Facultés. — Modifications successives. — Professeurs ordinaires et professeurs extraordinaires. — Les Facultés aux xviie et xviiie siècles. — Les professeurs de droit canonique, de droit civil et des Institutes. — Le professeur de droit français. — Les trois chaires de médecine : l'enseignement de l'anatomie et de la botanique. — La Faculté de théologie : création de deux chaires de théologie thomiste. — La Faculté des Arts avant et après 1675. — Agrégation à l'Université des classes de théologie et de philosophie des Séminaires.

CHAPITRE II. — L'Enseignement................................ 128

Les études. — Ouverture et durée de l'année scolaire. — Les programmes des cours. — Forme des leçons. — Isolement des Facultés. — L'enseignement juridique. — Le Digeste. — Le Code et les Institutes de Justinien. — Le Décret et les Décrétales; les Institutes de droit canonique de Lancelot. — Le droit français. — L'enseignement médical; efforts faits au xviiie siècle pour lui donner un caractère plus scientifique et plus expérimental. — La théologie et la philosophie universitaires : leur source unique est la *Somme* de saint Thomas. — Relâchement croissant dans la discipline des cours.

CHAPITRE III. — Le régime des examens........................ 152

Les examens à l'origine de l'Université. — Coutumes et cérémonial. — La durée des études. — La question des tarifs. — Variations successives des taxes imposées aux gradués. — Le régime moderne. — Modifications apportées dans la forme des examens et la nature des épreuves. — L'édit de 1679 sur l'enseignement du droit. — L'édit de 1707 sur l'enseignement et l'exercice de la médecine. — Inexécution des règlements. — Abus multipliés qui en résultent. — Avilissement des diplômes.

CHAPITRE IV. — Les Étudiants................................. 177

Condition des étudiants avignonais; ils sont exclus du gouvernement du studium. — Les sept collèges d'Avignon; leur autonomie; leur régime intérieur; ils échappent de plus en plus à la surveillance des autorités universitaires. — Nombre et origine des étudiants de chaque Faculté, aux XVIIe et XVIIIe siècles. — Progression subite et imprévue de l'effectif des étudiants en droit. — La Confrérie de Saint-Sébastien; ses origines; ses transformations; le recteur et l'abbé des étudiants.

LIVRE III

SITUATION MATÉRIELLE ET VIE EXTÉRIEURE DE L'UNIVERSITÉ

Chapitre I. — Les bâtiments........................... 197

Le quartier universitaire à Avignon. — Installations primitives. — Les bâtiments de l'Université aux XVIIe et XVIIIe siècles. — Les auditoires des diverses Facultés. — Construction et aménagement de classes nouvelles pour la théologie, la philosophie et la médecine. — Echanges et pérégrinations. — L'amphithéâtre et le « jardin des médecins ». — Construction, vers 1698, d'une salle des Actes et assemblées. — La bibliothèque de l'Université et les bibliothèques des collèges. — Les archives. — La masse. — La cloche ou *Doctoresse*.

Chapitre II. — Le budget............................... 212

Les comptes des primiciers et du Collège des docteurs. — Difficulté de reconstituer les budgets annuels de l'Université. — Recettes ordinaires: produit des greffes attribués à l'Université; rentes ou « pensions »; droits perçus sur les gradués. — Ressources extraordinaires. — Emprunts et remboursements. — Dépenses. — Honoraires des professeurs et agents de l'Université. — Entretien des bâtiments et menues dépenses de matériel. — Frais de procès. — Du salaire des agrégés et des régents dans chacune des Facultés. — Traitements fixes et casuel. — Inégalité et modicité de ces émoluments.

Chapitre III. — Les relations extérieures................ 240

Isolement des anciennes Universités. — La situation géographique de l'Université d'Avignon est peu favorable à son développement. — Ses droits et privilèges sont constamment menacés; efforts qu'elle doit faire pour les maintenir. — Instances en Cour de Rome. — Luttes contre les Universités voisines. — Procès toujours renaissants avec l'Université d'Aix. — Acharnement particulier de l'Université d'Avignon contre celle d'Orange. — Rapports avec le roi de France. — Pourquoi l'Université d'Avignon tient essentiellement à être déclarée régnicole. — Lettres patentes et édits royaux de 1650, 1698, 1775, 1789. — L'Université pendant les réunions temporaires du Comtat à la France.

Chapitre IV. — L'Université et la ville d'Avignon............... 278

Caractère municipal des anciennes Universités à leurs débuts. — Largesses de la ville d'Avignon envers son Université jusqu'au xvi° siècle. — Les faveurs de la municipalité vont ensuite au collège des Jésuites. — Suppression des privilèges financiers des docteurs. — En retour, l'Université obtient le droit d'envoyer des députés à l'Hôtel de Ville. — Rôle de ces députés et du primicier dans l'administration communale. — Règlements de 1603, de 1697 et de 1706. — Prestige dont jouissent, à Avignon, les membres de l'Université investis, pour la plupart, d'offices ecclésiastiques, administratifs ou judiciaires.

Conclusion... 298

L'Université pendant la Révolution. — Ses dernières années; sa chute. — Retour sur son histoire. — Son organisation primitive. — Sa prospérité au début du xvi° siècle. — Corps que lui portent les guerres religieuses. — Sa renaissance et ses transformations. — Elle se rapproche de plus en plus du type des Universités françaises. — Abus croissants et velléités de réforme. — Impuissance des anciennes corporations enseignantes à se réformer elles-mêmes.

Index alphabétique des noms propres................ 313

ERRATA

Page 105, ligne 7 (sommaire). Au lieu de : deux chaires de *philosophie* thomiste, lire : deux chaires de *théologie* thomiste.

Page 110, ligne 14. Au lieu de : Emilio Perrette, lire : *Emilio Ferreti*.

Page 124, ligne 6. A lieu de : 1665, lire : *1655*.

Page 156, ligne 6. Au lieu de : 1303, lire : *1503*.

Page 179, note 1. Au lieu de : Urbain II, lire : *Urbain V*.

EN VENTE A LA MÊME LIBRAIRIE

Belin (F.), recteur de l'Académie d'Aix. *Histoire de l'ancienne Université de Provence ou Histoire de la fameuse Université d'Aix*, d'après les manuscrits et les documents originaux. *Première période (1109-1679)*, 1 vol. gr. in-8 (xxi-755 p.). 15 fr.

Massip (M.). *Le collège de Tournon en Vivarais*, d'après des documents inédits. 1890, 1 vol. in-8 (iv-323 p.) 6 fr.

Allain (E.). *Contribution à l'histoire de l'instruction primaire dans la Gironde avant la Révolution.* 1895, 1 vol. in-8 (xi-278 p.). 7 fr. 50

Aucoc (L.). *L'Institut de France, lois, statuts et règlements concernant les anciennes Académies et l'Institut de 1635 à 1889.* 1889, 1 vol in-8 (ccviii-451 p.). 10 fr.

Bondurand (Ed.). *L'Éducation Carolingienne, le manuel de Dhuoda* (843). 1888, 1 vol. in-8 (271 p., fac-similés). 6

Clerval (L'abbé). *Les écoles de Chartres au moyen âge (du v° au xiv° siècle).* 1895, 1 vol. in-8 (xx-572 p.). 25 fr.

— *L'ancienne maîtrise de N. D. de Chartres, du V° siècle à la Révolution*, avec pièces, documents et introduction sur l'emploi des enfants dans l'office divin aux premiers siècles. 1895, 1 vol. in-8 (xx-366 p.). 6 fr.

Delbrel (J.). *Les Jésuites et la pédagogie au XVI° siècle. Juan Bonifacio* 1891, 1 vol. in-8 (xii-92 p.). 2 fr.

Feret (L'abbé P.). *La Faculté de théologie de Paris et ses docteurs les plus célèbres. Moyen âge.* 1894-1897, 4 vol. in-8. 30 fr.
— *Époque moderne.* I. xvi° siècle, phases historiques, 1 vol. in-8. 7 fr. 50

Fierville. *Une grammaire latine inédite au XIII° siècle*, 1 vol. in-8 5 fr.

Finot (Ed.). *Port-Royal et Magny*, fondation de l'abbaye, réforme des petites écoles, le Jansénisme. 1888, 1 vol. in-8 (pl. et grav.). 5 fr.

Muteau (C.). *Les Écoles et Collèges en province depuis les origines jusqu'en 1789.* P., 1882, 1 vol. in-8.

www.ingramcontent.com/pod-product-compliance
Lightning Source LLC
Chambersburg PA
CBHW060452170426
43199CB00011B/1171